자연법론과 법정책

金相容

pnc
publishing and culture
피앤씨미디어

머 리 말

법이란 무엇인가? 법은 어디에서 출발해서 어디로 왔고 또 어디로 가야만 하는가? 법의 본질이 무엇이고 법의 이념과 이상은 무엇인가? 법은 법을 만든 사람의 입장에서 이해하고 적용하여야 하는가, 법의 적용을 받는 사람의 입장에서 이해하고 적용하여야 하는가? 법을 전혀 모르는 사람도 왜 법의 적용을 받아야만 하는가? 이러한 법에 대한 근본적은 의문을 안고 법학을 연구하고 글을 쓰고 가르치고 정년까지 하기에 이르렀다. 어느 시대이고 법에 대한 이러한 근본문제에 대해 답을 하려고 하였지만 아직도 완전한 답은 얻지 못한 상태에 있다. 저자도 마찬가지로 의문을 그대로 가지고 법을 연구하고 탐구를 계속하고 있다. 그러나 나름대로 법에 대한 이해와 법의 발전방향을 자연법론과 법정책으로 엮어보았다. 법이란 정의내리기 어려운 과제이지만 그래도 나름대로 법의 정체를 조금은 밝힐 수 있었다고 스스로 생각해 본다.

그 간 36여년 동안 법학을 연구하고 가르치는 동안 모든 법의 영역을 다 연구하고 정리할 수는 없었지만 적어도 저자가 관심을 갖고 연구해온 분야는 집대성을 하여야 하겠다고 생각을 하여 저자의 전공분야를 집중하여 연구하고 가르치고 글을 써 왔다. 그 결과로 먼저 물권법을 집대성하고자 하여 토지법, 담보법을 중심한 물권법에 관하여 8권의 저서를 출판함으로써 물권법 분야는 나름대로 이해를 조금 하였다고 자평해 본다. 그리고 법에 관한 지식만으로는 부족함을 느꼈다. 법의 지식을 제대로 이해하고 바르게 적용할 수 있는 법에 대한 가치관을 정립하여야 법을 유용하게 활용할 수 있겠다는 확신을 가지게 되었다. 그리하여 법사와 법사상사, 그리고 법학에서 자주 등장하는 법을 어떻게 이해할 것인지에 관한 여러 학설에 대하여 연구를 하여 저자 자신의 법관(法觀)을 정립하고자 하였다. 그 결과로 한국법사도 연구하고 서양의 대륙법사도 연구를 하여 집필을 하였다. 그리고 더 나아가 법에 대한 근본적인 가치결정에 대한 연구를 하여, 법사에서 중단없이 논쟁이 이어져 오는 자연법론과 법실증주의에 대한 연구를 하여 저자는 법의 역사적 발전은 자연법론에 기초하여 발전해 왔으며 장래에도 자연법론적인 방향으로 법이 발전되어야 한다는 나름의 가치결정에 도달하였다.

그 간에 한국법사와 법정책, 서양법사와 법정책 그리고 이번의 자연법론과 법정책을 집필함으로써 물권법의 집대성에 이어 자연법론의 집대성을 이루어 보고자 하였다. 이러한 자연법론의 집대성을 위하여 독일에 여러 차례 연구할 기회를 갖고 자료를 모으고 이 분야의 전문가들을 만날 수 있었다. 특히 법사학의 중심연구기관인 막스 플랑크 유럽법사연구소에 두 차례, 그리고 뮌헨대학교 구약학신학대학에 두 차례를 방문하여 유럽대륙의 법사와 법사상, 교회법사와 교회법사상을 연구하고 자료들을 모았다. 그 외에도 기회가 있을 때 마다 법사와 법사상, 철학, 신학 등에 대한 자료를 모았다. 자료는 많이 모았지만 그것을 다 이해하고 이 책을 쓰지는 못하였다. 淺學非才한 저자로서는 어려운 철학, 신학 등을 이해하기 어려웠을 뿐만아니라, 법사와 법사상도 아주 자세히 연구하지는 못하고 通史的으로 줄거를 중심으로 이해를 하였을 뿐이었다. 또한 原典資料보다는 2차자료를 중심으로 연구를 하였다. 그러나 앞으로 두고두고 더욱 천착해 나가고자 한다.

이렇게 저자 나름대로 물권법과 자연법론을 집대성하고자 한 것은 학문적인 관심의 결과이기도 하지만, 자연법을 통하여 개인은 인격을 高揚하고 더욱 성숙하게 되며, 사회와 국가는 품격과 국격이 융성할 할 수 있는 방안을 추구하고자 한 결과이기도 하다. 그러므로 자연법론의 연구는 단순한 법학내의 법지식의 정리만에 그치지 아니하고, 철학, 신학, 윤리학 등의 법학인접학문의 연구와 병행하지 아니할 수 없는 영역이었다. 그리하여 자연법론은 저자의 법에 대한 法觀이지만 저자의 삶의 전반에 대한 인생관이자 가치관의 표현이다. 이러한 자연법론을 연구할 수 있었던 것이 자자에게는 무한한 기쁨이고 저자의 삶의 사상적 기초이다. 되돌아보니 민법을 전공한 저자가 이러한 법사상까지도 연구하도록 연구의 폭을 넓히고 연구의 방향을 자연법론으로 정하게 된 것은 단순히 저자의 지식과 의지만으로 결정된 것이 아니라, 저자가 고히 그리고 깊이 간직하고 추구하고자 하였던 신앙에 기초한 작은 깨달음에서 출발하였다고 생각된다. 이 자연법론은 인간의 의지 뿐만이 아니라 신의 의사도 함께 작용하는 법의 영역이면서 또한 신학과 윤리의 영역이 침전되어 있다. 그리하여 저자가 평소에 간직하고자 하였던 지식과 신앙이 결합된 영역이 바로 이 자연법론이라 생각한다. 저자로서는 자연법론을 통하여 자연법이 지배하는 인간의 세계는 법에서의 신의 세계라는 깨달음을 얻었다. 그러한 깨달음을 완전히 소상에게 글로 다 표현하지는 못하였지만, 자연법론을 통하여 신의 세계를 법의 세계에서 실현해 나감이 법의 발전방향이라는 결론에 이르게 되었다.

정년과 함께 그 간 저자의 법학연구의 가장 핵심적인 결과를 이 자연법론과 법정책으로 출판하게 되어 기쁘기 한이 없고 감사하기 그지 없다. 부족하고도 부족한 저자에게 이러한 신의 세계의 법에서의 실현을 추구할 수 있는 기회가 주어진 것에 대해 무한히 감사한다. 이 모두는 저자의 지식과 재주만으로 이루어진 것이 아니라 신앙에 기초하여 이루어진 것이라고 고백한다.

이 책의 출판을 기꺼이 맡아주셔서 아담하게 꾸며 세상에 빛을 보도록 해주신 피앤씨미디어의 박노일 사장님께 마음으로부터 감사드린다. 피앤씨미디어의 발전과 번창을 기원하고 기도한다.

2015. 4. 27.
저자 씀

차 례

제 1 장 자연법론의 역사적 발전 -서양의 고대에서 근세까지-

제 2 장 법실증주의에 대한 비판

제 3 장 자연법론의 민법발전에의 영향

CHAPTER 1

자연법론의 역사적 발전

- 서양의 고대에서 근세까지 -

제 1 장 자연법론의 역사적 발전

— 서양의 고대에서 근세까지 —

Ⅰ. 개설: 자연법론 일반

1. 실정법이외의 법으로서의 자연법의 존재성의 인정

실정법이외에 실정법과는 별개 독립의 자연법[1](Naturrecht)을 인정할 수 있는가? 인간의 행위규범으로서는 실정법이외에도 도덕·윤리규범, 종교규범, 관습법 등의 실정법이 아닌 규범이 분명히 존재한다. 그렇다면 이러한 도덕·윤리규범, 종교규범, 관습법 등을 자연법이라고 할 수 있는가? 그러나 그러한 규범들을 자연법이라고 할 수는 없다. 그러면 실정법이외에 인간의 행위규범이면서 도덕·윤리규범도 종교규범, 관습법도 아닌 또 하나의 별개의 법질서인 자연법이라는 법세계가 존재한다고 할 수 있는가?

역사적으로는 실정법이외에 자연법이 분명히 존재하였다. 고대와 중세 그리고 근세에는 자연법이 실정법위에서 실정법의 발전방향이 되었으며, 실정법의 효력근거가 되었으며, 실정법의 근원이 되었다. 그리고 역사적으로 실정법은 자연법의 법원리와 법내용을 국가권력에 의하여 제정법으로 바꾸어 놓

1) 자연법은 여러 가지의 용어로 표현되고 있다. 자연법의 다른 표현으로는, 독일의 서남독일학파에 속하였던 스탐믈러(Rudolf Stammler: 1856－1938)는 正法(richtiges Recht)으로, 콜러(Kohler)는 문화법(Kulturrecht)으로, 라이나흐(Reinach)는 先驗的 基礎(apriorische Grundlage)로, 라드브루흐(Gustav Radbruch: 1878－1949)는 초법률적법(übergesetzliches Recht)으로, 라운(Laun)은 자율법(autonomes Recht) 또는 양심의 자율(Autonomie des Gewissens)로, 리펠(Ryffel)은 구체적 개인주의적인 자연법(konkret－individualistisches Naturrecht)이라 칭하였다(Vgl., Georg Stadtmüller, Das Naturrecht im Lichte der geschichtlichen Erfahrungen (Recklinghausen, Verlag Bitter & Co., 1948), S. 9). 개신기독교에서는 자연법을 양심법(Gewissenrecht)라고 칭하였다.

은 것이다. 또한 자연법에 의하여 오늘날의 민주적 법제도가 생성되고 발전하여 왔다. 이러한 법에서의 자연법은 보다 좋은 사회, 보다 나은 사회로 발전함에 있어서 법사상적으로는 물론 법정책적으로 중심적인 역할을 담당하였다. 그러면 실정법이 잘 정비된 오늘날에도 역시 자연법은 실정법과는 별개 독립의 법체계로 존재하고 실정법의 근원이면서 그 효력근거로서 기능하고 있다고 할 수 있는가?

독일은 1965년 이후로 기독교적 신학적 자연법을 더 이상 논의하지 않는다고 한다.[2] 그리고 독일에서는 자연법 사상이 기본법을 비롯하여 법의 전반에 실현되어 있고, 과거 나치시대와 같은 법실증주의적인 악법의 시대는 다시는 재생할 수 없도록 법제도적 장치를 다 갖추고 있다. 독일기본법은 제1조에서는 자연법에 기한 인간의 존엄에 관하여 규정하고, 독일기본법 제20조 제4항에서는 "독일기본법이 규정하고 있는 헌법질서를 파괴하고자 하는 어떠한 사람에 대해서도 모든 독일인들은 다른 구제수단이 없을 때에는 저항할 수 있는 권리를 갖는다"고 규정하고, 이러한 저항권은 헌법개정의 대상이 될 수 없음을 규정하고 있다[3](Art. 79 Abs 3 GG). 이와 같이 독일기본법에서는 자연법에 기초한 권리를 규정하고 최후적으로는 저항권의 행사를 통하여 인간의 존엄을 지킬 수 있도록 자연법의 내용을 헌법규범으로 규정하고 있다.

또 한편으로 우리 민법은 그 제1조에서 실정법에서 규율하지 아니한 사항에 대해서 최종적으로는 조리에 의하여 규율하도록 하고, 제2조에서 신의성실의 원칙을 규정하고, 제103조에서는 사회질서에 反하는 법률행위는 무효임을 규정하고 있다. 이는 아무리 국가 제정법에서 상세히 법률내용을 규율한다고 하더라도 그 모두를 빠짐없이 완벽하게는 규정할 수 없고 제정법인 실정법에는 흠결이 있을 수 있음을 인정하고 있다. 이러한 실정법의 흠결을 조리, 신의성실, 사회질서에 의하여 보충하도록 하고 있다. 이러한 조리, 신의성실, 사회질서 등의 비실정적 개방규범을 자연법이라고 할 수 있을까?

---

2) Bernd Rüthers, Rechtstheorie(Beck, 1999), Rn 432.

3) 저항권에 관하여 프랑스 인권선언 제2조에서는 "모든 정치적 결합의 목적은 인간의 生來的이고 不可讓의 권리를 보호하는데 있다. 그 권리란 자유권, 소유권, 안전에 관한 권리 및 압제에 대한 저항권이다"라고 규정하여 저항권을 인정하고 있으며, 1793년의 프랑스 헌법 제33조도 역시 "저항권은 인권으로부터 나온다"라고 규정하였다.

때로는 실정법을 위반하면서 행동을 하였을 때에 실정법 위반으로 그 법의 制裁를 받는 것을 영광으로 받아드리고 일반인들도 그 실정법 위반자를 찬양하는 경우가 있다.[4] 그러한 경우에 그 실정법 위반자의 행동을 규율하는 법은 과연 무슨 법인가? 단순한 양심에 의한 행동을 넘어서 그 실정법 위반자의 행동의 근거가 된 법이 있을 것이다. 그 실정법 위반자에게는 국가가 제정한 실정법이 그가 지키고 따라야할 법이 아니라 자신의 내면에서 따르고 지켜야 할 것으로 확신한 법이 실정법이외에 별도로 존재한다. 그 법이 사물의 이치, 자연의 이치에 합치된다면 실정법보다는 바로 그 법을 따라야 함이 마땅하다. 그러한 실정법외의 법이 존재함을 부인할 수가 없다.

실정법은 개별 국가의 법으로서 그 국가와 그 시대의 특수성이 반영된 법이다. 물론 세계적으로 이상적인 실정법이 있기는 하지만 일반적으로 법이라 하면 특정한 국가의 특수성을 반영한 질서유지의 강제규범을 말한다. 그러한 특정국가의 법은 인류보편의 가치를 담고 있을 수도 있지만 그렇지 못할 경우도 적지 아니하다. 실정법이외에 보다 인류보편적인 가치를 담고 있는 법질서가 존재함이 분명하다. 인간의 평등, 천부인권, 법치주의, 삼권분립 등의 인간이 인간답게 살 수 있도록 하고 있는 법제도들은 실정법이전에 思惟되었던 자연의 理致, 사물의 이치를 실정법으로 제정법화한 것이다. 실정법 질서가 잘 정비되고 완비된 오늘날에도 여전히 인간이 思惟하고는 있지만 제정법화되지 아니한 인류보편의 가치와 제도가 있다. 그러한 인류보편의 가치를 실현하면서 그러한 인류보편의 가치가 지배하는 그러한 법질서, 실정법을 이끌어가는 지침이 되는 법의 세계가 존재한다. 바로 그러한 법, 실정법의 발전방향을 제시하는 법이 자연법(Naturrecht; law of nature)이며, 그러한 법질서는 오늘날에도 여전히 존재한다. 더욱더 실정법이 아무리 이상적으로 정비된다 하더라도 그 실정법을 이끌어 가는 자연법은 여전히 존재한다.

이러한 자연법의 역사적 생성과 발전에 있어서 자연법이란 용어는 그리

4) 일제시대에 독립을 위하여 생명을 바친 우리 민중들의 희생적 행동을 규율하였던 법은 日帝에 의해서 제정된 실정법이 아니라 內面의 자연법이었다. 이에 관한 상세한 내용에 관하여는, 김상용, "日帝의 實證主義法에 抵抗한 우리 民衆의 自然法 思想과 그 實踐: 自然法 思想에 기초한 우리 民衆의 抵抗權을 중심으로", 법제연구 제39호(한국법제연구원, 2010. 12) 참조.

스의 스토아철학에서 창조되어 처음으로 사용되었다.[5] 그 후 가이우스는 만민법(ius gentium)을 자연법이라 칭하였으며, 울피아누스는 법을 자연법, 만민법, 시민법으로 분류하였다.[6] 그리고 이러한 자연법이 로마법대전(CIC: Corpus Iulis Civilis)에서 실정법으로 입법이 되었다.[7] 가이우스는 자연법을 자연(Natur)이 모든 생명체(Lebewesen)에 주는 가르침이라고 하였다[8] 울피아누스도 역시 학설휘찬에서 자연법은 자연이 모든 동물에게 주는 가르침이라고 하였다. 그리고 자연법은 인간에게만 특징적인 법이라 아니라 모든 동물에게 공통적인 법이라고 하였다. 그 동물은 육지의 동물, 바다의 동물 및 새도 포함한다고 하였다.[9]

2. 자연법 연구의 가치와 연구의 필요성

자연법은 자연의 이치, 사물의 본성, 인간의 善한 본성에 기초한 법이다. 그러나 실정법은 국가의 意思와 意志에 의하여 강행하기로 결정된 법이다. 자연법은 실정법위에 존재하기도 하고, 실정법으로 전환되어 실정법에 內在하기도 한다. 자연법 중에서는 영구불변의 법도 있고 시대정신의 변천에 따라서 변화하는 자연법도 있다. 자연법은 인간의 본성이고 사물의 이치이기 때문에 국가의 강제력에 의하지 아니하고서도 당연히 지켜야하고 지켜지는 법이다. 이러한 자연법은 인간의 내면을 움직여 시행되는 법이다. 그러나 실정법은 반드시 자연의 이치, 사물의 본성, 인간의 본성에 부합할 것이 요구되지 아니하지만 국가의 강제력에 의하여야 시행되는 법이다. 실정법은 자신이 아닌 그 누군가의 강행 내지 강제에 의하여 시행되는 법이다. 그러므로 자연법은 인간 내면에의 호소에 의하여 시행되는 법인데 반하여, 실정법은 人間內面 이외의

5) Paolo Prodi, Eine Geschichte der Gerechtigkeit: Vom Recht Gottes zum modernen Rechtsstaat, 2. Aufl.(C.H. Beck, 2005), S. 28.

6) A. a. O., S. 28.

7) A. a. O., S. 28.

8) Erstes Buch, Zweiter Teil, pr. Institutionen: Naturrecht ist das, was die Natur alle Lebewesen gelehrt hat.

9) Book one, 3, Digesta: Jus naturale is that which nature has taught to all animals: for it is not a law specific to mankind, but is common to all animals – land animals, sea animals and the birds as well.

외적 주체의 강제에 의하여 효력을 갖는 법이다. 자연법은 사물의 이치이기 때문에 자연법에는 악법이 존재할 수 없다. 그러나 실정법에는 그 실정법 제정의 주체가 악하면 악법이 존재할 수 있다.

이러한 자연법과 실정법은 별개의 법이지만 완전히 별개 독립적으로 존재하는 것이 아니라, 상호관련을 항상 갖고 서로 영향을 주고 받는 관계에 있다. 자연법은 그 스스로 존재할 수 있으나 실정법은 그 스스로 존재하지 못한다. 자연법은 인간의 내면에 호소하기 때문에 스스로 존재할 수 있다. 그러나 실정법은 그 누군가의 제정주체가 있어야 하기 때문에 스스로 존재할 수 없다. 실정법은 자연법의 照明을 받았을 때에 국가의 강제력이외에도 인간의 내면에 호소할 수 있고 더욱더 實效的일 수 있다. 역사적으로 실정법은 자연법의 照明과 指導로 발전되어 왔다. 그리하여 오늘날은 실정법만으로 법을 구성할 수 있는 것처럼 의식되고 있는 실정이다. 그러나 실정법은 자연법의 조명과 지도를 받아야 발전하는 것이다.

"사회가 있는 곳에 법이 있다"(Ubi societas ibi ius), "법은 善과 衡平의 技術이다"[10](ars boni er aequi: Das Recht ist die Kunst des Guten und Gerechten)라고 했을 때의 그 법은 실정법이라기 보다는 자연법을 의미하는 것으로 해석함이 더 타당하다. 이러한 法諺(Rechtssprichwort)에 미루어 보면 법의 시작은 자연법부터라고 함이 바람직할 것으로 생각된다.

그리고 실정법에서도 자연법(ius naturale)이라는 용어가 사용된 것이 이미 오래되었다. AD 533에 제정된 로마法大全(Corpus Iuris Civilis)의 學說彙纂(Digesta; Pandektae)과 法學提要(Institutiones)에서 자연법이라는 용어가 사용되었다.[11] 물론 학문적으로는 이미 그리스의 스토아철학에서 자연법이란 용어가 사용되었다.

이와 같이 자연법이란 실정법보다는 고차원적이고, 실정법위에서 실정법을 이끌어가는 법임을 알 수 있다. 오늘날은 실정법의 제정이 민주적인 절차에 따라서 이루어지고, 최상위의 실정법이고 국가의 기본적인 구조에 관한 법

10) 이는 AD 2세기의 로마법학자 Celsus가 한 말이다.

11) D.1.1.3.에서 자연법(ius naturale)은 모든 동물에 대한 자연의 가르침이라고 규정하였다. 또한 동물에는 인간만이 아니라 육지동물, 바다동물 및 새(鳥)도 포함된다고 규정하였다. Inst. 1. 2. pr.에도 이와 마찬가지로 자연법의 定義에 관하여 규정하고 있다.

인 헌법에 위반되지 않도록 위헌법률심판제도를 두어 실정법이 헌법적 가치를 위반하지 못하도록 하여 실정법의 내용이 자연법적으로 구성될 수 있도록 제도적 장치를 두어 운영되고 있다. 이러한 실정법의 자연법적인 내용으로의 구성을 도모하는 제도들을 두고 있다는 것은 실정법 위에 또다른 법의 세계가 있음을 반증하는 것이라고도 할 수 있다. 그 법의 세계가 자연법의 세계라 할 수 있다.

이처럼 자연법은 인류의 시작과 함께 시작된 법이며, 실정법의 始源이며, 가장 보편적인 가치질서이며, 자연법의 실정법화가 계속되어 왔고 앞으로도 계속될 것이지만, 그 실정법화는 영구히 끝나지 않을 것이다. 그러므로 자연법은 연구의 가치가 있고 또한 필요한 것이다. 자연법의 가치는 실정법이 구현하고자 하는 가치질서의 源泉이다. 그러므로 자연법의 연구는 영원히 필요하고 또한 요청되는 것이다.

특히 우리나라에서는 자연법 연구의 가치와 필요성이 더욱더 크다고 평가된다. 우리는 현재 서양의 법을 繼受하여 우리의 법으로 사용하고 있고 우리의 전통법을 현대화하지 못하였다. 우리의 전통법은 자연법적인 요소들을 많이 간직하고 있다. 그러므로 우리나라에서의 자연법의 연구가치는 더욱더 크다고 할 수 있다. 그리고 법을 통하여 우리나라의 國格을 높이고 우리 국민을 성숙한 시민으로 성숙하게 하기 위해서는 자연법의 연구의 필요성이 역시 더욱더 크다고 판단된다.

3. 자연법의 역사적 변천과 발전

인류의 시작과 함께 법이 생성되기 시작하였다는 것은 진리이다. 그리고 BC 1750년에 이미 동방의 바빌로니아 왕국에서는 함무라비(Hammurabi)법전이 만들어졌다. 그 함무라비법전은 실정법이었다. 그러나 서양의 法制史家들은 그 함무라비법전을 그들 서양법사의 출발점이 되는 법으로 받아들이지 아니한다. 그들은 서양법사의 시작을 그리스시대로까지만 거슬러 올라갈 뿐이다. 이는 아마도 바빌로니아 왕국이 동양에 위치하고 있었고 서양의 고대왕국이 아니었기 때문에, 만약에 함무라비법전을 그들 서양법의 기원이 되는 법으로 인정하면 현재 서양이 누리고 있는 동양에 대한 그들의 우월성을 지킬 수 없다는 역사관에 기인하는 것으로 이해된다.

그 결과로 서양의 법제사가들은 대부분 그들의 법의 뿌리를 로마법과 게르만법으로 파악하고 그 로마법과 게르만법 연구로부터 사양법의 연구를 시작한다. 그리고 그리스는 철학이 발달하였고 그 철학이 로마법의 발전에 사상적으로 기여하였기 때문에 서양법의 역사를 기술함에는 그리스 철학의 이해가 필요하다. 특히 서양에서의 자연법의 실질적인 생성은 그리스의 스토아철학에서 시작되었지만 그 사상적 뿌리는 플라톤의 이데아(idea: 形相)論에서 시작되었다. 그리고 플라톤의 이데아론은 플라톤 前과 당시의 强者의 이익이 正義라고 한 懷疑主義者들이자 相對主義者들이었던 소피스트(Sophist)들의 주장에 대항해서 보편적이고 불변적인 가치의 세계가 바로 이데아라고 하고, 그 이데아의 질서에 관하여 주장하였던 이론이다.

그러므로 자연법의 역사는 소피스트들의 법실증주의에 대항한 소크라테스(BC 470-399), 플라톤(BC 427-347)을 시작으로 하여 자연법 사상이 胚胎되었으며, 아리스토텔레스(BC 384-322)에 와서 새로운 면모를 갖추게 되고,[12] 스토아(stoa)학파[13]에 이르러서 구체적으로 자연법이 주장되게 되었다.

플라톤의 이데아론에서는 現象界의 위에 초월적으로 존재하는 理想世界가 존재함이 주장되고, 현상세계는 이상세계인 이데아의 그림자라는 兩者의 관계가 정립되고, 초월적인 이상세계는 현상세계를 이끌어가는 관계에 있다는 이론으로 정립되었다. 그러나 아리스토텔레스는 이상세계인 이데아는 현상세계에 內在하면서 현상세계가 目的的으로 이상세계로 움직여 나가는 관계(Entelechie)로 정립하였다.

스토아철학은 로마법에 傳授되어 로마법의 古典時代(BC 27-AD 284)를 이루었다. 그 결과 자연법론에 입각한 스토아철학의 영향으로 수많은 로마의 법학자들이 출현하여 그들 법학자들의 학설주장에 의하여 로마법이 극히 발달

12) Socrates, Platon, Aristoteles를 그리스 철학의 3台星이라 한다(이정우, 세계철학사 1: 지중해세계의 철학(도서출판 길, 2011), 479면).

13) 스토아학파는 지금 사이프러스(당시에는 키티온(Kynik)이라 하였다) 출신의 제논(Zenon: BC 340-260)에 의하여 시작된 학파이다. 그 전에는 개인이 철학을 하였으나, 스토아학파에 이르러서는 개인중심보다는 학파가 중심이 되어 철학을 논하였다.

하게 되었다. 특히 스토아학파의 자연법론과 사해동포주의적 사상의 영향으로 로마법이 인도주의적이고 합리적인 자연법으로 발전할 수 있는 기초를 닦게 되었다. 로마법대전 중의 학설휘찬에 인용된 법학자의 대부분이 이 스토아철학의 영향을 크게 받았던 고전시대의 법학자들이었다.[14)]

로마제국은 스토아철학에 의하여 자연법적으로 로마법이 발전한 후에 다시 더욱더 인류보편의 가치를 담은 법으로 발전할 수 있는 계기를 마련하게 되었다. 그것이 바로 로마제국의 기독교 公認(AD 313)과 기독교의 국교화(AD 391)였다. 기독교의 도덕신학(Moraltheologie)의 영향으로 로마법은 더욱더 純化되어 갔으며, 중세의 教父哲學者에 의하여 법에 관하여는 永久法(lex aeterna)인 神法(lex divina), 自然法(lex naturalis), 人定法(lex humana)으로 체계화되고, 로마법을 기초로 한 교회법이 발전하여 중세에는 철학은 그렇게 발전하지 못하였지만 신학과 법학, 그 중에서도 로마법의 자연법화가 크게 진전되었다. 로마법이 중세를 거치면서 자연법에 입각하여 연구되고 보충된 결과로 더욱더 자연법화되어 근세에 이르러서는 로마법을 쓰여진 이성(ratio scripta)으로 인정되게 되었다. 중세에 활약하였던 자연법론자들로서는 대표적으로 교부철학자였던 아우구스티누스(AD 354－430)와 토마스 아퀴나스(Thomas von Aquin: 1225－1274)를 들 수 있다.

중세의 교부철학자들이자 자연법론자들은 자연법을 신법과 달리 이해한 것이 아니라, 영구불변하는 자연법은 인간의 이성으로 다 파악할 수 없으며, 인간이 이성으로 이해하고 파악한 신법을 자연법으로 이해하였다. 그러므로 중세의 법체계는 신법, 자연법, 인정법의 위계질서로 구성되어 있는 체계가 아니라 신법과 자연법은 동일한 법이지만 인간의 이성에 의하여 파악된 신법을 자연법으로 이해하였을 뿐이다. 그리고 인정법인 실정법은 자연법을 위반할 수 없었다. 그리하여 중세에 자연법의 법이론이 크게 발달하였으며, 서양 중세의 자연법은 인간에 의하여 파악된 신의 질서였다. 따라서 고대와 중세의 자연법은 실정법 위에 존재하고 실정법은 자연법을 위반할 수 없고 따라야만 하는 보편적이고 자연적인 질서 내지 신의 질서였다.

---

14) 이에 관하여는 김상용, 법사와 법정책: 로마민법학사 중심(한국법제연구원, 2004), 110면 참조.

근세에 이르러서는 중세의 神의 지배의 시대를 벗어나 인간의 理性을 발견하고 이성이 이 현상세계를 이끌어가는 인간을 啓蒙하고 사회를 밝혀 나간 시대였다. 그리하여 자연법도 신의 법에서 인간의 이성의 법(Vernunftrecht)으로 변화하게 되었다. 그리고 근세에 인간은 이성을 가진 고귀한 존재로 인정됨으로서 인간은 평등하고, 인간은 하늘이 준 天賦人權을 누리게 되는 인간중심의 세계로 발전하게 되었다. 그러나 이성의 질서의 법인 근대의 자연법은 근대 절대왕정에서 국왕이 만든 실정법과는 다른 법체계였다. 이성의 질서는 보편적 가치를 추구하는 질서였으며 국왕에 의한 자의적인 질서가 아니었다.

그 결과 근세의 자연법은 그 내용이 더욱 풍부하게 되었다. 자연법론에 의하여 천부인권이 인정되고, 자연상태를 파괴하고자 하는 정치권력에 대해서는 이를 제거할 수 있는 暴君放伐論 내지 抵抗權 理論이 주장되고 그것이 구체적인 근대혁명으로 나타났다. 그리하여 근세의 자연법론은 그 내용도 넓어졌지만 다른 한편으로 급진적이고 혁명적인 내용으로 확대되고 또한 자연법사상은 구체적인 제도로 또 혁명으로 실천되었다.

이러한 자연법의 영향으로 로마법은 근대에 이르러서는 쓰여진 이성으로 받아들여지게 되고, 그 쓰여진 이성은 자연법으로서만 존재하여야할 것이 아니라 실정법으로 제정되어 근대국가의 시민들의 천부적인 권리들을 실정법상의 권리로 확실하게 보호하게 할 것이 요청되었다. 그 결과 자연법사상 내지 자연법론에 입각하여 1794년에는 프로이센 一般州法(ALR: 1794), 프랑스 민법전(C.c.: 1804), 오스트리아 민법전(ABGB: 1811)이 제정되었다.

이렇게 근대 민법전이 자연법에 입각하여 제정됨으로써 자연법의 실정법화의 대과업이 이루어졌다. 그리스시대로부터 생성하여 발전되어 온 자연법론은 근대민법전의 제정으로 그 역할을 다하게 되었다. 그 다음에는 제정된 민법전의 내용에 관한 해석과 체계화의 길로 법학의 길이 대전환을 하게 되었다. 그것이 바로 법실증주의(Rechtspositivismus)의 대두에 의한 자연법 중심의 법학에서 실정법 중심으로의 법학의 변천이었다. 이러한 법실증주의의 대두는 자연법의 약화를 초래하였다.

그러나 자연법이 약화되고 법실증주의에 의한 법발전의 도모는 법의 체계화, 법의 해석, 법적안정성 등에는 크게 기여하였지만, 반인륜적인 국가권력자의 등장으로 악법인 실정법의 제정과 시행에 의한 인간성의 파괴로의 인간사회의 혼돈을 초래하고, 그 악법들인 실정법의 정당성을 인정하는 결과를 초래하였다. 이러한 반인륜적인 실정법인 악법에 대한 그 정당성의 인정은 자연법론에서는 인정될 수 없었으며, 또한 자연법론에 의해서만 극복될 수 있었다. 그리하여 자연법이 재생(Wiederbelebung des Naturrechts)하게 되었다. 그것이 바로 나치몰락 후의 자연법의 부활(Renaissance des Naturrechts)이었다.

자연법의 역사를 통해서 자연법이 어떠한 법인가에 관하여 살펴보면, 자연법은 그 내용이 역사의 진행에 따라서 확장되어 왔으며, 급진적이고 혁명적인 성격으로 변하여 왔다고 이해된다. 그러나 全時代를 통하여 살펴볼 때에 일반적으로 자연법의 특질로서는, 첫째로 자연법은 불변적이며(unwandelbar), 모든 시대와 모든 사람에게 일반적으로 유효하며(allgemeingültig), 둘째로 자연법은 이성(Vernunft)에 의하여 인식가능하며(erkennbar), 셋째로 자연법은 실정법의 척도가 될 뿐만 아니라 실정법이 자연법에 반할 때에는 그 실정법을 대체하는 효력을 발생한다.[15] 이와 같이 자연법은 2가지의 기능을 갖고 있다. 즉, 하나는 현존 실정법질서의 정당성을 부여하는 기능과, 다른 하나는 현존 실정법을 수정하고 흠결에 대해서는 이를 보충하는 기능을 갖는다.[16]

이와 같이 자연법은 그리스 철학을 사상적 기초로 하여 배태되고 스토아 철학에서 구체적, 학문적으로 주장되고, 로마의 고전시대에 법학자들의 구체적인 학설로써 구체적인 법으로 정립되고, 중세의 신학과 교회법과 교부철학에 의하여 더욱 심화·발전하고, 근대에 와서는 인간이성에 의하여 발전·정리되어 근대민법전으로 실정법화됨으로써 그 본래의 使命을 다하였다. 그 후에 법실증주의가 강하게 주장되어 악법인 실정법도 법으로 인정하는 불행을 초래하였으나 그것을 극복하기 위하여 다시 자연법이 대두되게 되었다. 오늘날은 법실증주의가 大勢를 이루는 법학의 시대이지만 자연법에 의하여 실정법의 발전을 도모하여야 한다는 법정책 내지 법사상으로서 자연법론은 여전히 그 생명을 유지하면서 그 가치를 실현해 나가고 있다.

---

15) Arthur Kaufmann, Winfied Hassemer(Hrsg), Einführung in Rechtsphilosophie und Rechtstheorie der Gegenwart, 6. Aufl.(Heidelberg, C.F. Müller, 1994), S. 35.

16) Rüthers, a.a. O., Rn 416.

4. 자연(Natur), 자연법(Naturrecht), 자연상태(Naturzustand), 자연권(natural rights), 저항권(Widerstandsrecht)의 개념

자연법의 전제로서의 자연이란 무엇을 의미하는가? 자연이 어떠한 의미를 갖느냐에 관하여는 여러 견해가 갈려져 있다.[17] 자연법의 전제로서의 자연은 실정법의 근원으로서 보편적이고 평화로운 질서 그 자체를 의미한다. 따라서 자연법의 전제로서의 자연은 물리적 존재로서의 자연이 아니다. 물리적 존재로서의 자연의 조화로운 운행질서가 자연법의 전제로서의 자연으로 이해된다. 그러므로 물리적 존재로서의 자연은 구체적인 물리적 존재인데 반하여, 자연법의 전제로서의 자연은 추상적인 자연질서 내지 우주질서를 의미한다.

이러한 자연법의 전제로서의 자연의 운행상태 내지 운행질서를 자연상태라 할 수 있다. 그런데 그 자연상태가 아주 조화로운 평화적이고 牧歌的인 질서인지 아니면 서로 투쟁적인 혼동상태인 지에 관하여는 견해가 나누어지고 있다. 그 대표적인 견해의 대립은 토마스 홉스(Thomas Hobbes: 1588－1679)와

17) 그리스에서는 자연을 physis라 하였다. Physis는 生成을 뜻하였으며, 나와서 자라고 쇠약해져 사멸하는 것 그 자체를 의미하였다. 그리하여 Physis는 그 자체 내에 생명력을 가진 것으로 파악되었다. 그 결과 그리스에서의 자연은 인간이나 神까지도 포괄하고 살아있는 그대로의 자연, 즉 凡自然主義를 의미하였다. 그러나 중세 기독교시대에 들어와서는 범자연주의가 분쇄되어 하나님과 인간과 자연이 분리되는 현상이 나타났다. 여기에서는 인간도 자연도 하나님에 의하여 창조된 피조물로 인식되고 하나님은 초월적인 창조자로 인식되었다. 그러므로 인간은 자연의 일부가 아니며 하나님에 의하여 창조된 인간과는 다른 것으로 인식되게 되었다. 그 결과 자연은 인간의 과학적 파악의 대상으로 전락하게 되는 방향으로 발전할 수 있는 계기가 마련되게 되었다. 근세에 와서 자연은 생명적, 심적인 요소가 있는 자연개념은 완전히 사라지고, 생명이 배제된 무기적 자연, 즉, 죽은 자연, 인간의 이용의 대상이 될 뿐인 자연만을 의미하게 되었다. 이와 같은 자연개념은 자연법학에서의 자연과는 다른 의미로서 현상으로의 자연에 대한 개념이다. 그러나 이러한 자연개념 내지 자연관은 극복되어야 한다. 자연도 생명이 있으며, 자연을 오로지 인간의 정복대상으로만 이해하던 자연관은 자연파괴를 가져왔고 자연재앙을 초래함을 잊어서는 아니될 것이다. 자연도 그 자신의 생명을 가진 존재이며 인간과 조화로운 관계에서 서로 공존하여야할 존재임을 想起해야할 것이다.

자연법론 내지 자연법학에서의 자연의 개념은 현실적으로 존재하는 질서위에 존재하는 보편적인 가치질서를 의미한다. 그러한 보편질서는 현존질서위에 별개로 존재한다고 본 시대도 있었고, 현존질서에 내재한다고 파악한 시대로 있었다. 또한 그러한 보편질서인 자연은 성문화되기도 하고 성문화되어 있지 않기도 하며, 신에 의한 창조에 의한 질서일 수도 있고 인간의 이성에 의한 사고의 질서로도 이해된다. 그러나 자연은 인간의 실정질서의 근본이 되는 인류의 창조질서로 파악함이 가장 타당하고 판단된다. 그러므로 자연법의 근원인 자연은 신의 창조질서로 파악되어야할 것으로 생각된다. 인간의 이성에는 한계가 있으므로 한계가 있는 이성의 질서를 자연으로 파악하는 것은 한계가 없다고 주장하는 인간의 傲慢이자 인간 자신에 대한 過信이라 생각된다.

존 록크(John Locke: 1632–1704)에서 가장 현저히 나타난다.

홉스는 자연상태를 만인의 만인에 대한 투쟁상태(bellum omnium contra omnes)로 파악하였다.[18] 그에 반해 록크는 자연상태를 자유롭고 평화로운 상태로 파악하였다.[19] 또한 그는 자연상태를 만인이 모두 평등한 상태로 이해하였다.[20] 홉스와 록크가 동일한 상태인 자연상태를 서로 전혀 반대의 상태로 이해한 것은 그들이 살던 시대에 대한 그들의 정치적인 성향 내지 志向과 일치한다. 홉스는 당시 영국의 王政을 지지한데 반하여 록크는 共和政을 지지하였다. 그들은 다같이 국가성립의 근거를 사회계약(Sozialvertrag)에서 구했지만 사회계약의 내용이 또한 서로 상반되었다.

홉스에게 자연상태는 만인이 만인을 상대로 한 투쟁상태이면서 無法狀態이기 때문에 그 혼동상태를 극복하기 위하여 사람들은 사회계약에 의하여 인민은 그들의 권리를 남김없이 전부 국가의 지배자에게 위임하고 그 지배자에게 절대복종하여야 한다고 하였다. 그리고 홉스는 절대권력자에게 지배권력을 위임한 인민은 그 절대지배자의 지배상태에 저항하거나 그의 정치권력을 顚覆할 권리는 없다고 하였다. 그리하여 그는 그가 지향한 절대왕정의 정당성을 인정하려고 하였으며, 당시의 공화정을 지지한 세력에 대항하는 이론을 제공하였던 것이었다. 홉스의 이와 같은 자연상태와 사회계약에 관한 이론은 인간의 본성에 관하여 性惡說에 입각하였다고 볼 수 있다.

이에 대하여 록크에게 있어서의 자연상태는 자유와 평등과 평화의 상태이었으며, 인민은 재화에 대한 사소유권을 갖고서 화평하게 살아가는 상태였다. 이러한 자유와 평화와 사유재산이 보호되는 자연상태를 사회상태에서도 그대로 유지하기 위하여 인민은 사회계약에 의하여 지도자에게 그러한 자연상태를 유지하도록 그들의 권리를 위임하였으며 지도자가 자연상태를 위반하는 권력행사를 하는 경우에는 그 지도자를 제거할 수 있고, 그들의 정부를 전복할 수 있다는 暴君放伐論 내지 抵抗權 행사의 정당성을 인정하였다. 이러한

---

18) Jennifer Koch, Naturzustands–und Naturrechtsgedanken im politischen Denkens John Lockes(München, GRIN Verlag, 2009), S. 16. 그러므로 그는 인간을 社交的인 存在로 이해하는 것은 잘못되었다고 하였다.

19) A. a. O., S. 5.

20) A. a. O., S. 6.

록크의 자연상태에 대한 이해와 인민의 폭군에 대한 저항권 행사의 인정은 인간의 본성에 대하여 性善說의 입장에 있었다고 파악되며, 이와 같은 록크의 사상은 영국에서는 명예혁명(Glorious Revolution: 1688－1689)과 권리장전(Bill of Rights: 1689)의 이론적 근거가 되었으며, 미국의 독립선언(Declaration of Independence: 1776)과 독립혁명(1775－1781), 그리고 프랑스대혁명(1789)과 프랑스 인권선언(1789)의 이론적 기초가 되었다.

생각건대 자연상태는 홉스가 말한 투쟁상태 내지 혼돈상태는 아니며, 평화로운 자연상태였던 것으로 이해되고 그렇게 이해함이 마땅하다고 생각된다. 인류의 최초의 상태는 평화로운 상태라고 이해된다. 그것이 바로 자연상태였으며, 그 자연상태가 힘이센 강자에 의하여 사회상태 내지 지배상태로 발전되었다고 이해된다. 자연상태에서 사회상태로의 전환에 의한 사회상태의 정당성은 사회계약에 의하여 이루어졌다고 이해되며, 그 사회계약의 내용은 사회상태이전의 牧歌的이고 평화로운 자연상태의 회복을 위한 내용으로 구성되었다고 이해함이 바람직하다고 생각된다. 따라서 자연상태에 관한 록크의 이해와 설명이 자연상태에 관한 적절한 설명으로 이해된다.

자연권은 자연상태를 자유와 평등 그리고 평화의 상태로 이해할 때에 비로소 인정될 수 있으며 혼돈상태로 파악할 때에는 자연권을 인정할 수 없다. 따라서 록크는 자연권을 인정하였다. 그러나 홉스는 사회계약은 인정하였지만 자연권은 인정하지 아니하였다. 그는 오로지 실정적인 권리만을 인정하였을 뿐이었다. 록크는 자연권으로서 생명권, 자유권, 평등권 그리고 사유재산권을 특히 강조하였다.[21] 더 나아가 록크는 노예제도의 금지를 주장하였다.[22]

록크는 자연상태에서 인민은 자연적인 의무를 부담하는 것으로 이해하였다. 자연적인 의무는 법으로 文字化되지도 아니하고 공포되지 아니하였지만 인간의 이성에 의해서 알게 된다고 하였다.[23] 자연상태에서 인민은 자기보존의 의무가 있으며, 타인에 대한 不侵의 의무를 진다고 하였다. 록크는 이러한 의무를 자연상태에서의 인민의 의무로 이해하였다.[24]

---

21) A. a. O., S. 10.
22) A. a. O., S. 11.
23) A. a. O., S. 12.
24) A. a. O., S. 13.

자연상태를 자유롭고 평화로운 상태로 이해한 록크는 자연상태의 법을 자연법이라고 하였다. 그는 이 법을 Naturrecht라 하지 아니하고 Naturgesetz라고 하였다.[25]

그리고 록크는 자연법에 의한 저항권을 인정하였다. 그러나 홉스는 이를 인정하지 아니하였으며 인민은 절대왕정의 통치에 따를 것만을 주장하였을 뿐이다. 저항권은 이론적으로나 역사적으로나 국가권력이 남용되었을 때에 그것에 대한 대응권력으로서 승인되고 그 행사가 정당화되었다.[26] 저항권은 聖書에서 그 근거를 두고서 법사상으로 인정되기 시작하였으며, 록크의 자연법에서는 확고한 인민의 권리로 인정되게 되었다. 신약성서의 사도행전 제5장 제29절의 "사람보다 하나님을 순종하는 것이 마땅하느니라"(Man muß Gott mehr gehorchen als den Menschen)는 성서에서부터 不義한 지배자의 권력에 의한 불의한 법을 따르기보다는 정의로운 하나님의 법을 따르라는 것이며, 하나님의 법을 따른 결과로 순교를 당한 데서부터 저항권의 역사는 시작되었다고 본다.[27]

미국독립혁명, 프랑스대혁명은 록크의 자연법에 의한 저항권 행사의 극치였다. 이러한 자연법에서의 저항권은 오늘날 인류의 보편가치를 담은 법치국가체제가 마련되어 있지 아니한 곳에서는 그것을 쟁취하게 위한 수단으로서, 인류의 보편가치를 담은 법치국가체제가 이미 쟁취되어 있는 곳에서는 그 유지를 위한 수단으로서, 그리고 인류의 보편가치를 담고 있는 법치국가체제가 파괴되었을 때에는 그것을 다시 회복하기 위한 수단으로서 작용하는 법원리로 발전하였다.[28]

이와 같이 자연, 자연상태, 자연법, 자연권, 저항권 등이 자연법에서 주장되어 논의되고 있는 주제들이지만 자연법론자들 모두에게 통일적으로 이해되고 정리되지는 못한 상태로 계속되고 있다. 그러나 록크가 이해한 자연상태는

25) 아마도 이는 록크가 전개하였던 사회계약이전 상태에서도 존재하였고 사회계약에 의하여 성립된 사회상태에서도 존재하며 사회상태에서도 계속적으로 실현하고자 하였던 자연법(Naturrecht)과 사회상태 이전의 자연상태에서만의 법인 자연법(Naturgesetz)과를 구별하고자 한 것으로 이해된다. 그러나 그 내용에 있어서는 동일한 것으로 이해된다.

26) 심재우, 저항권 (고려대학교 출판부, 2000), I면.

27) Rüthers, a. a. O., Rn 422.

28) 심재우, 전게 저항권, 1면.

인류의 이상적인 자유와 평등과 평화가 보장된 보편적인 가치가 지배하는 사회로 이해되며, 앞으로도 그러한 이상적인 사회를 이루고자 하는 인류의 염원을 법에서 실현하고자 하는 법정책적 이념이기도 하다. 자연상태는 유지되고 더 승화되어야 하며, 자연법도 자연권도 저항권도 인정되어야 할 실정법밖에 있으면서 실정법의 지도이념이 되어야할 규범이며 권리라 생각된다. 보다 넓게 자연법론은 실정법을 보다 인류보편의 가치를 실현하도록 하는 이끌어가는 법사상이라 생각된다.

5. 자연법론과 법실증주의의 상호교착

법실증주의(Rechtspositivismus)는 입법자에 의하여 제정된 법률은 그 내용의 정당성과는 관계없이 항상 그 효력을 갖는다는 법사상이며, 법은 입법자의 의사에 의한 결정이며, 법은 오로지 제정법만이 존재하며, 제정법위에 초실정법적인 법의 존재를 부인한다. 그러므로 법실증주의하에서는 입법자에 의하여 제정만 되면 법이며, 악법도 법임을 인정한다.[29] 이와 같은 법실증주의의 특징은, 첫째로 법과 도덕을 구별하며, 둘째로 법이 不道德, 不正當하더라도 법에 복종할 의무를 인정하며, 셋째로 법효력의 근거를 법의 내용의 정당성 내지 타당성에서 보다는 실효성으로만 보고자 하며, 넷째로 법의 징표를 명령, 의지로 보며 實定性의 계기를 중요시한다. 이처럼 법실증주의에서는 법의 내용의 정당성 내지 정의에의 부합여부보다는 권력자에 의하여 제정만 되면 그 법은 내용의 정당성에 상관없이 그 효력을 갖게 되어 강제력을 갖는다고 본다.

자연법은 좋은 법을 찾고자 하는 법사상 내지 법정책인데 반하여, 법실증주의는 그러한 좋은 법이냐 바쁜 법이냐의 판단보다는 법의 실효성과 법적안정성을 중시하는 법사상이다. 자연법은 입법자에 의해서 법이 제정되었다 하더라도 그 내용이 정의롭지 못하면 그 법의 효력을 부인하고자 하는 법사상인

29) 이와 같은 법실증주의는 실정법의 입법기술을 촉진하고, 법해석학의 방법론을 발전시킨 공로는 인정될 수 있으나, 법의 근원과 법의 구속력의 원천을 밝히지는 못하였으며, 부정한 법에 대한 국민의 저항을 해명하지 못하였다(李太載, 法哲學史와 自然法論(法文社, 1984), 150면).

데 반하여, 법실증주의는 법의 내용보다는 법의 실정성을 중시하고 강조하는 법사상이다.

법실증주의와 자연법론은 법의 역사를 통하여 서로 영향을 주고 받으면서 발전되어 왔다. 그 역사적 과정을 역사를 거슬러 살펴보면, 그리스에서는 먼저 소피스트들이 강자의 이익이 정의라고 주장하면서 보편적 가치의 존재를 부인하였다. 이러한 소피스트들의 법실증주의적 주장에 대하여 소크라테스, 플라톤, 아리스토텔레스 등이 보편적, 이상적 세계의 존재와 그 가치 및 그 법질서의 존재를 주장하여 자연법의 사상적 기초를 닦았다. 소크라테스는 이러한 보편세계의 존재에 대한 주장과 설득에 의한 자연법적 사상의 주장으로 자연법을 위한 첫 순교자가 되었다. 그리스에서 소피스트들의 법실증주의적 주장과 행동이 자연법적인 사상을 胎動케 한 원인을 제공하였다고 판단된다.

서양 중세에는 아우구스티누스, 토마스 폰 아퀴나스 등 대표적인 자연법론자들이 자연법은 실정법위에 존재하며, 그 자연법은 인간이 이해하고 파악한 神法이라고 하였다. 그리고 기독교의 가르침을 바탕으로 하여 인류보편적 가치와 질서의 존재를 주장하였다. 그러나 중세도 역시 신의 의지 내지 신의 의사가 중요하고 그것이 법의 근거라는 主意主義(Voluntarismus)가 나타나, 인간의 이성에 의하여 파악된 객관적으로 先在하는 신법을 자연법으로 파악한 主知主義(Intellektualismus)에 대항하였다. 아우구스티누스, 아퀴나스의 주지주의에 대하여 요한네스 둔스 스코투스(Johannes Duns Scotus: 1266-1308), 윌리엄 폰 오캄(Wilhelm von Ockham: 1285-1349) 등이 주의주의를 주장하여 중세의 법실증주의를 주창하였다. 그들은 唯名論者(Nominalist)들로서 個體만이 존재하고 보편적인 세계의 존재를 부인하였다.

중세는 기독교의 영향이 강력하여 자연법 사상이 강력한 힘을 발휘하였다. 그러므로 중세에는 그리스에서와 달리 그 시대의 절대적인 지배사상이었던 자연법사상에 저항하여 법실증주의가 주장된 면이 없지 아니하다고 판단된다.

근세에 와서도 인간이성의 법을 자연법으로 이해하고자 하는 법사상이 강력하였다. 수아레즈(Francisco Suarez: 1548-1617), 그로티우스(Hugo Grotius:

1583－1645), 푸펜돌프, 토마지우스, 볼프, 록크 등이 자연법을 주장한데 반하여, 분석법학자였던 영국의 오스틴(John Austin: 1790－1859)이 대표적으로 법은 주권자의 명령이라고 하여 법실증주의를 주장하였다.[30] 그러나 근대에는 자연법에 의하여 민주적인 법제도를 갖출 수 있었다. 그러한 자연법론의 주장에 의하여 국가가 제정한 법률의 내용이 인간의 본성과 사물의 이치에 부합하는 자연법이 되었을 때에 비로소 그러한 제정법의 체계화와 명확화 및 안정화를 위해서는 법실증주의의 功이 있었다고 평가된다. 그러나 근본적으로 근세의 법실증주의는 법의 내용의 보편성 내지 타당성을 소홀히 다룬 것은 적절하지 않다고 생각된다.

근본적으로는 자연법에 의하여 더 나은 더 정의로운 사회로 법의 역사는 진행되어 왔으며, 인간이 인간답게 살 수 있도록 법적 뒷받침을 하여 왔음을 알 수 있다. 그러나 한편으로 국가는 賢人에 의한 통치가 이루어진 것만은 아니었다. 권력을 가진 자에 의한 暴惡한 虐政을 겪는 일이 생겼으며 그 때에는 법실증주의가 득세한 시기를 맞았다. 근본적으로 법의 역사는 자연법이 새로운 보다 나은 사회, 더 좋은 법의 정립으로 이끌어왔다고 판단된다. 지금 문명국가들의 제도들은 자연법학이 이루어놓은 법제도들이라 평가된다. 법실증주의는 보다 나은 새로운 사회 그리고 보다 좋은 법을 찾아 나가는 법사상으로는 별 기여를 하지 못한 것으로 평가된다. 법실증주의는 자연법론이 이루고자 하는 내용을 제정법으로 모두 실정화했을 때에 비로소 그 가치를 발휘할 수 있는 법사상이라 평가된다. 그러나 법의 역사를 거슬러 살펴보면 지금까지 자연법이 완벽하게 실정법화되지는 않았으며, 앞으로도 영원히 자연법의 완전한 실정법화는 이루어지지 못할 것이다.

---

30) 참고로 현대의 순수법론자였던 켈젠(Hans Kelsen: 1881－1973)은 법단계설에 의하여 실정법의 체계화를 추구하였지만 결국에 가서 최상위에는 실정법이 아닌 근본규범(Grundnorm)이 존재함을 인정하고 말았다. 그 근본규범은 자연법이라고 하지 아니할 수 없을 것이다.

Ⅱ. 자연법론의 생성

1. 그리스 역사의 발전 원인과 결과 槪觀

자연법 사상의 생성과 관련한 그리스의 역사는 아테네와 페르샤간에 일어난 페르샤 전쟁을 그 시발점으로 이해하는 것이 일반적이다. 그리스는 일찍부터 여러 개의 도시국가(polis)로 형성되었으며 도시국가 중에서 가장 앞선 도시국가가 바로 아테네였다.

아테네를 중심한 그리스는 BC 490에서 BC 479년 사이에 페르샤의 침입으로 시작된 전쟁을 치루었다.[31] 그 전쟁이 바로 페르샤 전쟁이었다. 이 페르샤 전쟁에서 거대한 왕정국가였던 페르샤에 대항해서 조그만 도시국가였던 아테네가 승리를 거두었다. 페르샤 전쟁의 승리로 아테네는 물질적인 풍요를 향유하게 되어 그 넘쳐나는 富로 페르샤와의 전쟁승리를 기념하기 위한 파르테논神殿을 BC 447년에서 BC 438년에 걸쳐 건립하였다.[32] 이와 함께 수많은 외부사람들이 풍요로운 富의 도시국가였던 아테네로 유입되어 들어왔다.

그리고 페르샤 전쟁에 승리한 아테네국가의 권력자들은 아테네의 통치를 위한 지식과 지혜, 즉 철학이 필요하였다. 이러한 지배자의 지식의 필요성을 채워준 사람들이 바로 당시의 떠돌이 지식인(Wanderlehrer)들이었던 소피스트들이었다.[33] 소피트들은 서력기원 전 5세기에 아데네에서 활동한 사람들로서 그들은 철학자가 아니라 수사학(Rhetorik)을 구사한 사람에 불과하였다.[34]

이와 같이 아테네로 유입된 외부인들은 아테네가 그들이 살던 과거의 도시와는 다른 국가이고 異國인 아테네에서 삶을 유지하기 위하여 전승국가인

31) 아테네와 페르샤간의 전쟁은, BC 492년에 제1차 페르샤 전쟁이 일어났고, BC 490년에 제2차 페르샤 전쟁이, 그리고 BC 480년에 제3차 페르샤 전쟁이 일어났다. 아테네는 제3차 페르샤 전쟁에서 최종 승리를 거두었다.

32) 파르테논신전 건축을 시작한 당시의 아테네 통치자는 페리클레스(Perikles: BC 500－429)이었다. 페리클레스의 통치의 시대에 소피스트인 Protagoras는 물론 Sokrates도 펠리클레스에 자문을 하였다.

33) Matthias Vogt, Philosophie: Von der Antike bis zur Gegenwart (Netherlands, Rebo International b.v., 2008), S. 37.

34) Klaus Adomeit, Rechts－ und Staatsphilosophie: Antike Denker über den Staat I, 3. Aufl.,(Müller, 2001), S. 1.

아테네의 취향에 맞는 주장들을 하였다. 그들이 바로 소피스트들로서 대표적인 소피스트인 프로타고라스(Protagoras: BC 485-415)는 만물의 척도는 인간이다(Der Mensch ist das Maß aller Dinge)라고 하였다.[35][36] 이러한 소피스트들의 주장은 객관적이고 보편적인 세계를 부인하고 현재의 지배자의 지배질서의 정당성을 인정하는 주장으로서 점차 민주정의 도시국가였던 아테네가 점차 타락하는 길로 인도한 것이었다. 그들의 특징은 회의주의와 상대주의였다.[37] 그리고 그들의 방법론은 修辭學(Rhetorik)이었다.[38] 그들은 가치의 기준없이 연설을 하거나 논쟁을 일삼는 진리를 誤導한 사람들이었다. 이러한 가치도 종교도 윤리도 없는 소피스트들의 활동에 대해 소크라테스와 플라톤이 진리를 수호하기 위하여 소피스트들의 언동에 반론을 전개하였던 것이었다. 그리하여 소크라테스와 플라톤은 대화를 통하여 진리에 입각한 바른 길을 제시하였던 것이었다.

더욱이 기원전 431년에서 404년까지 아테네와 스파르타간에 펠로폰네소스 전쟁이 일어나 아테네가 스파르타에 패하여 아테네는 민주적 질서가 무너지고 힘이 지배하는 사회로 변하였다. 이 시대에는 그리스는 법질서가 무너지고 힘이 지배하는 혼란의 시대를 겪게 되었다

이러한 혼란의 시대에 프로타고라스 이외에도 대표적인 소피스트들은 고르기아스(Gorgias), 칼리크레스(Kallikles), 트라시마코스(Thrasymachos) 등이 있다. 고르기아스는 권력을 쟁취하고 유지하기 위해서는 어떠한 속임수도 허용된다고 주장하여 훗날 마키아벨리즘의 元祖가 되었다.[39] 칼리크레스는 민주주의적인 다수결의 원칙을 의심하였으며, 모든 투쟁은 강자의 법아래 있다고

---

35) Stig Strömholm, Kurze Geschichte der abendländischen Rechtsphilosophie(Göttingen, UTB Vandenhoeck & Ruprecht, 1991), S. 29..

36) 후세의 史家들은 Protagoras를 평가하기를, 프로타고라스는 플라톤의 이데아론에 대항한 사람이며, 객관적인 진리의 존재를 부인한 사람이며, 그는 민주주의의 요청인 상대주의를 주장한 사람이며, 플라톤이 민주주의의 敵인데 반하여 프로타고라스는 인문주의자(Humanist)로 평가하고 있다(Vgl., Adomeit, a. a. O., SS 2-3). 그리하여 라드부르흐(Gustav Radbruch: 1878-1949)는 바이마르시대에 프로타고라스의 입장을 이어 받았다고 한다(Vgl., Adomeit, a. a. O., SS 7).

37) Reinhold Zippelius, Geschichte der Staatsideen, 9. Aufl.(Beck, 1994), S. 14.

38) A. a. O., S. 14.

39) Adomeit, a. a. O., S. 15.

하였다. 그리하여 그는 민주주의에 반대하고 독재주의를 찬양하였으며, 그는 강자에 대한 믿음을 갖고 있었다.[40] 그리고 트라쉬마코스는 법에 있어서의 강자를 옹호하였으며, 정의란 강자에게 유리한 것 이외에 아무 것도 아니다(Das Gerechte sei nichts anderes als das dem Stärkeren Zuträgliche)라고 하였다.[41]

이러한 소피스트들에 대항하여 거리의 철학자(Straßenphilosoph)였던 소크라테스가 나타나 소피스트들의 주장이 옳지 않음을 주장하였다. 그는 소피스트들의 주장에 대하여 아테네 시민들이 현혹되지 말고 스스로 자신을 알고 깨우치도록 가르쳤다. 이러한 소크라테스의 소피스트들에 대항한 주장에는 자연법 사상으로 설명될 수 있는 사상이 그 중심된 내용을 이루고 있었다.

이와 같이 페르샤 전쟁을 치룬 아테네는 다시 BC 431년부터 30년간에 걸려 스파르타와 펠로폰네소스 전쟁을 치루었다. 그러나 펠로폰네소스 전쟁에서는 아테네가 스파르타에 패하였다. 아테네가 페르샤 전쟁에서 승리한 후에 아테네는 풍요와 평화의 시대를 누리면서 시민들의 의식과 정신도 아테네의 정체성을 상실해 갔으며, 그것들은 결국 스파르타와의 전쟁에서 패하는 결과를 초래하였다.[42] 아테네의 민주적인 헌법질서는 스파르타의 30인의 위원회의 결의로 대체되었다.[43] 이로 인하여 아테네시민들의 정신이 흐트러지게 되어 아테네의 나라가 쇠락의 징후를 보이기 시작하였다. 이렇게 정신적 지주가 흔들리고 국가가 쇠락하였을 때에 비로소 이를 극복하기 위한 새로운 사상이 배태되는 것이다. 그 결과로 플라톤[44](BC 427−347)이 현상의 국가위에 초월적인 세계가 있다는 이데아론을 주장하게 되고, 현실세계는 이데아 세계의 조명을 받아 그 이데아 세계로 발전되어 나가야 한다고 주장하였다.

---

40) A. a. O., SS. 16−18.

41) A. a. O., S. 20.

42) 한 나라가 평화의 상태가 오래 지속되면 그 구성원들이 타성에 빠지게 되며, 새로운 세계를 향한 혁신보다는 현재에 안주하게 됨으로써 결국 그 나라는 쇠락의 길을 걷게 되는 것이 역사가 가르쳐 주시는 진리이다(이기동, “신라의 쇠태에 대하여”, 대한민국학술원 학술세미나(2011. 5. 12) 자료집, 9−10면 참조).

43) 이 30인의 위원회의 결의로 소크라테스를 심판하여 죽음에 이르게 하였다(Vgl., Nobert Horn, Einführung in die Rechtswissenschaft und Rechtsphilosophie, 5. Aufl.(C.F.Müller, 2011), Rn 226).

44) 플라톤은 아테네 출생이며 富豪家의 아들이었다. 그는 그가 소유한 재산을 이웃에게 나누어 주고 현실정치에 나아가지 아니하고 그가 설립한 아카데미니아(Akadêminia: Akademie)에서 오로지 학문과 교육에 몰두하였다.

아테네는 BC 338년에 마케도니아의 지배를 받는 식민지로 전락하였으며, 곧이어 마케도니아의 알렉산더 대왕(BC 336－323)의 東方遠征에 휩싸이게 되었다. 이렇게 아테네가 마케도니아의 식민지로 전락하여 피폐하였을 때에 다시 그리스에서는 아리스토텔레스(BC 384－322)가 나타나 이데아의 세계가 현상세계와는 별개로 존재하는 것이 아니라 현상세계에 내재하면서 현상세계를 이데아의 세계로 목적론적으로 발전시켜 나간다고 주장하였다. 이러한 아리스토텔레스는 역설적으로 마케도니아의 아테네 지배를 아테네의 이상상태가 지배국인 마케도니아 국가로 발전한 것이라고 하는 마케도니아의 아테네 지배를 정당화하는 이론을 내재하고 있었다고 판단된다.[45] 그러나 다른 한편으로는 쇠락한 아테네의 재건의 길을 그의 철학을 통하여 찾고자 하였다고 판단된다.

그 후 BC 175년에는 아테네를 중심한 그리스 전체는 마케도니아까지 포함하여 로마의 屬州가 되고 말았다. 그리고 스파르타도 BC 146년에 로마에 복속되고 말았다. 그리하여 BC 2세기에는 그리스는 독자적인 국가가 아니라 로마의 영토로 편입되고 말았다. 그 결과는 에게海를 중심한 그리스의 입장에서는 나라가 없어지게 되었지만 로마의 입장에서는 영토가 확장되고 지중해를 內海로 하는 大國으로 발전하게 되었다.

이러한 시대의 변화에 맞추어 그리스에서는 새로운 철학, 법사상이 탄생하게 되었다. 그것이 바로 제논[46](BC 340－260)으로부터 시작된 사해동포적인 스토아철학이었다. 이러한 스토아학파에서 자연법이 발전되고 자연법 사상이 크게 융성하게 되었으며, 스토아학파의 사상은 로마에 전하여져 로마법의 古典時代를 이루는 법사상이 되었다. 이러한 스토아학파의 자연법 사상과 사해동포사상은 대국을 이룬 로마의 발전방향에 부합하는 사상이 되었으며, 그리스를 위한 사상이라기 보다는 이미 대국을 이루고 있었던 로마의 사상이 되었다. 또한 알렉산더 대왕의 동방원정에 의하여 이루어진 동서양문화의 혼합화 시대인 헬레니즘(Hellenism)시대[47]에 부합하기 위하여 생성된 사상이기도 하

45) 아리스토텔레스는 마케도니아 출생으로서 아테네에 와서 활동하였으며, 알렉산더 대왕의 스승으로서 그의 보호를 받았으며, 알렉산더 대왕이 사망하자마자 아리스토텔레스도 아테네를 떠나서 곧 사망하였다.

46) 제논은 키티온, 즉 지금의 사이프러스(Zypern: Cyprus) 출신이었다.

다. 그리하여 스토아학파의 사상은 로마에서 기독교에 의한 신학이 사상과 학문의 중심적인 역할을 담당할 때까지 로마를 대제국으로 성장케 한 사상으로 기능하고 그 역할을 다하였다.

이와 같이 그리스에서의 법사상과 법철학의 변화를 그리스의 시대변천에 비추어 보면, 법사상과 법철학은 그 시대의 변화에 적절히 대응하기 위한 이론으로 주장되고 정착되어 왔음을 알 수 있다. 따라서 법사상과 법철학도 시대변화에 적절히 대응하기 위한 학문적 노력의 산물이라 할 수 있다. 그러므로 자연법의 이해도 시대사정의 변화와 함께 파악되어야할 과제임을 알 수 있다.

2. 소피스트들의 등장과 그들의 주장

소피스트[48]들은 보편인 세계를 부인하고 개체가 존재할 뿐이며, 일반적이고 객관적인 가치의 존재나 보편적인 정의를 부인하고 힘있는 강자의 의사와 이익을 정의라고 함으로써 당시의 지배자들이었던 강자의 의사와 이익을 대변하는 주장을 하였다. 그리하여 소피스트들은 당시의 지배자들에게 迎合하는 주장을 한 것이었다. 이러한 소피스트들을 詭辯論者들이라고 한다.

대표적인 소피스트들의 주장들을 보면, 프로타고라스(BC 480－410)는 만물의 尺度는 인간이라고 하여 객관적인 진리를 부인하고, 구체적인 인간관계에서 진리가 결정되며, 따라서 진리는 상대적이라고 하였다.[49] 그리고 칼리클레스(Kallikles: BC 5세기)는 자연법은 강자의 법으로서 그것에 의하여 폭정이 정당화된다고 하였다.[50] 이러한 소피스트들은 민회, 법정, 선거 등에서 말(言語)로써 그들의 주장을 펼쳤다.[51]

이와 같은 소피스트들은 절대적이고 객관적 가치를 부인하고, 모든 것을 상대적으로만 이해하고 주장한 法相對主義(Rechtsrelativismus)자들이었다.[52] 또

47) 헬레니즘은 알렉산더대왕의 동방원정으로부터 시작되어 약 300년간 지속되었다. 그 결과로 동서양 문명이 서로 교류하고 혼합된 새로운 문명을 탄생시켰다.
48) 소피(sophie)란 학문함을 의미하며 소피스트(Sophist)란 賢者을 의미한다.
49) Kaufmann, Hassemer(hrsg.), a. a. O., S. 36.
50) A. a. O., S. 36.
51) Vogt, a. a. O., S. 37.
52) Wolfgang Naucke, Regina Harziger, Rechtsphilosophische Grundbegriffe, 5. Aufl. (München,

한 그들은 극히 현실주의자들이었다. 그리하여 소피스트들은 객관성, 보편성을 부인하였으며, 사물의 본질의 존재를 부인하였다.[53)]

이러한 소피스트들의 주장을 가장 잘 정리한 사람이 바로 고르기아스(Gorgias: BC 483−376)였다. 그는, "아무 것도 존재하지 않는다. 존재한다 해도 알 수가 없다. 알 수 있다고 해도 전달할 수 없다"고 하는 命題로써 소피스트들의 사상세계를 잘 나타내 보여주었다.[54)] 이는 바로 소피스트들의 허무주의, 회의주의, 상대주의를 보여주었던 것이었다.[55)]

이와 같이 소피스트들은 페르샤 전행 후에 外地에서 아테네로 떠돌아 들어온 떠돌이 지식인들로서, 당시에 철학이 부족하고 통치방향에 관한 지식과 지혜를 갖추지 못한 아테네의 권력자의 비호를 받으면서 살아가고자 했던 지식인들이었다. 그러므로 그들은 당시의 권력자의 명령, 통치를 바로 정의라고 옹호하면서 권력자의 취향에 맞는 주장을 하였던 것이었다. 따라서 이러한 소피스트들이 활동하고 권력자들이 소피스트들의 주장에 의존하였던 시대의 아테네는 질서가 흐트러지고 점점 타락하고 쇠퇴해 질 수밖에 없었다. 이러한 문란하고 타락하고 쇠퇴해져 가는 아테네를 구하기 위해서는 소피스트들의 궤변에 대항 할 수 있는 보편적 가치를 추구하는 사상가들이 나타나야만 하였다.[56)] 이러한 시대의 부름에 등장한 철학자, 사상가들이 바로 그리스의 3台星이었다.

3. 초기 자연법 사상가들과 그들의 주장

(1) 소크라테스와 그의 주장

소피스트들에 의하여 아테네가 정신적 혼란상태에 빠져있을 때에 소크라테스는 그러한 혼란을 극복하기 위한 보편적인 가치의 세계가 있음을 젊은이

Luchterhand, 2005), Rn 34.

53) 이정우, 세계철학사 1: 지중해세계의 철학 (도서출판 길, 2011), 205면.

54) 상게서, 206면.

55) 상게서, 207면.

56) 정의롭고 보다 나은 사회를 위한 새로운 사상과 철학은 시대가 혼란스럽고 혼탁할 때에 뜻있는 사상가들에 의하여 배태되어 탄생하는 것이다. 페르샤 전쟁에서 승리한 아테네의 경우도 마찬가지였다.

들에게 가르쳤다. 그는 아테네 출신으로서 對話하는 방법으로 아테네 시민으로 하여금 자신을 깨닫고 자신이 보편적이고 객관적인 존재임을 깨우치려고 하였다. 그는 대화의 상대방에게 질문하고 답하는 소크라테스 방법론(socratic method)으로 자신이 누구인지에 관한 깨달음에 이르도록 하였다. 그는 보편적이고 객관적인 진리의 세계가 존재함을 주장하고 그 진리의 세계를 깨닫도록 하였던 것이었다. 그는 정의란 무엇인가, 지혜란 무엇인가, 선이란 무엇인가 등을 물었다. 이러한 물음과 답을 통하여 궁극적으로 그는 내가 누구이며, 선이란 무엇인가에 대한 인식에 도달하고자 하였던 것이다.[57)]

그는 결국에는, "나는 내가 아무 것도 모른다는 것을 알 뿐이다"(Ich weiß, dass ich nichts weiß)라는 궁극에 도달하였다.[58)] 그리고 그는 진리를 깨닫도록 젊은이들을 가르쳤던 것이다. 이러한 그의 가르침으로 그는 강자의 의사 내지 명령이 법이라고 주장한 당시의 권력자에 영합한 소피스트들의 주장에 대항하였던 것이었다.[59)]

그러나 그는 당시의 권력자와 영합한 소피스트들로부터 당시의 아테네 국가의 神에 대하여 不敬(Missachtung)의 죄를 범하고 젊은이들을 誤導하였다는 죄로 사형에 처해졌다. 그의 친구들은 도망할 것을 권유하였으나, 소크라테스는 그의 삶의 목적은 진리의 추구에 있었으며, 법이 좀 異常하다고 하여 그 법을 따르지 않기로 하는 것은 그가 평생동안 실천해 왔던 진리를 위한 善行을 부인하는 것이 된다는 이유로 죽음을 받아드렸다.[60)][61)] 그리하여 그는 결국 진리의 순교자, 자연법 사상의 첫 순교자가 된 것이었다고 평가된다. 소크라테스의 죽음을 후세사가들은 司法殺人(Justizmord)라고도 한다.[62)] 이와 같이

---

57) Horst Poller, Die Philosophen und ihre Kerngedanken: Ein geschichtlicher Überblick (München, Horst Poller Verlag, 2007), S. 67.

58) Vogt, a. a. O., S. 45.

59) 소피스트들은 修辭에 능하고 犬儒的(cynical)이었다(Vgl., Ninian Smart, World Philosophies (London, Routledge, 2000), S. 132).

60) Vogt, a. a. O., S. 43.

61) 이는 결국 법이 자기의 사상세계에 반한다고 하여 국가가 제정한 그 법을 따르지 않고 도망을 가면, 그것은 자기가 평생토록 국가를 위하여 선행을 실천하여 왔는데 그러한 자기의 평생의 국가를 위한 善한 삶을 스스로 否認하는 결과가 되기 때문에 죽음을 받아드린 것이었다. 다시 말하면 소크라테스는 그가 추구하고 가르쳐 왔던 진리를 그의 평생동안 간직하고 그것을 지키기 위하여 죽음을 받아드린 것이었다. 또한 소크라테스가 살기 위하여 도망을 갔더라면 그것은 그가 주장하였던 진리를 부인하는 것이 되었기 때문이었다.

소크라테스는 진리를 끝까지 고수하다가 불의의 세력에 의하여 죽음을 당하게 되었던 것이었다. 소크라테스는 진리를 위한 순교자이기 때문에 철학사에 길이길이 기억되는 것이라 이해된다.

(2) 플라톤과 그의 주장

플라톤은 소크라테스의 제자로서 소피스트들의 진리와 정의의 相對化의 궤변에 대항하였다. 플라톤은 이데아론으로 객관적, 보편적인 진리를 주장하고, 당시의 민주정이 타락한 衆愚政의 국가질서를 비판하고 나라의 지배자들이 철학자들일 것을 내용으로 하는 이상국가(Politeia)를 주장하였다.[63)][64)] 플라톤은 BC 387년에 오늘날 대학의 최초의 前身으로 평가되는 아카데미니아[65)] (Akadêminia)를 설립하여 이데아론를 講論하였다.[66)] 아카데미니아에서는 철학, 천문학 및 수학이 가르쳐 졌다.[67)] 아카데미니아에서의 주요논제는 국가 내에서의 정의(Gerechtigkeit)의 문제였으며, 그 외에도 도덕철학, 법철학 및 국가철학이 다루어졌다.[68)] 그러한 가르침에 있어서의 기본이념(Grundidee)은 정의, 진리, 선의 실현에 있었다.[69)]

그는, 이데아는 이상세계로서 물질적인 존재와는 다르나 실제로 존재하는 세계이며, 정의로운 세계이며, 물질적이지도 않으며, 볼 수도 없으며, 잡을 수도 없지만 이성(Vernunft)에 의하여 인식될 수 있는 세계라고 하였다.[70)] 그리고 그는 2원론적 사고에 의하여 현실세계와 이데아의 세계의 2개의 세계가 각각 별도로 존재하며,[71)] 현실세계는 이상세계인 이데아의 세계를 목적으로 하

---

62) Adomeit, a. a. O., S. 25.
63) Vogt, a. a. O., S. 50.
64) 플라톤은 귀족정치를 이상적인 국가통치질서라고 주장하였다.
65) 이 아카데미니아는 유럽최고의 대학이면서 동시 세계최초의 학술원(Wissenschaftliche Akademie)이기도 하다. 아카데미니아는 천년에 가까운 세월동안 존속하였으나, AD 529년 동로마제국의 황제였던 유스티니아누스(Justinianus) 대제에 의하여 閉鎖되었다.
66) 플라톤의 강론법은 변증법, 즉 문답식(Dialog)으로 이루어졌다.
67) Horn, a. a. O., Rn 228.
68) A. a. O., Rn 229.
69) A. a. O., Rn 229.
70) Vogt, a. a. O., S. 51.
71) 이와 같은 플라톤의 2원론적인 세계관은 중세의 신의 세계와 인간의 세계의 관계에 가장 적절히 적용될 수 있었다. 그리하여 중세의 기독교 세계는 플라톤의 2원론적 세계관이 지배한 시대였다. 니체(Friedrich Nietzsche: 1844－1900)는 기독교는 대중을 위한 플라톤주의이

여 이데아의 세계로 향하여 움직이는 관계에 있다고 하였다. 또한 그는 현실세계는 이상세계의 그림자라고 하였다. 그리하여 현실세계는 이데아의 세계와 관련을 가지며, 이데아는 현실세계의 궁극으로 이해되었다. 따라서 현실세계는 이데아의 모형(Abbild)이며 이데아는 현실세계의 궁국적인 원형(Urbild)로 이해하였다. 그리하여 플라톤은 이데아는 인식의 내용일 뿐만 아니라 객관적 실재의 정신적 구조로 이해하였다.72)

이데아의 세계는 선(das Gute)의 세계로서 선이 이데아의 최고의 경지이다. 선의 이데아는 모든 인식의 기초이고 목표이며, 모든 인식의 전제가 된다. 그러나 선의 이데아는 전제가 없는 궁극적인 것이다. 따라서 선의 이데아는 존재의 근원이 되며 독자적으로 존재하고 이 현실세계와는 분리된 초월적인 것이다. 그러면서 선의 이데아는 현실의 저편에 있으면서도 현실을 움직이는 가치이며 또한 힘으로 이해되었다.73)

그리고 현실세계는 이데아의 세계를 충실히 반영하고 있을 때에 정의로운 세계가 된다고 하였다. 이러한 사고는 이데아 세계의 질서가 자연법적인 세계이고 현실세계의 질서는 실정법의 세계로 법의 2원화의 결과를 낳은 것이다. 또한 플라톤은 이데아의 세계에서 인정되는 善을 위한 강제는 정당하다고 하였다.74) 선을 위한 강제는 의사가 환자를 치료하는 것이 정당한 것과 마찬가지라고 하였다.

이와 같은 플라톤의 이데아론은 당시의 불안하였던 정치세계로부터 주장된 것이었다.75) 그는 당시의 정치의 불안정에서 항구적이고 이상적인 정치이념으로 이데아론을 제시하였던 것이었다.76)

그는 이러한 이데아론에 입각하여 소피스트들의 懷疑論, 상대주의에 대항하였다. 즉, 소피스트들의 아무 것도 존재하지 않는다라는 주장에 대해서는 이데아(形相)가 존재한다고 답하였다. 이러한 플라톤의 이데아론은 理想主義

다(Das Christentum ist Platonismus für das Volk)라고 하였다(Vgl., Vogt, a. a. O., S. 55.)

72) Horn, a. a. O., Rn 230.

73) A. a. O., Rn 235.

74) Kaufmann, Hassemer(hrsg.), a. a. O., S. 39.

75) Adomeit, a. a. O., S. 40.

76) 플라톤의 이데아론은 후세에 이상주의의 모범으로도 작용하였지만 다른 한편으로는 전체주의의 근원을 제공하기도 하였다(Vgl., Adomeit, a. a. O., S. 40).

(idealism)의 遠流를 이룬다.[77][78] 그리고 존재한다고 해도 알 수가 없다는 소피스트들의 주장에 대해서는 이성(logos)을 제시함으로써 경험을 넘어서는 인식 가능성을 제시하였다. 마지막으로 알 수 있다고 해도 전달할 수 없다는 주장에 대하여는 모든 사람들이 이성을 공유한다는 생각을 제시함으로써 응답하였다.[79][80]

플라톤은 법과 국가생성의 필연성에 관하여, 인간은 자기의 생존을 위하여 생존에 필요한 것을 충족시켜야 하는 필요의 존재이며, 이러한 인간의 자연적인 필요를 혼자만으로써는 다 채울 수 없기 때문에 인간은 공동체를 구성하게 되며, 이러한 공동체의 궁극적인 형태가 국가라고 하였다.[81] 인간의 필요가 충족되면 국가는 안정되며, 필요를 충족하기 위한 각 계층의 인간의 교육, 노동 등이 국가에 의하여 행하여져야 한다고 하였다. 이 때에 고려되어야 할 것은 평등으로서, 평등하게 교육, 노동이 행해져야 한다고 하였다. 이와 같이 인간은 다른 사람과 더불어 공동체를 이루어 함께 살아야 한다. 따라서 인간이 공동체를 이루어 질서있게 함께 살아가기 위해서는 법과 국가는 필수불가결하다고 하였다.

그리고 인간의 자연적 필요는 강제나 힘에 의하여 충족되어져서는 아니되며, 정의(Gerechtigkeit)에 의하여 자연스럽게 이루어져야 한다고 하였다. 그리고 그는 정의는 사람이 스스로 행복을 느낄 수 있는 영혼의 상태(Seelenzustand)라고 하였다.[82] 또 한편으로 인간의 필요가 충족된 상태의 국가가 바로 정의의 국가이고 이러한 국가가 정의의 본질이라고 하였다.[83] 이러한 정의로운 국가를 이루어 나가는 과정과 그 유지에는 인간의 질서를 유지하기 위하여 법이

---

77) 이정우, 전게서, 208면.

78) 한편으로 플라톤의 이데아론은 사회주의, 공산주의의 사상적 遠流도 되었다.

79) 이정우, 전게서, 208면.

80) 플라톤의 이러한 이데아철학은 그 후 서구철학자들에게 지대한 영향을 끼쳤으며, 중세이르러 형상의 존재는 신의 창조로, 이성을 통한 인식은 신의 啓示로, 이성의 공유는 神國으로 변형되었다. 근대에 와서는 형상은 법칙 또는 구조로, 이성은 합리성, 주체성으로, 이성의 공유는 합리성 또는 주체성의 공유로 변형되었다(이정우, 전세서, 208면 참조).

81) Naucke, Harziger, a. a. O., Rn 34.

82) Horst Poller, Die Philosophen und ihre Kerngedanken: Ein geschichtlicher Überblick (München, Horst Poller Verlag, 2007), S. 75.

83) A. a. O., Rn 40.

필요하다고 하였다. 그리하여 플라톤은 법과 국가는 인간세계의 질서유지와 인간의 필요의 충족을 위하여 필수불가결하다고 하였다. 이러한 인간세계의 이상적인 질서와 인간필요의 충족을 위한 국가의 이상적인 운영도 역시 이데아의 이상세계의 現象化로 이루어야 한다고 하였다. 이를 반대로 표현하면 인간은 이러한 이상세계인 이데아를 인식하여 그것을 현실로 바꾸어야 한다고 하였다. 그것이 바로 현실세계는 이상세계를 목적 내지 목표로 하여 움직여 나가야 한다는 것이 플라톤의 이데아론이었다. 다시 말하면, 플라톤은 현상세계는 이상세계인 이데아의 그림자로 이해하였다.

이러한 이상세계의 현실화를 위한 정치제도는 귀족정[84](Aristokratie)이 가장 이상적이며, 이상세계 질서의 법이 바로 자연법[85]이라고 이해하였으며, 그 자연법의 구속력을 인정하였다.[86]

플라톤은 이상세계인 이데아론을 주장하면서도 독특하게 사유재산의 폐지와 사생활에 대한 통제의 견해를 갖고 있었다. 그리고 그는 여자공동체(Frauengemeinschaft) 사상에도 반대의 입장에 서 있었다.[87]

플라톤의 이데아론은 인식론의 근원이 되었으며, 이성의 중요성을 강조하는 결과를 낳았으며 정신이 현실보다는 우위임을 인정하였다. 그리고 선의 이데아가 인간의 현실이면서 동시에 윤리적 목적이 되었다. 그리하여 이데아론으로부터 서양철학에서 신의 관념(Gottesvorstellung)을 인정할 수 있는 사고

---

84) 플라톤은 국가정체의 형태로서 왕정(Monarchie), 귀족정(Aristokratie), 민주정(Demokratie)로 나누고, 이러한 정치형태가 부패하면 왕정은 僭主政(Tyrannei)으로, 귀족정은 寡頭政(Oligarchie)으로, 민주정은 衆愚政(Ochlokratie)가 된다고 하였다. 그는 소수의 賢者들이 통치하는 귀족정을 가장 좋은 정치형태로 보았다. 그리고 플라톤은 인간의 4가지의 德目을 주장하고 각 계층의 인간의 덕목을 생산자계층에는 절제와 克己(Selbstbeherrschung)가, 국가수호자의 계층에는 용기(Tapferheit)가, 통치자의 계층에는 지혜(Weisheit)가 각각 갖추어야 할 덕목이라고 하였다(Vgl., Poller, a. a. O., S. 75; Sauter Johann, Die philosophischen Grundlagen des Naturrechts: Untersuchungen zur Geschichte der Rechts－und Staatslehre (Frankfurt/M, Verlag Sauer u. Auvermann, 1966), S. 18).이러한 각 계층의 사람들의 각 덕목의 수행으로 각 개인이 행복을 느낄 수 있는 영혼의 상태를 정의(Gerechtigkeit)라고 하였다(Vgl., Poller, a. a. O., S. 75).

85) 플라톤이 자연법을 정식으로 주장하지는 않았다. 그러나 이데아세계의 법이 이상적인 법이었으므로 플라톤은 자연법적인 사고를 주장하였을 뿐이지만, 오늘날의 견지에서 보면 플라톤이 이데아세계의 법으로 주장한 법이 분명히 자연법이었다고 할 수 있다.

86) Nauke, Harziger, a. a. O., Rn 63.

87) Vogt, a. a. O., S. 54.

의 기초를 제공하였다.[88)]

결국 플라톤의 이데아론은 현실의 세계와 이데아의 양 세계를 인정하고, 현실세계는 이데아의 세계의 그림자로서, 현실세계는 이데아의 세계 그 자체는 아니고 이데아의 세계와 관련을 갖고 있다고 이해된다. 그러나 현실세계는 이데아의 세계인 궁극적인 선의 세계로 가까이 갈 것을 요청하고 있는 것이다. 그러므로 개별적인 인간은 이데아의 세계의 궁극적인 선을 실천할 의무가 있음을 인정하였다. 그리하여 인간의 단체인 인간공동체는 도의적인 공동체임을 인정하였다. 그 결과 정치에 있어서 도의적인 공동체를 위한 공동체구성원의 도의적인 의무가 강조되었다.[89)]

(3) 아리스토텔레스와 그의 주장

아리스토텔레스는 플라톤의 제자로서 그도 역시 뤼체움[90)](Lyzeum: Lykeion)이라는 학원을 설립하여 학문을 논하였다. 아리스토텔레스는 초기에는 플라톤의 사상을 받아드렸으나 점차 플라톤과는 다른 사상을 발전시켰다.[91)] 그리하여 그도 초기에는 플라톤과 마찬가지로 이상세계인 이데아를 주장하였다. 그러나 그는 플라톤과를 달리 이데아는 현실세계인 質料의 상위에 별개로 존재하는 形相이 아니라 質料(즉, 素材)속에 내재하면서 질료를 목적적으로 움직여 나간다고 주장하였다.[92)] 다시 말하면 이데아는 현실세계와는 별개 독립의 상위세계로서 현실세계를 이끌어가는 이상세계가 아니라 현실세계 속에 존재하면서 현실을 이상세계로 이끌어간다는 논리로 설명하였다. 따라서 현실세계와 이상세계를 2원적으로 파악하지 아니하고 一元的으로 파악하였다. 플라톤이 이데아, 즉 이상세계를 중시한데 반하여, 아리스토텔레스는 현실세계를 중시하였다고 평가할 수 있다. 그리고 현실세계를 목적지향적 존재로 이해하였다. 더욱더 그는 현실세계는 목적지향적으로 발전(Entelechie)한다고 하였다. 이와 같이 아리스토텔레스는 이데아가 현실세계 속에 존재한다고 함으로써 플라톤

88) Horn, a. a. O., Rn 240.
89) A. a. O., Rn 242.
90) 뤼체움도 역시 AD 529년 유스티니아누스 대제에 의해 아카데미니아와 함께 폐쇄되었다.
91) Horn, a. a. O., Rn 245.
92) Naucke, Harziger, a. a. O., Rn 70.

의 이데아론을 세속화(Säkularisierung der Ideenlehre)하였다.[93] 다시 말하면 아리스토텔레스는 플라톤의 사회주의에는 반대하면서 시민들의 연대(Solidarität)를 강조하였다.[94]

아리스토텔레스는 마케도니아 출신으로서 활동은 아테네에서 하였으며, 알렉산더 대왕의 스승으로서 활약을 하였다. 그리고 그는 바른 국가(richtiger Staat)는 귀족주의(Aristokratie)와 민주주의(Demokratie)의 혼합형태라고 주장하였다.[95]

무엇보다도 아리스토텔레스는 학문의 분야를 일정한 범주(Kategorie)로 나누어 세분화하였다. 종래까지는 학문분야의 세분화없이 학문은 모두 철학으로 이해되었다. 이렇게 학문을 세분화에 의하여 범주화한 것은 진리를 얻기 위한 방법이었다. 아리스토텔레스는 학문을 논리학(Logik), 물리학(Physik), 동물학(Zoologie), 형이상학(Metaphysik), 윤리학(Ethik), 정치학(Politik) 등으로 분류하였다. 이러한 학문의 범주화는 학문영역의 확장을 초래하였다. 그리고 범주론은 최상위의 범주가 본질(Substanz)이고, 그 하위의 범주는 양, 질, 위치, 등에 따라서 세분화된다는 것이었다. 이러한 범주화에 의하여 형이상학이 형성된다고 본 것이었다.

이와 같이 아리스토텔레스는 이와 같은 방법론을 통하여 논리학(Logik)을 개척하였다. 즉, 그는 삼단논법(Syllogismus)을 통하여 개별현상을 일반화하여 개념정의를 하는 방법론을 개척하였던 것이었다. 이러한 논리적 개념적인 방법론은 그 다음 시대의 중세의 스콜라학(Scholastik)으로 발전되었다.[96] 이처럼 중세의 스콜라학은 아리스토텔레스의 논리개념의 방법론으로부터 출발하였으며, 따라서 스콜라학은 논리적, 개념적인 방법론으로서 매우 教義的(dogmatik)으로 발전하게 되었다.[97] 이와 같이 아리스토텔레스가 개척한 논리적, 개념적인 방법론은 스콜라학으로 발전되고 그 스콜라학은 중세의 토마스 아퀴나스에 의하여 극치에 도달하였다.[98] 그리고 아리스토텔레스는 형이상학(Metaphysik)

---

93) A. a. O., Rn 71.
94) Adomeit, a. a. O., S. 83.
95) A. a. O., S. 74.
96) A. a. O., S. 59.
97) A. a. O., S. 59.
98) A. a. O., S. 59.

을 발전시켰다.[99)]

아리스토텔레스는 범주화와 함께 귀납적으로 논리학을 구성하였다. 특히 논리학을 아리스토텔레스는 분석론(Analytik)이라고 하였으며, 바른 생각(richtiges Denken)을 위한 이론으로 이해하였다. 바른 사고는 정확한 개념을 필요로 하며, 정확한 개념의 정의는 다른 사물과 구별하는 인식을 가능케 한다. 예컨대 사람은 말을 하는 생명체이다(Der Mensch ist ein sprechendes Lebewesen)라고 하면 사람과 다른 생명체와 구별할 수 있다는 것이다. 이처럼 아르스토텔레스는 비교적 방법론도 개척하였으며, 분석적 방법론도 개척하였다. 더 나아가 그는 역사적 방법론도 개척을 하였다.[100)]

아리스토텔레스가 이렇게 학문영역의 세분화, 범주화와 함께 진리탐구의 방법론으로서는 귀납법(Induktion)을 활용하였다.[101)][102)]

그리고 아리스토텔레스는 정의는 안정(Stabilität)을 추구하며 안정은 중용을 벗어나지 않는 것이라고 하였다.[103)] 더욱더 그는 정의는 평등이라고 하였다. 평등은 너무 많지도 않고 너무 적지도 않는 中道를 의미한다고 하였다.[104)] 그리하여 아리스토텔레스의 정의론은 중도적인 것을 표준으로 하고 있으며, 중도적인 것이 인간적인 관계정립에 가장 봉사적(dienstlich)이라고 하였으며, 중용의 정의가 필요불가결한 인간관계의 정립에 가장 이바지한다고 하였다.

또한 아리스토텔레스는 정의에 관하여 논하였다. 정의는 시민과 시민 그리고 시민과 공동체간의 관계를 질서지우는 덕이라고 하였다. 그리고 그는 정의를 평균적 정의(iustitia communitativa: ausgleichende Gerechtigkeit)와 배분적 정의(iustitia distributiva: verteilende(austeilende) Gerechtigkeit)로 나누었다. 평균적 정의는 교환적 정의(Tauschgerechtigkeit)로서 산술적(arithmatisch)으로 교환관계에서 작용하며, 배분적 정의는 개인과 공동체 전체와의 관계에서 기하학적(geometrisch)으로 작용한다.[105)] 이러한 평균적 정의와 배분적 정의는 모두가

99) Horn, a. a. O., Rn 251.
100) Adomeit, a. a. O., S. 60.
101) Poller, a. a. O., SS. 81－82.
102) 아리스토텔레스는 귀납법을 활용한데 반하여 플라톤은 연역법을 활용하였다.
103) Naucke, Harziger, a. a. O., Rn 72.
104) Kaufmann, Hassemer(hrsg.), a. a. O., S. 42.
105) Horn, a. a. O., Rn 263.

평등(Gleichheit)을 이루고자 하는 두 가지의 서로 다른 정의이다.[106][107]

그리고 아리스토텔레스는 형평(Billigkeit)개념을 정립하고 이를 발전시켰다. 그는 인간이 만든 실정법은 정의롭지 못한 법이 있을 수 있으며, 그러한 不正義한 법은 형평론에 입각하여 이를 수정하여야 한다고 하였다.[108] 그리하여 소크라테스에 의하여 절대화되었던 법적안정성(Rechtssicherheit)은 아리스토텔레스의 이성적인 가치척도인 형평론에 의하여 위축되었다고 평가된다.

아리스토텔레스는 인간을 정치적인 동물이라고 하였다. 아리스토텔레스는 플라톤과 마찬가지로 법과 국가의 생성은 인간의 필요를 충족하기 위한 필수불가결성에 있다고 파악하였다. 인간이 정치적 동물이라는 것은 인간은 혼자 살아갈 수 있는 존재가 아니라 함께 공동체를 이루어 살아가야만 하는 존재로 파악하는 것으로서, 그 공동체에는 질서유지를 위한 법이 필요하며, 공동체는 최종적으로 국가로 발전해 나가야 한다는 것이다. 그러나 아리스토텔레스는 플라톤과 마찬가지로 노예제도를 인정하였다. 특히 그들은 노예경제(Sklavenwirtschaft)를 인정하였다.[109]

그리고 아리스토텔레스는 니코마코스 윤리학[110]에서 윤리에 관하여도 그의 의견을 제시하였다. 윤리는 선(das Gute), 도덕(das Moral), 바른 행동(rechtes Handeln)에 관한 가르침이다. 그러므로 윤리는 인식(Erkenntnis)을 목적으로 하는 것이 아니라 행동(Handeln)을 목적으로 하며, 이론철학(theoretische Philosophie)이 아니라 실천철학(praktische Philosophie)이다.[111] 아리스토텔레스에 의하면, 모는 행위는 善을 위하여 행하게 되며, 이러한 선을 통하여 얻고자하는 최상의 것은 행복(Glück)이었다.[112] 그리고 아리스토텔레스가 추구한 선은 개인적인 선보다는 공동선(Gemeingut)이었다.[113]

---

106) A. a. O., S. 42.

107) 이와 같이 아르스토텔레스는 법의 기초이자 목적인 정의에 관하여는 논하였지만 법에 관하여는 별로 논하지 않았다(Vgl., Stig Strömholm, Kurze Geschichte der abendländischen Rechtsphilosophie (Göttingen, UTB Vandenhoeck & Ruprecht, 1991), S. 40).

108) Kaufmann, Hassemer(hrsg.), a. a. O., S. 41.

109) Adomeit, a. a. O., S. 76.

110) 니코마코스는 아리스토텔에스의 아들이며 그의 아들에게 말한 윤리에 관한 그의 의견이 바로 니코마코스 윤리학이다.

111) Adomeit, a. a. O., SS. 77－78.

112) A. a. O., S. 78.

113) Grundlegend des Rechts, 2. Aufl.(hrsg. von Julian Krüper, Nomos, 2013), Rn 5.

또한 아리스토텔레스는 덕(Tugend)이란 인간의 완성을 위한 자연의 이치에 맞는 행동이라고 하였다.[114] 그리고 그는 덕이란 극단을 피하고 중용을 취하는 것이라고 하였다.[115]

그리고 아리스터텔스는 국가에 관하여 논하였다. 인간은 사교적인 본성을 가진 정치적인 동물(zoon politikon)로서 이러한 사람의 사교적인 본성으로부터 인간의 공동체가 형성되고 그 인간의 공동체가 국가로 발전되었다고 하였다.[116] 이렇게 생성된 국가의 목적은 인간의 자연적인 생존을 배려하고 도의적이고 행복한 삶을 살 수 있도록 하는데 있다고 하였다.[117] 따라서 국가는 권력추구를 해서는 아니된다고 하였다.[118]

이와 같은 아리스토텔레스의 철학은 13세기 이후에 아랍철학을 매개로 하여 중세철학에 영향을 주었다. 그러므로 서양의 중세철학인 스콜라학의 발전은 아리스토텔레스의 철학의 계수에 의하여 이루어지고 대학에서도 스콜라학이 가르쳐지고 근세에 까지도 영향을 주었다.[119]

4. 스토아학파의 자연법론

그리스철학사에 있어서 자연법의 주장은 스토아(Stoa)학파에서 시작되었다고 봄이 타당하다. 스토아학파이전에는 자연법 사상에 해당될 수 있는 법사상이 플라톤의 이데아론에 의하여 주장이 되었지만, 정면으로 자연법을 주장한 것은 아니라고 판단된다. 자연법이든 실정법이든 모두 이를 법이라는 범주에 포함하여 논하였으며, 자연법이란 개념으로 이데아 세계의 법을 자연법이라고 하지는 않았다. 스토아학파에 와서야 비로소 실정법위의 법을 자연법이라 하였다.

스토아학파 이전에는 특정의 철학자를 중심으로 그 특정인의 철학이 주장되고 그들의 철학속에서 자연법적 사상이 존재하였음이 인정되었다. 스토아

114) Horn, a. a. O., Rn 258.
115) A. a. O., Rn 260.
116) 여기서 인간의 공동체를 구성하는 사람은 자유인만이며 노예는 포함되지 아니한다.
117) Horn, a. a. O., Rn 261.
118) A. a. O., Rn 261.
119) A. a. O., Rn 265.

학파의 철학과 자연법은 그리스에서 태동이 되었지만 그 실제적 역사적 결실은 로마의 공화정(공화정 전기: BC 510－200, 공화정 후기: BC 200－27)과 元首政時代(BC 27－283)였던 로마법의 고전시대(원수정시대와 일치)에 로마법의 발전에 결정적인 영향을 주었다. 스토아학파의 철학은 사해동포주의적인 세계시민사상과 인간과 이웃에 대한 사랑을 그 중심내용으로 하고 있었으며, 법에서는 매우 인도주의적인 자연법을 주장하였다.

스토아는 본래 回廊이라는 뜻이며, 회랑을 따라 걸으면서 철학을 논하고 강론을 하였기 때문에 逍遙學派라고도 한다. 스토아학파는 그리스의 제논(Zenon: BC 340－260)이 창시하였으며 그 후 약 500년 동안 지속되었다. 스토아학파의 발전을 시대별로 구별해 보면, BC 300년 즈음에서 BC 150년 정도까지의 약 150년간을 전기 스토아(altere Stoa)라고 하며, BC 150년 즈음에서 BC 50년 즈음까지의 100년간을 중기 스토아(mittlere Stoa)라고 하고, BC 50년 즈음에서 AD 200년 즈음까지의 250년간을 후기 스토아(jüngere Stoa)로 분류한다.[120]

이 기간 중에 활동하였던 스토아철학자로서는 그리스의 제논에 이어 로마에서는 집정관(consul)이었던 Cicero[121](Marcus Tullius Cicero: BC 106－AD 43), 네로황제의 스승이었던 Seneca(BC 4－AD 65), 노예출신이었던 Epiktet(AD 55－135), 그리고 로마제국의 5賢帝중의 한 황제였던 Marc Aurel(AD 121－180) 등을 들 수 있다. 이 시기는 알렉산더 대왕의 동방원정에 의하여 그리스 문화와 동양문화가 서로 교류가 이루어져 형성된 헬레니즘시대이기도 하다. 특히 Cicero는 그리스의 플라톤 철학, 아리스토텔레스 철학과 스토아철학을 로마에 알리었으며 그 중에서도 스토아철학을 가장 강력하게 로마에 도입하였다.[122] 또한 그는 힘에 의한 지배를 이룬 시저(Caesar)의 무력통치에 반대하였다.[123]

그리고 키케로는 스토아학파의 로고스, 즉 세계이성의 이론을 따라서 로고스가 지배하는 법을 영원법(lex aeterna)이라 하고, 그 영원법은 인간의 두뇌로 만든 법도 아니며 공동체의 결의에 의하여 만든 법도 아닌 세계이성에 의해 인정되는 영원히 존재하는 법이라고 하였다.[124] 이러한 영원법으로부터 자

120) Vogt, a. a. O., S. 64.
121) 키케로는 정치가였으며 법률가는 아니었다.
122) Zippelius, a. a. O., S. 48.
123) Horn, a. a. O., Rn 266.

연법과 도덕율이 도출된다고 하였다.[125] 키케로는 자연법은 비이성적인 존재를 지배하는 법이며, 도덕율은 이성적인 존재를 지배하는 법으로서 선과 정의를 이루고 惡한 것과 不正義를 금지할 것을 내용으로 한다고 하였다.[126]

그리스문화의 로마에의 유입은 스토아학파에 의하여 처음으로 이루어진 것은 아니다. 그 이전에 로마에서 BC 450년에 12銅版法[127](즉, 12表法: lex duodecim tabularum: Zwölftafelgesetz)을 만들기 위하여 로마에서 아테네의 솔론[128](Solon)법을 탐구하러 로마의 학자가 그리스에 간 적이 있으며, 그 결과로 12표법에는 솔론법이 그대로 로마법으로 사용된 법의 내용이 있다. 12동판법은 극히 형식을 중시하는 儀式主義的인 법률이었다.[129]

또한 키케로의 시대에 로마에는 이미 그리스의 철학에 로마법률가들에게 영향을 주었다. 논리학이 이미 받아들여져 활용되었고, 개념을 정의하고, 種과 類를 분류하고, 차이를 밝히는 방법들이 이미 로마에 활용이 되었다.[130]

스토아철학은 그 중심내용이 논리학, 물리학, 그리고 윤리학으로 구성되어 있었으며, 그 중에서도 윤리학이 강조되었다.[131] 논리학에서는 신은 세상의 창조자이며, 모든 것들의 아버지로 보았다. 그리고 그들은 이 세상을 이성적이고 목적지향적인 질서에 의하여 구성되어 있는 이성(logos)으로 이해하였다.[132] 그리고 스토아학자들에 있어서 철학은 무엇보다도 삶의 예술로 이해되었다. 또한 모든 것은 미리 예정되어 있으며, 인간도 그 운명이 이미 결정되어

---

124) A. a. O., Rn 268.

125) 키케로는 고대와 중세를 매개한 철학자였다. 그리고 그의 스토아철학에 입각한 세계이성의 사고와 영원법은 중세에 전개된 자연법의 先驅가 되었다(Vgl., Horn, a. a. O., Rn 272).

126) Horn, a. a. O., Rn 268.

127) 12표법은 BC 451년에서 BC 450년에 걸쳐서 제정되었으며, 同害報復의 인정 등 형법규정이 있기는 하지만 주로 私法規定으로 구성되어 있었다. 사법중에서도 당시의 공동체의 유지를 위한 가족법과 상속법 및 부동산법과 불법행위에 관한 규정이 포함되어 있었다. 이에 관하여는, 김상용, 법사와 법정책: 로마민법학사 중심(한국법제연구원, 2004), 4면 참조). 그리고 상린관계에 관한 12동판법의 내용은 그리스의 상린관계법을 그대로 가져와 규정한 것으로 파악되고 있다.

128) 솔론(BC 640－560)은 BC 594년에 아테네의 집정관으로 선임되었으며, 솔론의 개혁으로 유명하다. 솔론이 집정관으로 선임되면서 단행한 솔론의 개혁에 의하여 당시에 아테네에 효력을 가졌던 드라콘법(Drakon) 중 살인에 관한 법은 모두 폐지되었으며 새로운 법률이 제정되었다.

129) Strömholm, a. a. O., S. 54.

130) Horn, a. a. O., Rn 270.

131) Vogt, a. a. S. 64.

132) A. a. O., S. 65.

있다고 이해되었다. 그리고 인간의 목표는 행복(Glückseligkeit)이며 최고의 행복상태는 마음의 평안(Gemütsruhe)으로 이해하였다.[133] 善을 인간자신과 자연과의 일치상태로 이해하였다. 따라서 인간은 행복하기 위하여 자연의 법칙에 일치되게 행동하여야 한다고 하였다. 그리고 스토아학파는 의무(Pflicht)를 주장하였다.[134] 즉, 인간은 이성을 따르고, 내면의 신의 음성을 따를 것을 주장하였다. 이러한 스토아학파의 의무론이 그들의 윤리학의 중심개념이었다.[135] 그러므로 현명한 사람은 그의 이성이 그의 충동을 지배하는 사람이라고 하였다.

스토아학파는 세계이성(Weltvernunft)으로 로고스(logos)를 주장하였다. 세계이성은 플라톤사상과 아리스토텔레스 사상을 수용하여 이를 새롭게 한 사상으로서 특정의 도시국가 만이 아니라 세계국가(Weltpolis)를 움직이는 근원으로 이해하였다. 이러한 세계국가를 움직이는 근원이 바로 로고스이고 세계이성이며 또한 바로 神을 의미하였다.[136][137]

또한 스토아학파에서의 로고스는 인간의 정의로운 행동과 정의롭지 못한 행동을 분별하는 기준이었다. 이러한 로고스는 전세계에 작용하기 때문에 모든 인간의 행동을 위한 도덕률(Sittengesetz)로서 기능을 하였다.[138] 그러므로 스토아학파에서의 로고스가 전세계의 모든 사람들에게 동일하게 작용하기 때문에 모든 사람들은 로고스에 따라서 행동할 인내심을 가질 것을 요구하며, 따라서 스토아학파의 로고스에 의하면 혁명을 기대할 수 없었으며 인내가 요구되었을 뿐이었다.[139]

그리고 스토아 학자였던 크리시포스(Chrysippos)는 德(Tugend)과 이성의 상관관계를 초국가적 일반적으로 효력이 있는 자연법의 기초사상으로 만들었

---

133) A. a. O., S. 65.

134) 스토아학파가 주장한 의무(Pflicht)라는 것은 인간이 행복해 지기 위하여 지켜야할 준칙으로 이해된다.

135) Vogt, a. a. O., S. 66.

136) Horn, a. a. O., Rn 267.

137) 신약성서의 요한복음은 스토아철학의 영향을 크게 받았다. 요한복음 제1장 제1절은 "태초에 말씀이 계시니라. 이 말씀이 하나님과 함께 계셨으니 이 말씀은 곧 하나님이시라"(In the beginning was the Word, and the Word was with God, and the Word was God)라고 하여 로고스가 하나님의 말씀이며 동시에 하나님 자신인 신이라고 말하고 있다.

138) Horn, a. a. O., Rn 267.

139) A. a. O., Rn 267.

다.[140] 그리하여 덕스러운 삶을 자연적으로 일어나는 것들을 경험의 기초로 한 삶과 동일시하였다. 따라서 이는 자연과 부합하는 삶을 덕스러운 삶으로 보았으며, 이는 바로 법에 있어서 자연법에 부합된 삶이 덕스러운 삶이라는 것이었다.

특히 스토아학파는 인간의 사회적 의무로서 正義와 人間愛를 강조하였다. 사해동포주의에 입각하여 노예까지도 포함하는 인간애를 주장하였다. 사해동포적인 인간애의 강조로 당시 노예였던 에픽테트(Epiktet: AD 55－135)가 학자로서 인정되었으며, 그는 황제인 마르크스 아우렐의 상담역을 담당하였다. 특히 로마제국에서 스토아학파의 인간애에 기초한 사해동포주의의 영향은 로마제국의 영토내에 살던 로마시민과 비시민의 구별을 없애고 모든 로마제국내의 사람들에게 로마시민권을 부여한 일이었다. 로마에서는 BC 367년에 로마시민상호간의 소송을 담당한 시민담당법무관(praetor urbanus: Stadtpraetor)제를 실시하고, BC 242년에는 로마시민과 비시민, 비시민 상호간의 소송사건을 담당한 외인담당법무관(praetor peregrinus: Fremdenpraetor)제를 실시하여 로마시민과 비시민을 소송사건에서도 구별하고, 적용법률도 로마시민에는 시민법(ius civile)를 비시민 상호간과 로마시민과 비시민간에는 적용되는 법률을 만민법[141](ius gentium)으로 구별하였다. 그러나 스토아학파의 사해동포주의의 사상적 영향에 의하여 BC 90년에는 율리아법에 의하여 AD 49년에는 로스키아법에 의하여 이태리반도의 전주민에게 로마시민권을 부여하고, AD 212년에는 Caracalla 大帝에 의하여 로마제국 전역의 모든 주민들에게 로마시민권이 부여되었다.[142]

스토아학파에 속하는 철학자, 정치가, 또 법률가로서 후대에 크게 영향을 주었던 키케로는 사람이 스스로를 지켜나갈 수 있기 위해서는 법적으로 잘 조직된 국가공동체내의 삶을 살아야 한다고 주장하고, 모든 인간적인 노력은 물론 법도 공동체가 유지될 수 있도록 함을 목표로 하여야 한다고 하였다.[143] 그

---

140) Vogt, a. a. O., S. 66.

141) 키케로는 만민법을 자연법으로 이해하였다. 왜냐하면 만민법은 모든 민족의 자연적인 시성에 기초한 법으로 이해하였기 때문이었다(Vgl., Horn, a. a. O., Rn 271).

142) 김상용, 전게 법사와 법정책: 로마민법학사 중심, 62면.

143) Naucke, Harziger, a. a. O., Rn 73.

러므로 공동체의 질서는 원칙적으로 깨뜨려져서는 아니되며, 사람은 공동체생활에 적극적으로 참여하여야 한다고 하였다. 그리고 그는 법률은 인간의 두뇌로 생각해 만들어진 것도 아니며, 사람들의 결의로 만들어지는 것도 아니며, 명령과 금지(Gebieten und Verbieten)의 지혜로써 온 세계에 작용하는 어떤 영원한 것(aeternum quiddam: etwas Ewiges)라고 하였다.[144] 이러한 영원법은 善과 정의를 명령하고, 악과 不正義를 금지한다고 하였다. 여기에서 선은 공동의 복지(Gemienwohl)이며, 악은 공동의 복지의 쇠퇴라고 하였다. 그리하여 공동의 복지에 봉사하는 법만이 구속력을 갖는다고 하였다.[145] 그리고 그는 자연법은 실정법에 의하여 부인할 수도 없고 제한될 수도 없다고 하였다.[146] 또한 그는 법학이 예술(Kunst)로 발전되어 갈 것을 주장하였다.[147]

세네카는 모든 사람은 서로간에 친척이며, 서로 사랑할 것을 요구하였다. 에픽테트도 마찬가지로 서로간의 사랑을 가르쳤다.[148] 그리고 그는 德이란 자연질서를 사회질서로 받아들이는 것이라고 하였다.[149]

이와 같은 인간애를 바탕으로 하는 사해동포적이고 인도주의적이었던 스토아학파는 당시의 로마법의 인도주의적 발전에 큰 영향을 주어 로마법의 고전시대를 이룰 수 있게 하였으며, 또한 그 후의 로마에서 기독교의 발전에도 큰 영향을 주었다. 특히 스토아 사상과 기독교 사상과를 비교해 보면, 스토아 사상은 기독교 사상과 유사성이 있으며, 후기 스토아학자들은 기독교인이거나 기독교인들로부터 영향을 받았으며, 스토아와 기독교는 상호영향을 주고 받았다.[150] 기독교 사상이 스토아철학으로 받았다고 판단된 주요 내용들을 살펴보면, 첫째로 신약성서의 요한복음 제1장 제1절에서는 태초에 말씀이 있었고 그 말씀이 바로 하나님이라고 하였다. 이는 바로 스토아학파의 logos(말씀, 理性)론과 유사성이 있다고 이해되며, 기독교를 이론적으로 조직화한 사도

144) A. a. O., Rn 73.
145) A. a. O., Rn 73.
146) Ulrich Eisenhardt, Deutsche Rechtsgeschichte, 2. Aufl.(Beck, 1995), Rn 264.
147) Strömholm, a. a. O., S. 156.
148) Kaufmann, Hassemer(hrsg.), a. a. O., S. 44.
149) Strömholm, a. a. O., S. 62.
150) Heinrich Axel Winkler, Ein Beitrag zur Geschichte des Stoicismus: Diss. Leipzig(1878), SS. 1－2.

바울(St. Paulus: BC 5－AD 67)의 사상의 기초는 스토아철학에 있다고 한다.151) 둘째는 스토아학파에서의 인간애 내지 인도주의(Humanität)와 사해동포주의(Kosmopolitanismus)와 성서에서의 모든 사람은 형제라는 말씀과 유사성이 많다. 아리스토텔레스는 노예제도는 자연에 의하여 주어진 제도이며, 노예를 얻기 위하여 전쟁을 치루는 것도 정당하다고 하였다. 그러나 스토아학파에 속하는 마르쿠스 아우렐 황제는 예리한 무기를 가지고 치루어지는 모든 劍鬪士戰鬪(Gladiatorengeflechte)를 황제의 告示(Edikt)를 통하여 금지하였으며, 노예출신의 스토아철학자였던 에픽테트와 國事를 논의하였다. 이러한 스토아학파의 인간애와 사해동포주의 사상은 스토아학파의 보편주의(Universialismus)의 표방이며, 이는 選民思想의 否認이며 출생, 지위에 따른 인간의 차별의 부인이었다. 이와 같은 스토아학파의 인간애에 대한 사상은 기독교 사상과 일치한다. 셋째로 스토아학파는 이 세상에서 여러 개의 나라를 원하지 아니하고 하나의 국가, 즉 세계국가(Weltstaat)를 원하였다.152) 그리고 각 개인은 세계시민(Weltbürger)일 뿐이라는 사상을 펼쳤다. 세계시민으로 살아가는 넓은 마음의 자세를 세계정신(Weltgeist)이라고 하였다. 넷째로 스토아학파는 禁慾(Askese)을 권장하였으며, 금욕은 고요와 평화에 이르는 길이라고 하였다. 기독교에서 금욕주의가 더욱 발전하게 되었다. 다섯째로 스토아학파는 영혼의 불멸성을 주장하고, 종말론(Eschatologie)을 주장하였다. 이러한 스토아의 사상도 그대로 기독교의 사상으로 남아있다. 그러나 스토아학파에서는 인간의 부활을 인정하지는 않았으나 기독교는 부활을 인정하는 점에서는 차이가 있다. 그리고 이러한 스토아 사상들은 교회법(kanonisches Recht)에 받아드려져 법적으로 제도화가 이루어졌다.153)

이러한 스토아학파는 약 500년 정도 지속되었지만, 그 스토아학파의 사상은 기독교를 통하여 이어져 왔으며, 비록 특수한 법이긴 하지만 교회법에서 법제화가 이루어졌다. 스토아학파의 인간애, 인도주의, 사해동포주의는 그 모두가 인류보편의 가치로서 자연법의 중심내용을 이루면서 중세 자연법 발전의 중대한 계기를 마련하여 주었다고 평가된다. 자연법의 가장 확실한 탄생은

151) A. a. O., S. 25.

152) 이와 같은 소토아학파의 세계국가 정신은 훗날 칸트(1724－1804)의 세계국가론의 주장의 사상적 근원이 되었다.

153) Winkler, a. a. O., S. 58.

스토아학파에서 이루어졌으며, 그 사상적 遠流는 이미 소크라테스, 플라톤, 아리스토텔레스에서 생성되었다고 평가할 수 있다.

스토아학파의 법사상의 영향을 받은 로마의 고전시대의 법학자들의 법에 대한 이해를 살펴보면, 켈수스(父 Celsus: AD 96－98에 활동, 子 Iuventus Celsus: AD 100－130에 활동)는 법은 善과 衡平의 技術이라고 하였으며, 울피아누스(Ulpianus: AD 190－223에 활동)는 법(ius)라는 용어는 정의(iustitia)에서 나왔으며, 정의는 각자에게 그의 것을 주고자 하는 항구불변의 의지라고 하고, 법의 요청은 명예가 살아있게 하고 어느 누구도 침해하지 아니하는 것이라고 하였다.[154] 더 나아가 울피아누스는 법학은 신의 일과 인간의 일을 분별하는 인식이며, 옳은 것과 옳지 않은 것을 아는 지식이라고 하였다.[155] 또한 울피아누스는 자연법은 자연의 생명있는 모든 동물에 대한 가르침이며, 특별히 사람에 대한 가르침이 아니며 모든 동물에 대한 공통적인 가르침이라고 하였다.[156][157]

이와 같이 고전기의 로마법은 스토아철학의 영향에 의하여 크게 발전하였으며, 그 고전기의 로마법이 동로마제국의 황제였던 유스티니아누스 大帝(AD 482년 출생, AD 527－565년 在位)에 의하여 로마법대전 중, 학설휘찬과 법학제요로 실정법화되었다.

Ⅲ. 자연법론의 발전

1. 서양 중세와 근세의 시대적 특징

자연법론이 융성한 시기는 중세와 근세의 근대시민법전이 제정되기 전까지이다. 중세와 근세에 자연법이 발전하였지만 중세와 근세의 자연법은 각각

154) Ulpianus, D. 1. 1. 10. pr. & 1.
155) Ulpianus, D. 1. 1. 10. 2.
156) Ulpianus, D. 1. 1. 3.
157) 이와 같이 법학제요, 학설휘찬에서 자연법을 규정하고 있지만, 로마법대전에서도 여전히 자연법(ius naturale)의 정확한 관념을 이해하고 있지는 못하고 있었다고 비판하는 견해도 있다(Vgl., Emil Erlich Hölscher, Vom Römischen zum Christlichen Naturrecht (Augsburg, Literar.Institut Haas und Grabherr, 1931), S. 18).

그 특징적인 차이가 있다. 서양의 중세는 기독교가 지배한 시기였기 때문에 신의 세계의 법인 神法으로부터 신의 계시 또는 인간의 이성에 의하여 파악된 신법이 바로 자연법이었다. 그러나 근세는 신의 지배를 벗어나 인간이 중심이 된 시대였기 때문에 인간의 이성의 질서 내지 이성의 법을 자연법으로 이해하였다. 중세나 근세의 자연법은 그 근원은 다르다 하더라도 현실세계의 법인 실정법과는 다른 초월적이고 불변의 법인 점에서는 동일하다.

먼저 중세와 근세의 시대구분을 하여 보면, 서양의 중세는 서로마제국이 멸망한 때(AD 476)년부터 동로마제국이 멸망한 때(1453)까지 이다.[158] 동로마제국이 멸망한 직후 1492년에는 컬럼부스(Christopher Columbus: 1451?－1506)가 신대륙을 발견하고, 1517년에 루터[159](Martin Luther: 1483－1546)가 종교개혁을 시작한 때를 근세의 출발시기로 보고 있다.[160]

중세의 1000년은 신중심의 시대였으며, 학문적으로는 신학이 지배한 시대로서 그리스에서와 같이 철학이 발전하지 못하였다. 그리하여 중세철학은 새로운 것을 창조하기 보다는 기존 철학을 유지하고 계승하는 일에 열중하였다.[161] 법적으로는 동로마제국의 황제였던 유스티니아누스 대제에 의하여 편찬된 로마法大全[162]의 연구가 註釋學派(Glossatoren)와 註解學派(Kommentatoren)에 의하여 진행된 시기였으며, 로마법이 바탕이 된 교회법이 새로운 법영역으로 발전하였으며, 반대로 기독교의 신학, 그 중에서도 道德神學(Moraltehologie)이 로마법을 더욱더 순화시키고, 그렇게 순화된 내용의 법을 교회법으로 활용한 시기였다.

158) Strömholm, a. a. O., S. 95.

159) 루터는 신의 나라와 세속의 나라는 별개의 나라라는 2왕국론(Zwei－Reiche－Lehre)을 주장하였다. 이는 중세의 신의 지배로부터 세속국가가 벗어날 수 있는 사상적 기초가 되었다.

160) 그리고 근세는 프랑스대혁명을 기점으로 하여 현대로 移轉되었다고 서양역사를 시대구분하고 있다. 그러므로 근세는 약 300년 정도 지속이 되었다(Vgl., Vogt, a. a. O., S. 133).

161) Strömholm, a. a. O., S. 104.

162) 로마법대전은 유스티니아누스 대제에 의하여 편찬된 公撰의 법학제요(Institutiones: 533년 편찬)와 학설휘찬(Digesta: 533년 편찬), 구칙법휘찬(Codex Repetitae Praelectionis: 534년 편찬)과 私撰의 신칙법휘찬(Novelle: 유스티니아누스 대제가 발포한 칙법으로 편찬된 私撰의 법전임)의 4권의 법전으로 구성되어 있다. 그 중에서도 유스티니아누스 대제 시대이전의 로마법학자들의 학설을 모아 편찬한 학설휘찬이 가장 중요하다. 이와 같이 4권의 법전을 로마법대전이라고 이름을 붙인 것은 1583년에 프랑스의 복고주의 로마법학자였던 고토프레두스(Dionysius Gothofredus)가 1582년에 편찬된 교회법대전(Corpus Iuris Canonici)에 대항하기 위하여서였다.

서양문화의 뿌리는 그리스 철학, 기독교, 그리고 로마법이다.[163] 그리고 중세의 서양에는 기독교가 사람들의 정신을 사로잡고 있었기 때문에 신학이외에는 학문이 발전할 수 없었다. 그리하여 서양의 중세철학이란 신학 그 자체였다. 그리고 학문하는 기관도 수도원을 중심으로 하여 이루어졌다. 대표적인 수도회는 도미니크회(Dominikus)와 프란체스코(Franziskanerkloster)였다. 중세후기에는 대학도 설립이 되어 대학에서 학문이 이루어졌다. 이와 같이 중세는 고대에서와는 달리 학문이 특정인이 설립한 학원에서 이루어진 것이 아니라 조직적으로 이루어질 수 있게 되었으며, 긍정적으로 표현하면 중세는 근세를 열기 위한 준비기였다고 평가할 수 있다. 중세의 대학의 설립과정은 1348년에 프라하대학이, 1365년에는 비엔나대학이, 1386년에는 하이델베르크대학이, 1388년에는 쾰른대학이, 1379년에는 에르푸르트(Erfurt)대학이, 1409년에는 라이프치히 대학이, 1457년에는 프라이부르크 대학이, 1477년에는 튀빙겐 대학이, 그리고 1472년에는 트리어대학이 설립되었다.[164]

근세에는 중세의 신중심의 사회를 극복할 수 있는 계기들이 형성됨으로서 신의 지배에서 인간중심, 특히 인간이성의 발견과 존중의 시대가 되었으며, 인간의 이성의 존중은 과학에로의 학문관심의 전환과 이로 인한 과학의 발전을 가져올 수 있었다. 그리하여 서양근세는 과학이 발전한 시대였으며, 과학의 발전은 다시 다른 학문연구에도 영향을 주어 모든 것을 조직화하고 체계화하도록 하는 학문경향을 낳게 하였다. 법의 분야에서도 종래의 여러 법학자들의 주장을 조직화하고 체계화하는 근대민법전 편찬의 계기를 마련해 주었다.

중세에는 로마의 고전시대에 그리스의 스토아학파의 법사상의 영향으로[165] 로마법학자들의 학설에 의하여 발전된 로마법이 더욱더 보편주의적이고 인도주의적인 방향으로 크게 발전하였다. 그러한 보편주의적이고 인도주의적인 중세법학의 발전과정을 살펴보면, 로마제국에서 AD 313년에는 밀라노

163) Wolfgang Waldstein, "Naturrecht in der europäischen Rechtsentwicklung", in: Das Naturrecht und Europa (hrsg. von Tadeusz Guz, Frankfurt/M, Peter Lang, 2007), S. 326.
164) Handwörterbuch der Deutschen Rechtsgeschichte(HRG) Band 5 (hrsg. von Adalbert Erler, Ekkehhard Kaufmann, Berlin, Erich Schmidt Verlag, 1998), SS. 494－495.
165) 그리하여 스토아학파를 로마법학의 어머니라고까지 한다(李太載, 法哲學史와 自然法論(法文社, 1984), 101면).

칙령에 의하여 기독교가 공인되고, AD 391년에는 기독교가 로마제국의 국교로 인정됨으로써 학자들의 학문적 관심이 신학으로 바뀜으로서 로마법은 쇠퇴의 길을 걷게 되었다. 그러나 신앙심이 깊었던 동로마제국의 황제였던 유스티니아누스 대제가 로마법대전을 편찬함으로써 성문화된 로마법은 기독교의 영향을 받아 로마법이 후세에 연구되고 발전되어 더욱더 인도주의적으로 승화되어 결국에는 세계의 각 나라의 법으로 발전할 수 있게 되었다. 법사상적으로도 기독교의 영향으로 자연법이 최고도로 발전한 시기가 되었다. 그리하여 중세의 법은 신법이 최고의 법이었으며 자연법의 근원은 바로 신법이었다.

근세에는 인간의 이성에 의한 합리주의가 발전하여 인간이성에 의한 법이 바로 자연법으로 이해되고, 이성의 강조에 의하여 자연과학이 발전하게 되고 자연과학에서 발견된 과학세계의 질서정연함을 법학에서 이를 실현하고자 하는 시대정신이 전개됨으로써 이성에 의하여 발견된 자연법을 다시 이성에 의하여 조직화, 체계화, 실정법화를 이루게 되었다. 물론 근세의 자연법에 기초한 근대시민법전의 편찬에는 그 자연법의 조직화, 체계화를 가능케 할 수 있는 주체가 필요하였다. 그러한 자연법의 실정법화를 담당한 주체는 바로 근대의 중앙집권적인 절대국가였다. 이러한 시대정신과 그 시대정신을 구현할 수 있는 근대국가의 탄생에 의하여 자연법은 실정법화될 수 있었으며, 자연법의 실정법화에 의하여 그리스에서부터 시작된 자연법론은 그 使命을 다하게 되어 법에 있어서의 자연법 중심의 시대는 실정법위주의 법실증주의 시대로 전환되게 되었다.

2. 중세의 자연법론

(1) 기독교의 公認과 神學中心의 학문연구

그리스철학에서는 인간이 중심이 되어 이상세계를 추구하고 현실세계는 이상세계를 향하여 움직여 가거나 가야한다고 사고하였다. 자연법 사상도 자연히 이상세계의 질서의 법사상으로 전개되어 왔다. 그리고 헬레니즘 시대가 도래하여 그리스 철학의 영향이 미치는 영역이 확대되자 사해동포적인 사상이 대두되고, 인도주의적인 사상이 폭넓게 펴져 나갔다. 로마의 영토가 확장되고 로마가 대륙을 지배하면서 그리스에서 생성된 인도주의적이고 사해동포주의적인 사상이 로마에 수용되어 로마의 사상으로 전환됨으로써 로마제국이 수많은 異民族을 지배하면서도 그들에게 배타적이지 않고 포용하여 모두 로마제국의 시민으로의 자격을 부여하는 조치들을 취하였다. 그로 인하여 로마의 법문화가 고도로 발달하게 되었다. 그것이 바로 로마法史에 있어서의 고전시대를 이루었다. 이 시대의 로마법은 법학자들에 의한 학설법으로 구성되어 있었으며, 법학자들의 법에 대한 이해가 인도주의적인 자연법 사상에 기초하고 있었다.

기독교는 로마에 傳道가 된 후 전도 초기부터 약 300년간 심한 박해를 받았다. 로마에 기독교를 전한 초기의 대표적인 선구자들은 사도 베드로와 바울(Paulus: AD 5-67)이었다. 그들은 모두 로마에서 박해를 받아 로마에서 순교를 당하였다. 심한 박해에도 불구하고 기독교인들은 사랑의 공동체를 이루어 박해를 극복해 나가고 박해가 심해지면 심해질수록 기독교인의 수는 더 늘어만 갔다. 콘스탄티누스 대제에 이르면 이미 로마제국의 고위직에 있는 사람들도 기독교들이었다. 그리하여 콘스탄티누스대제는 기독교인들의 지원이 없이는 더 이상 로마를 통치하기 어렵다는 판단을 하고, AD 313년에 로마에서 기독교를 공적으로 인정하였다. 그 후로부터 기독교 신앙은 합법적으로 용납되고 기독교인들은 로마황제의 통치에 적극 지원하게 되었다. 그리고 AD 391년에는 테오도시우스 1세 황제에 의하여 기독교가 로마의 국교로 결정되어 교회가 황제의 비호를 받게 되었다.

이와 같이 기독교의 공인과 국교인정에 의하여 기독교가 로마시민의 삶의 기본이 되고, 로마의 통치도 기독교 정신에 입각하여 행하여짐으로써 학자들은 종래의 법학연구에서 신학연구로 학문연구의 중심이 바뀌게 되었다. 그 결과로 법학은 쇠퇴의 길을 걷게 되고, 신학의 연구는 활성화하게 되었다.

기독교가 공인되고 국교가 되었다 하더라도 그 초기에는 교회의 조직이 정비되지 아니하여 신학연구도 교회조직의 미비로 체계적으로 이루어지지 못하고 그럼으로써 자연히 이름있는 신학자도 배출되지 못하였다. 그러나 교회의 조직이 체계적으로 갖추어 짐으로써 신학연구의 선구자들이 나타나게 되었다. 그들이 바로 教父哲學者(Patristiker)들이었다. 교부철학자들은 교회의 조직화와 체계화를 위한 신학연구와 함께 그것을 법으로 규율하는 법의 조직화와 체계화도 함께 연구하였다.

또 한편으로 교회가 조직화를 하기 위해서는 그 조직화를 확실히 하기 위한 법이 필요하였다. 그러나 교회가 스스로 법을 만들어 교회를 조직화하기보다는 교회는 발전된 로마법을 받아들여서 그 로마법을 교회의 조직화를 위한 규범으로 삼았다. 그리하여 교회는 로마통치에 지원을 하고, 교회는 로마법을 교회로 받아드리고 황제의 보호를 받으면서 성장·발전을 하여 왔다. 그리고 교회가 조직화되고 나서는 교회의 권력이 강해지고 세속권력에 대항할 수 있는 상태로 까지 발전하게 되었다. 그 과정에서 교회자체의 법인 교회법(kanonisches Recht)이 형성되고 교회법전이 편찬되고 교회재판이 이루어지게 되어 교회법이 또 하나의 새로운 법영역이 되었다.[166]

교회법은 근본적으로 로마법을 기초로 하고 기독교사상, 특히 도덕신학에 의하여 순화된 내용으로 구성되어 있다. 그러므로 교회법은 사회적 약자보호의 내용을 담고 있으며, 특별히 인도주의적인 내용으로 구성되어 있다. 시대가 흐르면서 교회법이 다시 로마법에 바탕을 둔 세속법에 영향을 주었다. 그러므로 법의 세계에 있어서는 기독교가 로마제국을 계승하였다고 할 수 있다.[167] 그리하여 교회에 로마법 대전(CIC)이 적용되었다.[168]

다른 한편으로 로마법은 고전기에는 법학자들의 학설로 이루어져 있었으나 유스티니아누스 대제가 법학자들의 학설을 기초로 하여 학설휘찬을 편찬하고, 로마법에 관한 교과서로서 법학제요를 편찬하여 그것을 법전화하고 또 칙법들을 모아 구칙법휘찬과 신칙법을 편찬함으로서 로마법이 성문화되었다. 11세기 이후로부터 학설휘찬을 중심한 로마법이 학문적으로 연구가 이루어져서 더욱 정교하게 발전하였다. 또한 학설휘찬을 편찬함에는 고전기의 로마법학자들의 학설을 기독교의 가르침으로 수정하고 보완을 하였다. 그리하여 로마법 대전에 이미 교회법의 요소가 크게 가미되었다. 이를 interpolatio라 한다.

이와 같이 중세에는 로마법이 기독교 사상에 의하여 더욱더 인도주의적

166) 교회법의 생성과 발전에 관하여는, 김상용, 法史와 法政策: 게르만法史, 敎會法史, 獨逸民法學史 중심 (한국법제연구원, 2005), 125－189면 참조).

167) Prodi, a. a. O., S. 33.

168) A. a. O., S. 34.

인 내용의 법으로 발전하게 되고 로마법은 중세에 볼로냐(Bologna)대학에서 학문적으로 연구되기 시작하여 기독교 사상의 영향을 받아 보다 순화된 법으로 세련화되었으며, 근세에 와서는 독일을 중심한 대륙에 계수가 이루어졌다. 대륙에 계수된 로마법과 대륙에 교회가 세속권력을 지배한 시대의 교회법이 서로 결합하여 근세 서양에서는 그것들(즉, 兩法)이 보통법(gemeines Recht)으로 발전하고 양법은 또한 쓰여진 이성(ratio scripta)으로 받아드려졌다. 그러므로 서양의 법은 로마법이고 그 로마법은 스토아학파의 인간애, 인도주의, 사해동포주의에 의하여 그 내용이 자연법적인 내용으로 구성되고, 또다시 기독교 사상인 사랑과 박애정신에 의하여 더욱더 자연법적인 법으로 발전되었다. 한편으로 교회법은 로마법을 기초로 하여 성서의 말씀으로 이를 더욱 심화·발전시키고 교회권력이 강하였을 때에는 일반의 세속사건도 교회재판을 받을 수 있었으므로 교회법이 세속세계에서도 적용되었다. 그리하여 로마법과 교회법은 보통법이 되어 대륙의 일반법, 즉 보통법으로 기능하게 되었다.

결국 서양중세의 법은 로마법을 바탕으로 하면서, 한편에서는 로마법의 연구·발전이 이루어지고, 다른 한편에서는 로마법을 바탕으로 한 새로운 법 영역인 교회법이 생성·발전하게 되어 양법이 상호영향을 주고 받으면서 현재의 서양법의 뿌리가 되었다. 양법은 모두 기독교 사상에 의하여 그 내용이 자연법적이었다. 따라서 로마법과 교회법은 기독교적 자연법 내지 신학적 자연법에 기초를 두고 있는 법으로 평가된다.

중세에는 그리스에서와 달리 학문이 수도원을 중심으로 연구가 되고 점차 대학이 설립되어 대학에서 연구되었다. 중세의 수도원은 수도회가 설립·운영하였으며, 수도회로는 도미니크 수도회와 프란체스코 수도회로 갈라져 있었다. 그 각각의 수도회는 학문연구의 입장이 달랐다. 도미니크 수도회는 신의 세계에 대한 인간의 인식을 중시하는 主知主義(Intellektualismus)에 입각하고 있었으며, 프란체스코회는 인간의 의사, 결정을 중시하는 主意主義(Voluntarismus)에 입각하고 있었다. 그들의 연구방법은 개념을 정의하고 그것을 教義化(Dogma)하는 방법으로 이루어졌으며, 이렇게 제도화된 수도원과 대학에서 학문을 하였기 때문에 중세의 철학을 스콜라 철학(Scholastik)이라 한다. 스콜라 철학의 중심은 신학연구였으며, 기독교의 교리를 확고한 信念 내지 信條로 도그마

하는 방법으로 연구를 하였다.

그리고 중세에는 기독교의 시대이긴 하였지만 고대 그리스의 철학을 배척한 것이 아니라 그리스 철학과 기독교 사상의 조화를 이루고자 하였다. 그 결과로 교부철학자 아우구스티누스는 플라톤의 철학에 터잡아 신학을 탐구하였으며, 토마스 아퀴나스는 아리스토텔레스 철학을 더욱 심화시키고 기독교 사상과 조화를 이루고자 하였다.[169] 특히 중세의 교부철학자들은 기독교 사상이 고대 그리스 철학과 배치되지 않음을 강조하였다. 그리므로 고대 그리스 철학은 기독교 시대에도 그 근본사상으로 계속 이어져 왔다.

(2) 아우구스티누스(Augustinus)의 영구법, 자연법 및 人定法의 관계정립

가. 아우구스티누스의 신학과 철학 개관

아우구스티누스(Aurelius Augustinus: AD 354－430)는 북아프리카, 지금의 알제리 지역의 출신으로서 그리스의 플라톤철학을 바탕으로 하여[170] 중세 기독교 시대의 이상주의 철학을 펼친 교부철학자(Patristiker)였다.[171][172] 아우구스티누스는 위대한 신학자이자 철학자이었으며 중세는 기독교가 지배한 시대였기 때문에 그의 死後 근 1000년 동안 아우구스티누스와 같은 대학자가 나오지 않았다.[173]

그는 평생동안 진리란 무엇이며 인간은 그 진리를 어떻게 인식할 수 있는가에 관한 근본적인 철학의 과제를 궁구하였다.[174] 아우구스티누스는 플라톤

---

169) 이 정우, 전게 세계철학사, 601면.

170) 아우구스티누스가 영향을 받은 플라톤 철학은 신플라톤주의(Neo－Platonismus) 철학이었다. 신플라톤주의 철학은 로마제국이 동서로마로 나누어지기 전에 융성하였던 철학으로서 로마에서 정신적 지주가 흔들리기 시작한 2세기 이후 이집트의 알렉산드리아를 중심으로 고대 플라톤의 사상을 이어받은 철학이다. 신플라톤주의 창시자는 삭카스(Ammonios Sakkas: AD 175－242)이었으며, 대표적인 신플라톤주의자는 플로틴(Plotin: AD 204－270)이었다. 플로틴은 세계를 단계적으로 구성하여, 최상위에는 그 개념을 정의할 수 없는 唯一者(Das Eine)가 있고, 그 유일자의 충만함(Überfluß)에 의하여 그 유일자의 하위에 정신(Geist), 현실세계의 영혼(Weltseele), 感知할 수 있는 현실세계(wahrnehmbare Welt)가 생성되어 있다고 하였다(Vgl., Vogt, a. a. O., SS. 82－87).

171) 아우구스티누스는 로마에서 암브로시우스(Ambrosius: AD 340－397) 主敎를 만났으며 그로부터 성서를 바울의 시각에서 읽을 것을 권유받았다(Vgl., Poller, a. a. O., 143).

172) 이와 같이 아우구스티누스는 플라톤의 영향을 받아 중세적인 이상주의를 추구하였다.

173) Stig Strömholm, Kurze Geschichte der abendländischen Rechtsphilosophie (Göttingen, UTB Vandenhoeck & Ruprecht, 1991), S. 91.

의 이데아론을 받아드려 그것과 기독교신학의 도그마를 결합시켰다.[175] 그는 진리의 본질은 신의 영원한 이데아에 있다고 하였으며, 신이 곧 진리이고 모든 것의 근원은 신이라고 하였다.[176] 신은 인간에 의하여 인식되거나 파악될 수 없으며 신은 그 스스로 계시될 뿐이라고 하였다. 그리고 기독교의 3위일체론(Dreieinigkeit)도 계시에 의하여 인간이 알게 된 것이며, 인간의 이성에 의하여 이해된 것은 아니라고 하였다.[177] 그는, 신은 진리이므로 진리의 빛(lux veritas)은 이데아의 인식을 가능케 하는 신의 권능에서 방출되는 형이상학의 빛으로서 그것이 곧 신의 계시(Offenbarung)라고 이해하였다.[178]

또한 그는 신은 완전하며, 신없이는 완전함을 생각할 수 없다고 하였다. 따라서 신은 인간이 인식할 수 있는 모든 진리와 가치의 근본이라고 하였다.[179] 이러한 사고는 플라톤의 사고를 기독교적 관점에 본 결과이었다.[180] 그러나 신은 인간이 인식할 수는 없다. 왜냐하면 신의 존재는 인간정신을 초월해 있기 때문이라고 하였다.[181]

그는 또 시간(Zeit)을 분석하여 현재만이 존재하며, 따라서 신은 영원한 현재라고 하였다. 그러므로 신에게는 과거, 현재, 미래의 구분이 없는 것이라고 이해하였다.[182] 그러나 현실세계는 신의 창조시부터 시간이 시작되었다고 하였다.[183]

그리고 신은 인간을 완전하게 만들지 않았으며, 인간에게 일정한 자유의지를 부여함으로써 죄와 악에 빠지게도 하고 그것들과 투쟁하게도 하는 존재로 창조하였다고 하였다. 그리고 신은 역사를 총체적으로 주관할 뿐이며, 개개의 일들이 어떻게 벌어질 것인가에 대해서는 인간에게 자유의 여백을 주었

174) Horn, a. a. O., Rn 275.
175) 이와 같이 아우그스티누스는 그리스·로마의 문화와 기독교를 결합시키려고 하였다(Vgl., Strömholm, a. a. O., S. 87).
176) Poller, a. a. O., S. 144－145.
177) A. a. O., S. 145.
178) 이정우, 전게 세계철학사, 606면.
179) Horn, a. a. O., Rn 276.
180) A. a. O., Rn 276.
181) A. a. O., Rn 276.
182) 상게서, 609면.
183) Horn, a. a. o., Rn 276.

다고 이해하였다.[184] 또한 그는 악이란 신의 不在라고 하였다.[185] 그리고 인간은 영혼과 육체로 구성되어 있으며 그 중에서도 본질적인 것은 영혼이라고 하고, 인간을 자신을 의식할 수 있는 이성적인 영혼으로 이해하였다.[186]

그는 인간은 신의 은총인 자비(Barmherzigkeit)에 의해서만 행복에 도달할 수 있다고 하였다. 그리고 또한 그는 신의 은총에 의해서 비로소 인간은 선행을 할 수 있다고 하였다.[187] 물론 그는 신의 은총만이 인간을 구원할 수 있다고 하였다.[188] 그러나 그는 인간의 원죄(Erbsünde)를 부인하는 입장을 취하였다. 그리고 그는 예정설(Vorherbestimmung: Prädestination)과 신의 은총(Gnade)론으로 그의 반대철학자들에 대항하였다.[189] 이와 같이 아우구스티누스는 모든 것의 근원을 신에서 구하였다. 또한 그는 도덕의 핵심은 사랑이며, 질서있는 사랑만이 행복한 삶으로 이끌어간다고 하였다.[190]

아우구스투스는 교회와 국가간의 관계에 관하여 교회가 국가의 우위에 있다고 하였다.[191] 그리고 교회는 현실세계의 神國의 상징으로 파악하였다. 이러한 국가와 교회의 관계에 관한 아우구스티누스의 이론은 중세의 황제와 교황간의 권력다툼의 시기에 항상 원용된 정치이론이 되었다. 그리고 그는 정의가 없는 국가는 강도집단(Räuberbande)이나 다름 없다고 하였다.[192]

아우구스티누스의 이러한 철학은 당시의 영국의 수도승이면서 인간의 의지 내지 의사(Wille)를 강조하였던 펠라기우스(Pelagius)와는 대립하는 관계에 있었다. 펠라기우스는 인간은 善과 惡사이에서 이를 선택할 수 있는 자유의사와 능력이 있다고 하였으며, 신의 은총이 없어도 도덕적인 완전에 도달할 수 있다고 하였다.[193] 아우구스투스는 이러한 페라기우스의 주장에 반대한 대표자였다.

---

184) 상게서, 609면.
185) Vogt, a. a. O., S. 99.
186) Horn, a. a. O., Rn 278.
187) Ninian Smart, World Philosophies(London, Routledge, 2000), S. 153.
188) 이러한 신의 은총과 은혜만이 인간을 구원할 수 있다는 아우구티누스의 사상은 훗날 루터의 인간은 오직 하나님의 은혜로만 구원에 이를 수 있다는 사상의 기원이 되었다(Vgl., Horn, a. a. O., Rn 280).
189) Vogt, a. a. O., S. 96.
190) Horn, a. a. O., Rn 279.
191) A. a. O., S. 153.
192) Adomeit, a. a. O., S. 22.
193) Strömholm, a. a. O., S. 88.

나. 아우구스티누스의 자연법론

아우구스티누스의 법의 세계는 스토아학파의 세계이성, 세계법의 중세의 유신론적 변형(theistische Umbildung)이었다.[194] 아우구스티누스는 법을 영구법(lex aeterna: ewiges Recht), 자연법(lex naturalis), 그리고 人定法(lex humana)으로 나누었다. 영구법은 이 세상을 생성되게 하고, 그 움직임을 결정하며, 이 세계의 필수적인 질서를 담고 있는 不變의 법이라고 하였다. 그러므로 영구법을 신의 세계의 법으로서 스스로 영원히 존재하는 법으로 이해하였다. 영구법은 신의 세계인 神國의 법이라 할 수 있다.

이와 같이 중세에는 신중심의 시대이었으며, 신은 인간세계의 창조자이기 때문에 법의 창조자도 신으로 이해하였다. 그리하여 중세의 敎父들에 의하여 神의 法(göttliches Gesetz)이 인정되게 되었으며, 이러한 신의 법이 영구법이었으며, 인간이 이해할 수 있는 신의 법을 자연법이라고 하였다.[195]

이와 같이 중세의 자연법은 인간의 이성에 의하여 인식된 영구법이었다. 인간은 영구법을 모두 인식할 수는 없으며 부분적으로만 인식할 수 있을 뿐이라고 이해되었다. 이러한 자연법은 인간을 위한 세계법으로 이해되었다.[196] 영구법과 자연법은 그 내용에 차이가 있는 것도 아니며 자연법의 하위에 있는 법도 아니며, 인간의 이성에 의하여 파악된 신법을 자연법으로 이해하였다. 그리고 자연법이 절대적 기속력을 가지며, 인정법을 구속·지배하는 것은 자연법이 인간의 이성에 의하여 파악된 神法으로서 神性을 가졌기 때문이라고 하였다.[197]

인정법은 인간을 위하여 특정한 역사적 상황과 그 특정한 역사적 상황속에서의 개별적인 사건에 관하여 영구법과 자연법을 구체화(Konkretisierung)한 법으로 이해되었다.[198] 그리고 인정법은 限時法(lex temporalis)으로서 일정한

194) Johann Sauter, Die philosophischen Grundlagen des Naturrechts: Untersuchungen zur Geschichte der Rechts－und Staatslehre (Frankfurt/M, Verlag Sauer u. Auvermann, 1966), S. 58.
195) Prodi, a. a. O., S. 28.
196) Naucke, Harziger, a. a. O., Rn 82.
197) 이태재, 전게 법철학사와 자연법론, 108면.
198) Naucke, Harziger, a. a. O., Rn 83.

특정의 시간내에서만 요구하고 금지하는 법이라고 하였다.[199] 이러한 인정법은 실정법으로 나타나며, 연구법과 자연법에 反할 때에는 잘못된 법이라고 하였다.[200] 不正義한 인정법은 법일 수 없으며, 정의롭지 못한 국가는 강도집단(Räuberband)이나 마찬가지라고 하였다.[201] 그리고 정의롭지 못한 법은 결코 법일 수 없다고 하였다.[202] 국가는 정의에 기초하여 건설되어야만 한다. 그러나 현실적으로는 정의와 부정의, 선과 악이 항상 투쟁을 하는 상태가 계속된다고 하였다.[203]

아우구스티누스의 이러한 자연법론은 기독교 사상에 기초한 자연법이었다. 그리하여 아우구스티누스는 기독교적 자연법론의 개척자가 되었다.[204] 이러한 아우구스티누스의 자연법론은 스토아학파에서 이미 정립한 자연법과 인정법의 체계에 신법인 영구법을 최상위에 올려놓음으로서 영구법, 자연법, 인정법의 체계를 구축하게 되었던 것이었다.[205]

이와 같이 아우구스티누스는 그리스, 로마의 철학을 기초로 하여 기독교 철학인 教父哲學(Patristik)을 정립하였으며, 이 교부철학이 학문으로서의 신학을 이루었다. 특히 교부철학자들은 그리스철학은 신플라톤 사상과 스토아철학을 이어 받았으며, 로마철학은 키케로로부터 이어받았다.[206] 그리하여 아퀴나스는 아리스토텔레스의 사상을 수용한 데 반하여 아우구스티누스는 플라톤 사상을 수용하였다.

(3) 토마스 아퀴나스(Thomas von Aquin)에게 있어서의 자연법과 실정법의 관계정립

가. 아리스토텔레스 철학의 계승

아우구스티누스가 신학의 諸原理들을 정립한 후 중세의 긴긴 시간은 그

199) Kaufmann, Hassemer(hrsg.), a. a. O., S. 49.
200) A. a. O., Rn 83.
201) A. a. O., Rn 83.
202) Dietmar von der Pfordten, Rechtsethik, 2. Aufl.(Beck, 2011), SS. 194.
203) Horn, a. a. O., Rn 282.
204) Bernd Rüthers, Rechtstheorie(Beck, 1999), Rn 424.
205) Zippelius, a. a. O., S. 61.
206) Horn, a. a. Rn 285.

의 신학과 철학의 지배하에서 커다란 변화없이 계속되었다. 신이 정신세계와 세속세계를 지배하고, 신학이 철학을 지배하는 시대에는 上下의 위계질서가 형성되어 새로운 사고의 전환을 가져오기가 힘들 수밖에 없었다. 그 결과로 중세는 큰 변화가 없는 시대의 계속이었다. 그리고 아퀴나스는 아리스토텔레스의 철학을 기반으로 하여 그의 기독교 스콜라철학을 발전시켜 완결하였다.[207] 그는 아르스텔레스의 철학은 아랍인들의 저작을 통하여 계수하였다.[208] 특히 아리스토텔레스의 논리학과 인식론을 계수하여 이를 기독교신앙의 관철을 위하여 教義的인 스콜라철학을 이루었다.[209][210]

신의 지배질서를 공고히 하기 위해서는 신의 지배질서의 법제화에 의한 실행이 필요하였다.[211] 그 결과로 신의 지배의 대행자인 교부와 교회의 역할과 治理를 취한 질서는 교회법으로 제도화하지 않을 수 없었다. 그리하여 중세에 철학은 크게 발전하지 못하였지만 신학과 교회법은 발전하였다. 중세에는 철학이 신앙을 지탱하기 위한 필요한 것 정도로 생각되었다. 이는 바로 신학과 철학의 결합을 의미하는 것이었다.

교회법은 로마법을 根本素材로 하였다. 그러한 교회법은 로마법을 성서의 가르침과 신학에 의하여 정립된 원리들로 수정, 보완하고, 새로운 내용을 추가하여 형성된 새로운 법영역이었다. 교회법은 로마법을 바탕으로 하였지만 그 내용을 신학, 그 중에서도 도덕신학에 의하여 수정하고 순화된 새로운 법

207) Grundlegend des Rechts, a. a, O., Rn 8.

208) Horn, a. a. Rn 288.

209) A. a. O., Rn 290.

210) 12 내지 13세기의 스콜라철학은 아랍철학자들의 저작들에 의하여 서방에 알려진 아리스토텔레스의 철학을 라틴어로 개작하여 새롭게 한 것이었다(Vgl., Horn, a. a. O., Rn 292).

211) 아퀴나스는 신의 존재를 증명하고자 하였다. 그에 의하면, 첫째로 이 세상의 모든 운동은 그 운동의 원인이 존재하며, 그 원인자가 신이며 운동의 첫 운동자가 역시 신이라고 하였다. 둘째로 모든 작용은 그 작용의 원인이 있으며 그 첫 작용의 원인자가 바로 창조자이다. 셋째로 인간이 인식할 수 있는 모든 존재가 다 존재하지 아니할 수도 있다. 모든 존재는 자기 존재를 밝힐 것이 필수적이지는 않다. 그러나 필수적인 존재는 있어야한다. 그 필수적인 존재가 신이다. 넷째로 인식된 것은 불완전하고 이해의 능력도 불완전하다. 완전이 있기 때문에 불완전함을 알게 된다. 따라서 완전한 것은 신이다. 다섯째로 이 세상은 목적과 목표가 있다. 그러한 목적과 목표를 제공할 수 있는 고도의 지적존재가 있어야 한다. 그러한 고도의 지적존재가 신이다라고 하였다. 그리하여 네 번째의 신의 존재의 증명은 플라톤과 아리스테텔레스로부터 영향을 받은 것이며, 다섯번째의 증명은 스토아철학과 키케로부터 영향을 받은 것이다. 이러한 아퀴나스의 신의 존재에 대한 증명은 경험주의와 칸트에 의하여 비판을 받았다(Vgl., Horn, a. a. O., Rn 290).

영역이었다. 이러한 교회법의 형성은 교회법학자들에 의한 교회법연구의 집대성에 의하여 이루어진 법영역이었다. 교회법은 교회재판을 통하여 실행되었다. 더욱이 교회재판은 세속의 일반인에게도 재판권을 미치게 되어 세속법의 변화를 가져오는 결과를 초래하였다.[212] 그리하여 서양의 현대법의 역사적 뿌리는 로마법과 게르만법 이외에 교회법이라는 새로운 법영역이 있다.[213]

이와 같이 로마법은 고대에는 스토아학파의 인도주의와 사해동포주의의 영향을 받아 자연법적으로 발전하고, 다시 중세는 기독교 사상에 의하여 더욱더 자연법적으로 발전하게 되었다. 그리고 로마법은 볼로냐 법학교를 시작으로 하여 대학에서 연구되고 가르쳐 졌으며, 중세의 대학에서는 로마법과 교회법의 양법이 가르쳐 지고, 소송사건에 대하여 법원이 대학의 의견을 묻는 제도(Aktenversendung)에 의하여 로마법을 기독교 사상과 교회법의 영향을 받아 더욱더 자연법적으로 발전할 수 있었다.

중세의 학문은 수도원에서부터 이루어졌다. 즉, 수도원이 학문을 하는 학교로서의 기능을 담당한 것이었다. 수도원에서의 학문연구의 주된 분야는 신학이었지만 신학자들이 신학뿐만 아니라 철학도 법학도 함께 연구하였다. 이러한 중세의 수도원을 중심한 학문연구의 흐름을 스콜라 철학(Scholastik)이라 한다.[214]

스콜라 철학은 9세기 신학자였던 에리우게나(Eriugena: 810−877)에 의하여 성립하게 되었다.[215] 그러나 본격적인 스콜라 철학의 시작은 에리우게나에서

---

212) 서양 중세에 교회법원이 설치된 것은 1231년이었다(이정우, 전게 세계철학사, 690면 참조).

213) 그러나 法史에서는 교회법이 서양의 현행법의 역사적 뿌리의 하나라는 것을 특별히 강조하지 아니한다. 그것은 중세에는 교회권력이 세속의 권력을 지배하고 교회법이 세속의 법사건에도 적용되었기 때문에 근세에 들어와서 근대 절대국가가 교회권력으로부터 벗어나기 위한 노력의 결과로 교회법은 현재의 서양 세속법의 역사적 뿌리의 하나로 다루지 않으려는 경향을 보이고 있다(김상용, "敎會法의 理解와 硏究의 必要性", 大韓民國學術院通信(Monthly Newsletter, The National Academy of Sciences, Republic of Korea), 제200호,2010. 3. 1), 2−4면 참조). 그것은 전적으로 정치적 이유에서 이다. 그러나 현재의 서양법의 내용에 이미 교회법의 내용이 들어와 있음을 부인할 수 없다. 프랑스 혁명이후에는 세속의 권력자들이 교회권력으로 벗어나기 위하여 교회재산을 몰수하고, 교회와 政敎協約(Konkordat)을 체결하여 정교분리를 실현하고 이러한 정교분리는 오늘날의 헌법적 원리의 하나로 헌법에서 明定하게 되었다.

214) 스콜라(Schola)는 "학교"의 의미로서 서로마제국의 칼大帝(742−814)가 각지에 신학원(scholastici)을 설립하여 그곳에서 학문연구를 하게 한데서 유래한다.

215) 이정우, 전게 세계철학사, 676면.

200년이상의 세월이 지난 聖안셀무스(St. Anselmus: 1033－1109)에서 비로소 이루어졌다.[216] 중세 스콜라 철학 전시대를 구분해 보면, 8세기에서 11세기에 이르는 기간이 초기 스콜라시대(Frühscholastik)이었으며, 12세기에서 13세기의 기간이 스콜라 철학이 가장 발달한 스콜라철학의 盛期(Hochscholastik)이었으며, 14세기에서 15세기의 기간은 스콜라철학이 쇠퇴한 후기 스콜라시대(Spätscholastik)였다.[217]

스콜라철학에서의 방법론은 하나의 개념 또는 제도를 정립하면 그것을 教理化 내지 믿음으로 만드는 방법이었다. 다시 말하면 하나의 개념 또는 제도를 정립하면 그것을 절대화하여 확신을 가지게 하는 방법론으로서 중세 기독교 사상의 교리화에 이바지한 방법론이었다. 그러므로 스콜라철학에서는 반대나 비판을 허용하지 아니하였을 뿐만 아니라 이를 용납하지 아니하려는 방법론에 입각해 있었다. 따라서 스콜라 철학은 기독교 사상의 공고화에는 이바지 하였으나, 진리의 발견에는 소홀히 함으로써 학문의 발전을 봉쇄하는 결과를 낳았다. 중세의 기독교 사상의 공고화와 교회법의 발전에 스콜라 철학이 기여하였기 때문에 중세는 큰 변화없이 신학과 교회법의 시대를 이루어 장기간 계속되어온 것이었다.

토마스 아퀴나스(Thomas von Aquin: 1225－1274)는 스콜라철학의 盛期의 신학자로서 아리스텔레스의 철학은 받아드려 기독교 신학과 철학을 발전시켰다. 그는 기독교 사상을 아리스토텔레스철학에 의하여 발전시켰다. 그러므로 중세는 아우구스티누스가 플라톤의 이데아 사상으로 기독교 사상을 정립한데 반하여, 아퀴나스는 아리스토텔레스철학에 기초하여 기독교 사상을 더욱 발전시킨 것이었다. 이와 같이 중세 철학은 그리스 철학을 기초로 하여 기독교 사상으로 변화시켰으며, 반대로 기독교 사상은 그리스 철학, 다시 말하면 서양의 전통사상과 모순되지 않는다는 것을 중세 스콜라철학자들이 정립하여 서양의 문화가 그리스 철학과 기독교가 자연히 결합되어 발전할 수 있도록 하였다. 그는 아리스토텔레스 철학을 평가하기 보다는 아리스토텔레스철학을 정당한(richtig) 것으로 받아들였다.[218] 그리고 그는 믿음(Glauben)과 앎(Wisse)은

216) 상게서, 678면.
217) Vogt, a. a. O., S. 103.
218) A. a. O., S. 116.

서로 모순되는 것이 아니라 양자는 모두 신으로부터 주어진 것이며, 신앙적 진리(Glaubenswahrheit)가 이성적인 진리(vernünftige Wahrheit)보다 더욱더 완전하다고 하였다.[219)]

토마스 아퀴나스는 이태리의 나폴리 출신으로서, 모든 운동은 잠재태로부터 현실태로의 운동으로 이해하고, 우주에는 다른 것들을 움직이지만 그 자신은 움직이지 않는 순수 현실태, 즉 궁극의 原動者가 존재하여야 하며, 그 궁극의 원동자가 곧 神이라고 하였다.[220)] 그러므로 신은 모든 운동의 궁극적인 현실태이자 모든 운동의 원인이며, 모든 우발적 운동의 필연적 근거라고 하였다. 이와 같이 아퀴나스는 신은 세계의 궁극적인 근거이고 가치이며 최상의 목표이고 善이라하고 하였다. 따라서 세계는 궁극적으로 신의 뜻, 신의 섭리에 의해 움직인다고 하였다.[221)] 그러한 모든 운동의 원인자인 신은 현실세계의 저 위에 존재하는 것이 아니라 현실의 모든 현상 속에 존재한다고 이해하였다. 그것은 바로 신은 모든 사물속에서 그 본질로서 존재한다는 것이었다. 즉, 사물은 素材(Materie)이고, 신은 형상(Form)이라는 것이었다.[222)] 다시 말하면 모든 자연, 즉 신의 피조물은 그 자체 목적을 갖고 있다고 이해하였다.[223)] 이는 아리스토텔레스의 목적지향적 존재(Entelechie)의 주장을 그대로 받아드린 것이었다. 특히 그에게는 신의 피조물인 인간은 그 자체 목적을 갖고 자기완성을 지향하는 목적지향적 존재로 이해되었다.[224)]

신은 인간을 그의 형상을 따라서 창조하였기 때문에, 인간은 신앙을 통해서 신에 관하여 인식할 수 있다고 하였다.[225)] 그리고 인간의 최종 목표는 영원한 행복이며, 그 인간의 영원한 행복은 인간 자신에 의해서는 이룰 수가 없으며, 신의 은총에 의해서만 가능하다고 하였다.[226)] 그리고 그는 인간의 덕목은 믿음(Glaube), 사랑(Liebe) 그리고 소망(Hoffnung)이라고 하였다.[227)] 이러한 인

219) A. a. O., S. 116.
220) 이정우, 전게 세계철학사, 705면.
221) 상게서, 706면.
222) Vogt, a. a. O., S. 117.
223) Strömholm, a. a. O., S. 107.
224) A. a. O., S. 107.
225) Vogt, a. a. O., S. 117.
226) A. a. O., S. 118.
227) A. a. O., S. 118.

간의 덕목의 실현을 위하여 국가는 그 조건인 평화와 복지를 제공하여야 한다고 하였다. 왜냐하면 인간은 정치적 동물, 즉 사회적 존재이기 때문에 조직화된 공동체내서만 신이 원하는대로 살아갈 수 있기 때문이라는 것이었다. 이와 같이 국가는 그 구성원에게 평화와 복지를 제공하는 것이 과제이며, 인간의 궁극적인 목표는 신의 은총에 의해서 얻을 수 있는 영원한 행복이기 때문에 국가는 신의 은총을 베푸는 교회를 따라야 한다고 하였다. 그리하여 敎皇(Papst)은 皇帝(Kaiser)의 위에 있다고 하였다.[228]

아퀴나스는 도미니크 수도회[229]의 소속이었다. 1309년에 이르서는 아퀴나스의 이러한 주장들이 도미니크 수도회의 공식적인 이론으로 선언되었으며, 1879년에는 가톨릭교회의 공식적인 철학으로 선언되었다.[230] 아퀴나스에게 있어서 신의 세계는 절대선의 세계이며, 현실세계의 인간은 신의 형상을 따라서 창조되었기 때문에 신의 은총에 의해서 그 절대선의 세계를 인식할 수 있다고 하였다. 그리하여 아퀴나스는 신은 객관적으로 존재하는 영원한 존재이고, 인간은 그의 세계를 인식할 수 있을 뿐이라고 하였다. 이와 같이 신의 세계가 보편적인 존재이며, 현실세계의 개별적 인간은 신의 은총에 의해서만 행복을 누릴 수 있으며, 신의 세계에 대하여는 인간의 인식을 통해서 이해될 수 있다는 인식론을 主知主義(Intellektualismus)라 한다.

그러나 이러한 아퀴나스의 주지주의에 대해 이 세상에는 보편적인 것은 존재하지 아니하며 개별적인 것만이 존재한다고 주장하고, 이 현실세계의 선과 악은 객관적으로 존재하는 것이 아니라 신이 선과 악을 결정하였기 때문이라고 주장한 반대의 견해가 주장되었다. 먼저 이 세상에는 보편적인 것은 존재하지 아니하며 개별적인 것만이 존재한다는 견해를 주장한 사람들을 唯名論者(Nominalist)라 하고, 보편적이고 객관적인 도덕이 존재하는 것이 아니라 신이 선과 악을 결정하였을 뿐이라고 주장하는 견해를 主意主義(Voluntarismus)

228) A. a. O., S. 119.
229) 도미니크 수도회는 1215년에 聖도미니쿠스(Dominikus: 1170?－1221)에 의해 설립되었으며 토마스 아퀴나스가 대표적인 인물이며, 주지주의(Intellektualismus)의 입장에 있었다. 이러한 주지주의에서는 형이상학을 인정하고 보편세계의 존재를 인정하였다. 이에 대해 주의주의(Voluntarismus)는 보편세계의 존재를 비판하였다(Vgl., Horn, a. a. O., Rn 307). 0
230) Vogt, a. a. O., S. 119.

라 한다. 이러한 주의주의는 프란체스코 수도회[231]를 중심으로 발전되었으며, 스코투스, 오캄 등이 대표적인 주의주의자들이다. 스코쿠스는 신은 오직 의지일 뿐이며, 그러한 의지의 결과가 세계질서라고 하였다. 그리고 그는 타자로서의 원인을 가지지 아니하는 제1능동인이 존재하며, 그 존재가 곧 신이라고 하였다.[232] 오캄은 학문의 영역과 신앙의 영역을 구별하였다.[233] 그리고 그는 실재하는 것은 오로지 개체들 뿐이며, 그 외 모든 것들은 다 思惟의 산물일 뿐이라고 하였다.[234] 또한 그의 견해는 오로지 모세의 10계명만을 자연법으로 인정한 루터의 자연법에 대한 견해로 이어졌다.[235]

아퀴나스는 이러한 주의주의의 주장에 대해, 존재가 당위에 우선하듯이 인식이 의사에 우선함을 주장하였다.[236] 또한 토마스 아퀴나스는 법과 윤리가 동일할 것을 주장하고, 법과 윤리의 결합을 주장한 법윤리적 본질주의(Rechtsethischer Essentialismus)에 속한다.[237]

나. 아퀴나스에게서의 자연법론

아퀴나스는 근본적으로 법과 도덕을 동일시하였으며,[238] 또한 법칙(Gesetz)와 법(Recht)도 동일한 것으로 다루었다.[239] 그리고 법은 이성에 의한 인식이며, 주의주의자들에 있어서와 같이 법을 의지 내지 의사의 표현으로 이해하지 아니하였다.[240] 더 나아가 그는 법의 목표는 인간의 행복과 복지에 있다고 하였다. 따라서 법은 이러한 인간의 공동선을 지향하였을 때에 실질적인 법(real law)인 법의 성격을 갖게 된다고 하였다.[241]

---

231) 1209년에 聖프란체스코(Francisco d'Assisi: 1182－1226)에 의하여 설립되었다.
232) 이정우, 전게 세계철학사, 710면.
233) Strömholm. a. a. O., S. 111.
234) 이정우, 전게 세계철학사, 714면.
235) Kaufmann, Hassemer(hrsg), a. a. O., S. 54.
236) Georg Stadtmüller, Das Naturrecht im Lichte der geschichtlichen Erfahrungen(Recklinghausen, Verlag Bitter & Co., 1948), S. 16.
237) Dietmar von der Pfordten, a. a. O., SS. 191－192.
238) Emil Erlich Hölscher, Vom Römischen zum Christlichen Naturrecht, (Augsburg, Literar. Institut Haas und Grabherr, 1931), S. 71.
239) A. a. O., S. 72.
240) Elders SVD Leo, "St. Thomas's Doctrine of the Natural Law", in: Das Naturrecht und Europa (hrsg. von Tadeusz Guz, Frankfurt/M, Peter Lang, 2007), S. 68.
241) A. a. O., S. 69.

아퀴나스는 법을 신법(lex divina), 자연법(lex naturalis), 인정법(lex humana)으로 분류하였다. 신법은 영구법으로서 신의 지혜와 신이 설계한 이 세상의 계획이며, 절대적, 객관적, 추상적인 법이며, 완전 그 자체인 법이며 永久한 법이라고 하였다. 그에 의하면 신법은 모든 도덕원칙의 초월적 기초이었다. 자연법은 선은 행하고 악은 피할 것을 내용으로 하는 법으로서 인간이 지켜야할 법이며, 자연법은 인간의 신법에의 참여에 의하여 인간이 인식한 신법이며, 인간의 행동은 언제나 신의 행위에 향하고 있어야 한다고 하였다. 그리고 인간은 신법을 부분적으로만 인식할 수밖에 없으므로 자연법은 인간이 인식한 부분적인 신법이었다. 그러한 자연법은 신에 대한 사랑(Gottesliebe)과 이웃에 대한 사랑(Nächstenliebe) 및 10계명(zehn Gebote)을 그 내용으로 한다고 하였다.[242] 그는 자연법을 인간의 의무와 권리에 관한 기본적인 記述(account)이자 정당화(justification)로 이해하였다. 그리고 인정법은 자연법에 기초하는 법이지만 변경될 수 있으며, 환경과 시간에 따라서 다양할 수 있다고 하였다.[243] 그러나 인정법은 명령과 제재에 의하여 인간이 선한 행동을 함에 익숙해 질 수 있도록 그 내용이 규정되어야 한다고 하였다.[244] 그리하여 인정법은 자연법을 그대로 실정화하기도 하고, 자연법을 구체화하기도 하며, 실정법의 흠결을 자연법으로 보충하기도 한다고 하였다. 이는 모든 인간을 보다 덕스럽게 하는데 법의 목적이 있다는 것이었다. 그리고 자연법에 반하는 실정법은 법이 아니며, 不正義한 실정법도 법이 아니라고 하였다.[245] 따라서 그는 인정법인 실정법은 자연법을 실현하여야만 한다고 하였다.

이와 같이 법이란 인간을 덕스럽도록 만드는데 있다고 이해한 것은 플라톤에게도, 아리스토텔레스에게도 아퀴나스에게도 공통적인 사상이었다. 또한 그는 법의 목적은 인간의 좋은 삶을 위한 조건의 제공에 있으며 삶을 꾸려가는 것을 규정하거나 간섭함에 있는 것은 아니라고 하였다.[246] 그리고 그는 현

242) Horn, a. a. O., Rn 297.
243) Wolfgang Waldstein, "Naturrecht in der europäischen Rechtsentwicklung", in: Das Naturrecht und Europa (hrsg. von Tadeusz Guz, Frankfurt/M, Peter Lang, 2007), S. 71.
244) A. a. O., S. 73.
245) Kaufmann, Hassemer(hrsg), a. a. O., S. 50.
246) Strömholm, a. a. O., S. 109.

실적인 권력이 부패하고 억압적인 경우에는 그에 대항할 수 있는 저항권이 있다고까지 주장하였다.[247] 그는 사람이 국가를 위하여 존재하는 것이 아니라, 국가가 사람을 위하여 존재하는 것이라고 주장하고, 주권은 신으로부터 주어지며 인민에게 정착해 있다고 하였다. 그리고 지배자는 언제나 법의 봉사자이어야 하며, 그가 독재자가 되면 그는 인민에 의해 전복되어야만 한다고 하였다.[248] 그는 입헌왕정(konstitutionelle Monarchie)을 선호하였으며, 국가의 과제는 시민을 정의롭고 덕스러운 삶을 살 수 있도록 하고, 그리하여 모든 시민이 평화롭게 살 수 있도록 하는데 있다고 하였다.[249] 더 나아가 인간은 이러한 평화와 복지의 상태에서 사는 것이 최종목적이 아니고, 인간의 최종목표는 천국의 행복(himmlische Seligkeit)을 향유하는데 있다고 하였다. 그 일은 국가의 과제가 아니라 교회의 과제라고 하였다.[250] 그러므로 교회의 과제가 국가의 과제보다 더 높은 차원의 과제로 체계화하였다.

아퀴나스는 인간의 이성에 의하여 알게 된 법은 신법과 부합하여야 한다고 하였으며, 자연법은 도덕적인 선을 행하게 하고 악을 행하지 않도록 하는 것이 라고 하였으며, 인간이성은 공동선을 향하고 있어야 한다고 하였다.[251] 그리고 공동선에 의해 확보된 삶은 평화라고 하였다.[252] 또한 그는 신에 의하여 인간에게 주어진 이성이 신의 세계와 인간의 세계를 결합시키는 것이라고 하고, 그러한 결합에 의하여 인간은 악을 제거하고 선을 행하게 하며, 인간의 통찰력 있는 삶을 가능케 한다고 하였다.[253] 그리고 또한 아퀴나스는 정의는 인법의 기준이 되며 아리스토텔레스와 같이 법질서는 공동선을 향하여야 하여, 공동선을 이루고자 하는 법이 좋은 법이라고 하였다.[254] 이와 같이 아퀴나스는 아리스토텔레스에게 있어서의 엔테레히(Entelechie)의 사상을 기초로 하여 모든 생명체를 목적적 존재로 이해하였으며, 그 목적은 신으로 향하여

247) 이정우, 전게 세계철학사, 709면.
248) Horst Poller, Die Philosophen und ihre Kerngedanken: Ein geschichtlicher Überblick (München, Horst Poller Verlag, 2007), S. 163.
249) A. a. O., S. 163.
250) A. a. O., S. 163.
251) Grundlegend des Rechts, a. a. O., Rn 9－10.
252) A. a. O., Rn 10.
253) A. a. O., Rn 10.
254) A. a. O., Rn 11.

전개된다고 하였다.[255]

또한 그는 사소유권(Privateigentum)을 인정하였다. 그가 사소유권을 인정하기는 하였지만 어디까지나 공동체소유권에 대하여 보충적으로만 인정하였다.[256] 그가 사소유권을 인정한 점에서는 아리스토텔레스와 견해를 달리 하였다. 소유자는 전체 인민의 수탁자(Treuhänder)로서 재물을 소유하며, 다른 사람의 궁핍에 모른 척하여서는 아니되며, 그의 생활의 필요를 넘는 부를 소유하는 것은 탐욕(Habgier)이라고 하였다.[257]

그리고 아퀴나스는 정의에 관하여도 로마법에서의 정의개념과는 다른 행동을 강조하는 개념정의를 하였다. 법학제요에서는 정의의 개념을, "모든 사람에게 자기의 권리를 주고자 하는 변함이 없는 항구적인 의사"(Gerechtigkeit ist der unwandelbare und dauerhafte Wille, jedem sein Recht zu gewähren)이라고 하였으나,[258] 아퀴나스는 "정의는 각자에게 그의 권리를 인정하고 주고자 하는 변함없는 의사에 의한 행동"(Gerechtigkeit ist die Haltung, kraft derer einer standhaften und beständen Willens einem jeden sein Recht zuerkennt)을 정의라고 개념정의하였다.[259] 그리고 그는 정의를 사람과 사람의 관계, 즉 인간의 공동생활에 있어서 중요한 덕이라고 하였다. 그는 전래의 사람이 갖추어야할 4가지의 덕목, 즉 지혜와 현명(Weisheit oder Klugheit), 정의(Gerechtigkeit), 용기(Mut oder Tapferkeit) 그리고 자기지배(Selbstbeherrschung)를 기독교 신앙에 부합되게 믿음(Glaube), 소망(Hoffnung), 그리고 사랑(Liebe)으로 바꾸어 덕목으로 제시하였다.[260]

또한 그는 국가의 목적은 시민들로 하여금 행복하고 도덕적으로 선한 삶을 살 수 있도록 하는데 있다고 하였다.[261] 그리고 국가가 제정한 법률은 자연법을 옮겨놓은 법률이어야 한다고 하였다. 또한 실정법률은 공동선을 도모하여야 한다고 하였다. 따라서 정당하지 못한 법은 구속력이 없다고 하였다. 그

---

255) Horn, a. a. O., Rn 295.
256) Strömholm, a. a. O., S. 109.
257) Poller, a. a. O., S. 164.
258) Inst. I. 1. pr.
259) Horn, a. a. O., Rn 299.
260) A. a. O., Rn 301.
261) A. a. O., Rn 304.

러나 정당하지 못한 법률에 대항할 수 있고 폭군을 제거할 수 있는 저항권은 인정하지 않았다.[262)]

(4) 중세 기독교적 자연법론의 특징과 평가

중세의 자연법은 인간이 인식한 神法이었다. 이러한 중세의 기독교적 자연법론의 특징은, 첫째로 국가의 법질서는 부인할 수 없고 포기할 수 없는 법과 도덕간의 결합관계위에서 정립될 것을 요구하였다. 또한 기독교적 자연법에서는 법은 가치구속적인 규범으로 파악하였다. 둘째로 기독교적 자연법론은 국가가 법률을 제정함에 있어서 성서에서 제시하고 있는 기본가치를 출발점으로 할 것을 요구하였다. 성서의 가르침 중에서도 국가가 존중해야할 기본가치는 모든 인간의 평등한 존엄성이었다.

그리하여 기독교적 자연법론의 역사적 과제는 국가의 권력자로 하여금 국가의 법질서가 도덕적으로 정당할 것을 요구한 것이었다. 그리고 기독교적 자연법론은 극히 예외적인 경우에 비인간적인 독재자에 대한 저항을 법적으로 정당화하여 혁명권을 인정하였다.[263)] 기독교적 자연법론에서는 혁명권의 근거를 성서의 사도행전 제5장 29절의 “사람은 사람보다는 신을 따라야 한다”(Man muß Gott mehr gehorchen als den Menschen)에서 찾았다.

한편으로 오늘날은 중세와 그 후의 기독교 신학적 자연법론에 대한 반대의 견해도 강하게 제기되고 있다. 첫째로는 기독교 자연법론은 존재(Sein)로부터 당위(Sollen)를 도출할 수 있음을 전제로 하고 있다. 그러나 이러한 전제는 학문적으로 입증할 수 없다고 반박한다.[264)] 둘째로 기독교적 자연법론은 오로지 믿음을 가진 사람만을 확신시킬 뿐이며, 신앙을 전제로 할 뿐이라고 반박한다. 셋째로 자연법의 내용도 법원에 의하여 이를 적용하면 법적구속력이 발생하게 되는데 이는 자연법으로서 법적구속력을 갖는 것이 아니라 그것은 법관실증주의(Richterpositivismus)의 다름이 아니다. 그러므로 굳이 이를 자연법이라고 할 것이 없다는 것이다. 넷째로 기독교적 자연법론은 자연법론에 입각하

262) A. a. O., Rn 306.
263) Bernd Rüthers, Rechtstheorie(Beck, 1999), Rn 442.
264) A. a. O., Rn 443.

여 현행법을 비판한다. 그 비판은 법정책적 요구에 불과하며, 이 때의 자연법의 援用은 정의의 다른 표현에 불과하다고 한다.[265]

이러한 기독교적 자연법론에 대한 비판에 의하여 독일에서는 1965년 즈음이래로 기독교적 신학적 자연법론은 완전히 사라지고 그 효력을 상실한 상태에 있다고 한다.[266] 이와 같은 기독교적 신학적 자연법론에 대한 비판의 견해는 인간의 이성과 의지를 너무 강조하는 법사상의 표현이라 생각한다. 인간은 인간을 스스로 창조하지 못하였다. 인간은 신의 피조물이다. 그리고 인간의 이성은 불완전하다. 기독교적 신학적 자연법론은 자연법을 인간이 인식한 신법으로 이해하고 그 자연법은 완전한 법으로서 인간의 양심을 통하여 인간행동에 대하여 구속력을 갖는다. 인간이 만든 실정법은 완전치 못하다. 실정법은 자연법에 의하여 보충되고, 보완되고, 수정되어야 법으로서의 효력을 갖는 것이다. 그리고 법은 인간을 행복하게 하는 것이 궁극적인 목적이다. 실정법 중에는 이러한 법의 궁극의 목적에 배치되는 법이 적지 아니하다. 자연법은 신의 뜻이기도 한 인간의 궁극의 목표인 인간의 행복을 위한 신의 법이다. 그리고 인간이 행복하려면 탐욕이 아니라 신의 세계로 돌아가 신의 형상을 회복하려는 겸손이 법에서도 역시 필요하다고 생각한다. 그 법이 바로 신학적 자연법이라 생각한다.

그리고 서양의 법은 로마법과 교회법이 서로 긴장관계 있으면서 상호보완적으로 발전하여 왔다.[267] 로마법을 바탕으로 하여 교회법이 생성·발전하고, 다시 교회법의 발전에 의하여 로마법이 더욱더 자연법적으로 발전하게 되어 로마법과 교회법이 보통법이 되어 그 보통법이 서양법, 나아가서 세계법의 역사적 뿌리가 되어 있다. 또한 사상면에서 서양에서는 철학과 기독교가 서로 긴장관계를 이루면서 서양사상이 발전되어 왔다.[268]

이와 같이 중세는 교회법의 시대였다고 할 수 있다. 교황이 그레고리우스 7세[269]가 1077년 세속권력인 신성로마제국의 황제 하인리히 4세를 파문하여 교

265) A. a. O., Rn 443.

266) A. a. O., Rn 432.

267) Paolo Prodi, Eine Geschichte der Gerechtigkeit: Vom Recht Gottes zum modernen Rechtsstaat, 2. Aufl.(C.H. Beck, 2005), S. 21.

268) A. a. O., S. 21.

황이 절대권력을 행사하고, 곧이어 1140년에 그라티아누스가 교령집(Decretum Gratiani)을 편찬함으로써 교회법은 중세의 절대적인 법이 되었다. 그리하여 교황이 법의 보호자이며 항시적인 법관이 되었다. 또한 교황이 법을 제정도 하고 해석을 독점하고 赦免을 하기도 하였다. 그 결과로 중세는 교황 一元主義 시대가 되었다. 따라서 신법이 최고의 법이 되고 도덕의 法化가 진행되어, 교회법의 기초가 된 로마법은 교회법에 의하여 순화되어 더욱더 자연법으로 발전하게 되었다.[270)][271)] 그리고 중세의 교회법원에서는 교회법을 적용하였지만 언제나 교회법을 적용한 것은 아니며, 문제의 해결에 적절할 때에는 세속법을 적용하기도 하였다. 그 결과로 중세는 교회법과 세속의 로마법이 병존적으로 발전하게 되었다.[272)]

3. 근세의 자연법론

(1) 신중심의 시대에서 인간중심의 시대로의 발전

신중심의 중세는 모든 것의 중심역할을 신이 담당하고 인간의 학문은 신학이 주를 이루고 법도 기독교적 자연법이 구속력을 가진 시대였다. 그리고 세속의 권력 보다는 교회권력이 강한 시대로서 교황이 황제보다 우위에 있는 시대였다. 이러한 상황에서는 인간의 이성과 자유의지에 의한 역사발전의 도모는 그 역할을 할 수 없었다.

그러나 중세의 신중심의 시대도 인간의 이성과 의지의 시대로 전환될 수 있는 계기가 마련되었다. 그 始發은 1492년 컬럼부스가 신대륙을 발견함으로써 인간의 의지의 중요성이 인식되는 중요한 사건이 발생하고, 결정적으로는 신의 의사에 도전하는 1517년의 루터에 의한 종교개혁이었다. 종교개혁은 신

269) 교황 그레고리우스 7세는 클루니 수도원(910년 설립)의 수도사이었다.

270) Prodi, a. O., SS. 50–51.

271) 이와 같이 교회법은 로마법을 뼈대로 하여 발전되었으나, 세속분쟁의 경우에도 교회법이 적용되었으며, 교회법의 영역은 점차 확대되어 결혼, 유언 등의 문제에 까지 교회법이 적용되었다(Vgl., a. a. O., SS. 54, 60). 그리하여 중세의 교황시대에는 교회법과 세속법을 통합하고자 하는 노력이 있기도 하였으며, 교황의 교령의 법적 효력이 강화되어 교황법률가시대를 이루었다(Vgl., a. a. O., S. 80).

272) Prodi, a. a. O., S. 97.

도들에게 인간이 면죄부를 파는 행위가 신의 의사인지를 물음으로써 시작되어 교황의 절대권력의 중세에 인간이 도전을 한 것이었으며, 그 도전은 인간의 의사에 의하여 신의 의사에 터잡은 교회의 행위에 대한 도전이었다. 이러한 역사적 사건을 계기로 인간의 이성과 의지가 중요시되는 시대로 전환을 하게 되었다. 그리고 근세는 인간의 이성의 강조로 인간이 지각할 수 있는 것만을 진리로 받아드리는 시대가 되었다.[273)]

사상적으로 중세에는 신이 만든 질서가 주를 이룬데 반하여, 근세에는 인간의 이성에 의하여 정립된 질서가 신에 의한 질서를 대신하게 되었다. 자연법도 인간이 인식한 신법이 자연법이 아니라 인간의 이성에 의하여 발견한 법을 자연법으로 이해하게 되었다.[274)] 따라서 근대에는 이성에 의한 인식(Erkenntnis)이 결정적인 *法源*(entscheidende Rechtsquelle)이었다.[275)] 그리고 근세에는 중앙집권적인 절대국가(즉, 절대왕정)에 의한 억압적 통치가 행하여짐으로써 이를 극복할 수 있는 국가성립의 이론이 주장되었다. 그리하여 근세의 자연법론에서는 인간은 자유롭고 평등하고 평화로운 목가적인 자연상태에서 살았으나, 강자가 나타나 인간을 지배하는 현상에 대해 사회계약론을 정립하여 인간이 보다 자유롭고 평화롭에 살 수 있기 위하여 지배자에게 국가통치의 권한을 移讓함으로서 국가가 성립하고, 국가(즉, 지배자)는 인간을 자유롭고 행복하게 살 수 있도록 할 의무를 부담하며, 그렇지 아니할 때에는 폭군을 제거할 수 있다는 저항권 내지 혁명권을 인정하였다. 다른 한편으로는 인간은 천부인권으로 생명권, 자유권, 소유권을 가지며, 그러한 천부인권은 국가는 물론 신도 이를 존중하여야 한다고 하였다. 그리하여 근세의 자연법은 한편으로는 중세의 신중심의 시대와 사회를 극복·해체하고 새로운 인간중심의 시대와 사회를 열기 위하여 매우 급진적이고 혁명적인 내용을 담게 되었다.

---

273) Vogt, a. a. O., S. 175.

274) 이와 같이 이성에 기한 법을 자연법이라 命名한 것은 1625년 그로티우스(Hugo Grotius: 1583－1645)에 의하여 이루어졌다(Vgl., Dietmar von der Pfordten, Rechtsethik, 2. Aufl(Beck, 2011), S.42). 그리하여 그는 자연법을 이성의 명령(Gebot der Vernunft)이라고 하였다. 이와 같이 그로티우스에 의하여 중세의 도덕신학에 기초한 자연법에서 이성에 기한 자연법으로 전환을 하게 되었다. 그 후 푸펜돌프(Samuel Pufendorf: 1632－1694)에 의하여 자연법은 실천철학의 중요부분으로 다루어지게 되었으며, 도덕신학의 적용은 신의 계시의 영역에 관해서만 제한되었다.

275) Dietmar von der Pfordten, a. a. O., S. 195.

그리고 중세에는 주장되지 아니하던 새로운 내용의 자연법이 주장되었다. 천부인권론이 주장되고 절대군주에게 집중되어 있던 국가권력을 권력분립론에 의하여 국가기관별로 분리하여 귀속시킴으로써 천부인권을 보장할 수 있는 제도적 장치를 만들고자 하였다.

이와 같은 근대의 인간중심의 사회로의 전환과 혁명권을 인정하는 자연법론으로의 시대의 변화는 프랑스에서와 같이 절대왕정을 시민혁명을 통하여 전복하고 근세 시민국가를 건설하거나, 프러시아제국에서와 같이 국왕이 인민을 보살피는 방향으로의 계몽주의적 왕정으로 전환을 하거나, 미국에서와 같이 식민지인민들이 종주국을 상대로 독립전쟁을 전개하여 독립국가로 전환되는 결과를 낳았다.

이러한 시대의 변화와 시민국가의 탄생은 그 사상적 바탕이 되었던 근세 자연법론에 근거한 천부인권을 문서로 남기게 되었다. 근세자연법에 입각한 대표적인 문서가 영국의 권리장전(1689), 미국의 독립선언(1776), 프랑스의 인권선언(1789) 등이었다.

또한 영국에서는 자연법론의 영향을 받아 형평법원인 *帝室法院*(Court of Chancery: 14게기 중엽–1875)이 설립되었으며,[276] 그 *法源*으로 *衡平法*(law of equity)이 형성되어, 그 형평법은 시민법의 엄격성을 형평(equity)의 이념에 의하여 순화하였다.[277]

한편 *私法分野*에 있어서 중세에는 로마법이 교회법의 기초가 되고 또 교회법의 원리가 로마법에 영향을 주어, 로마법은 여전히 사법의 근본법이 되어 있었다. 그리고 로마법은 교회법학자들에 의하여 연구·발전되고 기독교 사상에 의하여 순화되었다. 근세에는 이렇게 발전된 로마법이 대륙에 계수되어 대륙의 보통법이 되었다. 보통법이 된 계수된 로마법은 근대 자연법론에 의하여 학문적으로 더욱더 연구·발전되어 쓰여진 이성(ratio scripta)으로 받아들여졌

276) 영국에서 首相(Chancellor)의 형평법에 의한 판결은 초기에는 수상이 국왕의 이름으로 하였으나, 1349년 에드워드 3세의 명령으로 수상에 의한 재판이 공식적으로 승인되었다. 그리고 1474년부터 수상은 국왕의 이름으로 판결하지 아니하고 자신의 이름으로 판결하였다. 그리고 형평법원은 1875년에 법원조직법(Judicature Act)의 시행에 의하여 나누어져 있던 법원을 통합함으로써 보통법원과 함께 폐지되었다(Vgl., P. V. Baker, P. St. J. Langan, Snell's Equity, 29th Ed.(London, Sweet & Maxwell,1990), pp. 8, 12).

277) Stadtmüller, a. a. O., S. 24.

다. 다른 한편으로는 근대의 시민국가 내지 계몽적 왕정국가에서는 쓰여진 이성을 시민법전으로 편찬을 하였다. 그것은 인간의 권리가 천부인권으로 인정됨으로써 그것을 성문화하여 시민들이 자유롭고 평화롭게 살아갈 수 있는 법적장치를 마련하여야 한다는 시대적 요청의 결과물이었다. 이러한 시대적 요청으로 제정된 근대민법전은, 프로이센一般州法(1794), 프랑스민법전(1804), 오스트리아민법전(1811) 등이었다.

이와 같이 근세의 자연법론의 결과는, 공법적으로는 인권선언 내지 독립선언으로 문서화되고, 사법적으로는 근대민법전의 제정으로 나타났다. 이러한 자연법론에 근거한 근대민법전의 제정으로 고대 그리스에서부터 시작된 자연법 사상이 중세를 거쳐 근세에 구체적인 제정법으로 실정법화되었다. 그리하여 고대에서부터 생성된 자연법론은 역사적 사명을 다하게 되었던 것이었다. 그 다음 부터는 실정법화된 자연법의 해석과 적용에 학문적 중심을 두게 되는 법실증주의의 시대가 열리게 되었다.[278]

오늘날은 자연법론의 주장은 약화되었지만 오늘날까지 보다 좋은 법의 시대로 법의 역사를 발전시킨 법사상은 자연법론이었음을 알 수 있다. 자연법론의 발전에 의하여 오늘날 각국은 국민의 자유와 평등을 보장하는 근대법전을 갖게 된 것이었다. 결국 자연법론에 의하여 인간은 보다 자유롭고 평등하고 행복한 사회에 살 수 있게 된 것이라 생각한다.

그리고 서양의 그리스철학에서는 개인은 전체의 구성부분으로 이해되었다. 그러나 기독교에서 개인을 존중하는 사상이 싹트고 종교개혁으로 개인존중의 사상이 더욱 가속화되었다.[279]

또한 종교개혁이후에 개신교에서는 가톨릭의 교회법에 의한 치리를 배척하고 오로지 믿음, 은혜를 강조하에 되어 인간행동의 지침으로서 교회법보다는 인간의 내적 양심(Gewissen)이 강조되게 되었다.[280] 그리하여 개신교가 지배하는 지역에서는 교회법은 국가의 제정법으로 바뀌게 되어 교회의 내적 신앙은 교인들의 내적 양심에 인간행동의 지침이 되는 양심법(Gewissenrecht)이

278) 물론 법실증주의 사상은 고대의 소피스트들로부터 시작이 되었다.
279) Prodi, a. a. O., S. 25.
280) Prodi, a. a. O., S. 154.

생성될 수 있는 기초를 제공하였다. 그 결과로 개신교에 의하여 양심법이 자연법으로 발전할 수 있는 계기가 마련되었다. 그리하여 개혁교회에서는 교회치리 및 인간행동의 지침 내지 規準에 있어서 양심법이 우선이고 교회법은 보충적인 지위로 전락하였다.[281][282] 이처럼 종교개혁 이후에 개신교 지역에서는 교회에 대한 지방군주의 지배가 강화되고 개신교회내부에는 양심법이 교인들의 행동의 지침이 됨으로써 세속법과 양심법이 충돌하는 현상이 발생하게 되었다. 그리하여 세속의 정치와 인간의 양심이 충돌하게 되었다.[283] 종교개혁 후 인간의 이성이 인정되고 인간은 인격적 이성적 존재로 인정됨으로써 개신교회에서의 양심법은 첨차 인간의 이성법으로 발전하게 되었다. 그리하여 근세의 자연법인 이성법은 개신교회에서의 양심법에서부터 생성·발전하게 되었다.

종교개혁으로 가톨릭계에서도 교회법에 의한 세속사건의 지배와 치리가 더 이상 어렵게 되었다. 그리하여 가톨릭계에서는 종교개혁 후의 가톨릭내부의 정비를 위하여 트리엔트 종교회의(1545－1563)를 열어서 교회법에 대신하는 교황권력을 강화하는 조치를 취하고 교회의 명령, 즉 교령(Decretiale)에 의한 치리로 바뀌어 나가게 되었다.[284] 트리엔트 종교회의에는 가톨릭의 대표만이 참속하였으며, 트리엔트 종교회의이후에는 교회법 중심의 교회치리에서 교황중심의 교회치리로 전환하게 되었다.[285][286]

(2) 근대자연법론 전개과정에서 나타난 諸思想들

근대자연법론의 발전은 인간이성의 자유로운 발현을 인식하고 인정함으로써 시작되었다. 인간이 신의 지배하에 있던 중세에는 인간의 이성의 자유로

281) A. a. O., S. 175.

282) 이와 같이 중세의 교회법은 개신교회에서는 국가법인 분방법(Landesrecht)으로 전환하게 되었다. 개신교회는 교회법에 의한 교회치리보다는 인간의 내적 신앙, 즉 양심에 의한 치리로 바뀌게 되었다. 그리하여 개신교회에서는 정의, 법발전 등에 있어서 크게 기여하지 못하였다(Vgl., a. a. O., S. 182).

283) Prodi, a. a. O., S. 238.

284) A. a. O., SS. 204－205.

285) A. a. O., S. 205.

286) 그러므로 중세에는 온통 교회법에 교회는 물론 세속의 치리가 이루어졌다. 종교개혁이후에는 교회법은 약화되고 교황이 교계의 강력한 중심이 되어 교회의 치리를 담당하게 되었다.

운 발현을 인정할 수 없었다. 신중심에서 인간중심으로 시대의 변화가 일어남과 함께 근세의 사상세계는 고대의 재생인 復古主義[287](Humanismus)가 나타나 근세 초기의 사상가들은 고대의 그리스 사상의 연구로 회귀하였다. 그것은 고대에서는 인간의 자유가 인정된 시대였기 때문에 근세 초기의 학문의 관심이 고대로 되돌아 간 것이었다. 그리하여 로마법의 연구도 복고주의로 돌아가 로마법의 原典의 연구로 연구중심이 바뀌게 되었다.[288] 로마법의 원전의 연구는 주석학파, 주해학파에 의하여 연구·발전된 로마법이 원전과 부합하는 지를 다시 점검하는 계기를 마련해 주었으며, 장래의 로마법의 발전방향을 재정립할 수 있는 계기가 되어, 그 후에 로마법이 보다 이성적이고, 보편적인 법으로 발전할 수 있도록 하였다.[289]

그리고 근대의 자연법론은 이성법(Vernunftrecht)으로 발전하게 되었다.[290] 인간은 이성적 존재이며, 이성의 질서는 神도 이를 인정하여야 한다는 확신이 확산되고, 이성의 질서는 중세의 신의 질서를 대체하는 질서로 받아들이게 되었다. 인간의 이성도 고대의 賢者들에게만 제한적으로 인정되었던 상태를 벗어나고, 또한 중세의 신의 이성에 의하여 인간의 이성이 지배를 받던 시대를 벗어나 모든 사람을 다 이성적 존재임을 인정하게 되었다. 이는 인간의 자유와 평등을 인정할 수 있는 사상적 기초가 되었다. 그리고 법의 효력의 근거도 이성에 의한 결정이라는 것으로 옮겨 갔다.

인간은 이와 같이 모두 이성적 존재이기 때문에 인민의 사회계약에 의하여 국가가 성립하였다는 사회계약설이 주장될 수 있었다. 그리하여 사회계약설에 의하여 근대 시민국가가 탄생할 수 있었다. 근대 시민국가는 시민이 국

---

287) 復古主義를 人本主義라고도 한다. 복고주의 내지 인본주의는 중세에서와 같이 저세상(Jenseitigs)에 관심을 두는 것이 아니라, 이세상(Diesseits)에 더 관심을 두는 사상으로서 근세의 인본주의하에서는 신에 대한 歸依가 그 효력을 상실하게 되었다(Vgl., Vogt, a. a. O., S. 136).

288) 이와 같이 고대에 이미 근세철학의 싹이 터 있었다(Vgl., J.M. Kelly, A Short History of Western Legal Theory(Oxford, Clarendon Press, 2003), p. 13).

289) 법철학(Rechtsphilosophie)의 학문도 근세에 들어와서 중세부터 발전된 도덕신학(Moraltheologie)과 근세의 자연법론(Naturrechtslehre)이 결합하여 새로운 법학의 영역으로 생성되었다(Vgl., a. a. O., S. 279).

290) 이성법은 1600년에서 1800년 사이에 크게 융성하였다. 이 기간을 이성법의 시대라 한다(Vgl., Eisenhardt, a. a. O., Rn 262).

가의 주인인 사회로서 그러한 시민국가는 국민 모두가 이성적 존재라는 것이 전제되어야만 가능할 수 있는 것이었다. 그리고 사회계약에 의하여 인민은 국가의 통치권력을 지배자에게 이양하면서 그 지배자가 비이성적인 不正義한 권력행사를 하였을 때에는 그 지배자를 제거할 수 있다는 저항권 내지 혁명권을 인정하게 되었다.

이러한 근대 자연법론의 전개에 있어서 국가의 과제는 이성적 존재로서의 인간(시민)으로 하여금 자유와 평등 그리고 행복한 삶을 살 수 있도록 하는데 있다는 것으로 인식되었다. 국왕이 국가가 아니라, 시민이 국가의 주인인 主權在民思想이 인정되는 방향으로 시대가 변천하였다. 그러나 주권재민사상에 입각한 근대 시민국가는 프랑스에서와 같이 혁명에 의하여 舊體制를 전복하고 시민국가를 실현한 나라도 있으며, 독일의 프러시아제국에서와 같이 시민혁명이 일어났으나 성공하지 못한 나라에서는 국왕이 시민의 자유와 행복을 위하여 국가권력을 행사할 것을 내용으로 하는 계몽주의적 절대국가로 발전하게 되었다. 이와 같이 근대 자연법론은 계몽주의(Aufklärung)와 결합하여 시민이 국가의 주인인 체제로 발전하게 하였다.

그리고 근대 자연법론은 종교(기독교)와의 관계에 있어서 정교분리의 방향으로 발전하게 하였다. 근대의 시민국가의 초기에는 교회재산을 몰수하고 교회권력을 제한하는 조치를 취함으로써 교회권력이 세속의 국가권력에 개입하지 못하게 교회권력을 약화시켰다. 그 다음에는 교회와 국가가 정교협약(Konkordat)을 체결하여 교회와 세속정치의 분리를 확립하게 되었다. 이러한 정교분리의 협약에 의하여 중세의 교회권력이 국가권력위에서 교황이 황제를 지배하던 시대를 완전히 벗어나게 되었으며, 법에서는 혼인, 이혼 등 가족관계의 법을 교회권력이 세속권력을 지배하던 시대에는 교회법이 이를 규율하였으나, 정교분리가 이루어짐으로써 가족법은 시민법에서 규율하게 되었다.

그리고 근세의 인간이성의 존중은 과학의 발전을 초래하였다. 그리하여 근세에는 중요한 과학원리들이 발견되어 과학이 크게 발전할 수 있는 계기가 마련되었으며, 그러한 과학의 발전에 의하여 질서정연하고 체계적인 과학세계에 대한 인식과 이해는 반대로 법에서도 과학세계에서와 같이 법을 질서정연하게 체계화할 것을 요구하게 되는 결과를 초래하였다.

이러한 시대적 요청에 따라서 근대시민법전이 제정될 수 있었다. 근대시민법전의 제정은 법내재적으로는 로마법이 스토아학파의 인도주의, 사해동포주의에 의하여 자연법적인 내용으로 형성되고, 중세의 기독교 사상, 특히 도덕신학에 의하여 더욱 자연법적으로 순화되고, 주석학파, 주해학파, 복고학파에 의하여 그 내용이 더욱 세련되고, 근대의 보통법학(Pandektenwissenschaft)에 의하여 체계화가 이루어졌기 때문이었다. 그리고 시민이 국가의 주인인 주권재민사상의 확산과, 인간의 생명, 자유, 사소유권을 天賦的인 권리로 인정하는 천부인권설의 영향을 받아, 주권자인 시민의 천부인권은 이를 제정법으로 명확히 규정하여 국가권력이 이를 침해하지 못하도록 하여야 한다는 사상이 확립되었기 때문이었다. 또한 법외적으로는 중앙집권적 근대 시민국가의 탄생으로 법을 제정할 만한 권력을 가진 국가가 탄생하였거나 절대군주국가가 계몽적 전제군주국가로 전환되었기 때문이었다. 또 한편으로는 계몽주의에 의하여 인간의 존엄이 인정되고 인권이 신장되고 형벌의 인도주의화가 이루어졌다.[291)]

이와 같이 근세의 자연법론은 인간의 이성에 바탕을 두고서 신의 지배로부터 인간이 해방되고, 이성의 발현에 의한 법을 자연법으로 파악하고, 그 이성법에서는 인간의 생명권, 자유권, 평등권, 사소유권 등을 천부적인 권리로 인정하게 되었으며, 이러한 천부적인 권리는 누구도 침해할 수 없는 권리이기 때문에 이러한 인간의 권리를 보장하기 위하여 인간은 사회계약에 의하여 국가를 만들고, 과학의 세계에서와 같이 법도 질서정연한 체계를 구축하고, 천부적인 권리를 확실하게 보장하기 위하여 근대 시민법전 제정의 결과를 낳았다. 근대시민법전의 제정으로 자연법론은 그 所任을 다하였다. 이러한 근대자연법론은 근대에 와서 형성되었지만 그 역사적 뿌리는 고대에 두고 중세를 지나 더욱 발전된 법사상으로서 자연법론의 역사적 계속의 연속과정에서 근대의 시대정신에 부합되게 형성된 법사상이었다.

더 나아가 근대 자연법론의 중심과제는 인간의 이성의 존중과 인간의 천부적인 권리의 보장과 보호에 있었다. 이러한 자연법론에 의한 인간의 천부적

---

291) Ulrich Eisenhardt, Deutsche Rechtsgeschichte, 2. Aufl.(Beck, 1995), Rn 273.

인 권리의 보호를 위한 제도로서 권력분립의 이론이 주장되었다. 이는 국가 권력이 국왕에게 집중되었던 절대왕정의 폐해를 극복하기 위한 새로운 국가 조직원리였다.

(3) 근세 자연법론자들과 그들의 주장

가. 그로티우스와 그의 자연법론

그로티우스(Hugo Grotius: 1583-1645)는 근세 자연법은 처음으로 개척한 자연법론자이다. 그는 모든 법을 인간의 본성(Natur des Menschen)에서 도출하였으며, 자연법을 이성의 명령(dictatum rectae rationis)로 이해하였다. 그리하여 그는 자연법을 신의 세계에서 구하지 아니하고 인간의 이성에서 구하였다. 그리하여 그에게 있어서의 자연법은 인간의 이성법이었다. 인간의 이성법은 신이 존재하지 않는다 하더라도 유효하다고 하였다.[292] 이성법은 모든 인간의 법의 기초이자 척도이며, 불변적이고 영원하다고 하였다.[293] 또한 그는 인간의 이성은 자연법의 인식근거라고 하였다. 그리하여 그는 중세의 기독교의 신학적 자연법론에서 인간이성에 의한 자연법론으로 자연법을 세속화(Säkularisierung)하였다.[294]

그로티우스는 인간은 사회적이고 이성적이고 합리적인 존재로 파악하였다. 그리고 그는 인간은 평화롭고 질서있는 공동생활을 추구하는 사회적 존재로 이해하였다.[295] 그리하여 그는 자연법이란 인간의 사회적인 삶에 필수불가결한 것으로 인식되는 이성에 근거한 규범의 총체로 이해하였다. 그러한 규범의 총체인 자연법중에서도 최고의 자연법 원칙은 체결된 계약은 지켜야 한다(pacta sunt servanda)는 법원칙이라고 하였다.[296] 더 나아가 그는 사람은 타인의 재화를 계약없이 함부로 취해서는 아니되며, 그가 타인에 가한 손해를 塡補하여야 하며, 다른 사람에 대하여 폭력을 행사해서는 아니되며, 그가 범한 행위에 대한 懲責으로 형벌을 받아야 한다고 하였다.[297]

292) Rüthers, a. a. O., Rn 447.
293) A. a. O., Rn 447.
294) Strömholm, a. a. O., S. 149.
295) Kaufamnn, Hassemer(hrsg.), a. a. O., S. 58.
296) A. a. O., S. 58.
297) A. a. O., S. 59.

그리고 그로티우스는 그의 대표적인 저작으로 “전쟁과 평화의 법”(1623)을 저술하였다. 그 저술에서 그는 인간이성에 기한 보편적인 자연법을 발전시켰을 뿐만 아니라 그러한 보편적인 자연법에 기초하여 국제법도 발전시켰다.[298] 특히 그는 전쟁법에 큰 영향을 주었다.[299] 그리하여 그는 전쟁이 위법적인 공격에 대하여 방어가 그 목적일 때에 그 전쟁은 정당하다고 주장하였다.[300]

나. 홉스와 그의 자연법론

홉스는 아리스토텔레스와 중세의 전통을 단절하고 법과 국가와 학문적인 관계설정을 강하게 추구하였다. 홉스의 출발점은 인간의 자기보존(Selbsterhalt) 속에서 법과 국가의 수립을 추구하였다. 그리하여 그는 자연상태를 만인의 만인에 대한 투쟁상태로 이해하고 이러한 투쟁상태의 극복을 위하여 사회계약을 체결하며, 그 사회계약에 의하여 모든 인간의 권리를 권력자에게 이양하며, 따라서 인간은 권력자에 대하여 절대복종하여야 한다고 하였다. 인간의 안전과 평화를 위하여 개인은 권력자의 국가권력에 절대복종하여야 한다고 하였다.[301] 그리하여 홉스는 결국 강자의 법을 자연적으로 주어진 것임을 강조하였으며,[302] 자연상태가 항구적으로 극복되어야 한다고 하였다. 그는 또한 물질주의자였으며 유명론자였으며 또한 경험론자였다.[303] 그리하여 그는 존재하는 것은 물질뿐이라고 하였으며, 물질적인 것 이외의 철학은 없다고 하였다. 그러므로 그에게서는 어떠한 신학도 어떠한 형이상학적 철학도 배제되었다. 그리고 모든 인식은 경험에서 나오며 경험에서 완성되었다. 그리하여 그는 감각주의자(Sensualist)이기도 하였다.[304] 그는 또한 국가는 전능한 존재이며, 모든 도덕적 판단의 기준이 되며, 국가는 종교에 관해서도 결정권을 가지며, 종교의 자유는 인정될 수 없다고 하였다.[305]

---

298) Strömholm, a. a. O., S. 150.
299) A. a. O., S. 153.
300) Zippelius,a.a. O., S. 132.
301) Grundlegend des Rechts, a. a. O., Rn 15.
302) Horn, a. a. O., Rn 311.
303) A. a. O., Rn 313.
304) A. a. O., Rn 315.
305) A. a. O., Rn 319.

홉스의 이러한 사상은 그 전시대의 사람의 공동체의 공동선을 중심으로 한 사상과는 달리 개인의 보존, 즉 개인의 안전과 평화를 그의 철학의 출발점으로 삼은 점에서 혁명적이었다고 할 수 있다.306) 따라서 홉스는 개인의 보존을 위해서는 국가의 성립이 필요하고 그 국가는 시민의 보존을 위해서는 시민에 대하여 절대적인 통합적인 국가권력을 가지고 행사할 수 었어야 한다고 하였다.

이러한 개인의 보존을 위한 국가권력의 강력한 인정은 그가 살던 시대의 왕당파와 의회파의 대립상황에서 그가 왕당파에 속하고 있었기 때문에 이와 같은 주장을 하였던 것이었다. 다시 말하면 강력한 왕권을 지지한 데서 이러한 주장이 가능하였던 것이었다. 홉스는 국가를 신의 顯現體로 이해하고자 하였다.307)

홉스의 이러한 사상은 독일의 크리스티안 토마지우스와 크리스티안 볼프의 영향을 받았다. 그 중에서도 토마지우스의 자연법에 영향을 크게 받았다.308) 특히 토마지우스는 법이란 자유의 영역을 확보해 주는 법으로 이해하였으며, 법에서의 의무를 강조하였다.309)310) 그리고 볼프에게 있어서의 이성법은 낙관적인 특징을 갖게 되었다. 그는 법과 덕, 행복 그리고 발전을 결합시켜 발전된 자연법 사상을 가졌으며, 이러한 낙관적인 법사상은 계몽주의 시대의 특징적인 법사상이기도 하였다.311) 이와 같이 독일의 두 자연법론자는 이성법의 대변자로서 법은 인간이성에 의하여 알게 된 일반원칙으로부터 도출된다고 하였으며, 자연법은 인간의 평화와 자유를 주는 법으로서 국가가 제정하는 시민법은 이러한 자연법에 부합하여야 한다고 하였다.312)

이러한 홉스의 사상은 중세의 유명론자의 견해를 계승한 결과이다.313)

306) Grundlegend des Rechts, a. a. O., Rn 16.
307) Prodi, a. a. O., S. 291.
308) Horn, a. a. O., Rn 323.
309) A. a. O., Rn 323.
310) 토마지우스의 법에서의 의무론이 이웃사랑의 기독교사상과 혼합하여 공리주의적 사상을 낳게 되었다(Vgl., a. a. O., Rn 323).
311) A. a. O., Rn 323.
312) A. a. O., Rn 323.
313) A. a. O., Rn 311.

다. 록크와 그의 자연법론

록크(John Locke: 1632－1704)는 아리스토텔레스 사상의 영향을 크게 받았다.[314] 그리고 록크는 모든 인식(Erkenntnisse)은 경험(Erfahrung)에서 나오며, 인간은 천부적으로 인식의 능력을 가지고 태어났다고 보았다.[315] 그러한 천부적인 인식능력은 바로 인간의 이성이었다.

그리고 록크에게 있어서 신이 존재한다는 것은 인간의 이성에 내재하는 양심(Gewissen)으로 이해하였다. 신은 계시에 의해서도 인식될 수 있지만, 그 계시는 이성에 따라서 판단하여야 한다고 하였다. 그리하여 록크는 기독교의 이성에의 부합(Vernunftgemäßigkeit)을 주장하여 모든 종교는 이성과 부합할 때가 최선이라고 하였다.[316] 그리고 그는 기독교에서의 가르침은 자연법이며 또한 이성법이라고 하였다.[317] 그리고 이러한 자연법은 문자화되지 않고 공포되지도 않지만 인간의 이성에 의해서 알 수 있으며, 구속력을 갖는다고 하였다.[318]

더 나아가 록크는 그의 사고와 정치적 경험에 근거하여 모든 종교에 있어서의 관용(Toleranz)을 주장하였으며, 관용은 록크의 철학사상의 중심을 이루고 있었다. 그의 관용의 주장은 교회와 정치의 분리, 신앙의 자유선택에 영향을 주었다.

그리고 록크의 정치사상에 있어서 국가이론은 아리스토텔레스 사상에 기초하고 있다. 그는 홉스와는 달리 자연상태에 관하여 만인이 만인에 대하여 투쟁하는 상태로 이해하지 아니하고, 모든 사람이 평등하고 자유로운 상태로 이해하였다. 자연상태에서는 인간은 자연법의 한계내에서 자유롭게 행동할 수 있으며, 다른 사람의 허가를 받거나 의사에 의존하지 아니하고, 자기의 소유물을 처분할 수 있고 자신의 인격을 실현할 수 있다고 하였다.[319] 그리하여 록크는 자연상태를 인간이 평화롭게 함께 살아가며 이성이 지시하는 행동이 가

314) Poller, a. a. O., S. 218.
315) A. a. O., S. 219.
316) A. a. O., S. 219.
317) A. a. O., S. 219.
318) Jennifer Koch, Naturzustands－ und Naturrechtsgedanken im politischen Denkens John Lockes (München, GRIN Verlag, 2009), S. 12.
319) A. a. O., S. 5.

능한 지배가 없는 상태(herrschenhaftloser Zustand)로 이해하였다.[320] 그리고 자연상태에서는 인간은 자기보존의 의무와 타인에 대한 불가침의 의무를 진다고 하였다.[321]

또한 록크는 인간의 노동에 의하여 취득한 재화에 대한 사소유권을 인정하였다. 사소유권을 인정함으로써 인간은 경제적인 독립을 유지할 수 있으며, 경제적 독립은 인간의 이성의 발현을 가능케 한다고 하였다.[322][323] 그는 역사상 처음으로 사소유권을 인권으로 파악하였다.[324] 그러나 그는 사소유권에도 한계가 있으며, 생존에 필요한 한도내에서만 사소유권이 인정된다고 하였다.

록크는 개인은 그의 자유와 소유권을 혼자서는 효과적으로 지킬 수 없기 때문에 인간은 계약을 체결하여 자기의 권리의 일부분을 공동체에 양도하였다고 이해하였다. 그 공동체는 국가이며, 국가는 구성원인 인간의 생명과 자유와 소유권을 보장하고 보호하여야 한다고 하였다.[325] 그리고 그는 이러한 자유, 평등, 생명, 사소유권을 천부인권으로 파악하였다. 그리고 그는 인간이 국가를 만들어 국가제도속에서 함께 살아가는 가장 중대하고 주된 목표는 천부인권 중에서도 특히 사소유권의 보호에 있다고 이해하였다.[326]

또한 록크는 노예제도의 금지를 주장하였으며,[327] 사회계약에 근거하여 인간의 자유와 평등과 생명과 소유권을 지킬 의무를 위반한 국가권력자의 不正義한 권력행사에 대하여는 저항권을 행사할 수 있고, 그 권력자를 제거할 수 있는 폭군방벌론과 혁명권을 인정하였다. 이러한 록크의 저항권 내지 혁명권의 주장은 미국 독립전쟁과 프랑스 대혁명의 사상적 근거가 되었다. 그 결과로 록크의 자연법 사상은 영국의 권리장전, 버지니아 권리장전(1776), 미국의 독립선언, 프랑스의 인권선언에서 문서로 기록되게 되었다. 그리고 그의

320) A. a. O., S. 6.
321) A. a. O., S. 13.
322) Poller, a. a. O., S. 220.
323) 록크가 사소유권을 주장한데 반하여 루소(Jean-Jacques Rousseau: 1712-1778)는 사소유권 때문에 불평등이 발생하였다고 주장하고 사소유권을 없앨 것을 주장하였다(Vgl., Strömholm, a. a. O., S. 195)
324) Poller, a. a. O., S. 220.
325) A. a. O., S. 220.
326) A. a. O., S. 220.
327) Koch, a. a. O., S. 11.

자연법 사상은 미국의 자유주의의 탄생이라는 위대한 결과를 낳게 되었다.[328)]

그리고 록크는 국가권력을 집행권과 입법권 2權으로 분리하여야 한다는 2권분립을 주장하였다. 이러한 록크의 2권분립론은 자연상태에서의 인간의 권리를 사회계약에 의하여 성립된 국가사회에서도 천부인권으로 지키고 보호하기 위한 정치이론으로 주장되었던 것이었다. 이와 같은 권력분립의 주장은 자유주의적 법치국가의 어머니는 바로 권력을 가진 자에 대한 불신에 기초를 두어야한다는 사고에 터잡고 있었다.[329)]

라. 푸펜돌프, 토마지우스, 및 볼프와 그들의 자연법론

(가) 푸펜돌프

푸펜돌프(Samuel Pufendorf: 1632－1694)도 역시 이성에 기초한 자연법을 주장하였다. 그는 자연법은 역사적으로 형성되고 보전되고 전승되어 온 神法으로서 신학적 근거없이도 인간의 이성에 의하여 파악되는 법이라고 하였다.[330)] 특히 그는 아리스토텔레스적인 스콜라철학의 전통과 단절하고 자연법을 새로운 기초위에 세우고자 하였다. 그의 세계관은 형이상학을 거절하고 인간의 이성에 기한 자연법을 주장하였다. 그는 자연법은 지적이며 윤리적이며 先驗的인 것으로서 인간의 이성에 의해서 인식될 수 있는 규범이라고 하였다.[331)] 그는 주의주의에 반대하였다. 그리하여 그는 신이 명령하였기 때문에 자연법일 수 있는 것은 아니라고 하였다.[332)]

또 한편으로 그는 자연법을 인간이 공동체를 이루어 살아가는데 이바지할 수 있는 규범으로 이해하였다. 그리고 인간은 자연법이 지배하는 상태에서 살고 있다고 하였다. 그러나 자연법은 인간에게 필요한 안전을 보장할 수 없기 때문에 인간은 사회를 만들고 그리고 국가를 만들기로 결의하였다고 하였다. 그리하여 국가의 형성을 계약이론으로 설명하였다. 더 나아가 그는 역사적으로 입증할 수는 없지만 계약이론에 따라서 국가형태를 결정하고, 그 다음에 선거에 의해 지배계약을 체결하였으며, 마지막으로 지배계약, 즉 복종계약

---

328) Poller, a. a. O., 221.
329) Zippelius, a. a. O., S. 123.
330) Eisenhardt, a. a. O., Rn. 274.
331) Sauter, a. a. O., SS. 118－119.
332) A. a. O., S. 129.

에 의하여 주권자에게 완전하고 철회할 수 없는 지배권이 국가에 이양되었다고 하였다. 인간은 이렇게 형성된 국가권력에 복종하여야 하며, 그것으로부터 인민은 국가가 제정한 법률을 따를 의무가 발생한다고 하였다. 반대로 국가행위는 국민의 복지에 있으며 지배자는 자연법과 국가복지의 목적에 구속된다고 하였다.[333]

그의 인간의 삶에 대한 시각은 인간은 본질적으로 사회적인 존재이지 개인주의적인 존재는 아니라는 것이었다.[334] 이러한 원칙으로부터 그는 네가지의 규범을 도출하였다. 즉, 첫째로는 어느 누구도 다른 사람에게 不法을 저질러서는 아니되며, 둘째로는 모든 인간은 평등권을 향유하며, 셋째로는 인간은 함께 더불어 살아가는 모든 사람들에게 유익을 줄 수 있도록 할 의무를 부담하며, 넷째로 자유의사에 의하여 부담하기로 한 의무는 승인되어야 한다고 하였다.[335] 그리하여 푸펜돌프는 인간은 사회적 존재로서 서로 더불어 살아가야 함으로 자신을 모든 사람에게 유익이 될 수 있도록 하여야할 의무를 강조하였다. 그 결과로 그는 법체계를 자연권에 근거하여 존재하는 인간의 권리가 아니라 의무로 구성하였다.[336]

그리하여 푸펜돌프는 자연법은 외부의 행동질서에 관련되어 있으며, 따라서 자연법을 의무로 구성하고, 신을 사랑하고 복지의 창조자에 대하여 감사할 것 등을 자연법의 내용으로 구성하였다.[337]

푸펜돌프의 이러한 주장을 정리해 보면, 그는 이성에 기한 자연법을 주장하고, 개개 인간의 생물학적 존재는 미약하고 서로의 도움이 없이는 살아갈 수 없기 때문에 신은 인간으로 하여금 더불어 살아가도록 인간에게 사회성을 부여하였으며, 더불어 살아가기 위해서 인간은 사회적인 의무를 진다고 하였다. 또한 그는 기계적이고 물질주의적이고 무비판적인 합리주의를 주장하였다.[338]

그리고 푸펜돌프는 자연법을 인간이 공동체를 이루어 살아가는데 이바지

333) Eisenhardt, a. a. O., Rn 274.
334) Strömholm, a. a. O., S. 181.
335) A. a. O., S. 182.
336) A. a. O., S. 182.
337) Dietmar von der Pfordten, a. a. O., S. 44.
338) Strömholm, a. a. O., S. 181.

할 수 있는 이성에 의한 규범이기는 하지만, 자연법이 포괄적이고 효율적인 법체계는 아니라고 주장하였다. 왜냐하면 자연법에는 制裁를 규율하지 않고 있기 때문이라고 하였다.[339] 그는 강제란 필수불가결한 것이기 때문에 국가를 포기할 수 없다고 하였다. 그리하여 그는 국가법, 즉 실정법의 유효성을 인정하였다. 이와 같이 그는 절대주의적이고 계몽전제군주국가인 프러시아의 법학자로서 프러시아 제국의 당시의 현실을 정당화한 법이론을 전개하였던 것이었다. 그리하여 푸펜돌프의 법이론과 국가이론은 계몽주의적 절대주의(aufgeklärter Absolitismus)의 기초가 되었다.[340]

푸펜돌프는 또한 질서정연한 법규범의 체계구축을 주장하였다. 그 결과로 18·19세기의 근대민법전의 제정에 기여하였다.[341]

(나) 토마지우스

토마지우스(Christian Thomasius: 1655－1728)는 푸펜돌프의 제자로서 인간의 이성은 진리를 인식할 수 있는 능력을 갖고 있으며, 진리는 인간의 가슴에 새겨져 있으며, 인간은 신의 계시가 없어도 이성에 의하여 진리를 인식할 수 있다고 하였다.[342] 그는 법과 종교, 도덕 및 윤리의 분리를 추구하였으며, 끝내는 자연법을 신법으로부터 분리하였다.[343]

그의 주된 관심사는 윤리, 정치, 법학의 엄격한 분리이었으며, 그 각각의 이성의 요청이 무엇인가의 탐구에 있었다. 그리고 이성에 의해 진리를 인식할 수 있다는 인식론(Erkenntnislehre)은 그의 행복론(Glückseligkeitslehre)과 더불어 모든 학문과 철학은 인간의 행복과 복지의 증진에 있다는 결론에 도달하였다.[344] 그는 윤리와 함께 자연법도 역시 인간이 행복할 수 있도록 봉사함에 있다고 하였다.[345] 또한 그는 행복이란 마음의 평화와 육신의 건강에 있다고 하였다.

토마지우스도 역시 자연법의 내용을 의무로 구성하고, 의무에는 신에 대

339) A. a. O., S. 182.
340) Eisenhardt, Rn 274.
341) Strömholm. a, a. O., S. 182.
342) Sauter, a. a. O., S. 167.
343) Kaufamnn, Hassemer(hrsg.), a. a. O., S. 58.
344) Sauter, a. a. O., S. 168.
345) A. a. O., S. 169.

한 의무, 자신에 대한 의무, 그리고 이웃에 대한 의무 3가지가 있다고 의무를 분류하였다.[346] 그리고 그는 법적의무는 언제나 외부적 행위와 관련되어 있으며, 법적의무로부터만 권리가 발생하고, 명예에 의한 의무, 도덕적 의무로부터는 권리가 발생하지 않는다고 하였다. 그리고 모든 의무는 그 목적이 인간의 행복(Glücklichkeit)에 관련되어 있다고 하였다.[347]

그리하여 윤리학은 인간의 내적 존엄과 내적 평화(즉, 마음의 평안)를 갖도록 하는데 있으며, 자연법은 정치학과 경제학과 함께 내적 존엄과 평화에 대한 인간의 외부적인 장애를 제거할 것을 가르쳐야 한다고 하였다. 즉, 자연법은 다른 사람을 자극하지 않게 하고 평화를 깨뜨리지 않도록 정의롭게 살도록 가르쳐야 하며, 정치학은 다른 사람에게 도움을 주고 평화를 유지하기 위하여 외부적인 폭력행사로 부터의 공포와 策略(List)을 제거하고 예의바른 생활방식을 가르쳐야 하며, 경제학은 인간의 마음의 평안의 부족을 없애기 위하여 부족한 것을 제거하고 필요한 것을 충족시켜 주어야 한다고 하였다.[348]

또한 그는 정치와 법에서의 가치척도는 황금율에 있다고 하였다. 즉 정치에 있어서는 적극적인 황금율로서, “다른 사람이 너에게 하여 주기를 바라는 것 같이 너도 그 사람을 위해서 그와 같이 행하라”라고 하고, 법에 있어서는 소극적 황금율로서 “다른 사람이 너에게 하지 않기를 바라는 것 같이 너도 다른 사람에게 부담을 주지 말라”라고 하였다.[349] 이러한 황금율이 토마지우스의 학문세계에서는 모든 행위의 기준으로 제시되었다.

그리고 토마지우스는 인간의 의사의 인식에 대한 우위를 주장하고, 형법과 형사절차법의 인간화(Humanisierung)를 위하여 그의 당시까지도 유럽에 행하여졌던 魔女信仰, 魔女裁判, 火刑에 대하여 투쟁하였다.[350]

그러나 토마지우스는 그의 계몽주의와 자연법사상으로 인하여 로마법과 교회법을 비판없이 받아들이는 것을 반대하였다. 그는 로마법과 교회법이 본질적으로는 자연법적이라고 평가하면서도, 독일의 고유법을 자연법으로 받아

---

346) Dietmar von der Pfordten, a. a. O., S. 44.
347) A. a. O., S. 45.
348) Sauter, a. a. O., S. 170.
349) Kaufamnn, Hassemer(hrsg.), a. a. O., S. 62.
350) Strömholm. a, a. O., S. 182.

들여 독일 고유법으로써 私法을 개혁할 것을 주장하였다.[351]

(다) 볼 프

볼프(Christian Wolff: 1679－1754)는 자연법(Naturrecht)은 인간의 본성과 사물의 본성에 뿌리를 내리고 있는 자연적인 법(natürliches Recht)이라고 하였다. 자연법은 인간의 행동을 지도하며, 인간의 완성(Vervollkommung)에 봉사하는 데 있다고 하였다.[352] 그는 또한 윤리를 자연법으로 이해하였다.[353] 그리고 볼프에게 있어서는 자유와 평등은 자연상태의 표현이었다.[354]

이와 같이 볼프는 윤리적 완벽주의를 추구하였으며, 그것을 더욱더 발전시켰다. 도덕은 인간으로 하여금 완벽하게 될 것을 의무지우고 있다고 하였다. 그러나 혼자만으로서는 완벽을 완전히 이룰 수가 없고 제한적으로만 이룰 수 있을 뿐이라고 하였다. 그리하여 국가와 법질서가 인간의 완벽을 이룰 수 있도록 하여야 한다고 하였다. 필요한 물자의 공급, 불법의 공포로부터의 해방, 외부적 폭력으로부터의 보호를 통하여 인간의 완벽을 이룰 수 있다고 하였다. 그리하여 볼프는 법이란 인간의 완벽을 이룰 수 있도록 하여야할 도의적인 의무이행을 가능케 하는 것으로 파악하였다.[355]

그리고 볼프는 푸펜돌프와는 달리 권리중심으로 법규율을 추구하였으며, 의무중심으로 규율하지 않았다.[356] 볼프는 권리를 생득적 권리와 후천적으로 취득된 권리로 나누고, 생득적인 권리에는 평등권, 자유권, 안전권, 사랑의 봉사를 청구할 수 있는 권리[357] 등을 열거하였다.[358]

볼프는 인간은 평등하고 자유로우며, 인간의 인간에 대한 지배관계는 존재하지 않는다고 하였다. 사회는 결합된 힘으로 복지를 증진할 목적의 다수 사람간의 계약이며, 그러한 사회의 최고의 원칙은 사회의 복지를 증진할 수

351) Eisenhardt, a. a. O., Rn 277.
352) Strömholm, a. a. O., S. 183.
353) Sauter, a. a. O., S. 178.
354) Eisenhardt, a. a. O., Rn 275.
355) Kaufamnn, Hassemer(hrsg.), a. a. O., S. 64.
356) Strömholm, a. a. O., S. 183.
357) 볼프는 인간은 긴급한 경우에는 다른 사람에게 자기를 구제해 줄 것을 청구할 수 있는 권리가 있다고 하였다. 이러한 권리를 사랑에의 보상청구권이라고 하였다(Vgl., Sauter, a. a. O., S. 181).
358) Sauter, a. a. O., S. 181.

있는 것은 행하고, 사회에 방해가 되거나 손해가 되는 것은 중단하라는 것이라고 하였다.[359]

그리고 그는 인민의 건강과 복지를 돌볼 것과 일할 기회를 제공할 것과 국민교육을 실시하고 학문을 진흥시킬 것을 국가의 의무로 인정하였다.[360][361] 또한 그는 국가는 일하고자 하는 사람에게 일자리를 제공하고 일하고 싶어하지 아니하는 사람에게는 일하도록 할 과제를 부담하고 있다고 하였다. 그리하여 볼프에게 있어서는 일이 인간적인 완벽을 실현하는 과정으로 이해되었다.[362] 이러한 볼프의 자연법론은 당시의 프러시아제국의 계몽주의적 절대군주를 찬양하고 그러한 정치체제를 옹호하는 견해이었다.[363]

이와 같이 볼프는 자연법, 도덕 그리고 실정법이 하나로 된 융합되도록 하는 법철학적 기초를 닦았다. 그리하여 볼프는 자연법에 의한 근대민법의 제정을 위한 법이론을 제공하였다.[364]

(4) 근세자연법론의 특징과 평가

근세자연법론의 특징은 무엇보다도 중세에는 자연법의 근원을 신의 질서로 이해한데 반하여 인간의 이성의 질서를 자연법의 근원으로 보는 대변화였다. 신의 섭리에만 의존하였던 중세에서 인간 중심으로 사고의 중심이 옮겨감으로써 인간은 이성의 발현에 의하여 역사와 법에서의 주인이 인간으로 전환하게 되었다. 그리하여 인문주의가 탄생하게 되고, 과학이 발달하고, 인간의 의사에 기초한 사회계약에 의하여 국가성립을 인정하게 되고, 인간의 인격권이 천부인권으로 선언되고 보호받을 수 있는 계기가 마련되었다. 그 결과 근세의 자연법은 인간의 인격과 이성을 輕히 다루었던 구체제를 전복할 수 있는 급진적이고 혁명적인 성격의 법으로 발전하게 되었다. 그러나 또 한편으로 절대왕정을 유지하려고 하는 절대군주들에게 자연법은 절대군주로 하여금 인민

359) A. a. O., S. 192.
360) A. a. O., S. 193.
361) 이러한 볼프의 견해는 오늘날 독일의 사회복지제도의 법사상적인 근거가 되었다고 이해된다.
362) Eisenhardt, a. a. O., Rn 275.
363) Sauter, a. a. O., S. 64.
364) Prodi, a. a. O., S. 282.

의 복지를 위하여 일하도록 하는 계몽전제군주제로의 발전의 계기를 제공하였다.

이러한 인간중심, 이성중심의 근세자연법론은 근세의 개인주의적이고 자유주의적인 사회로의 발전에 기여하였으며, 저항권 이론이 자연법론의 내용으로 추가되어 근세의 자유혁명, 독립혁명이 일어나게 하는 사상적, 법적근거가 되었다. 그리고 특히 私法分野에 있어서 근세자연법론은 법제사적으로 로마법에 바탕을 둔 개인주의적이고 자유주의적인 근대민법의 입법의 계기를 제공하였다.

어떠한 사상이나 이론도 너무 극단적으로 발전하게 되면 통일성을 잃게 되고 모순을 낳게 된다. 근세의 자연법론도 너무 인간 중심, 이성 중시의 방향으로 발전한 관계로 자연법을 주장하는 자마다 자연법의 내용이 다양화해지는 결과를 초래하여 자연법론이 통일성을 잃게 되어 결국 제정법만을 법으로 이해하려는 법실증주의가 법사상의 주류를 이루는 결과를 낳게 되었다.

Ⅳ. 자연법론의 영향

1. 개관: 법의 궁극적인 목적에 대한 성찰의 深化

자연법론의 시작은 국가권력을 가진 강자의 지배와 그의 절제되지 아니한 이익의 향유와 권력행사에 대한 저항으로부터 보편적이고 이상적인 모두가 인간다운 삶을 살 수 있는 사회를 憧憬하여 형성되기 시작하였다. 고대 그리스에서는 소피스트들이 당시의 지배권력과 영합하여 그들이 私慾을 취하는 것을 정당화하고 합리화한 궤변에 대항하여 정의로운 이상사회를 동경하는 선각자들에 의하여 자연법사상이 생성되고, 역시 고대 그리스의 스토아철학은 그리스의 작은 도시국가를 벗어나 지중해를 內海로 하는 국가의 영역이 확대된 상태에서도 여전히 인간애와 인도주의적인 평화로운 삶이 가능할 수 있는 자연법 사상을 발전시켰다. 그리고 중세의 기독교 지배의 시대에는 신의 나라를 인간의 현실속에서 실현하기 위한 기독적인 자연법론이 생성·발전되었다.

그리고 근세에는 이상적인 나라를 인간이성에 의해서 실현하고자 하는 이성법으로서의 자연법을 발전시켰다.

이와 같이 자연법론은 인간이 행복하게 이 땅에서 살 수 있도록 하는 법을 찾아온 법사상이었다. 이러한 자연법론에 의하여 인간이 인격적인 삶을 살 수 있도록 국가의 실정법의 발전방향을 제시하였으며, 권력자의 이익과 지배를 정당화한 실정법 질서에 대하여는 저항할 수 있음을 인정하여 보다 정의로운 사회, 보다 순화된 사회, 인간으로서의 존엄성을 유지할 수 있는 사회로 역사적 발전을 촉진한 법이론이었다. 인간의 행복과 사회의 복지를 위하여 국가권력을 분산시키고, 국가의 제정법이 나아가야할 방향을 제시하여, 사회가 문명화되어 가도록 방향을 제시한 법사상이 바로 자연법 사상이었으며, 그 법이 바로 바로 자연법이었다.

오늘날의 문명과 문화의 발전은 법의 영역에 있어서는 자연법이 그 動因이었다고 평가되며, 실정법이 자연법적으로 발전해 나가도록 지도하고 조정하고 때로는 실정법에 대한 저항으로 자연법이 구체적인 현실의 국가사회에 실현될 수 있도록 추진해 왔다고 평가된다. 이러한 자연법론의 역사적 발전은 자연법적 내용의 실정법화로서 그 종국적인 역사적 사명을 다하였다고 평가된다.

이와 같이 자연법은 실정법을 포함한 모든 법이 실현하여야할 궁극적인 목표를 제시하였으며, 그 목적실현을 향하여 법이 나아가도록 추진한 법사상이었다고 평가된다. 자연법론은 자연법적 내용의 실정법화에 의하여 자연법론의 1차적인 사명을 다 하였지만, 실정법시대에도 역시 자연법은 그 역사적 사명을 여전히 갖고 이를 수행하고 있다고 판단된다. 따라서 자연법론은 역사의 진행에 따라서 그 강약의 정도는 다르다 하더라고 법이 나아가야할 궁극적인 목표를 제시하고, 그 목표를 실현할 수 있도록 계속적인 성찰을 하게 하는 자연법론 본래의 역할은 변하지 않고 계속되고 있다고 판단된다.

2. 실정법의 인도주의화와 보편성의 확장

실정법에는 비인도적인 악법이 수없이 출현하였다. 그러나 자연법론은 언제나 보다 인도주의적인 방향으로 발전되어 왔다. 고대 그리스에서는 노예제도의 정당성을 인정한 자연법 사상가들이 있기는 하였으나, 자연법 사상은 노예제도의 폐지, 가혹한 형벌의 폐지, 인간의 생명과 자유와 평등의 보장으로 실정법이 보다 인도주의적으로 발전할 수 있도록 법사상을 고취시켰다.

그리고 모든 인간이 평등하고 자유롭고 행복하게 살 수 있도록 자연법 사상은 발전되어 왔다. 인간이 이러한 상태에 살 수 있도록 하게 하기 위하여 실정법이 이를 침해할 수 없도록 하는 천부인권설을 주장하고, 국가권력자가 이러한 천부인권을 부인할 수 없도록 국가권력을 분리하는 법사상을 제시하고, 인간의 행복과 사회의 복지실현을 국가구성 내지 국가성립의 전제 내지 조건으로 이론화하였다.

또한 평화로운 자연상태의 유지를 위한 사회계약설을 주장하여 국가권력의 담당자의 권력남용에 대해서는 저항할 수 있도록 하여 보다 인도주의적인 사회로의 발전을 자연법 사상이 이를 뒷받침하였다. 인도주의적인 자연법 사상에 기초하여 오늘날 수많은 인권보장에 관한 국제조약[365]이 체결되었다.

한편으로 이러한 자연법에 의한 인도주의적 법사상의 확대는, 자연법은 인류가 나아가야할 보편적인 세계가 있음을 보여주고 있으며, 그러한 보편적인 세계가 점차 확장되어야함을 강조하고 있다. 그러한 보편적인 세계는 고대 그리스에서는 이데아의 세계라고 하였고, 중세에는 신의 세계라고 하였으며, 근세에는 인간 이성의 세계라고 하였다. 지금도 그러한 이상의 세계로 현실세계가 나아갈 것을 자연법론이 촉구하고 있다. 자연법론은 보편세계의 영역을 계속 확장해 나가고 있다고 이해된다.

365) 중요한 인권조약을 예로 들면, 1948년의 유엔에 의한 "인권에 관한 일반선언"(즉, 세계인권선언: Universal Declaration of Human Rights: Allgemeine Erklärung der Menschenrechte), 1950년의 "인권과 기본권 보호를 위한 유럽협약"(Europäische Konvention zum Schutze der Menschenrechte und Grundfreiheiten vom 4. November 1950), 1975년의 "유럽에 있어서 안전과 협력에 관한 회의의 최종결정서"(헬싱키 선언: Schlußakte der Konferenz über Sicherheit und Zusammenarbeit in Europa), 1926년에 제네바에서 체결된 노예제도와 노예거래의 폐지을 보장하는 "노예제도에 관한 협약"(Übereinkommen betreffend die Sklaverei)과 1956년에 체결된 "노예제도, 노예거래, 노예제도와 유사한 제도 및 관행의 폐지에 관한 추가협약"(Zusatzübereinkommen vom 7. September 1956 über die Abschaffung der Sklaverei, des Sklavenhandels und Sklavereiähnlicher Einrichtungen und Praktiken), 1984년 유엔에 의한 "민족학살의 방지와 처벌에 관한 협약(Konvention über die Verhütung und Bestrafung des Völkermordes) 등을 들 수 있다.

3. 로마법의 발전

로마법은 오늘날 세계법의 역사적 뿌리가 되어 있다. 이러한 로마법의 역사적 발전과정을 살펴보면, 로마의 고전시대에 법학자들의 학설에 의하여 로마법이 융성하였으며, 동로마제국의 유스티니아누스 대제에 의하여 로마법대전으로 성문화되었으며, 그 성문화된 로마법이 중세에 학문적으로 주석, 주해의 방법으로 연구되고, 주석된 로마법은 근세에 들어와서 대륙의 여러 나라에 계수가 되고, 계수된 로마법은 다시 학문적으로 연구되어 대륙의 보통법으로 발전하였으며, 보통법인 로마법에 기초하여 근대민법전이 제정되었다. 우리 민법전도 역시 서양의 근대민법을 계수하여 제정되어 우리 민법의 역사적 뿌리도 역시 로마법에 두고 있다.

이와 같이 로마법이 발전되어 세계의 여러 나라에 계수될 수 있었던 것은 여러 가지 원인들이 있으나, 그 중에서 가장 중요한 원인은 로마법의 내용의 보편성에 있었으며, 로마법의 보편성은 바로 자연법 사상이 로마법에 침전되어 있었기 때문이다.

고전시대의 로마법은 스토아철학의 영향을 받아 그 내용이 인도주의이고 사해동포주의적이었으며, 이러한 로마법이 다시 중세의 기독교 사상에 의하여 더욱더 인도주의적으로 순화되어 왔다. 근세의 보통법학에 의한 로마법의 발전으로 로마법이 쓰여진 이성(ratio scripta)으로 이해되고, 그럼으로써 각국의 근대민법전 제정이 로마법에 기초하여 이루어질 수 있었다. 이러한 로마법의 형성과 발전의 기초가 된 법사상은 바로 자연법론이었다.

또 한편으로 교회법의 발전도 역시 자연론의 영향을 크게 받았다. 교회법은 로마법을 바탕으로 하여 중세 가톨릭교회에서 발전시킨 법분야로서 교회법 그 자체가 바로 자연법이라고도 할 수 있다. 근세의 보통법은 로마법과 교회법의 兩法으로 구성되어 있었다.

4. 인권보장의 공식 문서화

자연법론은 인간의 존엄을 인정하고 보장하는 것을 주된 내용으로 하는 방향으로 발전하였다. 인간은 자유롭고 평등하며 인간의 생명과 신체는 국가권력자로부터 보호의 필요가 있었다. 역사적으로 인간의 인격을 침해한 것은, 고대에는 노예에 대하여 인간 그 자체로의 존재조차도 인정되지 아니하였다. 노예는 인간의 모습을 지닌 살아있는 물건이었다. 그러한 인간 존재 자체의 부인에서 조금 개선된 것이 중세의 농노였다. 농노는 인간으로의 존재 자체는 인정되었지만, 封主로부터 수여받은 토지로부터 해방되지 못하고 토지에 종속되어 살아야만 하였다. 그러나 근세에 와서는 인간은 이성을 가진 인격적 존재로서, 자유, 평등, 생명, 소유권이 천부인권으로 인정되었다. 이러한 인간의 자연권으로 표현되는 인권의 승인은 18세기 중엽부터 주장되었다.[366] 그리하여 근세에 와서야 비로소 인간이 인격적 존재로 인정받게 되고, 인간이 인격적 존재로서 갖게 되는 권리들이 천부인권으로 보장되었으며, 그러한 천부인권을 공식적인 문서로 확인되고 국가권력으로 보호받게 되었다.

영국의 명예혁명의 결과로 권리장전(1689)이 천부인권을 문서화하고, 미국의 버지니아권리장전(1776), 미국의 독립선언(1776), 프랑스의 인권선언(1789)에서 천부인권의 문서화가 이루어졌다. 이러한 천부인권의 문서화는 자연법사상에 의한 자연법 발전의 결과이었다. 또 한편으로 이러한 천부인권의 문서화는 혁명을 통하여 비로소 성취되었다. 이러한 혁명 역시 자연법 사상의 내용이었다.

대혁명에 의하여 천부인권의 문서화가 이루어지지 못한 전제군주국가에서는 계몽주의의 영향으로 자연법 사상을 실정법화하기도 하였다. 프러시아가 대표적인 계몽주의적 전제군주국가로서 인민의 행복과 복지를 위하여 전제군주가 국가권력을 행사하도록 실정법을 제정하여, 인간의 존엄의 내용인 인간의 자유, 평등을 인정하고 약하게 나마 보호하였다.

5. 근대민법전의 제정

자연법에 근거하여 근세에는 근대민법전이 제정되었다. 자연법사상에 기초한 대표적인 민법전이 바로 프러시아의 일반주법(ALR: 1794), 프랑스 민법전

---

366) Eisenhardt, a. a. O., Rn 273.

(C,c.: 1804), 오스트리아 민법전(ABGB: 1811)이었다. 이러한 근대 자연법에 기초한 민법전은 인간의 자유와 평등, 그리고 사소유권을 인정하는 내용을 담고 있었다. 그리하여 근대 서구의 민법전은 자연법의 제도화였다고 평가된다.[367]

자연법론에 의한 근대민법전의 제정이 가능할 수 있었던 것은, 인간의 이성에 기한 근세의 자연법론이 주장되어 근세 자연법론의 중심내용인 천부인권을 제정법으로 확실히 함으로써 인간의 자유와 평등 그리고 사소유권을 제정법에 의해서도 확실히 보장받을 수 있게 할 필요성이 인정되고, 또 자연과학의 발전에 의하여 법도 자연과학에서와 같이 질서정연하게 체계화할 필요가 있다는 인식이 확산되었기 때문이었다. 그리고 근세의 중앙집권적 국민국가 또는 계몽주의적 전제군주국가의 탄생으로 자연법 사상에 입각한 입법을 추진할 수 있는 정치권력이 형성되었기 때문이었다. 그리고 당시의 강력한 정치권력의 형성은 시민혁명에 의하였거나 계몽주의에 의하여 인민의 자유와 평등과 사소유권을 인정함이 국가공동체의 법과 안전의 유지수단이라고 인식되었기 때문이었다.[368]

근세 각국의 근대민법전 중에서 프로이센의 일반주법은 계몽주의 절대국가의 대표적인 법률로서 민법전이지만 헌법적 규정도 담고 있었다. 동법에서는 시민의 권리를 인정하고 왕권을 제한하는 내용을 담고 있었다. 즉, 왕은 단독으로 법률을 제정할 수 없고, 입법위원회의 동참이 있어야만 왕이 법률을 제정할 수 있도록 하였다.[369] 그리고 동법은 시민의 권리를 인정하긴 하였지만, 시민의 자유의 개념에 관한 규정을 두지 않았다.[370][371] 그리고 프로이센 일반주법에서는 여전히 사람의 계층적 신분을 인정하는 等族國家(Ständesstaat)를 그대로 인정하였다. 즉, 국왕(Königtum), 귀족(Adel), 시민(Bürger), 그리고 농민(Bauern)으로 인민을 계층에 따라서 구별하는 등족국가를 그대로 인정하고

---

367) Hans Thieme, Das Naturrecht und die europäische Privatrechtsgeschichte, 2. Aufl. (Basel, Verlag von Helbing & Lichtenbahn, 1954), S. 42.

368) Eisenhardt, a. a. O., Rn 281.

369) A. a. O., Rn 297.

370) A. a. O., Rn. 299.

371) 근대민법전은 법률에 의하여 국민을 계몽하는 기능을 실천하기 위하여 日常의 言語로 그리고 설명하는 방식으로 입법을 하였다. 그러므로 법조문의 수가 많은 것이 특징이다. 특히 프로이센 일반주법은 동법에서 법률개념을 하나하나 定義하고 설명하는 방식을 취하였다. 그리하여 동법은 총조문 수가 19,194조에 이르렀다.

유지하였다.[372] 그러나 모든 시민은 평등하다는 원칙은 이를 인정하고 실현하였다.[373] 그렇지만 중세의 분할소유권은 그대로 유지하였다.

프랑스민법전은 자유의 3대원칙을 시민법적으로 실현하였다. 즉, 인간(인격)의 자유, 소유권의 자유 그리고 법적거래의 자유를 인정하고 실현하였다.[374] 동법은 프로이센 일반주법에서와는 달리 봉건적인 신분질서를 깨뜨려 버렸다. 그리하여 자유와 평등의 원칙을 완전히 승인하게 되었다. 이와 같이 프랑스 민법전이 봉건적인 신분질서를 타파하고 자유와 평등의 대원칙을 법적으로 실현할 수 있었던 것은 시민혁명이었던 프랑스 혁명이 일어났기 때문에 가능할 수 있었다. 그러나 프러시아에서는 프랑스에서와는 달리 시민혁명이 일어나지 아니하고 절대군주국가에서 계몽주의적 전제군주국가로의 전환만이 일어났기 때문이었다.

오스트리아에서는 1754년에 빈대학에서 자연법 강좌(Lehrskanzel des Naturrechts)가 개설되고,[375] 1811년에 민법전을 제정하였다. 그러나 오스트리아에서도 역시 시민혁명이 일어나지 않았기 때문에 중세의 법질서를 완전히 극복하지는 못하였다. 그리하여 분할소유권을 여전히 인정하였다. 그러나 법적사건에 있어서 법률의 규정에 의해서도 법률의 자연적인 의미를 따라서도 해결할 수 없을 때에는 유사한 규정을 준용하여 해결하도록 하고, 그래도 의문이 계속될 때에는 자연적 법원칙(natürliche Rechtsgrundsätze)에 따라서 결정하도록 하여 (§ 7 ABGB) 최종적으로는 자연법 원칙에 따라서 법적결정을 하도록 하였다.

이와 같이 자연법론에 입각한 근대 민법전의 제정으로 고대 그리스에서부터 시작된 자연법의 실정법화가 실현되었다. 그리하여 그 간의 자연법론은 그 역사적 사명을 다하게 되어 법실증주의에 법사상론의 중심된 지위를 넘겨주게 되었다.

---

372) A. a. O., Rn 299.
373) A. a. O., Rn 299.
374) A. a. O., Rn 308.
375) A. a. O., Rn 289.

6. 법실증주의의 대두

자연법 사상에 입각한 근대 민법전의 제정으로 그 때부터는 제정된 자연법의 내용을 해석하고 적용하는 것으로 법이론의 중심이 옮겨지게 되었다. 그리하여 법실증주의가 자연법론을 대신하여 근대민법 내지 근대법의 발전을 이끌게 되었다.

법실증주의는 제정법만을 법으로 파악하며, 국가권력에 의하여 제정된 법은 그것의 내용이 자연적이고 보편적인 가치를 담고 있기 때문에 효력을 갖는 것이 아니라 국가가 제정하였기 때문에 구속력을 갖는다는 법이론이다. 이러한 법실증주의는 철학에 있어서 실증주의(Positivismus)의 영향에 의하여 생성된 법이론으로서 그 역사적 遠流는 소피스트들에 거슬러 올라간다.

이러한 법실증주의는 제정법만을 법으로 파악하고 제정법 내재의 체계화를 주된 관심의 대상으로 하는 법이론이기 때문에 법적안전성(Rechtssicherheit)에 이바지하며, 법률규정의 명확화와 내재적 체계화에 크게 기여를 하였다. 그러나 법실증주의에서는 법률의 실정성을 중시하고 법률의 내용의 정당성에 관해서는 문제로 삼지 아니하기 때문에 악법도 법으로 인정하는 결과를 초래하게 된다.

또 한편으로 자연법은 법의 내용의 정당성을 문제로 삼고 법의 실정성을 경시하는 법이론이다. 그리하여 자연법론은 좋은 법을 찾는 법이론이기는 하나 그 좋은 법의 강제력의 부여에는 약할 수밖에 없다. 그리하여 자연법론은 법실증주의의 도움을 받아야 좋은 법이 강제력을 갖게 되며, 반대로 법실증주의는 자연법론의 도움을 받아야 제정법의 내용이 좋은 내용, 보편적인 가치를 담은 내용으로 구성될 수 있도록 할 수 있는 것이다. 그러므로 자연법론과 법실증주의는 서로 배타적이고 적대적인 관계에 있는 것이 아니라 상호보완적인 관계에 있다고 이해되며, 또한 그러한 상호보완적인 관계에 있어야 한다고 판단된다.

그리고 자연법론에서는 법이 나아가야할 큰 방향을 제시하지만 세세한 사항에 대한 개별규정까지는 밝히기가 곤란하다. 그러나 법실증주의에서는 세세한 사항에 대하여 자세한 규정까지도 입법할 수 있는 것이다. 이러한 면에서도 역시 자연법론과 법실증주의는 상호보완적인 관계에 있고 또한 상호보완적인 관계에 있어야 한다고 생각된다.

그러나 근대민법전의 제정 후에는 그 근대민법전의 시행에 있어서 법실증주의가 크게 기여를 하였으며, 법실증주의의 극단적인 발전은 결국 국가권력으로 악법을 제정하여 자연법론이 이루어놓은 인간의 자유와 평등과 사소유권 등의 천부인권을 무시하는 제정법의 출현을 낳게 되었다. 그러한 법실증주의의 극단적 발전에 의한 악법의 시대를 극복하기 위하여 다시 자연법론이 재생하게 되었다.

Ⅴ. 자연법론에 대한 평가

법은 그 내용이 보편적인 가치를 담고 있어야 하며, 국가에 의하여 그 가치가 실현될 수 있어야 한다. 그러한 법이 가장 이상적인 법이다. 또한 법은 그러한 방향으로 발전되어 나가야 한다.

이러한 법의 이상을 찾아 나아감에 있어서 법의 내용을 중시하여 좋은 법을 찾아내고 좋은 법으로 발전시켜 나아가고자 하는 법사상 내지 법정책이 자연법론이다. 이에 비하여 법의 내용보다는 법의 실정성 내지 실효성을 중시하는 법사상이 바로 법실증주의이다. 자연법론과 법실증주의는 서로 배타적인 관계에 있는 것이 아니라 서로 보완적인 관계에 있고 또한 서로 보완적인 관계에 있어야 한다.

자연법론은 고대 그리스의 이데아론으로부터 그 사상이 배태되어 그 사상이 보다 인도주의적이고 사해동포적인 내용으로 발전되어 왔으며, 서양의 중세에는 인간이 인식한 신의 세계의 질서를 자연법의 세계로 이해하였다. 그리하여 중세의 자연법은 기독교의 사랑과 박애의 정신으로 그 내용이 구성된 법으로 발전하게 되었다. 근세에는 중세의 신 중심의 사회를 극복하고 인간 중심의 사회로 전환되어 인간의 이성에 의한 보편질서의 법을 자연법으로 이해하게 되었다. 근세의 자연법론은 인간의 권리를 천부인권으로 보호하게 되고 천부인권을 침해하는 국가권력을 배제할 수 있는 저항권 이론도 발전시켰다. 그리하여 근세에는 자연법론은 그 내용이 확장되고 매우 급진적인 법이론 내지 법사상으로 발전하게 되었다. 그리고 그러한 근세의 급진적인 자연법 사상은 구체제에 대한 저항으로 근대 시민혁명이 일어날 수 있는 사상적 근거를 제공하고 시민혁명을 법이론적으로 정당화할 수 있게 하였다. 더 나아가 시민혁명의 승리는 근세 자연법 사상의 내용을 공적으로 문서화하여 천부인권인 인간의 존엄과 자유와 평등과 재산권을 문서로 확인하고 국가권력이 이를 침해할 수 없도록 하였다.

또 한편으로 이러한 자연법론은 세속의 실정법에 지속적인 영향을 주었다. 고대의 자연법론, 그 중에서도 특히 스토아학파의 자연법 사상은 로마법의 융성에 크게 영향을 주었으며, 중세의 자연법은 로마법을 더욱더 사랑과 박애정신의 영향으로 더욱 순화시켜 나갔다. 그리고 중세에는 교회의 시대로서 로마법에 바탕을 둔 사랑과 박애의 또 하나의 법체계였던 교회법을 발전시켜 법이 보다 더욱더 순화될 수 있도록 하였다. 중세를 거치면서 로마법과 교회법은 대학에서 가르쳐 지고, 근세에 와서는 자연법 사상의 영향을 받아 발전된 로마법과 교회법이 쓰여진 이성으로 받아드려지게 되었다. 쓰여진 이성인 로마법은 대륙에 계수되어 대륙의 보통법이 되었다. 근세의 인간 중심의 사회의 태동은 자연법론의 발전을 초래하고 자연과학의 발전은 반대로 법에 영향을 주어 자연과학세계의 정연한 질서처럼 자연법론에 의하여 발전된 법을 과학세계에서와 같이 질서정연하게 입법하도록 하는 결과를 낳았다. 그 결과로 자연법 사상을 담은 근대민법전이 제정되었다.

이와 같이 자연법사상과 자연법론은 인간이 보다 인격적인 삶을 살 수 있도록 하였으며, 실정법으로 하여금 보다 더 보편적인 가치를 실현할 수 있도록 하였으며, 법이 나아가야할 방향을 제시하였으며, 실정법의 제정과 집행의 주체인 국가의 과제가 무엇인지를 제시하여 주었다. 그리고 자연법론은 국가권력의 행사가 부정의하고, 이로 인해 사회가 부패하였을 때에는 이를 극복할 수 있는 이론적 수단과 사상적 근거를 제공하였다. 그것이 바로 저항권, 혁명권이었다.

그리고 자연법은 실정법의 발전방향을 제시해 주었으며, 정의롭지 못한 실정법을 수정하고 보완하는 기능을 담당하여 왔다. 그러므로 자연법론은 실정법이 인간적이고 민주적인 법으로 발전할 수 있도록 하였다. 오늘날은 자연법론에서 주장되었던 법의 내용이 근대의 인권보호의 문서화와 근대민법전의 제정으로 실정법화되어 자연법론은 그 역사적 사명과 역할을 다한 것으로 이해될 수도 있으나, 실정법이 민주적인 내용으로 완비된 오늘날에도 자연법론은 여전히 그 사명과 역할이 남아 있다. 실정법이 보다 더 인류보편의 가치를 담을 수 있도록 하는 사명은 오늘날에도 여전히 남아있다.[376] 자연법론은 근대민법의 제정으로 고대부터 근세까지 발전되어온 자연법론의 사명은 다한 것으로 평가되지만, 그 후에도 역시 보다 나은 실정법을 위하여 여전히 법정책적 기능을 담당하고 있는 것이다.

법과 법을 집행하는 국가는 궁극적으로는 인간을 위하여 존재한다. 역사적으로 발전되어 온 자연법론은 인간의 본성이 무엇이며, 법과 그 법을 집행하는 국가의 본질과 사명이 무엇인가에 대한 답을 주고자 하였다. 자연법론에서는 인간은 혼자만이 살아갈 수 없고 더불어 살아가야 하는 인간의 사회성을 강조하였다. 자연법론에서는 인간의 사회성에서부터 법과 국가의 존재의 필요성을 찾았다. 자연법론에서는 인간의 궁극적인 목표는 인간의 행복에 있다고 이해하였으며, 인간의 사회성에 기초하여 그러한 인간의 행복을 구하고 유지하기 위해서는 공동체를 필수 불가결하게 만들어야 하며, 그 공동체의 궁극의 형태를 국가로 이해하였다. 자연법은 인간의 본성인 사회성을 가진 인간의 행복을 위한 법이 어떠한 법이어야 하는 지를 탐구하여 왔다. 그리고 자연법론에서는 인간의 행복과 국가공동체 전체의 공동선을 위하여 국가는 국가권력을 어떻게 행사하여야할 의무를 지고 있는지를 제시하고자 하여 왔다. 그리하여 자연법론에 의한 법과 국가에 대한 연구와 탐구는 인간의 행복을 위한 법과 국가운영의 방향을 제시하여 주었으며, 그 결과는 근세의 천부인권의 문서화와 근대민법전의 입법을 이루게 하였다.

자연법론도 시대에 따라서 그 내용이 변천하여 왔다. 오늘날은 인간의 이성에 의한 보편적인 질서를 자연법의 내용으로 이해되고 있다. 그러나 인간의

376) 오늘날의 제정법의 헌법위반 여부에 관한 헌법재판은 제정법이 헌법상의 가치에 위반하였지에 대한 재판이지만, 자유·민주국가에서의 헌법은 자연법론이 이루어 온 인류보편의 가치를 담고 있는 것이다. 따라서 오늘날의 헌법재판은 자연법론에 의한 실정법의 심사라 할 수 있다.

이성의 강조는 인간의 이기심을 극대화하는 방향으로 발전되어 왔음을 부인할 수 없다. 그 결과로 과학문명의 발전을 초래하고 물질의 풍요를 가져왔지만, 인간의 내적 순수성과 인간 상호간과 자연에 대한 인간의 관용의 정신은 약화되었다고 판단된다. 그리고 인간중심의 사고는 인간이 스스로 인간을 창조한 인간의 창조자가 아니라 인간도 역시 신의 피조물이란 사실을 망각하는 결과를 초래하였다고 생각된다. 자연도 신의 피조물이며, 인간도 역시 신의 피조물로서 피조물인 인간이 피조물인 자연속에서 살아가고 있음을 상기하여야 한다.

앞으로의 자연법론의 발전방향은 인간이 신의 피조물임과 역시 신의 피조물인 자연속에서 살아가는 존재임을 상기하게 하고 피조물로서의 인간의 행복과 그 인간의 행복을 유지하고 더욱 신장시킬 수 있는 공동체로서의 국가가 나아가야할 길을 법이론과 법사상으로 제시함에 두어야 할 것이다. 그러한 법이론과 법사상이 바로 인류의 보편적인 가치를 담아 이를 실현하고자 하는 자연법일 것으로 생각된다. 따라서 신의 창조질서에 부합하는 법이 자연법일 것으로 생각한다.

CHAPTER 2

법실증주의에 대한 비판

제 2 장 법실증주의에 대한 비판

Ⅰ. 개 설

법을 고찰함에 있어서 주어진 법(gegebenes Recht), 만들어진 법만(gemachtes Recht)을 고찰의 대상으로 한정할 것인가, 아니면 이러한 주어져 있는 법이외에도 인간의 理性에 의하여 思考될 수 있는 법도 고찰의 대상으로 할 것인가에 관하여는 인류역사의 시작과 함께 계속 다투어져 왔다. 前者와 같은 법고찰은 현실세계에서 존재하는 법만을 법이라고 하며, 後者의 법고찰에서는 현실세계에 존재하는 법만이 아니라 이성에 의하여 사고될 수 있는 법도 법고찰의 대상으로 하여 법의 영역을 현존하는 법에 한정하지 아니하고 초월적인 법세계에 까지 법의 영역을 확대하여 고찰하는 법사고이다. 前者의 법사고를 法實證主義(Rechtspositivismus)라 하고, 後者의 법사고를 自然法論(Naturrechtslehre)이라 한다.

前者의 법실증주의는 법에서 가치의 문제를 도외시한다. 법에 의하여 실현하고자 하는 가치가 인류보편의 가치를 담고 있는가 담고 있지 않는가에 대하여 법실증주의는 이를 문제로 삼지 않는다. 그러므로 자연법론은 법을 가치의 규범으로 파악함에 반하여 법실증주의는 법을 단순히 주어진 사실로 파악한다. 따라서 법실증주의에서는 법이 특정민족의 역사속에서 자연히 형성되어 관습으로 존재하거나, 법관의 판결에 의하여 형성된 판례이거나, 사회적 강자의 명령으로 지킬 것이 강제되거나, 입법절차를 따라서 제정된 제정법이거나, 현실생활속에서 강제력을 갖는 법이면 그것만을 법이라고 본다. 따라서 법실증주의에서는 현실세계에서 구체적으로 잡을 수 있고 파악할 수 있는 법만을 법으로 이해하고, 이러한 법만의 이해를 법사고의 내용으로 한정한다. 그러므로 법실증주의에서는 주어져 존재하는 구체적인 규범만을 법으로 파악한다. 그러나 그 규범의 내용이 인류보편의 가치에 부합하는가 부합하지 않는가는 고찰의 대상으로 하지 않는다. 따라서 법실증주의에서는 악법(Unrecht)이라도 그것이 주어져 있으면 법이며, 준수될 것이 강제된다고 한다.

後者의 자연법론은 주어진 법이라고 하여 모두가 다 강제력을 갖는 법이 아니며, 현존하지 아니하는 이성의 세계, 신의 세계에 존재하는 규범도 법이며, 현존하는 법은 초월적인 법의 세계의 投影에 불과하므로 현존하는 구체적인 법은 초월적 절대적 세계의 보편질서에 부합할 때에 비로소 법으로서 인정되며, 그 초월적, 절대적 세계의 법은 가장 인류보편의 가치를 담고 있으며 따라서 현존하는 실정법도 그 내용이 인류보편의 가치를 담아 그것을 실현하고자 할 때에만 법으로 인정된다고 보는 법사상이다. 그러므로 자연법은 좋은 법, 더 나은 법을 志向하고 찾아나가는 법사상이며, 법실증주의는 주어진 법의 효력을 강하게 인정하고자 하는 법사상이다. 따라서 자연법론은 법정책적인 성격이 강한 법사상이며, 법실증주의는 현행법의 실효성을 강화하는 법사상이라 할 수 있다.

법의 역사에 있어서 자연법론과 법실증주의는 서로 대립하면서 발전하여 왔으나, 자연법론에 의해서는 인류보편의 법가치들, 즉, 인간의 자유와 법앞의 평등, 天賦人權, 主權在民, 인간의 복지, 권력분립, 저항권론 등 법의 대원칙들을 창조하고 발전시켜 나왔다. 그러나 법실증주의는 실정법을 精巧化와 體系化 및 법적안전성의 정착에는 기여하여 왔으나 법에서 가치를 문제삼지 아니한 관계로 악법도 법으로 용인함으로써 인종주의, 전체주의, 제국주의, 식민주의, 사회주의 등 인류의 보편질서에 反하는 체제를 뒷받침하였던 악법을 모두 정당한 법으로 용인하는 愚를 犯하였다. 진정한 법실증주의는 자연법론이 용인하는 법을 실정법으로 전환하도록 하는 법사상으로 발전되어야 하였었는데 그러지 못한 관계로 역사속의 비정상적인 반인륜적 체제를 법적으로 용인하고 뒷받침하는 잘못을 범하였다. 물론 법실증주의가 언제나 인륜질서에 반하는 결과만을 초래한 것은 아니다. 법실증주의에 속하는 역사법학, 개념법학,

자유법론, 이익법학, 분석법학 등에서는 법개념의 정립과 체계화에 기여를 하였다. 그러나 법실증주의가 극단으로 발전되었을 때에 그 결과는 인류에 불행을 초래하였다. 이에 반해 자연법론은 그것이 극단적으로 발전되었을 때에는 법적안정성이 깨어졌다. 그러나 자연법론이 추구하는 법에서의 가치는 인류가 지키고 추구해 나가야할 고귀한 가치들이었으며, 不變의 가치들이었다.

이와 같이 자연법론이 극단으로 발전하여 법적안정성이 깨어졌을 때에는 법실증주의가 강하게 주장되고, 법실증주의가 극단으로 발전하여 반인륜적인 체제를 용인하고 뒷받침하였을 때에는 자연법론이 강하게 주장되어 인륜질서의 회복을 도모하고자 하였다. 법의 역사는 이처럼 자연법론과 법실증주의 대립과 교착으로 이어져 왔다. 그러나 이상적인 법의 발전방향은 자연법론이다. 법실증주의는 자연법을 실정법화하여 인류보편의 가치를 실정법으로 정착케 하는 일에 무게를 두어야할 것으로 생각된다.

여기에서는 자연법론의 입장에서 법실증주의를 비판적으로 고찰해 보기로 한다.

Ⅱ. 법실증주의의 개념과 유형

법실증주의는 자연법에 대립되는 법사상이며 법철학이다. 법실증주의는 넓은 의미에 있어서는 자연법론에 속하지 아니하는 모든 법적사고 내지 법사상을 모두 일컫는다. 실정법이외의 초자연적인 보편적인 법의 존재를 인정하고 그것의 실정법화를 주장하는 것이 자연법론이다. 이러한 법사상을 내포하지 아니한 주어진 법에 대한 탐구만을 법학의 사명으로 파악하는 법사상은 모두 법실증주의에 속한다. 그러므로 역사법학, 개념법학, 보통법학(Pandektenwissenschaft), 순수법학, 목적법학, 분석법학(analytical jurisprudence), 법현실주의(legal realism), 일반법론(allgemeine Rechtslehre), 자유법론, 이익법학, 식민주의법학, 인종주의법학, 사회주의법학,[1] 전체주의법학 등이 모두 법실증주의 범주에 속한다. 법

1) 사회주의 법학의 사상적 출발자는 칼 맑스였다. 그는 포이에르바흐의 물질주의(Materialismus)와 무신론(Atheismus)을 받아드리고, 헤겔로부터 역사의 변증법 발전사상을 융합하여 역사

은 최종심의 판결이다라고 하는 판례법주의법학도 역시 법실증주의의 범주에 속한다.

이와 같은 법실증주의는 그것을 2大別하면, 자연법이란 용어(語彙)가 포함되지 아니하는 모든 법사상, 법철학을 법실증주의로 이해할 때의 법실증주의와, 국가가 제정한 법만을 법으로 파악하는 좁은 의미의 법실증주의로 구별해 볼 수 있다. 전자의 넓은 의미의 실증주의법학을 법실증주의(Rechtspositivismsus)라 하고, 후자의 국가제정법만을 법으로 파악하고자 하는 좁은 의미의 법실증주의를 법률실증주의(Gesetzpositivismus)라 한다. 후자의 법률실증주의에는 제국주의에 의한 식민주의법학, 나치에 의한 인종주의적인 전체주의법학, 사회주의법학이 그 대표적이며, 국가제정법이외에 관습, 판례 등이 주어져 있는 법규범으로서, 국가가 제정한 법률이 아닌 이러한 법규범도 고찰의 대상으로 하는 법실증주의에는 역사법학, 보통법학, 판례주의법학, 자유법론 등이 이 법실증주의에 속한다. 그러나 그 어느 유형의 법실증주의이든 법실증주의는 법을 하나의 존재하는 사실로 파악하지 법을 가치를 그 내용으로 담아 그 가치의 실현을 지향하는 가치규범으로 파악하지 아니한다.

일반적으로 자연법론에 대립되는 법실증주의는 법률실증주의만에 한정하지 아니하고 넓게 자연법이란 용어를 쓰지 않는 모든 법사상 내지 법철학을 포괄한다. 이러한 법실증주의는 근대의 자연법론에 대응하는 법이론으로 주장되기 전에도 법실증주의 사상에 속하는 법에 대한 사상이 있기는 하였지만 구체적으로 법실증주의라는 법사상의 이름을 붙이지는 아니하였다. 그러므로 근대에 와서 자연법론이 최고조에 달하여 법적안정성이 깨어지고, 자연과학의 발달에 의하여 보이는 것, 만질 수 있는 것, 구체적으로 취할 수 있는 것만의 탐구에로 학문의 방향이 전환되었을 때에 비로소 법실증주의라는 고유한 이름을 붙이게 되었다. 그리하여 여러 방향으로의 법실증주의가 나타나게 된 것

적 물질주의(historischer Materialismus)를 정립하였다(Vgl., Nobert Horn, Einführung in die Rechtswissenschaft und Rechtsphilosophie, 5. Aufl.(C.F. Müller, 2011), Rn 348). 맑스와 같이 활동한 엥겔스는 正(These) 反(Antithese), 合(Synthese)의 변증법적 물질주의(dialekrischer Materialismus)를 주장하였다. 맑스는 인간의 사고는 생활관계와 그 생활관계의 기초가 되는 경제적인 생산양식에 의하여 결정됨을 주장하고, 이러한 사상의 기초위에서 맑스는 사회적 정치적 체제 및 모든 정치문제와 국가적 생활에 있어서 당(Partei)의 절대적 우위를 인정하였다(Vgl., a. a. O., Rn 356). 그리고 그는 정당은 언제나 옳다고(immer recht) 하였다.

이었다.

근대 법실증주의로서 나타난 첫 법사상 내지 법철학이 역사법학(historische Rechtslehre)이었다. 역사법학에서는 법을 민족정신(Volksgeist)의 發顯으로 이해하고, 민족정신의 발현으로서의 법은 관습으로 존재하며, 그 관습을 찾아내는 것을 법학이 담당하여야 한다고 하였다. 그리하고 법학에 의하여 탐구되어 발견해 낸 관습만이 법이라고 하였다. 이러한 역사법학에 의한 법실증주의를 법학실증주의(wissenschaftlicher Rechtspositivismus)라고도 한다. 왜냐하면 법학에 의하여 발견해 낸 관습 내지 관습법만을 법으로 파악하였기 때문이었다. 그리고 판례법주의국가에서는 최고심의 판결을 법으로 파악한다. 그리하여 법이란 최고심의 판결이다라고 한다. 이와 같이 판결을 법으로 파악하고 그 탐구에 집중하는 법실증주의를 판례법실증주의(richterlicher Rechtspositivismus)라 한다. 분석법학은 현행 실정법 규범의 구조와 체계를 분석하는 것을 주된 법학의 내용을 하므로, 결국 분석법학의 대상이 되는 법은 현행 실정법에 한정된다.[2)] 그리고 개념법학[3)](Begriffsjurisprudenz)은 제정된 제정법규범을 대상으로 하여 법학을 연구하고, 제정법의 흠결은 三段論法으로 메꾸어 나고자 한 법학이다. 이러한 개념법학은 독일민법전이 제정되기 전에 胎動하여 독일민법전이 제정된 후에 발달한 법학으로서 제정된 민법전을 완전무결한 것으로 파악하고 민법전에 규정되지 않은 사항은 삼단논법에 기초한 민법전의 법규정의 논리조작에 의하여 새로운 법규범을 창조해 낼 수 있다고 이해하는 법사상이었으며 또한 법학방법론이었다. 목적법론(Zweckrechtslehre), 자유법론(freie Rechtslehre), 이익법학(Interessenjurisprudenz)도 주어진 규범만을 그 탐구의 대상으로 삼았기 때문에 모두가 넓은 의미의 법실증주의에 속한다. 그러나 이러한 법실증주의는 법고찰의 대상을 제정법에 한정하지 아니하고 구체적으로 현실생활속에서 규범으로 기능하는 것이면 모두를 법고찰의 대상으로 삼았다. 법현실주의도 이와 마찬가지의 법에 대한 태도를 갖고 그러한 현실 법규범의 실효성, 효율성을 提高하는 방향으로 법을 탐구하였다.

---

2) 분석법학자인 John Austin은 독일을 여행하여 개념법학을 접하고 그 영향을 받아 영국에서 법규범을 분석하는 것을 그의 법학의 내용으로 하였다.
3) 개념법학이라는 이름은 Rudolf von Jhering이 붙인 이름이다.

그러나 법실증주의는 근대 절대국가의 형성과 그 후의 국가가 법제정 및 법집행의 가장 강력한 주체로 발전된 다음에는 중앙집권적인 강력한 국가의 형성에 이바지할 수 있는 방향으로 법실증주의는 법률실증주의로 발전하게 되었다. 근세 초기의 절대왕정의 형성기에서의 국왕(朕)이 곧 국가라는 절대왕권시대에는 국왕의 명령만을 법규범으로 파악하였으며, 절대왕정이 중앙집권적인 국가로 발전된 후에는 국가가 제정한 법률만을 법으로 파악하는 법률실증주의로 발전하게 되었다. 법률의 내용에 대한 가치판단은 문제로 삼지 않았다. 오로지 국가가 제정하였다는 그 제정주체와 제정과정만을 중요시 하였다. 대표적인 법률실증주의로서는 사회주의법학, 전체주의법학, 순수법학, 제국주의법학, 식민주의법학 등이 이에 속한다. 사회주의에서는 법을 사회의 지배계급이 피지배계급을 착취하기 위한 수단으로 파악하고, 자본가에 대한 피지배계급인 노동자, 농민을 혁명에 의하여 자본가들로부터 해방시키기 위한 법으로 발전시키고자 하였다. 특히 사회주의는 자본주의의 모순을 혁명에 의하여 일시에 지배계급인 자본가들을 제거하고 노동자, 농민이 지배하는 사회주의국가의 건설을 도모하였으며, 오로지 노동자, 농민이 지배하는 국가가 제정한 법만을 법으로 인정하였다. 사회주의법학에서는 관습과 판례도 법으로서의 효력을 부인하였다. 전체주의법학은 인종주의와 결합하여 형성된 나치의 법학으로서 인간은 공동체의 구성원으로서의 자격만을 인정하고 자연인 개인으로서의 존재가치를 부인하였다. 그리고 전체의 이익이 개인의 이익에 앞서며, 개인에게는 전체를 위해 희생을 강요하는 내용으로 구성된 법학이었다. 그리고 독일민족이 다른 민족에 대해 우수하며 독일민족에게 인정되는 법적지위를 다른 민족, 특히 유태인에게는 인정하지 아니하고자 하는 내용의 법학이 바로 나치의 전체주의법학이었다. 이러한 나치법학에서는 국가제정법만을 법으로 파악하였다. 제국주의법학, 식민주의법학도 제국주의국가의 약소국인 피지배국가에 대한 지배의 정당성을 인정하는 국가제정법만을 법으로 파악하는 법학이다. 피지배, 피식민지국의 관습법, 천부인권인 저항권을 인정하는 법 등의 자연법적인 법은 이를 전적으로 무시하였다.

이러한 법률실증주의를 이론적으로 극단적인 수준까지 정당화한 법학이 소위 순수법학이라는 것이다. 순수법학은 법학의 탐구에 一切의 가치의 개입을 배제하고 오로지 국가제정법만을 탐구의 대상으로 하여, 법효력의 단계를 설정하여 하위법의 효력은 상위법으로부터 근거지워진다고 하였다. 순수법학은 그 이름은 순수를 표방하고 있지만, 국가제정법만을 연구대상으로 삼으며 일체의 외부적인 가치개입을 차단한 상태로 국가제정법의 효력근거만을 탐구하는 극단적인 법실증주의법학이라고 할 수 있다.

이와 같이 법실증주의는 다양한 이름의 법학에 의하여 탐구되고 실천되어 왔다. 그러나 공통적인 특징은 법을 주어진 사실로 파악하며, 법규범에 가치의 개입을 배제하고 있는 점이다. 그러므로 독재자의 법도 그 법의 정당성을 인정하여, 인류에 고통과 불행을 가져다 준 체제의 법도 법임을 인정한 역사적 愚를 범한 법사상이자 법철학이라 평가된다. 법은 가치의 규범이지 단순한 사실이 아니다. 법을 단순한 사실로 파악하게 되면 인류보편의 가치에 반하는 내용의 법도 그 정당성을 인정하게 된다. 법이란 인류보편의 가치를 그 내용으로 하여 실천하는 규범이고 또한 그러한 규범이어야 한다. 자연법에서의 핵심적 내용인 인류보편의 가치란 무엇이며 어디서 그러한 가치를 도출할 수 있느냐에 대한 문제는, 영원불변의 보편적 가치도 있으며, 시대에 따라서 변화하는 내용도 있을 수 있으며, 인간의 이성으로부터 도출할 수도 있고, 神으로부터의 啓示에 의하여 정립할 수도 있다. 신의 계시는 성서에서 이를 발견해 낼 수 있다.

Ⅲ. 법실증주의의 발전사: 특히 절대주의와 혁명적 자연법의 탄생

1. 개 설

법실증주의는 근대에 들어와서 콩트(Auguste Comte: 1798－1857)의 실증주의 철학(Positivismus)이 법학에 영향을 주어 시작되었다. 실증주의 철학은 철학적 사고의 대상을 초자연적인 보이지 않는 이성의 세계에서 이해될 수 있는 것들은 철학의 대상에서 제외하고, 오로지 인간의 감각으로 느낄 수 있는 것, 잡을 수 있는 것들 만을 고찰의 대상으로 하는 철학이다. 서양에서의 고대나 중세에서 이데아의 세계라든가 신의 세계와 같이 현실속에서 존재하는 것으로 인간의 五感으로는 포착할 수 없는 초자연적인 것들에 대한 철학적 탐구를 배척하고 오로지 인간의 오감에 의해서 감지할 수 있는 것만을 사고의 대상으로 하는 철학이 실증주의이고, 그것이 법학의 분야에서는 현존하는 법만을 법탐구의 대상으로 하는 법사상이 바로 법실증주의이다. 바로 이러한 실증주의와 법실증주의는 학문에 있어서 형이상학을 용인하지 아니한다.

이러한 실증주의는 근대에 발달한 자연과학의 영향을 받아 생성된 철학이다. 자연과학에서와 같이 구체적으로 인간이 오감으로 감지할 수 있는 것만을 탐구의 대상으로 하는 사상으로서, 법에서는 감지할 수 없는 법의 세계를 법탐구의 대상으로 할 것이 아니라 현실속에서 구체적으로 존재하는 법만을 법사고 내지 법탐구의 대상으로 하는 법사상이 생성되었다. 그것이 바로 법실증주의이다.

이와 같은 법실증주의는 중세에 강하게 영향을 주었던 신학적 자연법론에 대한 반동으로 생성되었으며, 법에 있어서 신중심의 사고에서 인간중심의 사고로의 전환에 의하여 형성되었다. 이와 같은 법사고 내지 법탐구에서 神중심에서 人間 중심으로의 전환은 바로 종교개혁, 신대륙의 발견, 그리고 자연과학의 발달에 영향을 받아 형성되었다.

근대초기의 법실증주의의 대두에 의해 이 시대에는 세속의 절대왕정을 지지하는 법실증주의와 절대왕정의 暴政에 저항하는 자연법론간의 극심한 대립과정을 겪었다. 따라서 자연법론과 법실증주의의 대립은 근세초기에 세속에서는 근대의 절대주의에 바탕을 둔 절대왕정의 생성과정에서 고대로부터 이어져 온 자연법론이 충돌하여 자연법론으로부터는 법앞의 만민의 평등, 인간의 자유, 인간의 복지, 주권재민, 천부인권, 권력분립, 저항권 등의 공법분야의 대원칙들을 확립하게 되고 그러한 자연법사상은 사법에도 영향을 주고, 경제적으로는 자본주의의 발전에 따라서 자본가들의 경제활동에 따른 예측가능성과 법적안정성의 확보의 필요성에 의하여 근대민법전의 제정이 요청되었다. 그러나 자본주의 경제의 발전에 따라서 자본주의 경제활동의 안정적이고 예측가능성의 확보를 위하여 근대민법전의 제정이 요청되었지만,[4] 그러한 근대민법전을 제정할 수 있기 위해서는 법제정의 주체인 세속권력, 즉 세속국가가 강력한 권력을 가져야 가능할 수 있는 일이었다. 그리하여 근대민법전의 제정은 세속의 국가권력이 중앙집권적으로 강력해 졌을 때에 비로소 가능할 수 있었다.

이와 같이 근대민법전의 제정은, 그 素材는 로마법을 기초로 하면서 중세의 도덕적 교회법에 의하여 純化된 자연법적인 내용으로 구성되고 준비되어 있었으며, 또한 자본주의 경제활동을 보장하고 지원할 수 있는 근대민법전 제정의 필요성이 인정되었으며, 그리고 근세에 형성되기 시작한 세속적인 중앙집권적인 근대국가에 이르러서야 근대민법전을 제정할 수 있는 강력한 권력을 행사할 수 있었기 때문에 가능하였다. 그리고 공법분야에서는 법앞의 평등, 인간의 자유와 복지, 天賦人權, 主權在民, 권력분립, 抵抗權 등의 인간의 기본적인 가치들이 인권선언에 의하여 문서화되어 있었기 때문에, 이러한 공법분야의 법의 일반원칙들도 근대민법전 제정에 큰 영향을 주어 민법전에서 이러한 법의 근본사상들, 즉 자유, 평등, 박애의 사상이 구체적인 법규정으로 실현되었다. 따라서 근대민법전의 제정은 자연법론과 법실증주의의 사상의 대립과정에서 양 법사상이 서로 영향을 주어 만들어진 위대한 법적 결과물이라 평가된다.

2. 근대이전의 법실증주의의 모습

법실증주의의 명칭은 근대의 실증주의철학이 법학에 미쳐서 붙여진 이름의 법사상이지만, 근대 이전에도 이미 근대의 법실증주의와 동일한 視覺으로 법을 고찰한 법사상이 있었다. 그 최초가 바로 그리스의 소피스트들(Sophisten)의 법사상이었다. 소피스트들은 강자의 명령이 곧 법이며, 강자의 意思가 정의라고 하였다. 이와 같이 법에서의 가치를 제외한 오로지 사회적 강자의 명령과 의사를 법으로 그리고 정의로 파악한 것은 소피스트들이 현실적으로 존재하는 강자의 명령과 의지만을 법사고의 대상으로 하였다는 것이며, 현실의 법위에 존재하는 이데아의 세계의 법을 법이라고 한 당시의 자연법론에 대하

4) 근대초기의 경제활동을 뒷받침한 법은 민법이었다. 당시에는 상법과 민법의 구별이 이루어지지 않은 상태이었으며, 따라서 민법전이 경제활동의 기본법이었다.

여 지극히 현실주의적인 법사고를 하였다. 소피스트들은 오늘날로 말하면 御用法學者들이었다고 할 수 있다. 현실적으로 권력을 행사하는 사회적 강자에 의하여 발표되어 현실적으로 존재하면서 강제력을 가진 법만을 법으로 파악하였으며, 객관적인 가치기준에 의하여 옳고 그름을 판단한 것이 아니라 현실적으로 집행력이 있는 사회적 강자의 의사가 옳고 그름의 판단의 기준이라고 하여 객관적인 가치보다는 주관적인 의사를 정의판단의 기준으로 삼았다. 그러므로 소피스트들의 법사고는 극히 현실주의적이며, 객관적 가치질서를 부인하고 현실적으로 존재하는 사회적 강자의 명령과 그의 의사를 법과 정의로 판단하는 지극히 법실증주의적인 법사고였다고 판단된다.

서양의 중세에도 역시 기독교에 의하여 신의 객관적 질서를 자연법으로 파악하는 자연법론이 지배하는 시대였으나, 신의 의사에 의한 결정만을 법으로 파악하는 또다른 신학의 흐름이 있었다. 전자의 객관적인 신의 질서를 인정하고 그 질서가 바로 신법이며 신법이 인간의 의성에 의하여 파악된 법을 자연법이라고 한 흐름을 主知主義(Intellektualismus)라 하며 그 대표적인 중세법학자들이 바로 아우구스티누스(Aurelius Augustinus: AD 354–430)와 토마스 아퀴나스(Thomas von Aquin: 1225–1274)였으며, 후자의 신이 결정한 것이 바로 법이라고 한 흐름을 主意主義(Voluntarismus)라 하며 그 대표적인 중세법학자들이 바로 스코투스(Johannes Duns Scotus: 1266–1308), 옥캄(William of Occam; Wilhelm von Ockham: 1285년 경–1349) 등이었다.

이와 같이 서양의 고대나 중세에도 이미 법실증주의적인 법사고는 생성되어 있었다. 당시에 지배적인 법사상이었던 법을 객관적 가치질서규범으로 파악하였던 고대와 중세의 자연법론에 대립하여, 법을 사회적 강자의 명령, 신의 결정으로 파악한 법사고의 흐름은 근대이전의 실증주의의 영향에 의하여 형성된 법실증주의와 법에 대한 사고 내지 태도와 동일한 흐름이 근대이전에도 이미 형성되어 있었다. 그리하여 근대이후의 법실증주의는 과학발전에 따른 실증주의의 영향에 의하여 오로지 현존하는 법만을 법학탐구의 대상으로 한 법사상이지만, 근대 이전에도 이미 서양의 고대와 중세에 당시의 지배적이었던 자연법사상에 대립한 실존하는 법, 객관적으로 존재하는 보편적인 법이 아니라 강자에 의하여 또는 신에 의하여 결정되어 존재하는 법만을 법고찰의 대상으로 한 법사고의 흐름이 존재하고 있었다. 근대이후의 법실증주의는 근대이전의 법실증주의적 사고와 그 생성의 계기는 달랐지만 법을 고찰하는 태도는 동일하였다고 평가된다. 특히 법에 있어서 가치의 문제를 제외하고 실제로 존재하는 법만을 법고찰의 대상으로 한 점에서는 동일한 태도를 보이고 있다.

3. 근대 이후의 법실증주의 발전사

(1) 근대 법실증주의의 생성과 법실증주의의 유형

근대의 법실증주의는 실증주의 철학의 영향을 받은 법사상 내지 법철학이다. 실증주의(Positivismus)는 프랑스의 철학자 콩트에 의하여 시작된 철학으로서 근대의 자연과학의 영향에 의하여 실증적인 것(das Positive), 즉 경험적으로 확인할 수 있고 표시할 수 있는 사실만을 탐구의 대상으로 하는 철학이었다.[5] 그러므로 실증주의에서는 중세의 敎義主義的(dogmatisch)인 스콜라철학(Scholastik)에 반대되는 사상이며, 정신과학적 인식이나 경험을 等閑視하는 사상이다.[6] 따라서 실증주의에 의하여 근대 이전의 신학과 모든 유형의 形而上學이 학문으로부터는 추방되는 결과를 낳게 되었다.

이러한 실증주의 철학의 영향에 의하여 법에서도 오로지 존재하는 법만을 법탐구의 대상으로 하는 법사상이 생성되게 되었으며 그것이 바로 법실증주의(Rechtspositivismus)였다. 이러한 법실증주의는 현존하는 법이외의 이성의 세계 또는 신의 세계에서만 존재하는 객관적인 질서로서의 법의 존재를 부인하였다. 따라서 법실증주의는 자연법을 부인하는 법사상이었다. 이와 같은 법실증주의에 속하는 근대의 법사상으로는 개념법학, 역사법학, 보통법학, 분석법학 등이 모두 이러한 근세초기의 법실증주의에 속하는 법학이었다. 이와 같이 근대초기의 법실증주의에 속하는 법학들은 법을 법학에 의하여 발견된 법만을 탐구의 대상이 되는 법으로 보았다. 그리하여 역사법학, 개념법학 등의 법학을 학문적 법실증주의(wissenschaftlicher Rechtspositivismus)라 한다.

---

5) Bernd Rüthers, Rechtstheorie(Beck, 1999), S. 468.
6) A. A. O., S. 469.

법실증주의 중에서도 국가의 제정법만을 법탐구의 대상으로 하는 법학을 법률실증주의(Gesetzpositivismus)라 한다. 법률실증주의는 법이란 국가에 의해서만 제정될 수 있다고 이해하며, 그리하여 국가의 법제정 의사가 유일한 법원(Rechtsquelle)이 되며, 헌법이 규정하는 절차에 따라서 제정된 법률은 당연히 구속력을 가지며, 더 이상의 법의 근거를 필요로 하지 아니한다고 한다. 그리고 이러한 법률실증주의하에서는, 입법자는 입법시에 어떠한 법원칙도 도덕적 기본가치도 윤리적인 원칙에도 구속되지 아니하며, 국가가 제정한 법률의 正義에 기한 내용통제를 모두 배제한다.[7] 또한 이러한 법률실증주의는 국가의 도덕성을 인정하고 이에 대한 신뢰를 두고 있다.[8] 이러한 법률실증주의에 속한 법학으로는 Paul Laband(1838－1918), Georg Jellinek(1851－1911) 등에 의한 일반법론(allgemeine Rechtslehre)과 Hans Kelsen(1881－1973)에 의한 순수법학(reine Rechtslehre)이 여기에 속한다.

이와 같이 초기의 법실증주의는 제정법만을 법학탐구의 대상으로 한정하지 아니하고 관습이나 판례로 존재하는 법도 탐구의 대상으로 하였다. 그러나 법실증주의는 점차 국가제정법만을 탐구의 대상으로 하였다. 이러한 법실증주의의 발전은 절대주의에 의한 절대왕정이 점진적으로 중앙집권적인 근대국가로 발전해 감에 따라서 국가에 의하여 제정된 법률만을 법탐구의 대상으로 제한하는 결과를 초래하였다.

법실증주의이든 법률실증주의이든 법규범에 대한 내용통제를 배제하며, 어떠한 이념, 어떠한 정의, 어떠한 기본가치에 기초한 법이든 구속력을 인정하였다. 특히 법률실증주의는 순수하게 권력지향적이며, 탈도덕적인 법개념으로 돌아가게 되었다.[9] 이처럼 법실증주의는 존재하는 법이면 그것을 법으로 인정하고, 법에서의 가치를 배제하고 법을 순수한 사실로 파악하였다. 이러한 법실증주의는 자연과학의 발달이 법에 미친 결과로 생성되었지만, 한편으로는 근대중앙집권적 절대국가의 형성에 있어서 절대왕정을 옹호하는 법사상이기도 하였다. 그리고 法史的으로 법실증주의는 중세의 唯名論(Nominalismus)에

7) A. a. O., SS.471－472.
8) A. a. O., S. 470. 그러나 국가 결코 道德態일 수는 없다.
9) A. a. O., S. 474.

기초하여 이를 이어받은 법이론 내지 법사상이다.[10]

(2) 근대 법실증주의의 발전

가. 근대 법실증주의 태동의 기초: 절대주의, 절대왕정의 생성과 발전

근대법실증주의는 절대주의에 의한 절대왕정의 생성·발전과 함께 태동하여 발전하게 되었다. 절대주의(Absolutismus)에 의한 절대왕정은 중세와 근대 사이의 과도기의 정치체제로서 중세의 교회가 세속권력을 지배하던 시대에서 종교개혁 이후 교회권력이 약화되자 세속권력이 성장하여 교회권력을 배제하고 강력한 절대군주제의 왕정으로 발전하던 서양의 16세기에서 18세기에 걸친 정치사상이다. 절대주의에 의한 절대왕정은 국왕이 절대권력을 가지고 "朕이 국가이다"라는 法諺이 표현하듯 국왕이 곧 국가 그 자체로 인정되던 절대왕정시대였다. 이러한 정치체제를 舊體制(ancient regime)라고도 한다. 구체제는 1789년 프랑스 혁명에 의한 타도의 대상이 되었던 정치체제로서 국왕이 절대군주로서 법의 지배밖에 존재하였다. 구체제였던 절대왕정의 특징은 절대지배자인 절대군주에게로의 권력의 집중과 강화였다.[11] 또한 권력의 중앙집권은 절대군주의 활동의 영역의 확대를 의미하므로, 따라서 절대왕정의 또 하나의 특징은 절대군주에 의한 국가활동의 확대였다.[12]

절대주의, 절대왕정의 생성과 발전과정을 살펴보면, 서양 중세의 국가형태를 일반적으로 레엔국가(Lehenstaat)라 한다. 레엔국가는 일정지역의 토지를 領主가 지배하고 領民에게는 토지수익권을 수여하고 영민은 그 대가로 영주에게 충성을 다하는 授受託身의 관계로 구성된 소지역단위의 영주의 인적지배의 모습을 띠었다. 그러한 인적지배의 레엔국가는 점차 재판권과 徵稅權을 가진 대영주 중심으로 결합을 하게 되어 인적지배의 국가모습에서 지역지배의 국가모습으로 발전하게 되었다.[13] 그 결과는 대영주는 왕권을 갖게 되나 대영주의 지배내로 들어온 소영주들은 귀족계층을 이루어 대영주의 광대한

10) 이태재, 법철학사와 자연법론(법문사, 1984), 142면; Karl Heinz, Rode, Geschichte der europäischen Rechtsphilosophie(Düsseldorf, Werner-Verlag, 1974), SS. 105, 111.

11) Dagmar Freist, Absolutismus (Darmstadt, Wissenschaftliche Buchgesellschaft, 2008), S. 5.

12) A, a. O., S. 5

13) 天野和夫, 法思想史入門(有斐閣, 1979), 77면.

지역지배의 국가형태를 이루었지만 대영주가 국왕으로서 절대권을 행사하지 못하고 소영주, 귀족들의 동의를 얻어야 하는 국가형태를 이루게 되었다. 이러한 국가형태를 等族國家(Ständestaat)라 한다. 이러한 상태의 등족국가는 황제가 절대권을 행사하지 못하고 황제권력과 등족권력이 대등한 상태에서 등족권력이 황제의 전횡에 대항하는 관계를 이루었다. 이러한 등족국가에서 등족은 당시에 인민의 대표자로 생각되었으며 등족회의가 인민의 자유권 등을 요구하는 관계에 있었다.[14] 그러므로 자연히 황제는 그가 절대권을 행사하고 싶지만 등족회의의 견제로 절대권 행사가 어려움으로 황제는 등족의 권력을 약화시킬 수 있는 방책을 찾기에 이른 것이다.

이러한 등족국가에서 황제가 등족의 권력을 약화시키고 황제에게 국가권력이 집중되는 현상으로 성장한 국가가 근세의 절대주의 사상에 터잡은 절대국가이다. 따라서 절대주의는 봉건군주가 중앙집권적인 절대적인 권력을 장악한 정치형태로서, 종교개혁에 의해 교회권력이 약화되고, 등족권력의 후퇴를 배경으로 하여 생성된 정치사상으로서, 이러한 절대주의에 사상에 기초하여 절대왕정이 탄생하게 된 것이다.

절대왕정에서는 절대군주의 절대왕권의 유지가 필수적인 요소이자 필수적인 과제이었기 때문에 토지를 지배하고 있던 귀족들의 세력을 약화시키기 위해서 봉급을 주어 절대군주에게 봉사케 하는 官僚制를 실시하였으며,[15] 또한 황제의 절대권력을 유지하기 위해서는 군사력의 유지가 필요하였기 때문에 常備軍[16](stehendes Heer)을 두게 되었다. 관료제의 실시와 상비군의 유지에는 막대한 재원이 필요하였다. 절대군주는 절대권력의 유지를 위한 재원마련을 위해 신흥유산자계급으로부터 지원을 받게 되었다. 신흥유산자계층의 지원을 받는 방법은 원거리 무역에 국왕이 신흥유산자계층에게 특허장을 내 주어

14) 상게서, 80면.

15) 귀족들에 대한 토지에 의한 祿俸授與制에서 봉급에 의한 관료제로의 전환에 따라서 절대왕정시대에는 관직의 매매가 성행하여 관직매매로 인한 수입이 절대군주의 중요한 재정수입원이 되었다(김현일 외 역, 페리 앤더슨 저, 전대주의 국가의 계보(까치, 1997), 29－30면).

16) 상비군은 주로 傭兵으로 구성하였다(김장수, 유럽의 절대왕정시대(푸른사상사, 2011), 20면). 그리고 절대왕정시대에는 전쟁이 일상적인 일이었기 때문에 전쟁이야 말로 절대군주에게서 기대되는 유일한 통치기술이었다(김현일 외 역, 페리 앤더슨 저, 전제 절대주의 국가의 계보, 28면).

막대한 이익을 독점적으로 취하도록 하는 방법을 활용하였다. 그리하여 절대군주와 신흥유산자계층의 연대가 이루어졌다.[17] 이와 같은 방법으로 절대군주와 신흥유산자계층의 연대는 절대군주의 입장에서는 귀족세력을 약화시키고 관료제와 상비군 유지를 위한 재원을 마련할 수 있게 되어 절대권력을 유지할 수 있게 되었으며, 또한 절대왕정은 重商主義(Merkantilismus) 경제정책을 취하여 신흥유산자계층이 부를 축적함으로서 그들의 사회적 지위의 향상을 도모할 수 있는 계기가 마련되었다.[18] 그리고 신흥유산자계층이 자유로이 부를 축적할 수 있는 경제사상을 유지하고 있었다. 이와 같이 절대주의에 의한 절대왕정에서는 공법분야에서는 인권을 무시한 절대군주의 절대권력을 행사하였으나, 사법분야에 있어서는 신흥유산자계층의 경제활동의 자유를 인정하였을 뿐만 아니라 오히려 이를 지원하였다. 이처럼 절대왕정시대에 공사법분야에서의 서로 다른 법적통제의 방식은 아마도 로마법에서부터 인정된 법을 공법과 사법으로 분류하여 공법분야에서는 황제의 권력이 개입할 수 있으나 사법분야는 황제의 권력이 개입할 수 있는 법영역이 아니라는 법이론과 법전통에 바탕을 둔 것으로 판단된다. 그리하여 공법의 영역에서는 절대군주의 절대권력의 행사에 자연법론이 저항권으로 대항하였으나 사법분야에서는 중상주의 정책에 의하여 절대군주의 절대권력이 신흥유산자계층의 자유로운 경제활동을 인정하였을 뿐만 아니라 특권적인 경제활동을 지원하기 까지 하였던 것으로 이해된다.

그리고 절대왕정시대의 중농주의(Physiokratie) 정책도 농업을 장려하여 절대왕정의 부를 축적하고자 한 정책이었다.[19]

---

17) 상게서, 21면.

18) 이러한 결과로 절대왕정의 시대에 경제에 있어서는 자유로운 경제활동을 가능케 하여 신흥유산자계층이 형성되고, 富를 축적하고 사회적 신분이 상승된 신흥유산자계층은 그의 사회적 지위와 그들의 부의 축적활동을 자유롭게 할 수 있는 법적보장을 요구하게 되었다. 그 결과로 제정된 법률이 바로 자연법론에 입각한 근대민법전이었다. 왜냐하면 신흥유산자계층으로서는 그들이 자유로운 경제활동이 법적으로 보장되어야 그들의 경제활동에 대한 예측가능성을 확보할 수 있고 또한 그들의 경제활동으로 인하여 취득한 부를 유지할 수 있는 법적안정성을 확보할 수 있었기 때문이었다. 그리하여 결과적으로 근대민법은 근대자본주의의 발전에 있어서 신흥유산자계층이었던 자본가들의 경제활동의 예측가능성과 그 경제활동으로 인하여 축적한 부의 유지에 대한 법적안전성의 확보를 위하여 제정되었다고 평가할 수 있다. 따라서 근대민법은 중상주의로부터 시작된 근대 자본주의의 발전의 산물이라 할 수 있다.

19) Karl Kroeschell, Deutsche Rechtsgeschichte, Band 3: seit 1650, 5. Aufl.(Köln, Böhlau

이러한 절대국가는 프랑스에서는 루이 14세(1643－1715)가 "朕은 국가다"라는 말로 가장 극적으로 표현되고 있다. 절대군주가 바로 국가라는 것이었으며 절대권력자인 절대군주는 모든 국가권력을 장악하고 모든 권력과 법위에 군림하는 위치에 있었다. 그러므로 자연히 부패할 수밖에 없었으며 자연권인 저항권으로부터 도전을 받지 않을 수 없었다. 그리고 절대왕정시대에는 전쟁이 일상화된 일이었으며, 귀족은 면세권을 향유하고, 신흥유산자계층은 국왕으로부터 특허를 얻어 축적한 부로 관료제와 상비군의 유지에 충당할 수 있었다. 그러므로 절대왕정의 유지에 필요한 재원은 농민들로부터도 거두어 들였다. 따라서 결국 절대왕정유지에 전쟁수행과 세금부담의 가장 큰 고통을 받는 계층은 농민들었다.[20] 이러한 절대왕정의 모순과 그 심화는 자연법론자들로부터 인류보편의 가치에 의한 저항에 직면하지 아니할 수 없었다.

나. 절대주의, 절대왕정의 사상적 배경

이러한 절대왕정의 정치체제가 탄생할 수 있도록 이론을 제공한 대표적인 사람은 마키아벨리(Nicolo Machiavelli: 1469－1527)와 보댕(Jean Bodin: 1529/30－1596)이었다. 마키아벨리는 극히 현실주의자(Realist)로서 군주론(1513)을 집필하여 군주는 그의 정치적인 지배를 위해서는 어떠한 방법과 수단을 다 사용하여도 정당하다는 주장을 하였다. 그리고 그는 절대군주의 정치적 지배를 위해서는 사기, 권모술수를 하거나 전쟁을 치르거나 무슨 짓을 해도 좋다는 이론을 제시하였으며, 더 나아가 절대군주의 명령이 곧 법이라는 주장을 하였다. 이러한 마키아벨리의 군주론에서의 주장은 중세의 신학적 도의론을 극복하기 위한 것으로 평가되기도 한다.[21][22] 그러므로 마키아벨리에게 있어서 道義는 군주의 德目이 아니었다.

그리고 보댕은 국가론(1577)에서 王權神授說을 주장하여 처음으로 주권개념을 주장하고, 주권은 다른 어떠한 권력에도 종속하지 않는 최상위의 권력으로서 그 주권은 신이 절대군주에게 준 것이라고 주장하였다. 그리하여 주권자

Verlag, 2008), S. 30.

20) 김현일 외 역, 페리 앤더슨 저, 전제 절대주의 국가의 계보, 31면.

21) 天野和夫, 前揭 法思想史入門, 80면.

22) 독일의 헤겔(Georg Wilhlem Friedirch Hegel: 1770－1831)은 마키아벨리를 극구 칭찬하였다고 한다(황세연 편역, 헤겔입문(도서출판 중원문화, 2007), 194면).

인 절대군주는 어느 국가권력에도 종속하지 아니하는 최상위의 권력자임을 인정하였다. 그리하여 보댕은 법의 구속을 받지 아니하는 국왕의 최고권력을 국가주권이라 하고, 국왕이 행사할 수 있는 주권의 내용으로는 입법권, 사법권, 군대유지권, 전쟁선포권, 평화조약체결권, 과세권 그리고 화폐주조권 등을 제시하였다.[23]

그리고 홉스(Thomas Hobbes: 1588-1679)도 자연법론과 사회계약설을 주장은 하였지만, 그에 의하면 자연상태는 만인이 만인과 투쟁하는 혼란의 상태로 이해하고 이러한 혼란의 상태를 극복하기 위하여 사회계약을 체결하였으며, 그 사회계약에 의하여 절대권력자에게 인간의 권리를 전적으로 위임하였으며, 따라서 절대권력자에 대해서는 저항할 수 없으며 절대권력자에게 절대적으로 복종하여야 한다고 하여 절대왕정에 대한 이론적 정당성을 제공하였다.

다. 절대왕정의 모순과 자연법론에 의한 저항 및 그 결과

절대주의사상에 의한 절대왕정의 절대권력은 부패하기 마련이었다. 인간의 본성에 반하는 절대군주의 절대권력의 행사는 인민을 억압하는 방향으로 발전할 수밖에 없었다. 절대군주의 명령을 법이라고 함으로써 법실증주의가 태동을 하였으나 법실증주의는 태동하면서부터 인민을 지배하는 인간의 본성에 반하는 방향으로 전개되어 나갔다. 그리하여 이러한 절대왕정의 구체제에 대한 저항이 일어날 수밖에 없었다. 그러한 구체제에 대한 저항은 자연법론에 의하여 전개되었다. 근대 자연법론의 구체제의 절대왕정에 대한 저항의 이론은 자연법의 핵심적 내용이라 할 수 있는 법앞의 평등, 인간의 자유와 복지, 천부인권, 주권재민, 권력분립, 그리고 저항권이었다. 사실 자연법론은 구체제와의 대항과정에서 가장 발전하여 꽃을 피웠다. 이러한 자연법론은 미국의 독립혁명, 프랑스혁명으로 실천되었다.[24] 미국의 버지니아권리장전, 미국독립선언, 프랑스인권선언은 바로 자연법론의 이러한 내용을 담은 법문서로서 자연법론의 본질적 내용을 담고 있는 문서들이다. 그리하여 자연법론의 핵심적인 내용은 만민의 법앞의 평등, 인간의 자유, 인간의 복지, 천부인권, 주권재민,

---

23) 김장수, 전게 유럽의 절대왕정시대, 23면.

24) 물론 영국에서의 대헌장(1215), 권리청권(1628), 인신보호법(1679), 권리장전(1689) 등도 자연법론에 의한 자연법의 내용을 담은 법문서이다.

권력분립이며, 이러한 자연법론의 내용이 지켜지지 않을 때에는 권력담당의 폭군을 제거할 수 있다는 저항권을 자연권으로 인정한 것이었다. 이와 같이 자연법론은 부패한 권력에 대항하는 저항사상이며 새 사회를 이루기 위한 인류보편의 가치를 담은 이상을 제시한 법사상이다.

또 다른 한편으로 기독교계에서도 역시 절대왕정에 저항하였다. 즉, 耶蘇會, 즉 예수회(The Society of Jesus)가 절대왕정과 충돌하게 되고 저항을 하였다.[25)]

이러한 자연법론에 비해 법실증주의는 절대왕정을 옹호한 법이론으로 출발하여 근대국가의 형성과 중앙집권적 국가로의 발전에는 기여하였으나 법에서 가치를 배제하고 절대권력자의 의사에 의한 명령을 법이라고 함으로써 끝내는 악법도 법이라고 용인하는 결과에 도달하게 되었다. 법실증주의의 이러한 발전은 결국 제국주의, 식민주의, 사회주의, 전체주의를 가능케 한 법이론이 되었으며 최종적으로는 나치의 국가사회주의를 용인하여 수많은 무고한 사람들을 죽이는 것을 법적으로 정당화해 주는 인류보편의 가치에 반하는 결과를 초래하였다. 그리하여 법실증주의는 근대의 중앙집권적 국가의 탄생과 발전에는 기여를 하였지만 끝내는 인류의 파멸을 自招하는 결과를 초래하였다.

자연법론은 저항을 통하여 인류보편의 가치를 실현하였으나 법실증주의, 특히 그 중에서도 법률실증주의는 인류보편의 가치에 반하는 인류파멸의 결과를 초래하는 상반된 결과에 이르렀다. 이러한 결과의 차이는 바로 법에서 가치를 배제하고 내용이 무엇이든 국가권력에 의하여 제정만 하면 법이 된다고 인정한 법실증주의의 근본적인 법에 대한 태도가 원인이었음을 알 수 있다. 법은 가치규범이지 단순한 사실이 아니다. 법은 가치를 담아 그 가치를 실현하는 규범이다. 그러나 법이 담아야할 가치는 인류보편의 가치이다. 사물의 본성과 자연의 이치에 부합하는 가치이다. 그러나 법실증주의는 이러한 가치에 반하는 법이라도 제정만 하면 그 내용을 묻지 아니하고 법으로 이해하고 그 법에 따를 것을 강제한다. 그러므로 법실증주의는 권력자가 도의적이지 아니할 때에는 얼마든지 악법을 제정할 수 있고 악법도 법으로 보는 愚를 범할

---

25) Prodi., a. a. O., S. 274.

수 있음을 역사가 증명해 주고 있다.

절대주의에 의한 절대왕정에도 2가지의 유형으로 나누어지며 각각의 유형은 나라마다 다르다. 두 가지의 유형은 절대주의(Absolutismus) 즉 절대왕정과, 계몽적 절대주의(aufgeklärter Absolutismus) 즉 계몽적 절대왕정이 각각 그것이다. 절대주의는 프랑스의 절대왕정으로서 프랑스 혁명전 까지 존속하였던 왕정이다. 이러한 프랑스에서의 절대왕정은 절대군주가 절대권력을 행사하였던 정치체제로서 모든 권력은 절대군주에게 귀속되어 있었으며 절대군주가 無所不爲의 국가권력을 행사하였던 정치체제였다. 그리하여 朕은 국가다라는 법언이 통용되었던 왕조였다. 이러한 절대왕정은 인류보편의 가치실현에로의 발전방향의 전환이 불가능하였다. 인민들은 억압하고 極刑을 쉽게 발동하고, 세금을 과도하게 징수하고, 항상 전쟁을 수행하여 인민들을 극도로 피로케 하는 정치제체일 수밖에 없었다. 그러므로 자연히 절대왕정에 대해서는 비판과 저항이 일어날 수밖에 없었다. 절대왕정은 그 자체가 모순이었다. 절대군주가 권력을 독점하면 부패하기 마련이라는 진리를 깨닫지 못한 시대의 정치체제이었다. 그리하여 절대왕정에 대해서는 저항이 있을 수밖에 없었다. 그러나 저항은 바로 자연법론에 의하여 수행되었으며 결국 절대군주를 단두대에서 처형함으로써 그 종말을 고하게 되었다. 그 때에 자연법론자들의 주장이었던 저항권은 자연권으로 인정되었으며 절대왕정에 저항한 자연법론은 자연히 혁명적이고 급진적인 성격을 띨 수밖에 없었다. 그리하여 절대왕정에 저항한 자연법론은 가장 급진적이고 혁명적인 법사상으로 나타났다.

그러나 그 혁명적인 근대의 자연법론은 그것이 내재하고 또 실현하고자 하는 가치가 인류보편의 가치를 실현하고자 하는 내용이었기 때문에 결국 인류역사의 불변의 진리가 승리한 것이며, 혁명적인 자연법론에 의하여 고대부터 발전되어온 자연법론이 꽃을 피우고 결실을 맺은 것이었다.

그리고 또 하나의 절대주의인 계몽적 절대주의는 프랑스에서와는 달리 프러시아, 오스트리아, 帝政러시아에서 발전된 절대주의였다. 계몽주의적 절대주의는 절대주의의 기본사상은 유지하였지만 계몽주의의 영향을 크게 받은 절대주의로서 완화된 절대주의라고 표현할 수 있을 것이다. 계몽적 절대주의를 실천한 군주는 프러시아의 프리드리히 2세(1712–1786; 재위: 1740–1786)로서, 그는 프랑스에서의 절대군주와는 달리, 법은 모든 사람에게 평등하고 모든 사람에게 구속력이 있음을 인정하고, 인민에게 종교의 자유를 부분적으로 인정하고, 부분적으로 의견표현의 자유를 인정하고 의견표현에 대한 검열제(Zensur)를 부분적으로 해제하고, 고문(Folter)을 폐지하고 형벌의 인간화를 어느 정도 이루고, 魔女裁判을 폐지하고, 농노제를 완화하고, 공무원 제도를 수립하고, 의무교육제도를 실행하였다.[26][27] 그리고 절대군주는 자신을 국가로 인정한 것이 아니라 국가의 첫 봉사자(der erste Diener des Staates)라고 자신의 위치를 낮추었다.[28]

그러나 계몽적 절대왕정은 이와 같이 인민의 권리를 부분적으로 인정하고 인민을 계몽하는 의무교육제도를 실행은 하였지만 국가의 의사, 즉 절대군주의 의사결정은 국왕이 혼자서 스스로 하였으며 인민의 대표와 협의하여 공동결정(Mitbestimmung)을 하지는 않았다.[29] 따라서 계몽적 절대왕정도 역시 근대적 시민국가는 아니었으며 절대주의의 본질적 특징을 그대로 유지하였다. 그리하여 절대군주의 절대권력은 그대로 유지하고 공고히 하면서 인민을 위한 인민의 복지에 관심을 갖고 또한 절대군주 자신을 절대적 지배자로 표현하지 아니하고 인민의 봉사자(Diener des Volkes)로 표현하였다.[30]

이와 같은 계몽적절대주의, 즉 계몽적 절대왕정은 프러시아와 오스트리아, 제정러시아에서 실천이 되었으며 오스트리아에서는 조셉 2세(Joseph II: 1741－1790; 재위: 1764－1790), 제정러시아에서는 카타리나 2세(Katharina II: 1729－1796; 재위: 1762－1796)가 이를 실행하였으며, 프랑스에서는 이러한 계몽적 절대주의가 실행되지 않았다. 그렇기 때문에 프러시아와 오스트리아에서는 프랑스에서와 같이 절대군주를 처형하는 혁명이 일어나지 않았다.

프러시아에서 이러한 계몽적 절대주의, 즉 계몽적 절대왕정이 이루어지도록 법적으로 뒷받침한 법학자들은 모두 자연법론자들로서 Samuel von

26) Politische Ideengeschichte(Frühe Neuzeit)(2011), S. 10.

27) 프로이센에서는 1717년에 오스트리아에서는 1774년에 의무교육제도를 실행하였다. 실제에 있어서는 의무교육이 우물쭈물 아주 느리게 시행되었으며, 의무교육을 받을 수 있는 인민도 제한적이었다(Vgl., Freist, a. a. O., S. 100).

28) Politische Ideengeschichte(Frühe Neuzeit)(2011), S. 3.

29) A. a. O., S. 10.

30) Freist, a. a. O., S. 95.

Pufendorf[31](1632－1694), Christian Thomasius[32](1655－1728) 그리고 Christian Wolff[33](1679－1754) 등이었다. 그리고 이러한 자연법론자들의 자연법사상에 의하여 프러시아에서는 1794년에 프러시아일반주법(ALR: Allgemeines Landrecht für die preußischen Staaten)이, 오스트리아에서는 1812년에 오스트리아민법전(ABGB: Allgemeines Bürgerliches Gesetzbuch)가 제정되어 계몽적 절대주의사상을 실정법전으로 제정하였다. 절대왕정시대에 이러한 자연법론에 기초한 근대민법전을 제정하게 된 것은 절대군주가 독일에서는 계몽전제군주이거나 프랑스에서는 절대왕정의 구체제를 무너뜨린 자연법사상에 기초한 프랑스혁명이 승리하고 새로운 절대권력자가 등장하였을 때에 이루어졌다. 그러므로 근대의 자연법적인 민법전의 제정은 법을 통한 국가통합(Staatsintegration)을 실현하기 위한 목적에서 이루어졌다.[34] 그리하여 근대민법전을 제정함에 있어서는 절대군주의 권력강화는 그대로 인정하면서 인민의 안전, 복지, 행복의 보장을 위한 법적제도를 규정하였다.[35] 그리고 절대왕정에 의한 자연법론에 입각한 근대민법전의 제정이 가능하였던 것은, 근대자연법론이 저항권에 기초를 두고 있는 혁명적 자연법론이었고, 프랑스 혁명을 통하여 절대군주의 권력이 자연

31) 푸펜돌프의 자연법사상은 그로티우스와 홉스의 자연법사상에 기초하고 있었으며, 경험적으로 살펴보면, 인간은 그 본성이 혼자서는 살아갈 수 없는 사회적 존재이기 때문에 인간은 사회를 이루어 살아갈 수밖에 없으며, 따라서 인간은 서로 돕고 살아가야할 의무를 법적으로 부담한다고 하였다. 이러한 상호의무의 이행을 보장하는 것은 계약에 의하여 이루어지며 그 계약은 의무로 구성되며 그 의무는 3가지 방향, 즉 신과 자신과 다른 사람에 대하여 의무를 진다고 하였다(Vgl., Hans Schlosser, Neuere Europäische Rechtsgeschichte (Beck, 2012), Rn 18－21, 9. Kapitel: Rationales Naturrecht der Aufklärung).

32) 토마지우스의 자연법론은 경험주의(Empirismus)와 절충주의(Eklektizimus)에 입각하고 있으며, 자연법은 강제할 수 없으나 양심을 구속하는 법으로 개념정의하고, 국가권력을 가진 지배자는 피지배민에게 안전, 질서, 행복 그리고 복지를 보장하여야 할 의무를 부담한다고 하였다. 토마지우스의 이러한 자연법론은 공공의 복리에 이바지하는 공리주의적인 사회윤리이었다(Vgl., a. a. O., Rn 42, 9.Kapitel: Rationales Naturrecht der Aufklärung).

33) 볼프의 자연법론에 의하면 자연법은 天賦的이며, 변화할 수 없으며, 세계속에 내재되어 있는 진리(Wahrheit)로서 정치, 사회의 모든 영역의 공동생활에서 실현되어야만 한다고 하였다. 볼프의 자연법도 역시 의무개념에서 출발하고 있으며, 권리는 구체적 의무의 反射에 불과하다고 하였다. 따라서 그의 자연법론은 善行과 惡行의 윤리적 기초이었다. 따라서 볼프의 자연법론은 모든 인간에게 완전함(Vollkommenheit)을 위하여 노력할 것을 요구하는 의무윤리(Pflichtenethik)이었다. 그의 이러한 자연법사상은 프랑스인권선언에 영향을 주었다고 평가되고 있다(Vgl., a..a. O., Rn 53－54, 9. Kapitel: Rationales Naturrecht der Aufklärung).

34) Freist, a. a. O., S. 98.

35) A. a. O., S. 98.

법론에 의하여 무너지고, 새로이 국가권력을 장악한 절대권력자도 그리고 계몽전제군주도 자연법론에 입각한 근대민법전을 만들어 그 민법전의 기초사상을 수용하여 인민의 지지를 얻지 아니하면 절대왕정 그 자체가 더 이상 존립할 수 없는 단계로 까지 시대가 자연법론으로 발전하였기 때문에, 자연법론에 입각한 근대민법전이 절대왕정에 의하여 제정될 수 있었다. 따라서 근대민법의 제정은 자연법론에 의한 불문의 민법을 법실증주의가 이를 제정민법전으로 만들었다고 평가된다.

이와 같이 근대의 법실증주의는 절대주의에 의한 절대왕정의 태동과 함께 그 사상이 싹트기 시작하여 근대의 중앙집권적 국가형성에 이바지 하였으나, 다른 한편으로는 법실증주의로 인한 인민의 억압과 절대권력의 부패로 인한 문제점에 대해 저항한 자연법론이 가장 발전한 시대였으며 이러한 근대 자연법론에 의하여 오늘날의 민주정치체제의 기초를 닦았다.

이와 같이 법실증주의는 근대의 중앙집권적 절대국가의 형성과 함께 발전하였으며, 그 법실증주의가 나치의 국가사회주의에서 법실증주의가 인류에게 극도의 폐해를 주는 데까지 나아간 다음에야 그 발전에 대해 반성을 하게 되었다. 이와 같이 자연법론은 저항을 통해 인류를 구원한 법사상이었음에 반하여 법실증주의는 권력을 위하여 기여한 법사상으로서 결국 종국에는 인류를 파멸로 이끌어 갔음을 알 수 있다. 법실증주의는 자연법의 내용을 실정법화하였을 때에 비로소 그 가치를 발휘할 수 있는 법사상임을 알 수 있다.

Ⅳ. 법실증주의와 근대민법의 제정과의 관계 및 그 후의 발전

1. 자연법론과 절대왕정에 의한 근대민법의 제정

근대민법전은 절대주의에 의한 절대왕정이 강력한 중앙집권적인 근대국가로 발전하였을 때에 비로소 제정되었다. 물론 근대민법전의 내용의 사상적 배경은 근대의 자유, 평등, 박애를 내용으로 하는 근대 자연법론이었다. 따라서 근대민법전은 그 내용은 자연법론에 의하여 인류보편의 가치를 지향하고,

실정법으로의 제정은 절대왕정이 끝나거가 계몽적 전제군주에 의하여 국가권력이 강력하였을 때에 이루어졌다. 가장 먼저 1794년에 프로이센에서 계몽적 전제군주였던 프리드리히 2세에 의하여 프로이센일반주법[36](ALR)이 제정되고, 1804년에 프랑스민법전(C.c.(Code civil); 총 2281개 조문으로 구성)이 나폴레옹에 의하여 제정되고, 1812년에는 오스트리아에서 역시 계몽적 전제군주였던 요셉 2세에 의하여 오스트리아민법전(ABGB)이 제정되었다. 이러한 근대민법전은 모두가 자연법론에 기초하여 근대자연법론에서 주장되었던 자유, 평등, 박애의 정신이 그 내용으로 구성되어 있으며, 그 제정은 중앙집권적인 국가권력이 강력하였을 때에 제정되었다. 그러므로 민법전의 제정은 그 민법전에 담을 내용이 인류보편의 가치를 담을 수 있게 준비되어야 하고, 그리고 그러한 민법의 내용을 실정법률로 제정할 수 있는 강력한 국가권력의 뒷받침이 있어야 가능함을 법의 역사가 가르쳐 주고 있다.

근대민법전은 로마법을 계수하여 이를 바탕으로 하여 제정되었다. 로마법은 스토아철학의 영향을 받은 로마법의 고전시대(BC 27－AD 287)에 가장 발달할 법으로서 스토아철학의 사해동포주의, 세계국가 내지 세계정신 등의 사상을 기초로 하여 생성된 가장 인류보편의 자연법사상을 그 내용을 담고 있었다. 그러한 고전시대의 로마법을 동로마제국의 황제 유스티니아누스 대제(AD 527－565 在位)가 로마법대전을 구성하는 대표법전인 학설휘찬(Pandektae; Digesta)으로 실정법화하였다. 그러므로 로마법은 그 생성단계에서 이미 로마제국이 강력한 세계국가로 발전하는 그 시기에 그러한 강력한 세계국가를 실현할 수 있는 정신적인 바탕을 기초로 하여 제정되었다. 그러므로 당시의 로마제국은 상업국가로서 세계를 制覇한 상태였으며 그러한 세계지배가 가능할 수 있도록 모든 민족을 통합할 수 있는 사해동포적인 자연법적인 내용으로 구성되었다.[37] 그러한 자연법적인 내용의 로마법이 기독교가 로마제국의 국교로 된 후

36) ALR은 Pufendorf, Wolff의 의무이론(Pflichtenlehre)으로부터 많은 영향을 받은 것으로 평가되고 있다(Vgl., Schlosser, a. a.. O., Rn 62, 9. Kapitel: Rationales Naturrecht der Aufklärung). ALR은 자연법의 영향으로 교육적인 법이었으며 설명방식으로 입법이 되어 있다. 그리고 인스티투치오넨시스템으로 편찬되었다. 또한 ALR은 고유법에 대해서 보충적인 법이었으나 실제로는 프러시아의 유일한 法源이었다.(Vgl., Schlosser, a. a. O., Rn 64, 10. Kapitel: Zeitalter der Kodifikation in Europa).

37) 물론 그리스의 스토아철학은 역시 알렉산더 대왕(BC 356－323; 재위: BC 336－323)에 의

에 법전으로 편찬되면서 기독교의 도덕철학의 영향을 받아 더욱더 순화되었다.[38] 학설휘찬에 의하여 실정법으로 제정된 로마법은 그 후에는 다시 학문적으로 연구되기 시작하였다.

이와 같이 로마법은 그 내용이 자연법적이고 로마가 세계국가로서 상업국가로 발전하였을 때에 생성된 내용들이었기 때문에 자연히 거래법, 즉 상업법이 발전하였다. 유럽대륙에 로마법이 계수된 과정을 살펴보면, 여러가지의 이유가 있었지만, 중세가 끝나고 근대의 중앙집권적인 시민국가 탄생할 때까지의 과도기간이었던 절대주의의 절대왕정 시대에 절대군주가 중상주의 정책을 실천해 나가고 또한 절대군주는 강력한 절대권력으로 주변의 나라들과 지속적으로 전쟁을 치루면서 영토를 넓혀 나갔다. 그러므로 절대군주들은 로마제국과 같이 서로가 세계를 재패하는 세계국가의 형성을 야망하였다. 그리하여 절대왕정의 세계제패의 야욕과 중상주의 정책이 결합하여 절대왕정의 절대군주들은 해외의 식민지를 많이 확보하게 되었다. 이러한 절대왕시대의 시대상황은 로마제국이 판도를 넓혀가던 시대와 유사하였다. 이러한 고전시대의 로마제국과 절대왕정시대의 시대상황은 그 유사성이 적지 아니하였다. 다같이 상업을 중시하는 경제상황이었고, 영토를 넓혀 나가는 상황이었으며, 이러한 과정에 수많은 전쟁을 치룬 것도 유사한 상황이었다. 그러므로 로마법이 절대왕정에 계수될 수 있었다. 다시 말하면 로마법은 절대왕정의 영토의 확장과 통합, 행정조직의 집앙집권, 중상주의 정책의 실현이라는 절대왕정을 위한 가장 강력한 知的武器가 되었다.[39] 이와 같이 로마법은 절대왕정의 유지와 성장을 위한 법제도로서 계수가 이루어질 수 있었으며, 또한 중상주의에 의한 자본주의로의 발전에 거래법이 중심이었던 로마법이 유럽대륙에 계수가 이루어질 수 있었으며, 계수된 로마법은 다시 근대민법전으로 실정법화 될 수 있었다.

한 마케도니아 제국이 당시의 세계를 재패하였을 때에 그 세계국가에 적절한 자연법적인 내용을 담은 철학이었다. 그리하여 세계국가에 적절한 이데아(Idea: Logos)세계의 인정, 사해동포주의, 세계정신, 세계국가 사상이 스토아철학의 중심내용을 이루고 있었다.

38) 이와 같이 로마의 고전시대의 법학자들의 학설로 구성된 로마법이 유스티니아누스 대제에 의하여 실정법으로 제정되는 단계에서 기독교의 도덕철학에 의하여 약간 수정이 되었다. 이를 interpolatio라 한다.

39) 김현일 외 역, 페리 앤더슨 저, 전제 절대주의 국가의 계보, 23면.

이와 같이 헌법에 해당되는 인권선언과 근대민법전은 자연법론에 입각하여 제정된 법전이다. 헌법에서는 주권재민을 선언하고 법의 만민평등을 규정하며, 기본권 보장, 인간의 자유의 인정과 복지의 실천, 재산권 보장, 권력분립, 의무교육의 실시, 자유경제질서의 보장, 나라에 따라서는 저항권의 법정 등 이 모든 헌법제도들은 인류의 보편가치를 담아 실현하고자 하는 자연법론에 입각한 법제도들이다. 그리고 민법전에서는 모든 사람에게 권리능력을 인정하고 자유를 인정함으로써 만민평등을 실현하고 자유로운 경제활동을 가능하게 하였으며, 신의성실의 원칙과 권리남용금지의 원칙 및 사정변경의 원칙의 인정, 사회질서 조항, 폭리행위의 금지, 사소유권의 보호, 실손해의 배상제도, 부당이득의 반환과 불법원인급여의 경우의 부당이득의 不返還의 인정, 과실에 의한 불법행위의 성립의 인정과 그로 인한 발생한 손해의 배상제도 등은 모두가 인류보편의 가치를 담은 법규정으로서 모두가 자연법론에 기초한 법제도들이다. 그리하여 오늘날의 헌법과 민법전은 모두가 그 내용이 인류보편의 가치를 담아 이를 실현하고자 하는 자연법론의 사상적 내용들이다. 따라서 현재 우리는 자연법론이 이루어 놓은 법으로 인간의 존엄을 구현하고 사회질서를 유지하고 사회평화를 이루어 나가고 있다고 평가할 수 있다.

2. 근대민법전 제정후의 법실증주의의 발전: 19세기는 법실증주의 전성시대

근대민법전의 제정으로 자연법의 시대는 종결을 고하게 되었다.[40] 절대

40) 민법의 역사적 발전과정을 살펴보면, 그리스의 사해동포주의 사상을 내용으로 하는 스토아철학의 영향을 받아 로마제국에서 로마법이 학설법으로서 생성되어 로마의 고전시대를 이루고, 그 다음에 기독교의 공인과 국교화에 의하여 기독교사상의 영향을 받기 시작하였으며, 그 다음에는 주로 로마고전시대의 로마법으로 로마법대전이 편찬되고 법전으로 편찬된 로마법, 그 중에서도 학설휘찬(Pandektae: Digesta)이 주석학파, 주해학파 등에 의하여 법학자들에 의한 연구가 이루어져 로마법이 발전하게 되고 중세를 거치면서 기독교의 도덕신학의 영향을 크게 받아 더욱 순화되었다. 그리고는 주석된 로마법이 유럽대륙에 계수가 이루어져 계수된 로마법이 보통법(ius commune)으로 적용되고 이와 함께 계수된 로마법에 대하여 판덱텐법학에 의한 추상화와 체계화가 이루어졌다. 또한 이와 함께 근대 자연법론의 의한 자유, 평등, 박애의 인류보편의 가치에 의하여 로마법이 더욱더 높은 가치를 담은 법으로 승화하게 되었으며, 그 다음에는 계수된 로마법을 소재로 하고 자연법론의 사상에 입각하여 근대민법전으로 제정되었다. 이와 같이 현재의 민법은 스토아철학, 기독교사상, 자유, 평등, 박

왕정에 저항하는 과정에서 인류의 보편가치를 확인하여 이를 공법적으로는 인권선언으로 문서화하고, 사법적으로는 근대민법전의 제정으로 종결을 하게 되었다. 그리하여 자연법론은 고대의 철학적 자연법론으로부터 시작되어 중세의 신학적 자연법론을 거쳐서 근대에 들어와 자유, 평등, 박애의 사상으로 절대왕정의 절대권력에 저항함으로써 최종적으로 자연법론은 그 정점에 도달하였다. 자연법론이 주장한 내용들이 모두 법적으로 실정법화됨으로써 자연법론은 더 이상의 발전을 멈추게 되고, 자연법론을 내용으로 하는 근대민법전의 내용을 명확히 하고 체계화하는 일에 법학이 집중을 하게 되었다. 그리하여 절대왕정에서 태동한 법실증주의는 오로지 제정된 법률을 연구의 대상으로 삼는 법학으로 발전하였다. 그러한 법학방법론 내지 법사상이 法學史에서의 근대의 법실증주의였다. 이러한 법실증주의의 시대에 자연법은 실정법의 기초정신이었으며, 법실증주의는 자연법의 世俗化의 현상이었다.[41]

그리하여 근대민법전이 제정된 후의 근대 법실증주의는 처음으로 법을 민족정신의 발현으로 이해하는 역사법학파로 시작되었다. 역사법학파는 프랑스가 민법전을 제정하고 독일의 일부 分邦이 프랑스민법의 영향을 받음으로써 독일에서도 프랑스 민법전을 모범으로 하여 독일민법전을 제정하자는 주장이 제기되었으나, 사비니(Friedrich Carl von Savigny: 1779－1861)가 이러한 독일민법전 제정 주장에 대하여 법이란 민족정신의 발현으로서 법학에 의하여 민족정신의 발현으로 존재하는 관습법을 찾아 그것을 체계화하여야 한다고 함으로써 소위 학문적 법실증주의(wissenschaftlicher Rechtspositivismus)가 시작되었다. 그 후에 독일민법전이 제정 전과 제정된 후의 초기에는 개념법학(Begriffsjurisprudenz)이 정립되어 법학은 오로지 실정법률 규정만을 대상으로 하며 삼단논법에 의하여 어떠한 법률문제도 해결할 수 있다는 법이론을 정립하였다. 그리고 자유법론, 이익법학, 목적법학, 일반법론[42]이 주장되어 이러한

애의 실현을 내용으로 하는 근대자연법론에 의하여 그 내용이 인류보편적인 가치를 실현하는 방향으로 발전되어 왔다. 따라서 오늘날의 민법은 인류역사에서 출현한 모든 인류보편의 사상을 담아 제정되었다고 평가된다.

41) Prodi, a. a. O., S. 301.

42) 일반법학(allgemeine Rechtslehre)은 Ernst Rudolf Bierling(1841－1919), Karl Binding (1841－1920), Bergbohm, Georg Jellinek(1851－1911), Paul Laband(1838－1918) 등이 주장한 법실증주의법학으로서 모든 법의 명령적 성격을 강조하고, 법학의 기초로서의 재산, 계

법학파는 모두가 법학의 대상을 실정법만이라는 입장에 입각해 있었다. 자유법론과 이익법학은 독일민법전이 제정되어 시행되어 오는 중에 시대의 변화에 민법전이 적응하지 못하는 硬化現象이 일어남으로써 이를 극복하기 위한 법학으로서 실정법률이 살아있는 법으로서 기능하게 하기 위한 법이론이었다. 그리고 목적법학은 개념법학이 오로지 주어진 민법규정의 형식논리적 조작을 통해서만 법적문제를 해결하려고 시도함에 반대하여, 법이란 일정한 목적의 産物로써 목적에 충실하게 법을 해석하고 적용하여야 한다는 법이론이었다.[43] 일반법론은 법이란 오로지 제정법만을 의미하며 법학이 하여야할 과제는 제정법에 공통된 내용을 추출하여 이를 일반법으로 만드는 일을 법학의 내용으로 하였다. 그러므로 이러한 역사법학, 자유법론, 이익법학, 목적법학, 일반법론은 모두가 법학의 연구대상을 초자연적인 법에 대해서는 법학의 탐구대상에서 배제하고 관습이나 제정법으로서 오로지 주어진 법만을 탐구의 대상으로 하였다. 그리하여 이러한 법학을 모두 법실증주의(Rechtspositivismus) 법학이라 한다.

이러한 근대의 법실증주의 초기단계에서는 자연법론에 의하여 제정된 근대민법전을 그 연구의 대상으로 하였기 때문에 법실증주의의 폐해는 나타나지 않았다. 주어진 제정법의 해석과 체계화 및 흠결의 보충을 위하여 법학연구가 집중되었기 때문에 법실증주의가 인류의 보편적 가치에 반하는 방향으로는 발전하지 아니하였다. 그리하여 법학사에서 서양의 19세기는 법실증주의의 전성시대였다고 할 수 있다.

그리고 서양대륙에서와는 달리 영미법에서도 역시 법실증증주의가 발전하였다. 영미법은 본래 그 진리탐구의 사상과 방법이 경험주의 내지 경험론에 입각해 있었기 때문에, 예외가 있기는 하였지만, 대륙의 자연법론과 같이 자연법론이 긴 기간 동안 줄기차게 주장되어 오지는 못하고 관습, 법관에 의한 판결을 법학탐구의 주된 대상으로 하였다. 그리하여 영미법은 근본적으로 최고법원의 판결이 곧 법이라는 소위 판례법실증주의(richterlicher Rechtspositivismus)가

약, 불법행위, 인격, 범죄의 유형 등과 같은 실정법의 일반원리들로서 일반법학을 구성하고, 그러한 일반법리를 구성함에 있어서 어떠한 형이상학적 접근도 배제하고 있음이 특징이다(현승종, 법사상사(장왕사, 1956), 208면).

43) 목적법학에서 법의 목적은 평화이고 평화를 달성하기 위한 수단은 투쟁이라고 하였다(加藤惠司, 法·思想·歷史(東京, ジーオ企劃出版, 2007), 169면)

지배하고 있었다. 물론 존 록크(John Locke: 1632－1704)에 의한 자연법론이 주장되어 그의 자연법사상이 버지니아 권리장전, 미국독립선언, 프랑스인권선언에 영향을 주어 절대왕정의 구체제를 혁명에 의하여 전복할 수 있도록 하였지만 근본적으로 영미법학은 판례중심의 법실증주의 법학을 유지해 왔고 지금도 그러하다. 영미법학 중에서도 오스틴(John Austin: 1790－1859)에 의하여 시작된 분석법학(analytic jurisprudence)이 특히 법실증주의에 속한다. 오스틴은 유럽대륙을 여행하여 대륙의 개념법학을 접하고, 그 개념법학의 방법론에 입각하여 영국에서 제정된 법률을 분석하는 일을 주된 법학의 과제로 삼았다.[44] 그리하여 분석법학에서의 법학연구의 대상은 실정법률이었다. 그렇기 때문에 분석법학을 법실증주의 범주에 속하는 법학으로 분류된다. 그리고 공리주의 법학, 실용주의법학, 법현실주의법학 등에서의 법학도 역시 초자연적인 법과 법에서의 가치를 중시하는 것이 아니라 실존법률을 그 탐구의 대상으로 하여 보다 널리 이익이 되는 법이 무엇이며, 효율적인 법이 어떠한 법인가에 대한 탐구를 법학에서의 주요과제로 삼고 있다. 그러므로 이러한 영미법계에서의 법학들도 거의 모두가 법실증주의 범주에 속한다.

이와 같이 유럽대륙에서와 영미법 국가에서 자연법 또는 자연법론이라는 명칭을 갖지 아니하는 법학은 모두가 법실증주의의 범주에 속하는 법학이다. 자연법론은 무엇보다도 법에서의 인류보편의 가치를 중시하고 그 가치를 담은 법을 법으로 이해하며 실정법률도 그러한 인류보편의 가치를 담아서 실현하고자 할 때에만 법으로서 그 효력이 인정된다고 하는 법에서의 가치를 중시하는 법사상 내지 법철학이다. 이에 반해 법실증주의는 법에서의 가치를 배제하고 오로지 주어진 법을 법으로 받아드리고 그러한 주어진 법의 법적안정성과 예측가능성을 중시하는 법사상 내지 법철학이다. 생각건대 법실증주의는 법에서 가치를 배제함으로 국가 또는 사회의 바탕이 되는 국가사상 내지 국가철학, 사회사상 내지 사회철학이 인류보편의 가치를 지향하고 그러한 사상이 국민 또는 시민들의 생활속에 확실히 뿌리내리고 있을 때에는 법이 그러한 가치를 담아 실현하기 때문에 법을 통한 사회안정과 사회평화를 이룩할 수가 있

44) 오스틴이 제정법률의 구조를 분석하는 일을 법학의 주된 내용으로 하였기 때문에 메인(Henry Sumner Maine: 1822－1888)이 오스틴의 법학방법론을 분석법학이라 이름을 붙였다.

다. 그러나 국가사상 내지 국가철학, 사회사상 내지 사회철학이 인류의 보편질서에 반할 때에는 그러한 국가 또는 그러한 사회의 법 역시 인류보편의 가치에 반하는 가치를 담아서 실행할 것이기 때문에 악법도 법으로 인정하게 되고, 그러한 상태는 결국 국가, 사회 전체의 불행과 고통의 원인이 된다. 그러한 사실은 법의 역사가 증명해 주고 있다. 따라서 법은 가치를 담은 규범으로써 법에서 가치를 배제하면 법은 단지 수단으로 전락하여 인류의 불행과 고통의 원인이 될 수 있는 것이다.

3. 법률실증주의의 극단적인 발전

법실증주의는 이미 논술한 바와 같이 국가나 사회사상 내지 철학이 당해 국가 내지 사회에 확실히 뿌리내리고 국민들의 의식수준이 높을 경우에는 극단으로 치닫지 아니고 법의 안정과 사회의 평화를 유지하는데 크게 기여할 수 있다. 그러나 국가나 사회의 발전방향이 인류보편의 가치에 반하는 제국주의, 식민주의, 사회주의, 전체주의 등과 같은 비정상적인 방향으로 발전할 때에는 법실증주의는 법에서 가치를 배제하기 때문에 이러한 반인륜적인 사상의 실천을 정당화하는 법이론으로 기능하게 된다.

구체적으로 제국주의는 중상주의와 결합하여 전쟁을 정당시 하였으며, 해외 식민지 경영을 확대하였으며, 양소국의 국가존재를 무시하는 방향으로 발전하였다. 이러한 제국주의하에서의 법률은 제국주의를 정당화한 수단으로 기능하고 이를 가능케 하도록 도운 잘못을 범하였다. 그리고 식민주의도 역시 제국주의와 결합하여 약소국을 식민지로 만들고 식민지 주민들의 인격과 재산을 박탈하는 일에 법률이 조력할 수 있도록 하는 법이론으로서 법실증주의가 이를 수행하였다. 그리고 사회주의는 사회발전을 계급투쟁으로 이해하고 법이란 지배계급이 피지배계급을 착취하기 위한 수단으로 이해하였다.

그리고 전체주의(Totalitarismus)는 主意主義(Voluntarismus), 實證主義(Positivismus) 및 敎條主義(Dogamtismus)가 결합되 인간에 의한 인간 스스로의 救援(Selbsterlösung)을 표방하는 극단적인 세속주의 사상이다.[45)]

45) Klaus Ritter, Zur Frage nach den materialen Prinzipien der Gerechtigkeit: Untersuchungen

이와 같은 법실증주의가 극단으로 발전한 전체주의인 독일의 나치에 의한 인종주의적인 국가사회주의하에서는 끝내 법은 지도자(Führer)의 의사 내지 명령으로 이해하였으며 법으로써 유태인의 권리능력을 박탈하여 유태인을 살해하는 일을 법이 수행할 수 있도록 법적뒷받침을 하였다. 이러한 법실증주의가 극단적으로 발전한 상태의 법실증주의는 근대민법의 제정 후 근대민법의 시행초기의 법실증주의와는 다른 법률실증주의(Gesetzpositivismus)였다.

법률실증주의하에서는 법률이란 그것이 법제정 절차에 따라서 제정만 되면 그 내용을 고려함이 없이 강제력이 발생한다고 하는 법이론으로서 어떠한 가치를 실현하기 위한 어떠한 내용의 법률이라 하더라도 제정만 되면 법률로서의 효력이 발생한다고 보는 법사상이고 법철학이었다. 그러므로 법률실증주의에서는 법의 실정성만을 중시하고 그 법률에 실현하고자 하는 가치는 법의 탐구의 밖에 두었다. 그러므로 악법도 그것이 제정만 되면 법이라는 극단적인 법적상태까지 합법으로 인정하는 결과를 초래하였다.

이러한 법률실증주의는 모두가 인간에 대한 잘못된 이해에 바탕을 두고 있으며, 법에서 가치를 배제하고 있는 것이 특징이다. 제국주의 내지 식민주의는 식민지 종주국의 사람은 인격을 가진 존재로 인정하였으나 피식민지 주민들은 인격적인 존재가 아니라 착취의 대상으로 이해하였다. 그리고 식민지는 종주국의 이익을 위해서만 존재하는 국가 내지 사회로 이해하였다. 제국주의 내지 식민주의는 정의에 바탕을 둔 사상이 아니라 물리적인 힘에 바탕을 둔 사상으로서 강국의 물리적인 힘의 행사를 정당화하는 법이론으로 법실증주의를 활용하였던 것이었다. 그리고 사회주의는 인간의 본성에 대한 극히 잘못된 사상에 바탕을 둔 사상으로서, 인간은 서로 이웃으로 함께 더불어 살아가야할 인격적인 존재로 인정하지 아니하고, 인간과 인간은 서로 투쟁하는 적대적 관계로 이해하고 법은 이러한 적대적 투쟁관계에서 강자가 약자를 지배하고 착취하기 위한 수단이라고 이해하였다. 그리고 나치의 국가사회주의는 집단의 이익이 개인의 이익에 앞서며, 개인은 전체를 위하여 희생하여야만 하며, 또한 인종주의와 결합하여 독일의 피가 흐르는 독일민족만이 권리능력을

über die Bedeutung und Möglichkeit einer gegenwärtigen Naturrechtsrenaissnace (Marburg, 1951), S. 156.

가진 인간이며 유태인은 권리능력이 인정되지 아니하는 존재로 인정하였다. 그리고 독일민들을 지도자의 의사와 명령에 따를 것을 요구하고 강제하였다. 이러한 모든 사회악을 법률을 통해서 실천하였던 것이었다.

이러한 제국주의, 식민주의, 사회주의, 전체주의에서의 법은 가치규범이 아니라 힘의 행사를 정당화하는 수단에 불과하였으며, 그 힘의 행사도 정의를 위한 힘의 행사가 아니라 인륜질서에 반하는 힘의 행사를 정당화하였다. 이러한 인륜질서에 반하는 힘의 행사를 법이론적으로 그 정당성을 인정한 법이론 내지 법사상이 바로 법률실증주의였다. 그러한 법률실증주의는 자연법론에서와는 전혀 달리 인류의 불행과 고통을 초래하였으며, 강국과 강자도 역시 파멸하는 역사의 불행한 결과를 초래하였다. 결국 법률실증주의의 극단적인 최고조의 발전은 인류의 불행과 고통, 그리고 국가사회의 파멸을 초래하였다. 이와 같은 법실증주의가 초래한 결과에 비추어 평가해 보면 법에서 가치를 배제하고 제정만 하면 법이라는 법실증주의는 인류의 불행을 가져다 주는 법사상으로 발전할 수 있는 가능성을 내재한 법사상으로 극복되어야 할 법사상이라 평가된다.

그리고 이러한 제국주의, 식민주의, 사회주의, 전체주의 법사상으로서의 법률실증주의는 아니지만 소위 순수법학도 역시 법률실증주의의 범주에 속한다. 순수법학은 한스 켈젠이 주장한 법학방법론으로서 법학에서 고찰의 대상으로 가치, 사상 등의 법률이외의 요소들은 전적으로 배재하고 오로지 법률만을 고찰의 대상으로 하여 법률을 탐구하여야 한다는 법학이다. 그리고 그 법률은 단계를 이루는 체계로 구성되어 있으며, 최하위의 규칙과 조례, 그 상위의 명령, 또 그 상위의 법률, 또 그 상위에 헌법이 있는 체계로 법의 단계가 구성되며, 최하위의 조례와 규칙은 그 상위의 명령에 근거하여 존재하며, 명령는 다시 그 상위의 법률에 근거하여 존재하며, 법률은 다시 그 상위의 헌법에 근거하여 존재한다고 한다. 따라서 조례와 규칙, 명령, 법률은 그 상위의 법이 그 자신의 존재근거가 된다고 한다. 그러면 헌법은 어떠한 근거에 기초하여 존재하는 가에 관하여는 근본규범(Grundnorm)에 근거하여 존재한다고 한다. 그러나 근본규범은 실제로 존재하는 법이 아니다. 그럼에도 불구하고 법규범의 존재를 오로지 실정규범에 한정하고, 그 효력의 근거를 상위규범에 둠으로써 헌법의 상위규범으로는 자연법론에서나 인정할 수 있는 근본규범을 想定하는 모순이 발생한 것이라고 이해된다. 이러한 순수법학도 법에서 가치를 배제한 법이론으로서 법을 가치의 규범으로 이해하지 아니하고 수단으로만 이해한 잘못이 있다고 평가된다. 법에서 가치를 배제하면 정의롭지 못한 목적을 위한 법률의 제정과 시행도 그 정당성을 용인하는 결과를 초래할 수 있다. 그것은 법의 역사가 이를 증명하고 있다. 법은 가치규범이며, 그 가치도 인류보편의 가치가 법의 핵심가치이다. 그러한 인류보편의 가치의 실현을 위한 법으로 법이 발전되어야 한다는 자연법론의 법사상 내지 법철학이 올바른 법의 발전방향임을 법의 역사를 통하여 깨달을 수 있다.

오늘날은 법률실증주의가 극단으로 발전할 위험을 방지하기 위하여 자연법론에 입각한 헌법적 가치를 유지하기 위한 헌법재판제도를 운영하고 있다. 이러한 헌법재판제도는 저항권과 함께 자연법을 지키기 위한 自然法防禦法制度라 평가해 볼 수 있다. 그리고 특히 법률실증주의는 법률의 實定性을 중요시하기 때문에 법제정 절차가 형식적으로 충족되기만 하면 법률로서 강제력을 갖는다고 할 것이 아니라, 법제정 절차에 있어서도 인류보편의 가치가 실현되는 과정을 거쳐서 제정된 법률만을 강제력이 있는 법률로 인정하는 방향으로 발전해 나가야 할 것이다. 정상적인 절차에 의하지 아니하고서도 형식적인 제정절차만을 거치면 법률이 된다는 법률실증주의는 극복되어야 할 것이며, 법률제정 절차에서 소수의 의견도 청취하고, 충분한 토의와 적법절차를 거쳐서 제정된 법률만을 강제력이 있는 법률로 인정하는 방향으로 법률실증주의에서 중요시하는 법률의 실정성의 내용도 변화되어야 할 것으로 판단된다.

Ⅴ. 법실증주의의 특징적 내용

법실증주의의 태동은 근대이전에 시작되었다. 그러나 오늘날 법실증주의라고 하면 콩트가 제창한 근대의 실증주의 철학(Positivismus)의 영향을 받은 법사상이자 법이론을 말한다. 실증주의는 근대의 과학발전의 영향을 받아서 생성된 철학으로서 고대와 중세의 초자연적인 진리탐구에서 벗어나 오로지 인간이 感知할 수 있는 것만을 탐구의 대상으로 하며, 따라서 실증적으로 주어진 것(das positive Gegebene)만에 국한하여 다툼이 없는 실재적인 것을 탐구하는 철학이다.[46] 그러므로 실증주의는 사실과 과학적 방법에 의하지 않은 지식은 근본적으로 불가능하고 또한 무의미한 것으로 보았다.[47] 따라서 실증주의에서는 모든 사실적 주장 내지 言明의 의미는 검증가능성(verificability)에 달려 있다고 하였다. 더욱더 실증주의는 가치나 타당성은 학문적 인식의 영역에서 추방되고 사실과 경험적으로 관찰할 수 있는 法則性만을 중시하였다.[48] 이와 같이 실증주의는 형이상학(Metaphysik)을 근본적으로 거부하였다.[49]

이와 같은 실증주의 철학의 영향을 받은 법학방법론 내지 법학이론이 바로 법실증주의였다. 법실증주의는 먼저 법이란 사실적, 현실적으로 행하여지는 행위에 대한 규율로서, 법은 사회적인 힘의 산물이며 하나의 사회적인 사실(gesellschaftliche Tatsache)로 이해하였다. 이와 같이 법을 사실로 파악함으로써 사실로서의 존재에 불과한 법에 대한 인식으로부터는 사실인식만이 나올 수 있는 것이기 때문에 법실증주의에서는 법의 가치를 이해하는 규범인식은 나올 수가 없는 것이다. 결국 법실증주의에서는 법에서의 가치를 고려하지 아니하고 문제시하지 않으며 따라서 법에서는 眞이거나 僞의 판단은 문제로 삼지 않고, 오로지 그 법이 효력이 있느냐 없느냐의 판단만을 문제로 삼는다. 그러므로 법실증주의는 법의 내용의 상대화(Relativierung des Rechtsinhalts)로 나아가게 된다.[50]

이와 같은 법실증주의의 법에 근본적인 이해를 기초로 법실증주의에서의 법에 대한 태도를 분석해 보면, 첫째로 법실증주의는 법의 연구에 있어서 철학적인 관념적인 태도를 취하기보다는 과학적인 태도를 취하며, 둘째로 법실증주의는 법개념에 있어서 법명령설을 취하며, 그것도 법을 인간의 명령

46) Walter Ott, Der Rechtspositivismus: Kritische Würdigung auf der Grundlage eines juristischen Pragmatismus, 2. Aufl.(Berlin, Duncker & Humblot, 1992), S. 19.

47) 심헌섭, 법철학 I: 법·도덕·힘(법문사, 1982), 273면.

48) 상게서, 275면.

49) Horst Poller, Die Philosophie und ihre Kerngedanken: Ein geschichtliher Überblick (Olzog, 2007), S.297.

50) Ott, a. a. O., S. 27.

(menschliche Befehle)으로 파악하며, 셋째로 법실증주의는 특정한 법적문제의 해결을 위한 법획득의 방법에 있어서 기존의 주어진 법규정으로부터 문제가 된 관계사실과의 관련하여 기존 법규정의 논리적 연역을 통하여 이끌어 내며, 따라서 법을 폐쇄적인 논리체계(geschlossenes logisches System)로만 보며, 넷째로 법실증주의는 법에서의 도덕, 가치를 전적으로 배제하며, 따라서 법은 어떠한 내용도 가질 수 있다고 하며, 다섯째로 법실증주의는 법이 不道德하거나 不正當하다고 하더라도 무조건 복종하여야 할 의무가 있음을 인정하며, 또한 법에서는 도덕의 문제를 전혀 고려의 대상으로 하지 아니하며, 여섯째로 법실증주의는 법의 효력의 근거, 즉, 법의 구속력 내지 강제력의 근거를 그 법이 담아 실현하고자 하는 인류보편의 가치에 두는 것이 아니라, 그 법이 제정절차에 따라서 제정되었다는 實定性, 형식적 합법성(Legalität) 또는 국가권력에 의하여 강제적으로 집행하고 실행할 수 있다는 실효성(Wirksamkweit)으로만 보고자 한다.[51] 이처럼 법실증주의는 법에서 가치를 전적으로 배제하고 제정되었기 때문에 법이라고 이해함으로써, 법을 인류보편의 가치를 실현하는 목적규범 내지 가치규범으로 파악하지 아니하고, 법을 권력자의 의사 내지 명령으로서 단순히 주어져 있는 사실로서 어떠한 가치의 실현을 위해서도 활용할 수 있는 단순한 수단으로만 파악한다. 그러므로 권력자의 의사 내지 명령이 인류보편의 가치에 부합하는 합리적인 것일 때에는 법이 인류보편의 가치를 실현하고 사회평화를 위함에 이바지할 수 있지만, 권력자의 의사 내지 명령이 제국주의, 식민주의, 계급주의, 인종주의 등 반인륜적인 사상에 기초한 명령일 때에는 그러한 법은 인류의 불행과 고통을 초래하는 원인이자 수단으로 기능할 수 있는 위험성을 내재하고 있다. 법에서 가치의 문제는 배제할 수 없는 명제이며, 법은 인류보편의 가치를 담아 이를 실현하는 규범으로 발전되어 왔으며 앞으로도 이러한 방향으로 발전되어 나가야 함은 법의 본질이자 포기할 수 없는 요청이다.

51) A. a. a. O., S. 104.

Ⅵ. 법실증주의에 대한 평가

법실증주의는 법에서의 가치를 배제하고 법을 오로지 주어진 사실로만 이해하지만, 주어진 법의 내용을 명확히 하고 주어진 법을 체계화하여, 법적 안정성과 법에 의한 예측가능성을 제공한 법사상이면서 동시에 법이론이다.[52) 이러한 법실증주의는 그 법의 내용을 문제로 삼지 아니하고 그 법의 실정성과 그 효력부여에만 중점을 두고 법을 탐구하는 법학방법론이기도 하다. 그리하여 법실증주의는 법의 안정과 명확화, 예측가능성의 제공이라는 점에는 장점이 있는 법이론이지만, 법에 있어서 가치의 문제를 배제함으로서 어떠한 가치를 위해서도 법이 기능할 수 있음을 인정하여 인류보편의 가치에 반하는 가치를 위해서도 그러한 반인륜적인 가치를 위해서도 법이 기능할 수 있도록 한 단점을 내재하고 있다. 그러므로 법실증주의는 법에서 가치상대적인 태도(Wertrelativismus)를 취한다. 그렇기 때문에 법실증주의는 자연법론이 제시하는 인류보편의 가치를 담은 내용을 실정법화하였을 때에는 그 실정법 내용의 명확화와 체계화 그리고 예측가능성의 제공의 장점을 살려서 사회의 안전과 평화에 이바지할 수 있다. 그리하여 자연법론에 기초하여 제정된 근대민법의 제정 후 서양의 19세기의 법실증주의는 실정법에 의하여 인류보편의 가치를 충실히 잘 실행하였다. 그러나 법실증주의가 그것이 극단적으로 발전하여 반인륜적인 가치에 기초하여 이를 실현하고자 하는 제국주의, 식민주의, 계급주의, 인종주의와 결합을 하였을 때에는 반인륜적 가치의 내용을 담은 실정법의 정당성을 인정한 잘못이 있으며 바로 법실증주의로 인하여 인류의 고통과 불행을 초래한 역사적 과오도 범하였다. 법은 단순히 사실이 아니다. 국가권력에 의하여 제정되었다고 단순히 법일 수는 없다. 그 법에는 인류보편의 가치를 담아서 그 그치를 실현하고자 할 때에 법인 것이다. 그렇지 아니하고 단순히 제정하였다고만 하여 법이라고 하면 폭군, 독재자, 절대권력자가 국가권력을 장악하였을 때에는 법실증주의는 그러한 자의 반인륜적인 가치에 대해 문제

52) 자연법론은 있어야할 법을 추구함에 반하여 법실증주의는 있는 법은 추구한다(加藤蕙司, 法·思想·歷史(東京, ジーオ企劃出版, 2007), 168면).

삼지 아니하고 그러한 반인륜적인 가치실현을 위한 법의 정당성과 실효성을 인정하여 결과적으로 인류의 고통과 막대한 피해가 발생하였음은 역사가 이를 증명해 주고 있다. 법은 결코 가치를 배제한 사실일 수 없다. 법은 가치, 그 중에서도 인류보편의 가치를 담아 실현하고자 하는 가치규범이다. 그러므로 법실증주의는 자연법론에 의하여 정립된 인류보편의 가치를 담은 법을 실정법화하고 실효성있게 하는 한에서만 그 유용성이 인정될 수 있고 또한 그러한 범위 내에서만 그 유용성이 인정되어야 한다.

법실증주의는 근대의 실증주의 철학의 영향을 받아 법에서 정립된 법이론 내지 법사상이지만, 그러한 법실증주의적인 법에 대한 태도는 고대에도 중세에도 이미 주장되었으며, 근대의 법실증주의의 태동은 중세말에서 근대사이의 과도기 중의 절대주의에 터잡은 절대왕정에서 그 맹아가 태동을 하였다. 절대왕정의 절대군주는 국가권력을 독점하여 중앙집권적인 국가로 발전하여 왔다. 당시에 절대군주는 자신을 국가와 동일시하였다. 그러므로 절대군주의 명령이 곧 법이었으며, 절대군주에게 인류보편의 가치의 실현에 대한 의식과 의지를 기대할 수는 없었다. 마키아벨리, 보댕 등이 이러한 절대군주의 절대권력의 행사의 정당성을 인정하였다. 그리하여 절대왕정시대에 이미 법실증주의가 태동하였던 것이었다. 이러한 절대왕정은 절대군주가 인류보편의 가치에 반하는 방향으로 국가권력을 행사함으로써 민중의 피폐는 말할 수 없었다. 그리하여 이러한 절대군주에 의한 절대왕정의 절대권력에 대항하여 인류보편의 가치를 실현하고자 저항한 법사상이 바로 근대의 자연법론이었다. 자연법론은 고대부터 주장되어 중세를 거쳐 발전되어 왔으나 근대의 절대왕정시절에는 절대왕정의 횡포와 부패에 대항하여 혁명적이고 저항적이고 급진적인 자연법론으로 발전하여 절대왕정을 혁명으로 무너뜨리는 일을 하게 하였다. 이러한 근대자연법론은 고대로부터 발전되어온 자연법론을 더욱 발전시키고 저항권을 자연권으로 더욱 더 확대인정하여 절대왕정의 법실증주의적 사고와 실행에 대항하여 혁명을 통한 저항권의 행사에 의하여 절대왕정을 종식시키고 인류보편의 가치들인 만민의 법앞의 평등, 인간의 자유의 인정, 인간의 복지의 보장, 주권재민, 천부인권, 권력분립을 공법적으로는 권리장전, 인권선언 등의 법문서로 확인하고, 사법적으로는 근대민법전의 제정으로 이를 법률로 실정법화하였다. 그리하여 근대자연법론의 내용인 자유, 평등, 박애사상 등의 인류보편의 가치를 공법과 사법에서 법률로 전환함으로써 오늘날 민주국가의 헌법과 민법은 바로 근대자연법론이 정립한 인류보편의 가치를 담은 실정법률이다. 따라서 우리나라는 근대자연법론이 주장한 인류보편의 가치와 이상을 담아 이를 실현해 나가고 있는 헌법과 민법을 갖고 있는 것이다. 이러한 인류보편의 가치를 담은 헌법과 민법을 더욱더 세련화하는 범위 내에서의 법실증주의는 유용한 법이론 내지 법학방법론으로 평가될 수 있다. 그러나 인간의 본성을 적대적 투쟁적 관계로 이해하고 이를 정당시하고 실효성을 제고하고자 하는 실증주의 법학인 사회주의법학은 용인될 수 없으며, 과거의 식민지법학도 악법도 법으로 인정한 대표적인 실증주의 법학으로서 절대로 용인되어서는 아니된다.

앞으로 우리가 추구해 나가야할 법사상 내지 법이론은 바로 자연법론임을 알 수 있다. 인류보편의 가치를 항상 추구하고 새로운 인류의 보편가치를 창조·수용하여 법이 더 높은 차원의 인류보편의 가치를 담아서 실현할 수 있도록 하여야할 것임은 자명하다. 법실증주의는 자연법론이 제시하는 인류보편의 가치실현의 가치범위 내에서만 그 유용성이 인정될 수 있는 법사상 내지 법이론임을 자각하여야 한다. 따라서 법은 가치의 규범이며, 법에서 가치를 배재하는 사상이나 이론은 용인될 수 없음은 불변의 진리이다.[53)]

53) 그리고 이러한 자연법론의 민법에 더하여 자국의 고유한 자연법사상도 민법전에 포함시켜 실정법화할 필요성이 있다. 우리나라에 있어서 전통법에서의 자연법으로 파악되는 민중의 일상생활속에서 自生한 공동체법이었던 계, 향약, 두레 사상을 현대화하여 이를 민법전에 규정하는 것은 우리 민법전이 자연법이면서 동시에 우리의 고유법으로서의 성격을 나타낼 수 있는 훌륭한 방법이 될 것으로 생각된다.

CHAPTER 3

자연법론의 민법발전에의 영향

제 3 장 자연법론의 민법발전에의 영향

I. 개 설

우리 한국민법의 역사적 뿌리는 로마법, 게르만법, 교회법 및 우리 한국의 전통법이다. 그러나 가장 중심된 역사적 뿌리는 로마법에 두고 있다. 게르만법도 민법, 특히 물권법에 영향을 주고 있지만 우리 민법의 중심된 역사적 淵源은 로마법에 있다. 교회법은 로마법과 함께 유럽대륙에서 보통법(ius commune: gemeines Recht)을 이루어 역시 우리 민법에 큰 영향을 미쳤다.

이처럼 우리 민법은 우리의 고유한 역사에 그 연원을 두지 아니하고 우리와 지리적으로는 물론 역사적으로도 법적으로도 우리의 역사와 우리의 법이 아닌 서양대륙의 역사와 서양대륙의 법인 로마법에 그 연원을 두고 있다. 그 이유가 어디에 있을까? 왜 우리의 민법은 우리의 고유한 법이 아닌 서양대륙, 그 중에서도 로마법에 그 연원을 두고 있을까? 그것은 굳이 우리 민법만의 문제는 아니다. 일본민법도 중화민국의 민법도 마찬가지이다. 왜 동양의 제국은 자국의 고유법 대신에 서양대륙의 법인 로마법에 바탕을 두고 있을까?

이 이유는 여러 가지로 찾아볼 수 있을 것이다. 어떻든 동양의 우리나라가 서양대륙의 민법을 계수하여 우리의 현재의 민법으로 만들었다. 서양대륙의 여러 나라들도 역시 자국의 고유법인 게르만법으로 현재의 민법전을 제정한 것이 아니라 그들에게도 역시 타국의 법인 로마법을 기초로 하여 그들의 현재의 민법전을 제정하였다. 이처럼 로마법이 결국 서양대륙은 물론 동양제국에도 영향을 주어 결국 세계민법의 역사적 연원이 된 그 원인은 어디에 있는가에 대하여 물음을 묻지 않을 수 없으며, 그것에 대한 해답이 있어야 로마법에 바탕을 둔 우리 민법의 올바른 적용에 도달할 수 있을 것이기 때문이다. 또한 로마법이 세계의 민법의 역사적 연원이 되었다는 것은 법이 어떠하여야 그 역사가 오래가며, 세계의 민법에 영향을 줄 수 있으며, 민법발전의 조건이 무엇인가를 이해하고 우리 민법의 앞으로의 발전방향을 가늠하고 제시할 수 있다.

로마법은 로마제국에서 생성되고 발전된 법이다. 또한 로마법은 로마사람들의 문명화에 기여하였으며 로마제국이 수 세기 동안 지속된 제국안정의 근원이 되었다.[1] 로마법은 법률의 제정으로 발전된 것이 아니라 소송을 통하여 발전되었다. 특히 법무관에 의한 고시를 소송방식서를 새롭게 창안해 내었다. 구체적으로 법무관에 의하여 새롭게 창안된 소송방식서를 통하여 발전된 법제도로서는 항변의 인정, 담보제공의 제도, 원상회복의 인정과 오늘날의 가처분, 가압류의 遠流가 되는 임시처분 및 임시금지 등을 들 수 있다.[2] 그리고 로마제국은 멸망하였지만 로마제국의 법이었던 로마법, 특히 로마민법은 지금도 여전히 살아서 세계민법의 연원이 되고 있다. 그 이유는 어디에 있을까?

로마법의 세계민법의 근원이 된 이유에 관하여는 법사학에서 근대 서양대륙에서의 로마법의 계수가 이루어진 것으로 설명되고 있다. 그러면 왜 서양대륙에서는 그들 국가의 고유법을 발전시켜 自國의 제정법으로 만들지 아니하고 그들의 고유법이 아닌 로마법을 계수하게 되었을까가 의문이다. 로마법의 서양대륙에의 계수에 관하여는 그 정치적, 사회·경제적 이유에 관하여는 상세히 설명되고 있다.

그러나 로마법의 내용이 인류보편의 가치를 담아서 실현하고자 한 법이었기 때문에 다른 민족, 다른 나라, 다른 국가에 계수가 가능하였다는 점에 관하여는 충분히 설명되고 있지 아니하다. 서양대륙의 여러 나라, 특히 그 중에서도 독일은 그들 고유법인 게르만법을 버리고 다른 나라의 법인 로마법을 계수한 것은 오로지 정치적, 사회·경제적 이유만은 아니며, 만약 정치적, 사회·

---

1) Nobert Horn, Einführung in die Rechtswissenschaft und Rechtsphilosophie, 5. Aufl.(C.F.Müller, 2011), Rn 269.

2) A. a. O., Rn 269.

경제적인 이유만이라면 시대의 변천에 따라서 계속적으로 로마법이 독일법에 영향을 주지는 못하였을 것이다. 로마법이 그 생성시부터 인류보편의 가치를 담아서 그러한 인류보편의 가치를 영속적으로 실현하고자 하였기 때문에 서양대륙, 특히 독일에 전면적으로 계수될 수가 있었던 것이었다. 그러므로 로마법이 인류보편의 가치를 담아 실현하고자 하는 자연법론의 영향을 받아서 생성되고 생성된 후에도 지속적으로 자연법론의 영향을 받아 발전하여 왔기 때문에 서양대륙을 넘어 세계의 민법의 역사적 연원이 될 수 있었다고 진단된다.

로마법은 로마제국에서 생성될 때부터 인류보편의 가치 내지 사상을 담아서 그러한 가치 내지 사상을 실현하고자 하였으며, 로마법의 반전과정에도 가장 인류보편의 가치를 담은 사상에 의하여 더욱 순화되고 精製되었기 때문에 로마법이 독일에 계수되고 다른 나라에도 계수가 이루어져 오늘날은 세계민법으로 발전할 수 있었던 것이다. 그러면 로마법의 생성에서부터 로마법의 발전과정에 로마법을 더욱더 인류보편의 가치를 담은 법으로 성숙케 한 사상은 어떠한 사상들이었을가를 검토하는 것은 현재의 우리 민법의 보다 정확한 이해를 위해서는 물론, 장래의 우리 민법의 발전방향을 설정함에도 극히 有用하다.

로마법의 생성에서부터 오늘에 이르기 까지 로마법이 세계 각국의 민법의 연원이 되게 하는 법사상 내지 철학으로는 로마법이 생성되기 시작하였을 고대에는 그리스의 스토아철학(Stoizismus)의 영향을 받았으며, 그 후 중세에 로마법이 학문적으로 연구되기 시작하였을 때에는 기독교 사상, 그 중에서도 기독교의 도덕신학(Moraltheologie)으로부터 큰 영향을 받았으며, 근대에는 로마법이 서양대륙에서 로마법에 기초하여 근대민법전을 제정하고, 독일에서 로마법이 사법적, 전면적으로 계수된 판덱텐의 現代的 慣用(usus modernus Pandectarum)과 그 후의 판덱텐법학에 의한 계수된 로마법의 학문적 체계화와 추상화 및 판덱텐법학에 기초한 독일민법전의 제정에는 근대 자연법론으로부터 강한 영향을 받았다.

그리하여 로마법은 인류의 사상사 내지 법사상사에서 가장 인류보편적인 사상들로부터 영향을 받았다. 그리하여 로마법은 자연법 사상의 영향을 받았다. 스토아철학은 이데아의 세계와 사해동포주의를 강하게 주장하였으며, 중세의 도덕신학은 로마법을 純化하는데 기여하였으며 중세의 대학에서도 로마법과 교회법이 함께 가르쳐졌다. 그리고 근대의 자연법론은 중세 말부터 근대초에 이르는 기간동안의 절대전제왕정시대를 극복하기 위하여 공법적으로는 인간의 법앞의 평등, 주권재민, 천부인권, 권력분립, 저항권 등을 내용으로 하는 인간의 이성에 기초한 근대 법사상이었으며, 사법적으로는 역시 인간의 이성에 기초한 인간의 자유, 평등, 형제애의 정신을 그 내용으로 하는 법사상이었다. 로마법은 이러한 法史 내지 哲學史에서 가장 인류보편적인 자연법 사상의 철학으로부터 사상적 영향을 받아 로마법의 내용이 전 인류에 보편적으로 타당한 내용으로 형성되고 순화되고 확장되어 왔다. 그러하여 로마법의 오늘날 세계법의 연원으로 계속 작용하고 있는 것이다.

우리 민법은 독일법을 중심으로 하여 서양대륙의 민법을 계수하였기 때문에 우리 민법도 역시 스토아철학, 중세 기독교의 도덕신학, 그리고 근세의 자연법사상의 영향을 받은 민법인 것이다. 따라서 우리의 현행 민법전은 그 내용이 자연법 사상에 기초하여 구성되어 있는 민법전이다.

Ⅱ. 민법발전의 역사적 과정

1. 로마 古典時代의 로마법: 법학자들에 의한 學說法으로서의 로마법

로마는 서력 기원전 753년에 도시국가(civitas)로 건국하여 1453년에 동로마제국이 오스만제국에 의해 멸망할 때까지 존속하였던 大帝國으로서 역사상 가장 長久한 기간동안 존속하였던 帝國이었다. 이렇게 장구한 기간 동안 존속하였던 로마제국은 세계를 3번 制覇하였다. 첫 번째는 정치와 무력에 의하여 세계[3]를 제패하고, 둘째는 기독교에 의하여 세계를 제패하고, 세 번째는 로마법에 의하여 세계를 제패하였다.[4]

---

3) 당시의 세계는 서유럽을 의미하였다.

4) 이는 근대의 로마법학자이었으며 목적법론자이었던 Rudolf von Jhering(1818–1892)에 의

로마법은 시초에는 관습법으로 형성되었으며, 법적용에 있어서는 속인주의를 취하였기 때문에 로마시민 상호간에 적용되는 市民法(isu civile)과 로마시민과 비시민간 및 비시민상호간에 적용되는 萬民法(ius gentium)으로 분리되어 있었다. 로마는 BC 451년에 당시의 관습법으로 존재하였던 로마시민들에게 적용되었던 시민법을 民會(comitia)의 의결을 거쳐 성문법인 12銅版法(lex duodecim tabularum; Zwölftafelgesetz)으로 제정하였다. 12동판법이 제정된 이후에는 同法의 해석을 통하여 로마시민간의 법률관계가 규율되었다.

그러나 로마가 제2차 三頭政治[5]를 끝내고 카이사르 옥타비아누스(Gaius Julius Caesar Octavianus: BC 63－ AD 14: 元首로의 재위: BC 27－ AD 14)가 元首(August)로 등장한 BC 27년부터 로마는 중안집권적인 제국으로 발전하기 시작하여 디오클레티니아누스帝(Gaius Aurelius Valerius Diocletianus: 추정 245년- 추정 312년; 재위: AD 284－ AD 305)가 로마제국을 동서로마제국으로 나누어 통치하여야 하겠다는 구상을 한 AD 284년까지의 약 300년 기간 동안 로마법이 가장 발달하였다. 이 기간을 로마法史에 있어서 古典期(klassische Zeit)라 한다. 이 기간 동안은 로마제국이 영토가 가장 넓었으며 문화적으로는 로마법이 가장 발달하였다. 정치적으로는 元首에 의한 중앙집권적인 국가였다.

로마제국에 있어서 이러한 고전기 以前의 시대는 共和政期로서 왕의 세습이 인정되지 아니하고 前王이 후임의 왕을 선정하였으며, 민회가 법률을 제정하고, 원로원(senatus)은 국가의 자문기관으로서 민회의 의결을 인준하는 권한을 행사하였다. 그러나 고전기에는 민회도 원로원도 본래의 권한을 상실하고 원수에 의한 강력한 중앙집권적인 로마제국으로 발전하였다. 이와 같이 국가권력이 가장 강력하였을 때에 로마법도 가장 찬란하게 발전하였다.

이 고전기 기간 동안에 로마법을 발전시킨 主役은 법학자들(jurisconsulti)이었다. 고전기 로마법학자들은 황제의 勅法 制定에 의견을 제시하는 방법으

해 주장되었다. 그는 그의 저서 로마법의 정신(Geist des römischen Rechts auf dem verschiedenen Stufen seiner Entwicklung)에서 이러한 주장을 하였다(Siehe, Rudolf von Jhering, Geist des römischen Rechts auf dem verschiedenen Stufen seiner Entwicklung, Teil 1(10. Aufl., 1968), S. 1)).

5) 제2차 삼두정치는 기원전 43년에 옥타비아누스, 마르쿠스 안토니우스, 마르쿠스 아이밀리우스 레피두스의 3인이 공동으로 이끌던 로마의 군사정권으로서 최종적으로는 BC 27년에 옥타비아누스(즉, 시저)가 원수가 되어 1인의 원수정시대가 시작되었다.

로, 법학자가 法務官(praetor), 高等按擦官(aediles curules)등의 국가의 관직에 나아가 법무관 등에게 주어진 告示權의 행사를 통하여 또는 소송절차에서 법률문제에 관하여 자신의 의견을 제시하는 방법 등으로 법학자들이 그들의 법적의견을 제시하였다. 그리고 법학자들이 法書를 집필하기도 하였다. 이와 같이 고전기의 로마법학자들은 그들의 법적의견을 개진하거나 고시권을 가진 관직에 나아가 告示(edictum)의 방법으로 로마법을 발전시킨 것이었다.

고전기 로마법학자들이 로마법을 발전시킨 방법에 관하여 좀 더 상세히 설명하면, 로마법학자들은 로마황제의 자문회의에 참석하여 황제의 칙법의 제정, 황제의 고시 또는 勅答書의 작성에 의견을 제시하는 방법으로 로마법을 발전시켜 나갔다. 그리고 로마법학자들은 소송절차를 담당하는 법무관, 시장의 질서유지와 가축매매사건에 관한 재판권, 흥행 또는 운동경기행사의 감독권을 가진 高等按擦官, 로마제국의 미풍양속과 도덕적 행위규범의 준수업무를 담당한 戶口總監(censor) 등의 관직에 나아가 그들의 임기동안에 행할 사항과 준칙을 알리는 권한인 告示權에 의하여 구체적인 준칙을 고시하는 방법으로 로마법을 발전시켰다. 고시권을 가진 여러 기관 중에서도 소송절차를 담당하였던 법무관이 로마법 발전에 가장 크게 기여하였다. 법무관의 고시를 통하여 형성된 로마법을 법무관법(ius praetorium)이라고 하며, 법무관 등은 명예를 가진 관직이었기 때문에 법무관법을 포함한 고시권을 가진 관직에 기한 법을 포괄하여 名譽法(ius honorarium)이라고 한다. 물론 명예법 중에서 가장 중요한 법은 법무관법이었다.

그리고 고전기의 소송절차(즉, 민사소송절차)는 方式書訴訟에 의하였다. 고전기의 방식서소송은 일종의 당사자소송으로서 준비절차와 심판절차로 구분되어 있었으며, 소송준비절차는 법무관이 이를 담당하였다. 그리고 심판절차는 심판인(judex)이 담당하였다. 소송준비절차는 법무관이 소의 제기를 받게 되면 당사자의 주장사실을 심리하고, 원고의 청구가 상당하다고 인정되면 訴權(actio)을 부여하고, 분쟁사건의 쟁점을 소송방식서(formula)에 기재하여 심판인에게 회부하는 절차로 진행되었다. 법무관이 이러한 준비절차의 일을 담당하였다. 그리고 심판인은 법무관이 소송방식서에 기재한 쟁점에 대하여 사실조사를 하고 법무관이 소송방식서에서 판결할 것을 지시한 대로 판결을 하였다. 그러므로 방식서소송에서는 법무관이 소송주도권을 갖고 소송과정을 관장하였다. 또한 소송방식서는 사항에 따라서 그 종류와 기재방식이 定型化되어 있었다.

법무관은 관직에 오르면 그의 임기 중에 소송절차에서 취할 그의 의견을 告示하였다. 이러한 고시가 모여 법무관법을 형성하였다. 로마법학자들은 이러한 고시권을 가진 관직에 나아가서 직접 고시하기도 하고, 고시권을 가진 사람이 고시를 함에 법학자 자신이 의견을 개진하는 방법으로 로마법을 형성하고 발전시킨 것이었다. 또한 로마법학자들은 법률의 해석과 해답 등의 法鑑定을 통하여서도 로마법을 발전시켰다.

로마법학자들은 私人이었지만 고전기에 법학자들 중에는 元首의 이름으로 법률을 해답할 수 있는 원수의 권위가 부여되었다. 이러한 로마법학자들이 법을 해답함에 대한 원수의 권위는 티베리우스帝(Tiberius Julius Caesar Augustus: BC 42− AD 37, 재위: AD 14−37)가 처음으로 부여하였으며, 하드리아누스帝(Publius Aelius Trajanus Hadrianus: AD 76− AD 138, 재위: AD 117−AD 138)는 원수의 권위를 받은 법학자들의 일치된 견해에 대해서는 민회에서 의결된 법률과 동일한 효력을 인정하였다.[6)][7)]

로마법학자들이 칙법의 제정에의 의견개시, 소송절차에의 참여, 고시에의 참여, 법률해답 등의 법감정의 일을 통하여 로마법을 발전시켜 나감에 있어서는 추상화, 일반화 보다는 구체적인 법적 사건에 구체적인 답을 하는 방법의 카주이스틱한(kasuistisch) 방법으로 이루어졌다. 추상화, 일반화의 방법보다는 구체적인 사건에 대한 구체적 타당성있는 의견의 開示로 로마법을 발전시켰다. 그것은 추상화, 일반화를 하게 되면 개별적 사건의 고유한 특수성이 몰각되는 결과에 이르게 되기 때문에, 개별 사건의 고유한 특징, 특성을 그대로 인정하고 법적문제를 해결해 나가고자 하였기 때문이었다.

이와 같이 로마제국에서는 로마법이 고전기에 법학자들의 구체적인 사건에 대한 창의적인 법감정, 법의견의 제시의 방법으로 고도로 발전하게 되었으

6) 김상용, 법사와 법정책: 로마민법학사 중심(한국법제연구원, 2004), 66면.
7) 그러나 왕권이 강화되어 원수정에서 專主政으로 바뀐 후, 디오클레티니아누스제 때에 와서는 원수의 권위를 부여하지 않음으로써 원수의 권위부여는 종료하게 되었다.

며, 고전기의 로마법 발전에 기여한 사상은 四海同胞主義를 핵심적인 내용으로 한 그리스에서 발전된 스토아철학이었다. 또한 그리스에서 배태되어 발전된 스토아철학은 로마제국에 傳授되어 고전기의 로마제국의 사상가들이 스토아철학을 더욱 발전시켜 갔으며, 스토아철학의 영향으로 로마법은 자연법적 사상에 기초하여 형성되고 더욱더 자연법적으로 발전되어 갔다. 따라서 로마제국의 고전기의 로마법은 그 시작부터 사해동포주의적인 사상을 담은 인류보편적인 가치 내지 사상을 담아 법으로 형성되고 발전하게 되었다. 이처럼 세계민법의 실질적인 역사적 출발의 법인 로마제국의 古典期의 로마법은 스토아철학의 사해동포주의의 사상적 기초위에서 인류보편의 가치를 담은 내용으로 시작을 하게 되었다.

고전기에 활약하였던 로마법학자들로서는 켈수스(父 Celsus: AD 96− AGD 98 활동, 子 Iuventus Celsus: AD 100− AD 130 활동), 가이우스(Gaius: AD 150− AD 180 활동), 파피니아누스(Aemilius Papinianus: AD 170− AD 212 활동), 울피아누스(Domitius Ulpianus: AD 190− AD 223 활동), 파울루스(Iulius Paulus: AD175− AD 230 활동), 모데스티누스(Herennius Modestinus: AD 210− AD 250 활동) 등이었다.[8)]

이러한 고전기의 법학자들 중에서 울피아누스는 법(ius)이란 정의(iustitia)에서 왔다고 하였으며, 켈수스는 법이란 선과 형평의 기술(Das Recht ist die Kunst des Guten und Gerechten)이라고 하였다. 그리하여 켈수스에 의하면 법학(die Rechtswissenschaft)은 선과 형평을 다루는 학문으로 이해되었다. 그리하여 로마에서는 법률가는 정의의 목자(Priester der Gerechtigkeit)로 불리었다.[9)] 그리고 정의에 관하여 아리스토텔레스는 덕(Tugend)이라고 하였으나, 로마법학자들은 정의를 각자에게 그의 권리를 주려는 항구적이고 지속적인 의지(Der ständige und fortdauernde Wille, einem jedem sein Recht zuzuleiten)라고 하였다.[10)]

그리고 로마법은 무엇보다도 사법 중심으로 발전하였으며, 그 로마사법

8) 더 상세한 고전기의 로마법학자들에 관하여는, 김상용, 前揭 법사와 법정책: 로마민법학사 중심, 75면 참조.

9) Klaus Adomeit, Rechts− und Staatsphilosophie: Antike Denker über den Staat I, 3. Aufl.,(Müller, 2001), S. 147.

10) A. a. O., S. 149.

은 로마의 정신의 빛나는 고유한 산물이며, 로마의 실천철학의 경이로운 산물이다.[11)]

2. 로마법大全(CIC: Corpus Iuris Civilis)의 편찬: 制定法으로서의 로마법

로마제국에서 고전기가 끝나고 로마제국은 테오도시우스 I세(Flavius Theodosius: AD 347－AD 395, 재위: AD 379－AD 395) 때인 AD 395년에 결국 동·서로마제국으로 분열이 되었다. 따라서 로마제국은 고전기에 최고도로 발전하고 그 다음부터는 專主政의 시대로서 쇠락의 길을 걷게 되었다. 로마제국의 국력의 쇠퇴는 결국 찬란했던 고전기의 로마법도 그 발전을 중단하게 되었다.

이러한 때에 AD 312년에는 당시의 로마제국의 황제였던 콘스탄티누스 I세 大帝(AD 272－ AD 337, 재위: AD 306－AD 337)가 기독교를 자신의 신앙으로 받아들이고, AD 313 년에는 밀라노칙령[12)](Edictum Mediolanense, 영어: Edict of Milan)에 의하여 기독교에 대한 寬容을 선포하고 기독교에 대한 박해를 끝냄으로써 기독교를 공인[13)]하게 되었다. 그리고 AD 395년에는 테오도시우스 I 세가 기독교를 로마제국의 國教로 하고, 異教徒를 탄압하였다.

AD 330년에는 로마제국의 首都를 로마에서 콘스탄티노플로 이전하였다. AD 375년부터 게르만민족의 이동이 시작되어 서로마제국은 결국 AD 476년에 게르만 민족에 의하여 멸망하게 되고 동로마 제국만이 남게 되었다.

이처럼 고전기가 끝나고서 로마제국은 국력의 쇠퇴로 로마제국이 동서로마제국으로 나뉘고, 게르만민족에 의하여 AD 476년에는 서로마제국이 멸망하고 동로마제국만이 남게 되었다. 그리하여 로마제국은 영토도 줄어들고 로마

11) A. a. O., S. 148.

12) 밀라노 칙령은 313년 2월에 서로마 지역을 다스리던 콘스탄티누스 1세와 동로마 지역을 다스리던 리키니우스가 밀라노에서 협의한 정치조약으로서, 그 칙령에서는, 다른 종교와 마찬가지로 로마 기독교를 공인하였으며, 로마 제국내의 모든 사람에게 신앙의 자유를 허용해주고 기독교인에게 교회를 조직할 권리를 포함한 법적인 권리를 보장해주었으며, 기독교 탄압시대에 몰수한 교회의 재산을 반환하고 이에 대해 국가가 충분한 보상을 주도록 하는 내용이었다.

13) AD 244년에는 이미 基督敎徒가 황제(Philipus帝: 재위: AD 244－AD 249)로 등극하였다.

문화의 중심이었던 로마법문화도 로마법학도 쇠퇴하게 되었으며, 이에 代替하여 기독교가 로마제국의 신앙이면도 동시에 로마법에 대체하여 학문의 대상이 기독교신학으로 바뀌게 되었다.

기독교는 이미 AD 1세기에 로마에 전해졌다. 그러나 심한 박해를 받고 지하교회로 유지되었으며, 박해를 피하기 위하여 교회의 조직이 형성되었다. 기독교가 공인되고 국교로 되자, 기독교는 로마제국의 황제의 보호와 지원을 받게 되어 기독교는 로마제국의 황제의 보호와 지원에 힘입어 성장을 할 수 있게 되었다. 그리고 기독교에 대한 학문적 연구가 일어나게 되었다.

그러나 기독교가 로마제국의 국교가 되고 로마황제의 보호를 받게 됨으로써 기독교는 세속권력인 로마제국의 庇護아래에서 성장하게 되었다. 그러므로 자연히 로마제국의 행정조직을 따라서 교회의 조직화가 진행되고, 이러한 기독교의 조직화와 교회의 治理를 위해서 로마법이 교회에 받아들여 지게 되어, 세속의 로마법이 교회치리를 위해서 활용이 되었다. 그 결과로 "교회는 로마법에 따라서 산다"(Ecclesia vivit lege Romania: Die Kirche lebt nach römischem Recht)라는 法諺이 생겨났다. 따라서 로마법이 교회와 결합하게 되어 중세 교회법의 형성과 발전에 크게 영향을 미쳤다.

기독교가 로마제국의 국교로서 조직화가 진행되고, 로마법을 받아서 교회치리가 이루어지고, 기독교의 신학이 학문적으로 연구되고 있는 동안에, 다른 한편으로 세속권력인 동로마제국에서는 오랫동안 침체기를 겪고난 다음에 동서로마제국의 통합과 찬란했던 고전기 로마제국을 다시 회복하려는 기운이 싹트기 시작하였다. 이처럼 고전기 로마제국의 재현을 위하여 노력한 동로마제국의 황제가 바로 유스티니아누스 大帝(Flavius Petrus Sabbatius Justinianus: 482년경 – 565, 재위: 527–565)였다. 유스티니아누스 대제는 서로마제국의 영토를 상당 부분 회복하고, 콘스탄티노플에 로마의 베드로 대성당에 버금가는 소피아대성당을 건축하였으며, 무엇보다도 그는 고전기의 찬란했으나 사라졌던 로마법의 再現을 위해 로마法大全(CIC: Corpus Iuris Civilis)을 편찬하였다.

유스티아누스대제의 로마법대전은 하나의 법전이 아니라 4개의 법전으로 구성되어 있었다. 유스티니아누스 대제는 529년에 유스티니아누스 大帝이전의 황제들의 勅法들을 모아 이를 법전으로 편찬하였는데 그 법전이 바로 舊勅

法彙纂(codex vetus)이었다. 그리고 유스티니아누스대제는 533년에 주로 고전기 법학자들의 학설을 모아 법전을 편찬하였는데 그 법전이 學說彙纂(Digesta: Pandektae)이었다. 유스티니아누스大帝는 동년에 초학자들과 관리들을 위한 법입문서인 法學提要(Institutiones)를 편찬하였다. 법학제요는 법률교과서이었으나 당시에는 현행법으로서의 효력이 인정되었다. 그리고 유스티니아누스 대제의 사후에 유스티니아누스 대제의 칙법들을 모아 개인이 편찬한 사찬의 新勅法(Novelle)을 편찬하였다. 신칙법이외는 모두 공찬의 법전들이었다. 이러한 구칙법휘찬, 학설휘찬, 법학제요, 신칙법의 4권의 법전을 합하여 1583년에 프랑스의 복고주의법학자였던 고토프레두스(Dionysius Gothofredus)가 1582년에 출판된 敎會法大全[14](CIC: Corpus Iuris Canonici)에 대항하기 위해서 로마법대전이란 이름을 붙였다.

로마법대전중에서 가장 중요한 법전이 학설휘찬이었다. 학설휘찬은 고전기에 찬란했던 로마법시대를 재현하고자 유스티니아누스 대제가 주로 고전기의 법학자들의 학설을 모아 이를 법전으로 편찬한 것이었다. 고전기의 법학자들이 활동하였던 시기와는 300여년 후에 학설휘찬을 편찬하였기 때문에 고전기 그 당시와는 시대사정이 많이 달랐음에도 불구하고 유스티니아누스 대제는 로마제국이 가장 찬란하였던 고전기 로마제국의 부흥을 염원하여 이렇게 고전기 법학자들의 학설을 모아서 학설휘찬으로 편찬한 것이었다. 그러므로 학설휘찬으로 인하여 고전기 법학자들의 학설을 알 수 있게 됨으로써 학설휘찬은 고전기의 로마법을 구성하였던 법학자들의 학설을 이해할 수 있는 중요한 자료이며, 이 학설휘찬이 로마법대전 중에서도 가장 중요한 법전이며, 후

---

14) 교회법대전도 하나의 법전으로 구성된 것이 아니라 1140년 私撰의 그라티아누스 교령집(Decretum Gratiani), 1234년 公撰의 그레고리우스 9세 교령집(Liber Extra), 1298년 역시 공찬의 보니파티우스 8세 교령집(Liber Sextus), 1317년 공찬의 클레멘스 5세 교령집(Clementines)과 사찬으로 편찬된 요한 22세 교령집 추록(Extravagantes Joannis XXII)과 보통교령집 추록(Extravagantes Communes)을 합하여 1582년에 편찬되어 공포된 교회법의 법전이다. 이러한 교회법의 법전을 통하여 중세 교회법의 발전을 알 수 있으며 이러한 교회법전에는 로마법의 내용도 담겨져 있고, 로마법의 내용을 수정·발전시킨 독자적인 교회법의 내용도 담겨져 있다. 이러한 교회법이 중세의 유럽대학에서 로마법과 함께 가르쳐 졌으며, 로마법과 교회법이 근세 유럽에서 보통법(ius commune: gemeines Recht)이 되었으며, 이 보통법을 학문적으로 연구한 법학이 보통법학 또는 판덱텐법학이라 하며, 판텍텐법학의 연구결과에 기초하여 현재의 독일민법전(BGB)이 제정되었다.

대의 이 학설휘찬의 연구에 의하여 로마법이 더욱 발전하고 근대에 서양대륙에 로마법이 계수될 수 있었다.

학설휘찬을 편찬함에 있어서는 유스티니아누스대제의 시대가 로마제국의 고전기와는 많이 변천하였기 때문에 고전기의 로마법학자들의 학설을 모아 편찬하는 과정에 유스티니아누스대제의 시대에 부합되게 고전기 법학자들의 학설을 다소 수정을 하였다. 이러한 수정을 interpolatio라 하며, 이 interpolatio의 연구에 의하여 고전기 법학자들의 原學說을 알 수 있게 되었다.

3. 로마법에 대한 학문적 연구: 註釋된 로마법

동로마제국의 유스티니아누스 대제에 의하여 로마제국의 古土를 상당히 회복하고 로마법대전의 편찬에 의하여 고전기 로마법의 재현을 위한 노력을 하였으나, 동로마제국은 쇠약한 제국으로서 찬란했던 고전기의 로마제국의 재현을 이루지 못하고 이슬람제국의 유럽에로의 확장을 방지하는 역할만을 하였다. 그리하여 자연히 성문법으로 편찬한 로마법대전도 역사속에 사라지고 학자들의 관심의 대상이 되지 못하였다.

이러한 시대사정하에서 기독교도 역시 서로마제국에서는 로마교회의 首位(Primat)에 의하여 교황을 중심으로 조직화되고, 教父들에 의하여 신학이 발전하고, 그러한 신학의 발전은 교회내에서 활용되어온 로마법의 발전에 영향을 주게 되었다. 그리하여 점진적으로 신학, 그 중에서도 도덕신학(Moraltheologie)의 영향을 받아 로마법에 바탕을 둔 교회법이 그 기초가 된 로마법보다는 純化된 독자적인 법으로 발전하게 되었다. 그리하여 서로마제국과 그 후의 프랑크제국 및 신성로마제국에서는 교회법이 그 기초가 된 로마법과는 독립한 법영역을 형성하게 되었다. 그리하여 서로마제국과 그 후계국가에서는 세속권력은 로마법에 의하여 교회권력은 교회법에 의하여 그 각각의 지배영역을 치리하게 되었다. 그리고 중세의 교회권력이 세속권력을 지배하던 시대에는 세속사건에도 교회재판이 이루어져 세속사건에 교회법이 적용됨으로써 교회법이 로마법에 영향을 주어 로마법이 더욱더 순화되고 내용이 풍요로워지는 결과를 초래하였다. 교회법은 로마법과 함께 서유럽에서의 兩法으로 함께 연구되고 대학에서 가르쳐졌다.

서로마제국 지역에서의 교회와는 달리 동로마지역에서의 교회는 政敎一致에 의하여 황제가 동방교회의 교황의 지위를 겸하는 皇帝敎皇制(caesaropapismus)로 발전하게 되어, 교회 독자의 교회법을 발전시키지 못하고, 세속의 국가법에 교회가 치리되었다.[15] 그리하여 동로마제국에서는 서로마지역에서와는 달리 독자적인 교회법이 형성·발전되지 못하였다.[16]

이와 같이 서로마지역에서는 서로마제국이 멸망하고 게르만족의 국가들이었던 프랑크왕국과 그 후의 신성로마제국이 성립하였으나 세속의 황제권력이 동로마제국에서의 황제권력에 비해서는 약하였다. 그렇기 때문에 교황으로 대표되는 교회권력이 세속권력을 지배할 수 있게 되어,[17] 로마법을 바탕으로 하여 형성된 교회법이 로마법과는 다른 독자적인 법분야로 발전하였으며, 교회재판권이 세속사건도 다루게 됨으로써 교회법이 세속법이었던 로마법 발전에 기여하게 되었다. 특히 교회법은 도덕신학과 교부들이 발전시킨 자연법론의 영향에 의하여 로마법을 순화시키고 그 내용을 더 넓혀 로마법의 내용을 더욱더 풍성히 하게 되었다. 그리고 이러한 로마법과 교회법이 중세의 대학에서 가르쳐지고, 근세 유럽에서의 보통법으로 발전하게 되었다. 그러나 동로마제국에서는 황제가 교황의 직위를 겸함으로써 교회는 세속권력의 지배를 받게 되고 교회의 치리는 세속법에 의하여 이루어짐으로써 교회법이 생성·발전할 수 없었다.

이처럼 교회법이 독자적인 법으로 생성되고 교회법이 세속사건에도 적용되자 교회에서는 교회법전을 편찬하기 시작하고, 교회법학이 발전하고, 교회

15) Heinrich de Wall, Stefan Muckel, Kirchenrecht 3. Aufl.(Beck, 2012), S. 12

16) 동방교회의 로마교회로부터의 독립과정은 서기 692년에 서방교회와 동방교회간의 갈등이 시작되어 1054년에는 서방교회와 동방교회가 완전히 분열되어 각각의 독자적인 방향으로 발전되어 왔다.

17) 교황이 세속의 황제보다 더 강한 권력을 행사할 수 있었던 것은 여러 가지의 이유가 있었지만 그 중에서도 신학적으로 소위 兩劍理論(Zweischerterlehre)에 입각하고 있었다. 양검이론은 다시 창조자가 2개의 검을 교황에게 주었는데 그 하나는 교황이 갖고 또 하나는 황제에게 주었다는 이론과 창조자가 2개의 검을 하나는 교황에게 또 하나는 황제에게 주었다는 이론이 대립되었다. 전자의 2검이론, 즉 교황이 창조자로부터 2개의 검을 받아 그 중에 하나를 황제에게 주었다는 이론은 교황우위의 이론으로 주장되었다. 그러나 후자의 창조자가 2개의 검을 각 하나를 교황과 황제에게 주었다는 이론은 황제의 권력과 교황의 권력이 동일하다는 황제측에서 주장되었다.

재판권이 세속사건도 관할하는 교회법시대가 열리가 되었다. 그리고 로마법은 기독교의 도덕신학의 영향을 받아 더욱더 순화되고 그 내용이 고전기 로마법과 교회법대전에 없었으나 교회법의 영향으로 새롭게 생성된 새로운 법제도들이 로마법의 내용으로 편입되어 더욱 풍성하게 발전되어 갔다.

교회법은 로마제국이 기독교를 공인한 후로부터 로마법을 바탕으로 하여 생성·발전되기 시작하여 약 700년에 걸쳐서 독자적 법영역인 교회법이 형성되었다. 그리고 서방교회가 동방교회와 완전히 분열된 1054년 후부터 서유럽에서의 교황을 중심한 서방교회는 교회법의 전성기를 맞이하여, 교회법전이 1140년에 그라티아누스 교령집(Decretum Gratiani)이 편찬되기 시작하여 점차 1234년에는 그레고리우스 9세 교령집(Liber Extra), 1298년에는 보니파치우스 8세 교령집(Liber Sextus), 1317년에는 클레멘스 5세 교령집(Clementines)이 편찬되고, 1582년에는 위의 4권의 교령집에 요한 22세 교령추록(Extravagantes Joannis XXII)과 보통교령추록(Extravagantes Communes)을 합하여 교회법대전(CIC: Corpus Iuris Canonici)로 발간·공포되었다.

이와 같이 교회법은 기독교의 공인 후부터 로마법을 바탕으로 하여 형성되기 시작하여 11세기 중엽에 이르기까지 독자적인 법영역으로 발전하였으며, 11세기 중엽부터 대체로 16세기 말까지 약 500년의 기간 동안 교회법의 전성시대를 이루었다. 교회법의 전성시대에 교회법학이 생성되고, 교회법이 대학에서 가르쳐졌으며, 교회법원이 세속사건도 재판하는 교회재판제도가 널리 이용되었으며, 교회법이 로마법과 더불어 서유럽제국, 즉 당시의 신성로마제국의 일반법 즉, 보통법(ius commune: gemeines Recht)으로 기능하였다.

또 다른 한편으로 로마법대전이 편찬되었으나 동로마제국의 쇠퇴로 로마법대전도 역사속에서 사라졌으나, 1096년에 시작된 십자군 전쟁[18]의 준비를 위하여 이태리북부에 상업이 일어나게 되어 상거래에 필요한 법이 필요하였다. 이러한 시대적 필요성에 부응하여 로마법대전, 그 중에서도 1050년에 학설휘찬의 사본이 발견되고 1070년에서 1100년간에는 보급용 학설휘찬이 발간되어 학설휘찬의 보급이 확산됨으로써 11세기부터 학설휘찬에 대한 연구가

18) 십자군전쟁은 1096년 제1차 십자군 전쟁으로 시작되어 1291년 제8차 십자군 전쟁이 끝남으로써 종료된 기독교와 이슬람교 간의 종교전쟁이었다.

시작되었다. 그것이 바로 볼로냐법학교[19]에서의 註釋學派(Glossatoren)에 의한 로마법의 연구와 강의였다. 이 볼로냐법학교에서는 로마법은 물론 교회법도 함께 가르쳤다.[20]

주석학파를 이끈 로마법학자들은 주석학파의 실질적 개척자였던 이르네리우스(Irnerius: 1055년경－1130년경), 그 후의 불가루스(Bulgarius: 11세기말－1166년경), 마르티누스(Martinus: 1157년경 사망) 등이었다. 이 주석학파는 학설휘찬의 法文에 주석을 다는 방법으로 학설휘찬의 내용을 연구하였다. 그러므로 주석학파는 시대의 변화를 고려함이 없이 유스티니아누스 대제가 편찬한 학설휘찬의 내용을 이해하기 위한 방법으로 법문에 주석을 다는 방법으로 로마법을 연구하였다. 이와 같이 성문법이었던 학설휘찬에 주석을 다는 방법의 주석에 의한 로마법 연구는 1220년에서 1240년 사이에 아쿠르지우스(Accursius: 1150년경－1260년 경)가 주석학파 법학자들의 주석들을 정리하여 집대성한 표준주석서(Glossa Ordinaria)에 의하여 주석에 의한 로마법 발전의 극성시대를 이루었다.

주석학파를 이어서 학설휘찬을 더욱더 시대사정을 고려하여 좀 더 발전적으로 로마법을 연구한 학파는 註解學派(Kommentatoren)이었다. 주해학파는 학설휘찬의 내용을 실용화할 수 있는 방법으로 학설휘찬의 내용을 연구하였다. 주해학파 법학자들로는 바르토루스(Bartolus: 1314－1357)와 그의 제자였던 발두스(Baldus: 1327－1400)이었다.[21] 그리고 주해학파의 법학자들은 유스티니아누스 대제가 편찬한 성문법인 학설휘찬보다는 아쿠르지우스의 표준주석서를 더 가까이 하여 로마법의 실용화에 이바지 하였다.[22]

이와 같이 로마법은 학설휘찬의 주된 내용을 담고 있었으며, 고전기 로마제국에서의 학설법으로서의 로마법에서 출발하여, 유스티니아누스 대제에 의하여 학설법이 학설휘찬의 성문법전으로 정리되었으며, 다시 주석학파와 주해학파에 의하여 교회법의 영향을 받으면서 주석된 로마법으로 발전하게 되었

---

19) 볼로냐 법학교는 1088년에 설립되었다.

20) 그리하여 교회법학자(Kanonisten)들은 세속법학자(Legalisten), 즉 로마법학자(Romanisten)들로부터 배웠다. 그리하여 세속법이 교회법에 영향을 주었음을 쉽게 알 수 있다(Siehe, Stephan Meder, Rechtsgeschichte, A. Aufl.(Köln, Böhlau Verlag, 2011), S. 155).

21) 이러한 학설휘찬에 대한 주석 및 실용화의 연구방법과 볼로냐 대학에 관한 보다 상세한 내용에 관하여는, 김상용, 전게 법사와 법정책: 로마민법학사 중심, 123－151면 참조.

22) Ulrich Eisenhardt, Deutsche Rechtsgeschichte, 2. Aufl.(Beck, 1995), Rn 128.

다. 그리하여 로마법이라고 하면 학설법으로서의 고전기의 로마법, 성문법으로서의 유스티니아누스 대제에 의한 로마법대전 중의 학설휘찬, 그리고 주석학파와 주해학파에 의하여 학설휘찬에 대한 주석을 단 주석로마법을 말하며, 근세에 유럽대륙에 계수된 로마법은 주석된 로마법이었다.

이렇게 로마법이 학설휘찬을 중심으로 하여 주석을 다는 방법으로 연구되었을 때에 기독교의 신학과 교회법이 법학자들에게 강한 영향을 주어 로마법이 유럽대륙에 계수될 수 있는 인류보편적인 가치를 담은 법으로 발전할 수 있도록 하였다. 그리하여 사해동포주의, 인류애의 스토아철학의 영향을 받아 생성된 고전기 로마법은 유스티니아누스대제에 의하여 성문법으로 정리된 다음에 다시 기독교 신학 그 중에서도 도덕신학, 敎父들에 의하여 발전된 신학적 자연법론의 영향을 받아서 로마법 그 중에서도 학설휘찬이 순화되고 더욱더 인류보편적인 가치를 담아 발전하게 되었다.

이와 같은 주석학파와 주해학파에 의한 로마법, 특히 학설휘찬에 대한 학문적 연구에 의한 로마법의 발전은 16세기 르네쌍스의 시대적인 영향에 의하여 로마법의 原典을 연구하는 방향으로의 로마법 연구의 방법이 바꾸게 되었다. 그러한 로마법 연구의 새로운 방법을 復古學派(Humanisten)라 한다. 복고학파는 로마법의 원전을 발굴하는 연구방법을 취하였다. 그러한 로마법 원전 발굴은 학설휘찬을 로마법대전의 하나로 편찬할 때에 고전기 로마법을 유스티니아누스대제의 시대사정에 맞게 수정한 interpolatio에 대한 연구에 집중되어, 성문법이었던 학설휘찬을 통하여 고전기 로마법학자들에 의한 학설법의 원전을 알 수 있게 되었다. 이러한 로마법학자들의 학설법의 원전을 찾는 복고학파의 로마법 연구에 의하여 한편으로는 로마법이 주석학파, 주해학파에 의하여 발전되고, 다른 한편으로는 복고학파에 의하여 로마법의 본래의 모습을 찾아내게 되었다. 그리하여 1583년에는 프랑스 복고학파의 로마법학자였던 고토프레두스가 유스티니아누스대제의 3개의 입법과 그 후의 사찬의 신칙법을 모아 이를 로마법대전이란 이름을 붙였다.

이러한 복고학파를 이끌었던 법학자로는 쿠자스(Jacobus Cujas: 1522－1590)와 도넬루스(Hugo Donellus: 1527－1591)를 들 수 있다. 복고학파는 17세기 말까지 지속되었다. 이 복고학파의 사상적인 배경은 신학과 교회법의 영향을 받은 것이 아니라 그 후의 르네쌍스에 의한 복고적인 학문연구의 영향을 받았다.

4. 서양대륙에서의 로마법의 계수

주석학파와 주해학파에 의하여 연구된 로마법은 유스티니아누스대제의 성문법과는 멀어져 갔다. 주석된 로마법은 교회법과 함께 유럽대륙에 계수되어 대륙각국의 고유법과는 달리 유럽대륙에 널리 일반적으로 적용되는 보통법(ius commune)으로 발전되어 갔다. 특히 독일에서는 로마법이 전면적으로 계수되어 독일고유법에 대해 일반법으로 적용되었다.

한편으로 주석, 주해의 방법으로 연구되던 로마법의 연구방법은 근대에 와서 르네상스의 영향으로 유스티니아누스대제의 성문법인 로마법대전의 연구보다는 유스티니아누스 대제의 법전의 바탕이 되었던 고전기 로마법학자들의 학설법을 연구하는 방향으로 전환이 되었다. 이를 복고학파라고 하며, 복고학파에서는 수정된 로마법의 원형을 찾으려고 하였다. 이는 interpolatio의 연구를 통하여 고전기 로마법학자들의 학설의 原文을 복원하려는 방향으로의 연구이었다.

이와 같이 주석학파와 주해학파에 의하여 성문법이었던 유스티니아누스 대제의 로마법대전, 그 중에서도 학설휘찬의 내용을 연구·발전시키고 실용화할 수 있도록 하였으며, 다른 한편으로는 복고학파에 의하여 interpolatio의 연구를 통하여 유스티니아누스 대제의 입법 중 학설휘찬의 바탕이 되었던 고전기 로마법학자들의 학설법의 原文을 알 수 있게 되었다. 그러나 복고학파에 의한 로마법의 원문의 재구성은 로마법의 실용화에는 기여하지 못하였다. 그리하여 법실무는 주석학파, 주해학파에 의하여 연구되어 발전한 주석된 로마법으로 돌아갔다. 특히 주해학파는 로마법의 실용화의 방향으로 연구하였기 때문에 주해학파 법학자들의 공통적인 견해는 관습법과 동일한 효력이 인정되고,[23] 따라서 주해학파 법학자들의 공통적인 견해는 로마법대전보다 더 강

---

23) Peter G. Stein, Römisches Recht und Europa: Die Geschichte einer Rechtskultur (übersetzt aus dem Englischen von Klaus Luig, Frankfurt/M, Fischer Taschenbuch Verlag, 1999), S. 136.

한 효력을 갖게 되었다.

이와 같이 주석된 로마법이 이탈리아를 넘어 유럽대륙에로 받아들여졌다. 특히 독일은 로마법을 전면적으로 받아들였다. 이를 유럽대륙에서 근대의 로마법의 계수(Rezeption des römischen Rechts)라 한다. 법의 계수란 다른 나라, 다른 민족의 법을 주체적으로 받아서 자국의 법으로 바꾸어 變用하는 것을 말하며, 유럽대륙의 각국에서 로마법을 계수하여 자국의 법으로 변용하였다. 유럽대륙에 있어서 독일이 가장 광범위하게 로마법을 전면적으로 계수하였다.

유럽대륙에서의 로마법의 계수는 프랑스에서는 입법적인 방법으로 계수가 이루어지고 독일에서는 재판을 통한 사법적인 방법으로 이루어졌다. 또한 프랑스에는 부분적으로 로마법을 계수하였는데 반하여 독일은 로마법을 전면적으로 계수하였다. 계수된 로마법도 주로 주석된 학설휘찬의 로마법이 계수되었다. 독일에서 사법적으로 재판을 통하여 주석된 학설휘찬의 로마법이 계수된 그 과정을 판덱텐의 現代的 慣用(usus modernus Pandectarum)이라 한다.[24)]

로마법의 유럽대륙, 특히 독일에서 전면적으로 계수될 수 있었던 원인에 관하여는 이념적, 정치적, 사회·경제적인 여러 가지의 이유가 있었다. 이념적 내지 정치적인 이유로는 신성로마제국이 로마제국의 후계국가로 自稱함으로서 로마제국의 로마법이 신성로마제국에 적용되는 데에 아무런 이념적 장애가 없었다.

그리고 정치적·사회적으로 신성로마제국이었던 독일은 법이 극히 분열되어 있었고, 분열된 각각의 법을 관장하고 적용하여 재판하는 관할법원이 각각 달랐다. 지역적으로는 신성로마제국이 分邦國家로 구성되어 있어서 분방마다 법이 달랐으며, 분방법은 분방법원의 재판에 적용되었다. 도시는 도시법이 적용되고 도시법원에서 재판을 하였다. 이와 같이 독일에서는 지역적으로 뿐만 아니라 사람의 신분과 법률관계에 따라서 적용법률이 달랐으며, 領民은 장원법원의 재판을 받았으며, 家人의 主君에 대한 근무관계에 관해서는 가인근무법이 적용되고 근무법원(Dienstgericht)에서 재판을 담당하였다. 이렇게 법이 法圈的으로 분열되어 있었기 때문에 중앙집권적인 통일국가의 형성이 이루어

---

24) Karl Kroeschell, Deutsche Rechtsgesschichte B.3: seit 1650, 5. Aufl.(Köln, Böhlau Verlag, 2008), S. 2.

지지 못하여 모든 지역, 모든 사람, 모든 법률관계에 통일적으로 적용될 수 있는 법이 필요하였다. 그 결과로 통일적인 法인 로마법이 독일에 전면적으로 계수될 수 있었다.

재판실무에 있어서도 재판관은 이탈리아로 유학을 한 귀족의 자제들로서 로마법을 유학하고 돌아온 사람들이었으며, 자신들의 고유법을 잘 알지 못하였을 뿐만 아니라, 고유법을 알고 있었다 하더라도 로마법에 비하여 시대에 적합하지 아니함으로 고유법의 적용을 배척하고 로마법을 적용하여 재판을 하였다.

그리고 경제적으로 근대에는 중상주의를 시작으로 자본주의 거래경제가 왕성하게 일어남으로써 농업경제에 타당한 게르만법은 시대의 경제사정에 적절치 못하였다. 그리하여 거래경제에 적절하게 생성된 로마법이 계수될 수밖에 없었다.

또한 독일 중세의 대학에서는 로마법과 교회법 양법이 가르쳐졌을 뿐만 아니라, 소송사건에 대하여 대학에 법률의견을 구하는 소송이송제도(Aktenversendung)가 인정되어 로마법과 교회법을 가르치던 대학의 법률전문가들이 구체적인 소송사건에서 로마법에 따라서 의견을 제시하였다. 이러한 법원과 대학의 관계에 의하여서도 사법적으로 로마법이 계수될 수 있었다.

그러나 로마법이 독일에 사법적으로 그리고 전면적으로 계수될 수 있었던 것은 로마법이 그 생성에서부터 주석, 주해에 이르기 까지 계속적으로 보편적 가치에 의하여 성숙하고 순화되어 보편적인 진리를 실천하는 법이었기 때문이다. 로마법의 계수는 계수된 로마법과 교회법이 쓰여진 이성(ratio scripta)으로 그 내용이 인류의 보편적 가치를 담고 있었기 때문에 계수가 가능할 수 있었다고 평가된다.

이러한 로마법의 대륙에의 계수는 독일 유학생들이 주석학파, 주해학파가 로마법을 연구하기 시작한 때인 13 내지 14세기에 부분적으로 계수가 이루지기 시작하여 15세기에서 부터 16세기에 가장 왕성하게 사법적 그리고 전면적으로 계수가 이루어졌다. 실정법적으로도 로마법의 독일에의 계수를 확인하여 계수를 법적으로 뒷받침하였다. 1495년에 제정된 신성로마제국의 帝國帝室法院令(Reichskammergerichtsordnung)에서는 재판에 있어서 원칙적으로 고유법인 게르만법을 적용하여 판결하지만, 고유법이 부존재하거나, 존재하더라도 고유법이 명확하지 않거나, 원고가 고유법을 입증하지 못하면 보충적으로 계수된 로마법에 따라서 판결하도록 하였다.[25] 그리하여 비록 계수된 로마법이 보충적으로 적용되도록 하였지만, 재판실제에 있어서는 계수된 로마법이 일반법으로 널리 적용되었다.

이와 같은 과정을 거치면서 로마법이 독일에 보통법으로 적용되게 되었다. 이러한 과정의 계수가 사법적 계수이었으며, 로마법이 전면적으로 계수가 이루어졌다. 계수된 로마법은 주석된 로마법이었으며, 주로 주석된 학설휘찬이 재판과정을 통하여 계수되었기 때문에, 이를 판덱텐의 현대적 관용(usus modernus Pandectarum)이라 한다. 이 판덱텐의 현대적 관용에 의하여 계수된 로마법이 독일에서 관습법으로 발전하게 되었다. 이러한 판덱텐의 현대적 관용은 1794년 독일에서 근대적 민법전인 프로이센 일반민법전(ALR)이 제정·시행될 때까지 계속되었다. 이러한 판덱텐의 현대적 관용의 과정을 거치면서 계수된 로마법과 교회법이 독일에서 보통법(ius commune: gemeines Recht)이 되었다.

5. 서양근대민법전의 제정과 독일민법전의 제정

유럽대륙에 로마법의 계수가 이루어지고 중앙집권적인 강력한 국가로 발전하였을 때에 비로소 근대 민법전이 편찬되었다. 이러한 근대민법전의 편찬은 분권적인 지방마다의 서로 다른 법을 통일하여 통일법에 의한 강력한 중앙집권적인 통일국가의 유지를 필요하였기 때문이었으며, 또한 통일법을 편찬할 만한 국가권력이 강력할 수 있었기 때문에 가능할 수 있었다. 또한 자연과학의 발달과 수학, 기하학의 발달로 법도 질서정연하게 정리하고 체계화할 필요성을 강하게 하였으며, 이로 인하여 법도 자연과학에서처럼 질서정연하게 만들어야 한다는 입법론이 강하게 제기되었기 때문에 근대민법전의 제정이 가

25) 제국제실법원령에 의하여 제실법원이 설치되었을 당시에는 1인의 재판장과 16인의 판사로 구성하고, 그 중의 半은 법학박사학위가 있는 법률가를 임명하도록 하였다. 법학박사학위를 가진 법률가는 대학에서 로마법과 교회법을 연구한 법률가를 말한다. 그 후 1548년에는 제실법원 판사 전원을 법학박사학위를 가진 법률가로 구성하였다.

능할 수 있었다.

그러나 프랑스에서는 프랑스혁명 전의 절대국가 시대에는 강력한 절대군주에 의하여 프랑스 전역이 통일화되었으나, 독일은 신성로마제국이 통일적인 중앙집권적인 제국으로 충분히 형성·확립되지 못하여 여전히 분방이 중심이 된 분방으로 분열된 상태를 유지하여 분방중심으로 근대민법전을 제정하고자 하는 방향으로 발전되었다. 그리하여 독일전역에 통일적인 민법전의 제정은 비스마르크에 의하여 제2제국이 건설됨으로써 비로소 가능할 수 있었다. 그리하여 독일에서 발전된 근대민법전의 제정은 프랑스 보다는 늦을 수밖에 없었으며, 독일에서는 보통법이 된 계수된 로마법에 대한 체계화와 추상화를 위한 판덱텐법학의 학문적 연구를 거쳐서 비로소 제정되었다. 따라서 독일에서만 보통법의 추상화와 체계화를 위한 판덱텐법학의 학문적인 연구과정을 거쳐서 독일민법전이 제정되고 프랑스에서는 이러한 과정을 거치지 아니하고 고유법인 게르만법과 계수된 로마법을 소재로 하여 자연법사상에 바탕을 둔 프랑스혁명사상에 입각하여 프랑스민법전이 제정되었다.

근대민법전은 자연법사상에 기초하여 제정되었다. 이는 자연법 사상에 의하여 계수된 로마법이 더욱더 인류보편적인 가치를 담은 법으로 성숙하고 더욱더 발전하게 되었다. 근대의 자연법론은 고대와 중세의 人定法위에 보편질서로서의 자연법이 있음을 인정한 사상을 이어 받으면서, 고대의 이데아가 중세에 와서는 신으로 바뀌고 다시 근대에 와서는 교회권력의 약화와 함께 신중심에서 인간중심으로 보편질서의 담당자에 대한 인식이 바뀜에 따라서 인간이성의 질서를 자연법으로 받아들이게 되었다. 근대 자연법론이 중세의 신중심의 사회를 인간중심, 이성중심으로 바꾸어 나감에 있어서, 현실정치에 있어서는 절대권력을 행사하는 절대왕정이 탄생하여 특정의 절대군주가 모든 시민들의 인간의 인격과 이성을 억누르는 현상이 전개됨으로써, 이러한 시민의 인격과 이성을 억압하는 절대군주 내지 절대왕정에 대항하는 법사상 내지 법이론으로 인간의 인격과 이성을 존중할 것을 사상적 내용으로 하는 근세 자연법론이 주장되었다. 그러므로 자연히 근세 자연법론은 당시의 절대왕정, 절대군주에 저항하는 혁명사상을 담을 수밖에 없었다.

근세 자연법론은 만민평등, 주권재민, 삼권분립, 천부인권, 재산권보장을 사상적 내용으로 주장하였으며, 사회계약설에 의하여 폭군을 放伐할 수 있는 저항권이론도 주장하였다. 이러한 인간중심의 사상에 기초하여 시민에 의한 아래로부터의 절대왕정을 제거하는 시민혁명이 일어나게 되었다. 그러한 대표적인 시민혁명으로 영국의 명예혁명(1689), 미국독립혁명(1776), 프랑스혁명(1789)이 일어나게 되었다. 이러한 근대 시민혁명에 의하여 공법적으로는 인권보장이 영국에서의 권리장전, 미국에서의 버지니아 권리장전, 미국독립선언, 프랑스에서의 프랑스인권선언 등의 공식 법문서로 확인되었다. 그러한 인권선언은 모두가 인간의 인격과 이성을 존중하는 근세 자연법 사상을 담은 법문서들이었다.

근대 시민혁명에 의한 법문서는 공법분야에서 인간의 자유와 평등, 그리고 재산권을 보장하는 내용을 담고 있었으며, 이를 보장하게 위하여 주권재민, 권력분립을 이루고자 하였으며, 이에 반하는 국가의 불법적인 권력행사에 대해서는 시민들로 하여금 혁명권인 저항권으로 대항할 수 있도록 하였다. 이러한 법문서의 기본가치는 인간의 자유, 인간의 평등, 인간에 대한 박애사상을 담아 실천하고자 하였으며, 자유, 평등, 박애를 실천할 수 있는 방법으로 주권재민과 권력분립을 주장하였다.

사법적으로도 이러한 시민혁명사상인 인간의 자유와 평등, 인간에 대한 박애의 兄弟愛精神을 시민법으로 법제도화하여 이를 시민들의 생활속에서 실천될 수 있도록 하고자 하였다. 그 결과로 자유, 평등, 박애의 정신에 입각하여 제정된 대표적인 근대시민법전이 바로 프랑스민법전이었다.

독일에서는 프랑스에서와는 달리 계몽적 절대왕정이 성립하여 절대군주를 제거하기 위한 시민혁명이 일어나지 아니하였다. 그리하여 독일에서는 군주가 시민에 군림하는 자가 아니라 시민의 봉사자임을 천명하고, 프랑스에서와 같은 급진적인 혁명에 의하여 구체제를 전복하지 아니하고 계몽주의의 영향을 받아 절대군주가 시민의 복지를 실천하고 시민을 교육하고 가혹한 형벌을 완화는 방뱡으로 국가권력을 행사하였다. 그리하여 독일에서 근세 자연법론에 기초하여 제정된 프로이센일반주법(ALR)에서는 근세의 자연법론에 입각하고는 있었지만 프랑스민법전에서와는 달리 舊법제도들, 예컨대 等族(Stände)의 유지, 분할소유권의 인정 등을 유지하는 민법전을 제정하였다. 그러한 근세 자연법론에 기초한 독일에서의 근대민법전이 프로이센일반주법과 오스트리아민법전이었다.

이처럼 유럽대륙에 계수된 로마법은 근대 자본주의경제에 적절히 부합하는 법이었으며, 따라서 계수된 로마법은 인간중심의 근대 자연법사상의 영향을 받아 더욱더 인류보편적인 가치를 담은 법으로 발전하게 되고 그것은 근대민법전으로 성문화되었다.

이와 같이 스토아사상의 영향을 받은 학설법으로 시작된 고전기 로마법이 도덕신학과 신학적 자연법의 영향을 받으면서 더욱더 연구되고, 인간중심의 근대 자연법의 영향을 받아 인류보편의 가치를 담은 근대민법전으로 성문화되었다. 그리하여 우리 민법의 역사적 뿌리인 로마법은 그 생성시부터 성문화에 이르기까지 자연법론에 의하여 계속적으로 인류보편적인 가치를 담은 법으로 발전하게 되었다. 그 결과로 로마제국은 멸망하였지만 로마법은 계속 그 생명력을 유지하고 있으며 세계법의 소재로서 기능하고 있다. 독일민법전은 비론 판덱텐법학의 과정을 거쳐 제정되었지만 역시 로마법을 바탕으로 하여 제정되어 로마법의 생명력 유지와 傳承에 가장 큰 역할을 담당하고 있다.

6. 판덱텐법학에 의한 로마법의 추상화와 체계화

로마법이 서양대륙에 계수되고, 로마법이 교회법과 함께 서양대륙에서 보통법으로 적용되고, 절대왕정에 대항하는 근대 자연법이 주장되고, 또한 자연과학의 발달에 의하여 법도 자연과학에서와 같이 논리정연한 체계로 구축하여야 한다는 입법론이 제기되었다. 이러한 시대사정하에서 근대 자연법론에 의한 인간의 법앞에서의 평등, 주권재민, 권력분립, 천부인권의 인정과 不義한 절대왕정을 전복할 수 있는 저항권의 인정 등으로 근대에는 인간과 이성의 존중으로 사회가 발전하게 되었으며, 법앞에서의 평등, 천부인권을 부인하던 절대왕정을 전복할 있는 혁명권, 저항권이론이 사회계약론과 함께 주장되었다. 이러한 인간과 이성의 존중, 천부인권의 존중, 주권재민, 천부인권으로서의 재산권 보장의 사상은 "朕이 국가이다"라고 대표되는 절대왕정을 시민혁명에 의하여 전복하였다. 그리하여 인간의 존엄이 공적인 문서로 확인되고 시민이 국가의 주인인 시민사회가 도래하게 되었다. 또한 경제적으로 자유로운 자본주의 시장경제를 추구하게 되었다.

이러한 시대사정의 변화에 의하여 사법분야에서는 自由, 平等, 兄弟愛의 시대정신에 입각하여 인간의 자유로운 활동, 특히 자유로운 경제활동을 보장할 수 있는 시민법전의 제정으로 나아갔다. 그리하여 1794년에 프로이센 일반주법(ALR)이 제정되고, 1804년에는 프랑스 민법전(C.c.)이, 그리고 1812년에는 오스트리아민법전(ABGB)이 제정되었다. 이들 근대민법전은 모두가 근대 자연법론의 사상적 기초위에서 제정되었다.

그러나 독일에서는 프로이센 왕국에서 프로이센일반주법이 제정된 후 1863년에는 작센왕국에서 게르만 고유법을 바탕으로 하여 작센민법전을 제정하였다. 그리고 독일의 다른 분방에서는 민법을 분방법전으로 제정하고자 하였으나 법전제정으로까지는 나아가지 못하였다. 그리하여 독일에서는 독일 전역에 걸치는 일반민법전을 제정하지 못한 채 분방별로 보통법이 적용되는 지역, 프로이센일반주법이 적용되는 지역, 게르만법에 기초한 작센민법전의 적용을 받는 지역, 프랑스민법의 영향을 받는 지역으로 여전히 분열된 상태가 유지되었다. 그 원인은 독일이 중앙집권적인 통일국가를 형성하지 못하였기 때문이었다.

독일에서는 사비니(Friedrich carl von Savigny: 1779–1861)에 의하여 역사법학이 시작되었다. 사비니에 의한 역사법학은 프랑스 혁명을 성공으로 이끈 자연법론에 의한 국가와 민족을 초월한 보편적인 법에 반대하고, 법이란 각 나라, 각 민족의 고유한 사정에 기초하여 형성된 민족정신(Volksgeist)에 의하여 발현된다는 것을 旗幟로 하여 독일민족의 민족정신에 입각한 고유한 독일민법의 발견을 주장하였다. 그러나 사비니에 의하여 시작된 역사법학파는 법을 민족정신의 발현으로 이해하고 독일민족의 민족정신에 입각한 독일법의 발견을 추구하였으나, 독일고유법인 게르만법을 연구한 것이 아니라 독일에 계수된 로마법을 독일의 고유법으로 받아들이고 그 계수된 로마법은 연구하였다.

사비니가 게르만법을 독일민족의 고유법으로 이해하지 아니하고 로마법을 독일의 자국법으로 이해한 것은 그의 文化的 帝國理念(kulturelle Reichsidee)의 관념에 기초하고 있었다. 사비니는 로마법을 독일의 자국법으로 파악하고,

가장 좋은 법은 로마제국에서의 고전기 로마법이라고 하였다. 그리하여 사비니는 정치적인 의미에서가 아니라 문화적 의미에서 로마제국에서의 로마법은 신성로마제국을 거쳐 독일 자신의 문화의 하나인 독일법이 되었다고 이해하였던 것이었다.[26] 사비니의 이러한 문화적 제국이념에 따라서 사비니 자신은 고전기 로마법의 연구에 치중하였다. 또한 이러한 사비니에 의하여 시작된 역사법학파는 로마법을 연구하기 시작하였던 것이었다.[27]

사비니는 고전기 로마법의 연구에 치중을 하였지만 당시 사비니를 따르던 법학자들은 계수되어 일반법으로 적용되고 있던 판덱텐의 현대적 관용에 의하여 독일에서 일반적으로 효력을 가졌던 로마법을 추상화, 체계화하는 방법으로 연구하였다. 그리하여 종래의 법분류방법이었던 인스티투치오넨시스템[28]을 계속 이어가지 아니하고 새로운 법분류방법으로 판덱텐시스템[29]을 따라서 계수되어 보통법이 된 로마법을 체계화하였다. 또 한편으로 카주이스틱한 방법으로 발전되어온 로마법을 일반화, 추상화하는 방법으로 로마법을 연구하였다.

이와 같이 판덱텐시스템에 따라서 계수된 로마법을 체계화, 추상화하는 방법으로의 로마법을 연구한 법학을 판덱텐법학이라 하며, 계수되어 보통법이 된 로마법을 연구하였기 때문에 보통법학이라고도 한다. 당시의 보통법은 구체적인 사건에 개별적, 구체적으로 적용되고 있었으며, 학문적으로도 카주이

---

26) Hendrik Jan van Eikema Hommes, Major Trends in the History of Legal Philosophy (Amsterdam, North-Holland Publishing Company, 1979), p. 190.

27) 물론 역사법학파의 다른 한 분파였던 게르만법학자들은 독일 고유법인 게르만법을 연구하기 시작하였다.

28) 인스티투치오넨시스템은 민법을 人法, 물법, 소송법의 세 분류로 나누어 편별하는 방법으로서, 이러한 인스티투치오넨시스템은 로마고전기의 가이우스에 의하여 창안되어 유스티니아누스 대전 중의 법학제요가 이를 따랐으며, 근대 민법전인 프로이센일반주법, 프랑스민법, 오스트리아민법이 모두 이러한 인스티투치오넨시스템을 따라서 편찬되었다.

29) 판덱텐시스템은 계수된 로마법, 그 중에서도 학설휘찬의 내용을 질서있게 일반적인 내용으로부터 구체적인 내용으로 분류·배치하는 방법으로 학설휘찬의 내용을 체계화한 법의 분류방법으로서, 1807년에 하이제(Georg Arnold Heise: 1778-1851)가 처음으로 창안하였으며, 1863년의 작센민법전이 판덱텐시스템이 따라서 입법이 되고, 1896년의 독일민법전, 그리고 1896에서 1898년에 걸쳐서 제정된 일본민법전, 1929년에서 1930년까지에 걸쳐서 제정된 중화민국민법전, 1958년에 제정된 우리 민법전이 이러한 판덱텐시스템을 따르고 있다. 게르만법학자들도 판덱텐시스템을 따라서 독일고유법인 게르만법을 편별하는 방법으로 분류하여 체계화하였다.

스틱한 연구방법을 완전히 벗어나지 못한 상태에 있었다. 그리하여 보통법학, 즉 판텍텐법학에서는 보통법을 학문적으로 체계화하고 추상화하는 연구방법으로 연구하였다. 이러한 판텍텐법학은 19세기 독일에서의 법학방법론이었다.

한편으로 이러한 판덱텐시스템에 따라서 보통법이된 계수된 로마법을 체계화, 추상화함에 있어서 독일 고유의 사회·경제적 사정을 고려함이 없이 계수된 로마법을 추상적인 개념으로 그 체계를 구축하고, 그 개념의 체계내에서의 논리적 조작에 의하여 법을 형성해 나가고 법적문제를 해결해 나가고자 하였다. 그리하여 판덱텐법학은 지극히 精緻한 논리적인 체계로 구성되었다. 이처럼 판텍덴법학은 사회사정을 고려함이 없이 개념의 논리적 조작에 의한 법의 발전을 모색하였기 때문에, 판덱텐법학은 개념법학[30](Begriffsjurisprudenz)으로 발전하였다.

판덱텐법학의 발전과정에는 사상적으로는 19세기 독일의 시대사상이었던 칸트(Immanuel Kant: 1724－1804)의 인간이성의 자유론이 크게 영향을 미쳤다. 칸트는 인간은 이성적인 존재로서 스스로 옳고 그름을 판단할 수 있다고 하였으며, 따라서 그는 내가 하여야 하고 할 수 있는 것을 다른 사람에게 하도록 해서는 안된다는 정언명령(kategorischer Imperativ)을 표명하였다.[31] 칸트는 최대다수의 최대행복을 법의 기본이라고 한 공리주의에 반대하고 정의가 법의 기초라고 하였다.[32] 그리하여 칸트는 이성적인 인간을 자유로우며, 스스로 실천적으로 자기자신을 정립할 수 있다고 하였다. 그리하여 그는 법은 자유의 기초위에서 정립되고 정립되어야 한다고 하였다.[33] 따라서 법은 자유실현의 매개물이며, 자유로운 관계실현의 가능성이라고 하였다.[34] 그 결과로 칸트는 법을 정의하기를, 법이란 한 사람의 자의와 다른 사람의 자의가 자유의 일반원칙에 따라서 조화를 이룰 수 있는 조건의 총체(Das Recht ist also der Inbegriff der Bedingungen, unter denen die Willkür des einen mit der Willkür des anderen

30) 개념법학은 푸흐타(Georg Friedrich Puchta: 1798－1846)에 의하여 발전되었으며, 예링(Rudolf von Jhering: 1818－1892)이 개념법학이라 이름을 붙였다.
31) Grundlegend des Rechts, 2. Aufl.(hrsg. von julian Krüper, Nomos, 2013), Rn 25.
32) A. a. O., Rn 21.
33) A. a. O., Rn 26.
34) A. a. O., Rn 28.

nach einem allgemeinen Gesetz der Freiheit zusammen vereinigt werden kann)라고 하였다.[35] 그리고 칸트는 국가의 목적은 모든 시민에게 그의 권리를 보장하는 데 있다고 하였다.[36] 이렇게 모든 개인에게 그의 권리를 보장해 줌으로써 법적안전을 이룰 수 있다고 하였다.[37] 그리하여 칸트에게서의 법은 자유의 조건의 총체였다. 이와 같이 칸트는 인간 개인의 자유를 최고의 가치로 인정하고, 법은 인간이 자유를 최고도로 행사할 수 있도록 하는 조건으로 이론구성을 하였다.

그리고 칸트는 인간인식에 관하여 경험주의를 극복하고 인간은 경험을 넘어 선험적인(a priori) 인식이 가능함을 인정하였다. 그리하여 이념을 사고하였으며, 실존을 넘어선 일반적인 관념의 세계를 인정하였다.[38] 이러한 관념의 세계의 추구는 무한히 자유롭고 목표지향적인 인식의 과정이라고 하였다.[39] 이러한 인식의 과정을 이념(Idee)이라고 하였다. 이러한 인간인식의 과정인 이념의 궁극은 영혼, 세계 그리고 신이라고 하였다.[40]이러한 궁극은 실재(Realität)가 아니라 끝없는 인식과정의 지도적인 표상(Leitvorstellung), 즉 이념이라고 하였다.[41]

그리고 칸트는 인간의 이해를 요하지 아니하는 도덕율(Sittengesetz)이 있음을 인정하고 그 도덕율은 의무로 구성되어 있다고 하였다.[42] 그런데 그가 말하는 도덕율이 지배하는 세계는 바로 신의 세계이었다. 그리하여 칸트는 국가법을 혁명의 방법으로 수정하려고 하지 아니하고 도덕율인 정언명령에 의하여 도덕적, 입법적 진화의 방법으로 국가법을 윤리적인 규법체계로 변화시켜 나갈 것을 주장하였다.[43] 그리하여 칸트는 도덕율을 실정법으로 규범화해

35) A. a. O., Rn 28.
36) A. a. O., Rn 29.
37) A. a. O., Rn 30.
38) Horn, a. a. O., Rn 327.
39) A. a. O., Rn 328.
40) 칸트의 순수이성에서는 이러한 궁극의 세계에 대한 확신은 있으나 그 존재를 입증하여야 할 불가피성은 없다고 하였다. 그러나 실천이성에서는 인간행동의 기준으로서 이러한 궁극의 존재가 요청된다고 하였다(Vgl., a. a. O., Rn 325).
41) Horn, a. a. O., Rn 328.
42) A. a. O., Rn 332.
43) Paolo Prodi, Eine Geschichte der Gerechtigkeit: Vom Recht Gottes zum modernen Rechtsstaat, 2. Aufl.(C.H. Beck, 2005), S. 281.

나갈 것을 주장하였다.

이처럼 칸트는 인간을 자유의 존재, 그리고 도덕적 의사를 결정할 수 있는 도덕적 존재로 파악하였다. 그리하여 칸트는 인간을 도덕적인 인격자로 이해하였다.[44] 이와 같이 칸트는 스스로 도덕 결단을 할 수 있는 이성을 가진 존재를 인간으로 이해하였기 때문에 도덕적 초월적인 이상사회를 추구하였다.[45]

이와 같이 칸트는 인간은 자율적인 존재로서 이성을 가진 도덕법의 주체이며, 또한 인간은 그 자신이 목적이라고 하였다. 그리하여 칸트는 개인인간의 존중, 인간의 이성존중, 인간의 자유존중에 의하여 인간을 이성에 의한 도덕율의 주체로 파악하고, 이러한 인간에 대한 이해의 기초위에서 인간이 공동체를 이루어 도덕적으로 살아가는 이상주의 내지 이상사회를 이루고자 하였다. 이처럼 칸트는 개인으로서의 인간의 이성, 자유, 도덕을 극히 존중하였다. 궁극적으로 칸트는 인간 존재 내에 최고의 절대가치를 가지고 있다고 인간, 즉, 인격을 최고도로 존중하였다.

그리고 칸트에게 있어서의 국가는 법률에 의한 인간의 공동체이었으며, 따라서 법질서가 국가의 특징이었다.[46][47] 그리고 국가의 과제는 개인에게 자유의 영역을 확보해주는 데 있다고 하였다. 영구평화론에서는 국가의 과제를 평화의 보장과 평화정책의 수행이라고 하였다. 그리하여 그는 법치국가의 이

---

44) Klaus Ritter, Zur Frage nach den materialen Prinzipien der Gerechtigkeit: Untersuchungen über die Bedeutung und Möglichkeit einer gegenwärtigen Naturrechtsrenaissnace (Marburg, 1951), S. 95.

45) A. a. O., S. 94.

46) Horn, a. a. O., Rn 335.

47) 헤겔에게 있어서 국가는 객관적 정신의 표현이며 민족정신의 담당자이었다(Vgl., a. a. O., Rn 346). 그리고 헤겔은 객관적인 세계정신(Weltgeist)의 존재를 인정하였다. 그리하여 헤겔은 객관적인 이상주의를 취하였다. 그 결과로 헤겔은 이성적인 것은 현실적인 것이고 현실적인 것은 이성적인 것이라고 하였다. 그리고 헤겔은 국가를 윤리자로 규정하여 전체주의 생성의 사상적 기초를 제공하는 결과를 초래하였다(Vgl., Prodi, a. a. O., S. 317). 그러나 국가는 윤리의 수행자가 아니다. 종교가 윤리의 수행자이다. 국가는 결코 선한 도덕적 존재가 아니다(Vgl., Prodi, a. a. O., S. 317). 그러므로 종교가 국가의 기초이다. 칸트는 주관적인 인간의 인식에 의하여 관념될 수 있는 인식론적 이상주의에 입각해 있었다(Vgl., a. a. O., Rn 345). 한편으로 포이에르바흐(Luwig von Feuerbach: 1804－1872)는 인간이 최고의 위치에 있으며 인간적인 것이 바로 신적인 것이라고 하였다. 그리하여 그는 종교를 허물어 버리고 종교의 자리에 정치를 가져다 두었다(Vgl., a. a. O., Rn 347).

념을 제시하였다. 이와 같은 칸트의 자유의 이념이 독일민법의 제정과정에 깊이 영향을 주었다.[48]

그리고 또한 판덱텐법학, 개념법학의 공로로 1896년에 독일민법전이 제정되었다. 그렇기 때문에 독일민법전은 보통법이 된 계수된 로마법을 그 내용으로 하여 제정되었으며, 극히 추상적으로 규정되어 있고, 일반규정을 많이 두게 되었다.[49] 독일민법전 이외에도 1863년에 제정된 작센민법전, 1907년에 제정된 스위스민법권(ZBG)도 역시 판덱텐법학에 기초하여 제정된 민법전들이다.[50]

그리고 이러한 판덱텐법학을 이끌었던 대표적인 법학자들로는, 독일민법 제정을 위한 제1차 위원회(1874년 구성)의 위원이었던 빈트샤이트(Bernhard Windscheid: 1817−1892)를 들 수 있으며 또한 데른부르크(Heinrich Dernburg: 1829−1907)가 이에 속한다.

7. 한국민법전과 로마법과의 관계

한국민법은 일본민법을 매개로 하여 로마법과 관계를 갖게 되었다. 일본민법은 또한 프랑스민법과 독일민법 제1초안(1886)을 매개로 하여 로마법과 관련을 갖고 있다. 우리의 구민법(1912−1959)은 일본민법이었다. 현행의 우리 민법을 제정할 때에는 일본민법전을 모범으로 하였다. 이러한 역사적 관계를 통하여 우리 민법의 역사적 뿌리도 역시 로마법에 바탕을 두고 있다. 로마제국의 역사는 한국의 역사와는 관계가 없었고, 로마는 한국과 지리적으로도 인접해 있지 아니함에도 불구하고 한국민법의 역사적 뿌리가 로마법이라는 사실은 로마법이 그 생성에서부터 인류보편의 가치를 담아 실현하려는 고대 그리스의 자연법사상과 사해동포주의에 기초한 스토아철학의 바탕위에서 이루어 졌고, 그 후 기독교 신학 중의 도덕신학과 중세의 신학적 자연법론의 영향

48) 칸트의 이러한 자유사상은 19세기 독일정치의 발전에도 크게 영향을 주었다(Vgl., a. a. O., Rn 342).
49) 독일민법규정의 추상성과 일반규정으로 입법하게 됨으로써 독일민법이 쉽게 다른 나라에 계수될 수 있었다.
50) Stephan Meder, Rechtsgeschichte, 4. Aufl.(Köln, Böhlau Verlag, 2011), S. 337.

을 받아 로마법이 더욱 인류보편의 가치를 담은 법으로 성숙하여 졌으며, 또한 인류보편의 가치를 실현하려는 교회법이 새로운 법영역으로 형성되어 로마법과 교회법이 법학자들에 의하여 더욱더 인류보편적인 가치를 실현하는 방향으로 연구되고 성장하여, 근세에 유럽대륙에 계수되어 유럽대륙, 특히 독일에서 보통법으로 효력을 갖게 되고, 인간중심의 사회사상 내지 법사상이었던 근세 자연법의 영향을 받아 더욱더 인류보편적인 가치를 담아 실현하는 법으로 성장하고, 이렇게 인류보편적인 가치를 담은 로마법은 근대민법으로 성문화되어, 우리 민법도 로마법의 내용을 따라서 제정되었다. 그리하여 우리의 역사와 관계가 없었던 로마법이 우리의 민법의 역사적 근원이 되었다. 그 결과로 로마제국의 역사가 우리 역사의 일부가 되었으며, 로마법이 우리 민법이 되었다. 이는 로마법이 모든 인간이 추구해야할 이상적인 인류보편의 가치를 담아 실현하는 방향으로 발전되어 왔기 때문이다. 다시 말하면 로마법은 그 생성에서부터 지속적으로 자연법 질서에 부합되게 발전되어 왔기 때문에 우리 민법의 근원이 된 것이다.

이처럼 자연법이란 세속의 법질서를 이끌어가는 이상의 법질서로서 항상 현재의 법을 이상적인 인류보편의 가치를 담아 이를 실천하려는 방향으로 발전하는 법사상이자 법이상이다. 그러므로 자연법은 지속적으로 세속의 법을 더 좋은 법으로 이끌어 나가는 법사상이다. 자연법론에서 추구하고 있는 인류보편의 가치를 담은 자연법은 그 내용이 시대사정의 발전에 따라서 계속적으로 성숙되어 왔으며, 더욱더 확장·확대되어 왔다. 로마법이 세계법의 근원이 되어 오늘날도 로마법이 생명력을 갖고 작용하고 있는 것은 로마법이 인간의 선한 본성에 기초하여 모든 인간에게 공감을 주고 따르고 지킬 만한 가치를 내용으로 하여 지속적으로 발전되어 왔기 때문이다. 그러므로 법, 그 중에서도 민법은 그 내용이 인류보편의 가치를 더욱 더 많이 담고 더욱 세련화하여 인간의 삶을 평화롭고 풍요롭게 하는 방향으로 발전되어 가야 함을 알 수 있다.

Ⅲ. 민법발전에 영향을 준 사상들

1. 고대 스토아철학

(1) 스토아철학의 생성

로마제국의 고전기에 로마제국의 문화가 찬란하고 특히 로마법이 발달할 수 있게 한 사상의 기초는 로마제국에서 형성된 로마제국의 사상이 아니라, 그리스에서 생성되고 발전된 스토아철학이었다. 오늘날 세계법의 역사적 연원이 된 고전기 로마법은 그 생성 자체부터 인류보편적인 스토아철학을 바탕으로 하여, 로마의 법학자들이 발전시켰다.

스토아철학은 키프러스의 키티온 출신의 그리스의 제논(BC 335년 경－BC 263년 경)으로부터 시작되었다. 스토아는 본래 그 의미가 回廊이라는 뜻이며, 회랑을 따라 걸으면서 철학을 논하고 講論을 하였기 때문에 逍遙學派라고도 한다. 스토아철학은 제논에 의해 시작이 된 후 약 500년간 지속되었다. 그리고 제논이 스토아철학을 시작하였을 때에 정치적으로는 마케도니아의 알렉산더 대왕(Alexander the Great: BC 356－ BC 323, 재위: BC 336－BC 323)의 東方遠征(BC 334부터 시작)에 의하여 그리스 문화와 동양문화간의 교류가 이루어져 헬레니즘시대, 헬레니즘문화를 이루기 시작한 시기였다.

제논은 그리스에서는 멀리 떨어져 있는 키프러스 출신이었다. 제논이전의 그리스 철학을 이끌었던 대학자들[51)]은 모두가 그리스의 귀족출신들이었다. 그렇기 때문에 스토아철학의 시작은 고대 그리스에서의 지배계층에 의한 철학이 아니라 낮은 계층에 의한 철학이었으며, 당시 정치권력의 중심부에 있는 사람들의 철학이 아니라 주변부에 있던 사람들의 철학으로 형성되었다. 그 결과로 인하여 스토아철학은 동서양 문명이 만나 헬레니즘(Hellenismus)이라는 새로운 문명이 싹트기 시작한 시대사정과 지배계층이 아니라 낮은 계층에 의한 철학이었기 때문에 스토아철학은 제논이전의 철학을 계승하였지만 보다 더 높은 인류보편의 가치와 사상을 담고 있었다.

51) 소크라테스, 플라톤, 아리스토텔레스 등을 들 수 있다.

제논에 의하여 시작된 스토아철학은 3期로 구분되며, 제1기(BC 300– BC 150)와 제2기(BC 150– BC 50)는 그리스 철학자들에 의하여 발전되었으나, 제3기인 대체로 BC 50년에서 AD 200년까지의 기간동안은 로마제국의 철학자들에 의하여 계승·발전되었다. 로마제국에서의 스토아철학자로서는 執政官(consul)이었던 키케로(Marcus Tullius Cicero: BC 106– BC 43), 세네카(Lucius Annaeus Seneca: BC 4– AD 65), 노예출신의 에픽테트(Epiktet: AD 50–AD 138). 哲人皇帝였던 마커스 아우렐리우스 황제(Marcus Aurelius: AD 121– AD 180, 재위: AD 161– AD 180) 등이 스토아철학을 완성하였다. 스토아철학의 제3기가 바로 로마法史에서의 고전기였다.

그러나 스토아철학이 로마에 처음으로 전해진 것은 이 시기보다 앞선다. 스토아철학은 카르타고가 로마와의 제2차 포에니 전쟁(BC 218– BC 202)으로 敗한 후부터 로마에 알려졌다.[52] 그러므로 대체로 BC 200년 후 부터인 것으로 추론된다. 따라서 스토아철학은 로마제국에서 고전기의 로마법이 형성되기 이전에 이미 로마에 전수되어 로마법학자들과 사상가들에게 영향을 주고 있었다. 이를 반대로 설명하면, 로마법은 그 출발부터 자연법적인 불변의 인류보편의 가치인 로고스(Logos)론, 사해동포주의, 형제애의 사상에 기초한 자연법사상을 담아 실천하는 법으로 출발을 하였다.

(2) 스토아철학의 사상내용

스토아철학의 중심사상은 현실세계를 이끌어 가는 理想世界인 이데아(Idea)의 세계에서 기능하는 로고스의 인정, 人本主義 및 사해동포주의, 禁慾, 苦行(Askese)의 권장과 영혼의 불멸성 인정, 그리고 終末論(Eschatologie)의 인정 등이다.[53] 그리고 스토아철학은 아리스토텔레스의 철학의 논리를 이어 받

---

52) 포에니 전쟁은 로마와 카르타고와의 전쟁으로서 제1차 포에니 전쟁(BC 264–BC 241)에 이어 제2차 포에니 전쟁에서 로마가 하니발(Hannibal: BC 247– BC 183)이 이끄는 카르타고를 멸망시켰다. 2차 포에니 전쟁의 승리로 로마는 이태리반도의 농업국에서 지중해를 內海로 하는 상업국으로 발전할 수 있게 되었으며, 大帝國으로의 발전의 기초를 다졌다. 로마가 카르타고를 멸망시켰으나 카르타고가 다시 부흥하고자 하여 일어난 전쟁이 제3차 포에니 전쟁(BC 149– BC 146)이었다.

53) Heinrich Axel Winckler, Der Stoicismus: Eine Wurzel des Christentums(Leipzig, Druck und Verlag von Breikopf und Härtel, 1878), S. 3.

았으며, 에피쿠르스(BC 341–BC 271)의 쾌락주의(Epikurismus)를 배격하였다.[54] 또한 스토아철학은 猶太教哲學과 神學으로부터의 영향을 받은 모습을 보이고 있다.[55] 이러한 스토아사상은 바로 헬레니즘시대 내지 헬레니즘문화의 지주가 되었던 사상이었다.

스토아철학의 사상내용을 좀 더 상세히 살펴보면, 무엇보다도 스토아철학은 사해동포주의적인 사상을 주장하였다. 그리하여 모든 사람은 형제이며, 奴隷이든, 劍客(Gladiator), 비록 賊(Feind)이라 하더라도 형제이며 형제의 사랑으로 대하여야 한다고 하였다.[56][57] 그리고 스토아철학은 보편적인 사랑을 주장하였다. 스토아철학의 보편적 사랑은 민족, 출생, 지위, 계층에 전혀 차별을 두지 않는 사랑을 실천할 것을 그 내용으로 하였다.[58] 그리고 스토아철학에서는 사해동포주의(Kosmopolitanismus)로 나아갈 갈 것을 주장하였다. 그리하여 스토아철학에서는 실제로 현존하는 국가들을 넘어서 이 세상에는 오로지 하나의 국가 즉, 神의 제국(Reich des Gottes)만을 인정하였다.[59] 그러므로 모든 사람들은 세계시민(Weltbürger)일 뿐이라고 하였다.

스토아철학에서 이와 같이 모든 사람을 세계시민으로 인정하고 이 세계에는 오로지 하나의 국가만이 있으며, 모든 사람은 서로 형제애로 사랑할 것을 주장한 것은 당시의 제국이었던 동서양에 걸쳐서 하나의 대제국으로 탄생한 마케도니아제국의 승인과 안정에 기여하고자 하는 시대적 정치적 필요성에서 형성된 사상이라고 평가해 볼 수 있을 것이다. 또한 스토아철학은 헬레니즘문화의 사상적 지주를 이루었다. 그리고 이러한 마케도니아제국에 적절하였던 사해동포주의는 역시 여러 민족으로 구성된 대제국이었던 고전기의 로마제국의 통합과 안정에도 적절히 기능할 수 있는 사상이었기 때문에 로마제국에 傳授되어 로마제국의 사상적 기초가 되었던 것으로 평가해 볼 수 있다.

---

54) Die Philosophie der Stoa: übersetzt und heraugegeben von Wolfgang Weinkauf (Stuttgart, Philip Reclam jun,, 2012), S. 14.
55) A. a. O., S. 44.
56) Winckler, a. a. O., S. 34.
57) 이러한 인본주의 내지 사행동포주의는 오늘날 인권사상 내지 인권보호의 사상적 근원이 되었다고 평가된다.
58) Winckler, a. a. O., S. 36.
59) A. a. O., S. 38.

또한 로마제국은 로마법에 의하여 제국의 통합과 안정을 이루어 갔기 때문에 자연히 사해동포주의적인 사상의 기초위에 로마법이 형성·발전하게 되었다.

그리고 스토아철학은 그리스 철학에 있어서 처음으로 자연법론을 주장하였다. 물론 스토아철학이전에 소크라테스, 플라톤, 아리스토텔레스는 작은 도시국가(civitas)에서의 철학이었으며 이상세계인 이데아를 주장은 하였지만 그 이데아의 세계로부터 바로 그 이데아의 세계의 법이 자연법이라고 주장한 것은 아니었다. 그러나 스토아철학에 이르서는 이 세상을 움직이는 原因者 내지 動因으로 로고스[60](logos)의 존재를 인정하고 그 작용에 의한 이상적인 질서를 유지한다고 하였다. 스토아철학은 이 세상을 이성적이고 목적지향적인 질서에 의하여 구성되어 있다고 이해하였으며, 그러한 로고스에 의한 법이 자연법이라고 하였다. 스토아철학에 있어서의 로고스는 세상을 움직이는 原因者 내지 動因이다. 그리하여 스토아철학은 그리스에서의 전래의 자연법 사상을 계승하고 있다. 로고스는 플라톤 사상에서의 이데아論, 아리스토텔레스 철학에서의 엔테레히[61](Entelechie)의 다른 표현이며 이 세상을 움직이는 원인 내지 동인이다.

그리고 스토아철학은 인본주의에 입각한 사해동포주의 사상을 가장 강하게 주장하여 스토아철학의 내용이 인류보편적인 가치 중의 하나인 人間愛를 강조하였다. 그리고 理性인 로고스를 강조하여 이 세상의 질서를 로고스의 질서, 즉, 이성적이고 이상적인 질서로 이끌어 가려고 하여 자연법론을 주장하고 이를 마케도니아帝國에서 구체적으로 실천해 나갈 수 있기를 주장하였다.

(3) 스토아철학이 로마고전시대의 로마법 발전에 미친 영향

스토아철학에 고전기 로마법의 발전에 미친 영향은, 무엇보다도 스토아철학이 인본주의에 입각한 사해동포주의를 취하고 苦行을 기본적인 윤리로

60) 로고스는 理性, 聖書의 말씀(요한복은 제1장 제1절)으로 이해되고 이데아(Idea)로도 이해된다. 그 이데아는 현실세계 위에 존재할 수도 있으며 현실세계 내에 존재할 수 있지만, 현실세계를 이끌어 가는 이상세계이며 그러한 이상세계의 법이 바로 자연법이라고 하였다.

61) 플라톤의 이상세계인 이데아의 세계는 이 세상의 저 위에 존재한다고 이해하였으나, 아리스토텔레스에게 있어서 이상적인 목적을 향하여 이 세상을 이끌어 가는 원인 내지 동인을 엔테레히라 하였으며, 그 엔텔레히는 현실속에 존재하면서 현실을 이상의 질서로 이끌어 간다고 이해하였다.

제시함으써, 모든 로마제국내에 살고 있는 사람들을 동등하게 대우하도록 하는 사해동포적인 형제애로써 대로마제국의 결속과 평화의 사회를 만들고 평화의 로마법을 형성하는데 기여하였으며, 사해동포주의를 실천하기 위해서는 서로가 서로에 대한 신뢰가 바탕이 되어야 하기 때문에 로마사회는 사회윤리로서 신뢰를 중시하는 사회[62]로 발전하게 되었다. 그리하여 로마제국에서의 사회윤리로서 최고의 덕목은 형제애, 신뢰 그리고 명예이었다.

스토아철학의 사회동포주의적인 형제애의 윤리에 의하여 로마제국에서는 노예출신의 에틱테트가 학자로서 인정되고, 그가 황제인 마커스 아우렐리우스의 상당역을 담당할 수 있게 되었다. 더 나아가 로마제국은 스토아철학의 사해동포주의의 영향을 받아 로마제국의 주민들을 로마시민과 비시민으로 나누고 로마시민들에게는 市民法을, 비로마시민들에게는 萬民法을 적용하던 속인법주의 원칙을 타파하고 AD 90년에는 율리아법에 의하여, AD 49년에는 로스키아법에 의하여 이태리반도의 全주민에게 로마시민권을 부여하고, AD 212년에 카라칼라大帝(Caracalla: AD 186-AD 217, 재위: AD 211-AD 217)에 의하여 로마제국 전역의 비로마시민 모두에게 로마시민권을 부여하였다. 그리하여 로마시민과 비로마시민을 구분할 필요가 없게 되었으며, 시민법(ius civile)과 만민법(ius gentium)이 통합되어 더욱더 인도주의적인 자연법으로 로마법이 발전하게 되었다. 그리고 시민법[63]은 로마시민에게만 적용되던 특별법이면서 계급법이었으나 만민법과 통합되어 시민법으로 됨으로써 시민 모두에게 적용되는 일반법이 되었으며, 형식 내지 방식을 중시하던 엄격법(ius strictum)이었던 시민법이 부드러운 형평의 법으로 발전하게 되었다. 시민법은 본래 엄격한 형식이 요구된 엄격법이었으며 만민법은 형식을 완화하고 衡平의 내용을 중시한

---

62) 로마제국이 信頼를 중요한 사회윤리로 발전시켰음에 반하여 게르만사회는 忠誠을 중요시하는 사회로 발전하였다. 왜냐하면 게르만 사회는 로마제국에서와 같이 강력한 중앙권력이 존재하지 아니하여 씨족 내지 부족의 공동체적인 삶을 이어갔기 때문에 자연히 개인에게는 공동체에로의 충성이 요구되었다고 추론된다. 그러나 로마제국은 강력한 중앙권력이 형성되어 있었기 때문에 로마의 시민들은 개인주의적이고 자유주의적이었으며 이러한 로마의 시민 상호간에 서로간의 신뢰가 중요한 德目으로 숭상되었다.

63) 오늘 날 민법(civil law)이란 법명은 바로 로마법에서의 시민법(ius civile)에서 유래하였다. 로마법상의 시민법은 본래는 로마시민의 자격이 인정된 로마시민에게만 적용된 특별법이었다. 시민법이 만민법과 통합되고서야 비로소 시민법이 로마시민 모두에게 적용된 일반법으로 전환되었다.

법이었다. 兩法이 통합됨으로써 로마제국의 시민법은 형식이 완화되고 엄격법에서 형평의 법으로 발전하게 되었다.

시민법과 만민법의 통합에 의하여 시민법과 만민법에 의하여 로마시민 상호간과 로마시민과 비로마시민간 및 비로마시민 상호간의 소송사건을 담당하였던 시민담당법무관과 외인담당법무관제도가 하나의 법무관으로 통합되었다. 시민담당법무관(praetor urbanus: Stadtpraetor)은 BC 367년에, 외인담당법무관(praetor pereginus: Fremdenpraetor)은 BC 242년에 시행되었다. 비로마시민에게 로마시민권이 부여됨으로서 시민담당법무관제와 외인담당법무관제가 법무관제 하나로 통합이 되었다.

고전기 로마법학자들의 법에 대한 이해에 있어서도 로고스와 형제애의 스토아철학의 영향을 받은 것으로 추론되는 法諺들이 적지 아니하다. 로마법학자들의 법언은 바로 스토아철학의 법에서의 구체적인 표현으로 파악된다. 스토아철학의 중심사상은 인본주의에 입각한 사해동포주의이었기 때문에 이러한 사해동포주의를 실현할 수 있는 좋은 법사상을 배태할 수 있었으며, 고전기의 법사상은 오늘날에도 변함없이 지켜지는 법의 세계의 근본적인 법사상으로 그 생명이 이어지고 있다. 그러한 사해동포주의를 실현할 수 있는 법사상은 바로 자연법 사상이었다.

고전기의 로마법학자들이 주장한 스토아철학의 자연법 사상에 기한 구체적인 법적 표현으로, 켈수스는 법을 善과 衡平의 技術이라고 하였으며, 울피아누스는 법(ius)이라는 용어는 정의(iustitia)에서 나왔으며, 정의는 각자에게 그의 것을 주고자 하는 항구불변의 의지라고 하고, 법의 요청은 명예가 살아있게 하고 어느 누구도 침해하지 아니하는 것이라고 하였다.[64] 더 나아가 울피아누스는 법학은 신의 일과 인간의 일을 분별하는 인식이며, 옳은 것과 옳지 않은 것을 아는 지식이라고 하였다.[65] 또한 울피아누스는 자연법은 자연이 생명있는 모든 동물에 대한 가르침이며, 특별히 사람에 대한 가르침이 아니며 모든 동물에 대한 공통적인 가르침이라고 하였다.[66]

64) Ulpianus, D. 1. 1. 10. pr. & 1.
65) Ulpianus, D. 1. 1. 10. 2.
66) Ulpianus, D. 1. 1. 3.

이와 같은 스토아철학의 사해동포주의와 형제애의 사상을 傳受한 고전기의 로마제국은 이러한 사상적 기초위에서 로마제국은 위로부터의 强壓이 아니라 아래로부터 로마제국내의 모든 시민들을 형제애로써 서로 사랑하는 사회윤리를 발전시켰기 때문에 제국의 영토를 유럽대륙으로 넓힐 수 있었으며, 로마의 평화(Pax Romana)를 이룩할 수 있었다고 평가된다.

(4) 스토아철학이 聖書에 미친 영향

스토아철학은 신약성서 중 요한복음의 집필(AD 90－AD 100년 사이에 쓰여짐)에 큰 영향을 주었으며, 그 후의 기독교의 사상으로 전환되어 기독교의 이웃사랑의 사상의 형성 및 기독교 교리의 형성과 발전에 큰 영향을 주었다. 스토아철학의 로고스론, 사해동포주의에 의한 형제애, 금욕, 고행, 영혼의 불멸성, 종말론 등은 요한복음에 이어지고 있다. 특히 스토아철학의 로고스를 요한복음에서는 예수를 로고스, 즉 말씀으로 표현하고 있다.

그리고 使徒 바울(Paulus: AD 5년 頃－AD 64 내지 68)도 스토아철학의 영향을 많이 받은 것으로 평가되고 있다.[67] 특히 바울의 양심(Gewissen)에 관한 그의 사상은 스토아철학에 그 뿌리를 두고 있다.[68] 스토아철학의 금욕은 기독교의 敬虔主義(Quietismus)와 독신주의에 영향을 준 것으로 이해된다.[69]

스토아철학에서의 종말론은 기독교의 復活論으로 발전되었다. 그러나 기독교에서 종말은 부활로 轉化된데 반하여, 스토아철학에서의 종말론에서는 부활의 반복의 인정으로 발전하였다.[70] 이와 같이 스토아철학의 내용이 기독교에 많이 받아들여졌기 때문에 기독교는 스토아철학의 相續者라고도 일컬어지기도 한다.[71] 또한 기독교가 로마제국에서 공인되고 국교로 인정될 수 있었던 것도 고전기의 로마제국에서 비록 기독교를 박해하였지만 스토아철학의 영향으로 사해동포주의에 기초한 형제애의 사랑의 사회윤리가 기초를 이루고 있었고, 기독교도 스토아철학의 영향을 받아 이웃에 대한 사랑이 기독교 윤리의

67) Winckler, a. a. O., S. 22.
68) Die Philosophie der Stoa, S. 44.
69) Winckler, a. a. O., SS. 45, 48.
70) A. a. O., S. 57.
71) A. a. O., S. 60.

중심이었으며, 兩윤리의 기초는 모두 동일한 스토아철학에서 근원을 두었기 때문이었던 것으로 평가해 볼 수 있다.

스토아철학은 기독교에 영향을 주었을 뿐만 아니라, 18세기 독일에서의 계몽주의의 발전에 영향을 주었으며,[72] 그로 인하여 절대왕정이었던 프로이센의 군주였던 프리드리히 2세(1712－1786: 재위: 1740－1786)에게 강한 영향을 주어, 그가 계몽적 전제군주로 될 수 있게 하였다.[73]

이처럼 스토아철학은 고전기 로마제국의 번영과 로마법의 발전에 영향을 주었을 뿐만 아니라, 기독교 사상의 형성과 발전에도 영향을 주었으며, 근대 계몽주의 사상의 형성과 발전에도 영향을 주었다. 더욱더 스토아철학은 오늘날도 그 생명력이 있는 사상의 기초를 제공하고 있다. 스토아철학 중 사해동포주의, 형제애의 사상은 시대의 변화에도 변하지 아니하는 불변의 자연법 사상이라 평가된다.

2. 중세의 기독교 사상

(1) 기독교와 로마제국과의 관계

기독교가 로마제국의 박해를 받던 AD 1세기에서 AD 3세기까지의 약 250여년 동안 기독교는 사랑의 공동체로서 가장 순수한 신앙을 유지하였다. 순수와 열정으로 신앙을 유지하고 기독교의 가르침인 사랑을 실천하였던 시대였다. 이처럼 박해시대의 교회는 법의 질서(Rechtsordnung)가 아니라 사랑의 질서(Liebesordnung)였다. 박해시대의 교황은 거의 모두가 순교를 하였다.

AD 313년에 기독교가 공인되고 AD 395년에는 기독교가 로마제국의 국교로 인정되고서부터는 교회는 국가권력의 보호아래서 로마제국의 행정조직을 따라서 교회가 조직화되고, 로마법에 따라서 교회가 치리되었다.[74] 이 때에 로마제국에서의 12표법도 역시 교회로 들어와 교회법으로 적용되었다.[75] 그 결과로 교회는 국가권력의 보호를 받아 성장하면서 로마법에 의하여 하나의

72) Die Philosophie der Stoa, S. 48.
73) Die Philosophie der Stoa, S. 43.
74) Heinrich de Wall, Stefan Muckel, Kirchenrecht, 3. Aufl.(Beck, 2012), S. 12.
75) Stephan Meder, Rechtsgeschichte, 4. Aufl.(Köln, Böhlau Verlag, 2011), S.153.

법공동체(Rechtsgemeinschaft)로 발전하게 되었다. 그 결과로 자연히 로마법이 교회법의 기초가 되었지만 로마법과는 차이가 있는 독자적인 교회법이 형성·발전하게 되었다.

기독교가 공인된 후에 기독교가 황제의 보호를 받게 된 후로부터 황제의 권력이 교회를 간섭하고 지배하게 되었다.[76] 황제권력의 교회지배의 대표적인 사례가 바로 황제에 의한 교회 성직자의 임명이었다. 교황은 이러한 황제에 의한 성직자의 임명에 대하여 그것은 성직매매라고 비판하고 저항하였다. 그러한 저항이 敍任論爭(Insvestiturstreit)이었다. 서임논쟁에 있어서 교회가 가장 강하게 저항한 것은 수도사 출신의 그레고리우스 7세 교황(Gregorius: 1073-1085) 때 이었다. 서임논쟁은 결국 그레고리우스 7세 교황이 신성로마제국의 황제 하인리히 4세(1056-1106)를 破門하고 폐위시킨 후에 하인리히 4세 국왕이 1077년 그레고리우스 7세 교황에게 파문과 폐위를 철회하여 줄 것을 간청한 카놋사(Canossa)의 굴욕을 겪게 되었다. 이 카놋사 굴욕을 계기로 하여 교황권력이 황제권력을 지배하는 교회지배의 시대가 열리게 되었다. 카놋사의 굴욕의 사건이 있은 후 서임논쟁은 1122년 보름스 화약(Wormser Konkordat)에 의하여 종결되게 되었다. 교황지배의 시대에 교회법시대가 전개되었다.

교회권력도 십자군 전쟁(1096-1291)의 실패, 教皇空位의 時代(Sedisvakanz)를 거치면서 약화되어 황제권력의 도전을 받게 되었다. 그 결과로 1309년부터는 신성로마제국과 갈등을 빚어온 교황은 프랑스의 아비뇽에 머물면서(소위 아비뇽의 유수) 프랑스 왕에게 의존하기 시작하였다. 그리하여 교회권력은 약화되기 시작하여, 나폴레옹 시절에는 교회재산이 몰수당하고, 1801년에는 나폴레옹과의 정교협약에 의하여 정교분리의 원칙이 이루어져 교회와 세속권력이 분리되게 되었다.

이와 같이 서양에서는 처음에는 황제의 권력이 교회를 박해하다가, 황제권력이 교회권력을 보호하고 지원하는 시대로 발전한 다음, 교회권력이 황제권력을 제압한 교회시대 내지 교회법시대를 거친 후, 황제권력이 교회권력으

76) 기독교가 박해를 받고 있을 때에는 신앙의 순수성이 유지되었다. 그러나 기독교의 공인과 국교로의 인정에 의해서 정치와 기독교가 결합하게 되어 신앙의 순수성을 잃어갔다. 이러한 교회의 발전방향에 대항하여 신앙의 순수성을 지키기 위하여 수도원(Kloster)이 건립되었다 (Siehe, a. a. O., S. 14).

로부터 독립하여 분리되는 과정을 거쳤다. 교회권력이 가장 강성하였던 시대가 대체로 1100년 前後였으며, 이 시대에 로마법 대전 특히 학설휘찬이 학문적으로 연구가 이루어지기 시작하였으며, 교회법도 로마법연구와 함께 연구되었다. 이 시기에 도덕신학, 신학적 자연법론이 로마법의 연구와 교회법의 발전에 사상적인 바탕이 되었다. 도덕신학과 신학적 자연법론에 의하여 로마법이 순화되고 내용이 더욱더 자연법적으로 발전하게 되었으며, 교회법도 독자적인 법영역으로 발전되어 유럽대륙에서 보통법으로 발전하게 되고 로마법이 유럽대륙에 계수가 이루어지게 되었다. 로마법과 교회법이 도덕신학과 중세신학적 자연법론의 영향을 받아 연구되어 상용화의 과정을 거쳤기 때문에 로마법은 인류보편의 가치를 담은 법으로 발전할 수 있게 되었다.

교회법 역시 교황권력이 강하였던 교회법시대에 크게 발전하였다. 이 시대에 교회법대전을 구성하는 교회의 중요한 법전들이 편찬되었으며, 교회법학이 형성되고, 교회법원이 세속사건도 재판하는 시대를 이루었다. 물론 교회법의 내용이 인류보편의 가치를 담아 발전하였음은 물론이다.

또한 중세의 교회는 역사적으로 고대부터 전해 내려온 그리스철학을 후세에 전해준 중개자 역할을 담당하였다.[77] 따라서 중세의 교회철학자들의 철학을 이해하기 위해서는 그리스 철학의 이해가 先行되어야 한다. 서양에서의 법과 국가에 대한 이해는 역사적으로 고대 그리스로부터 시작되어 그 철학이 계속 발전되어 이어져 오고 있다. 중세 대학에서의 학문도 근대 르네쌍스도 모두가 그리스와 로마의 사상를 기초로 하여 발전된 학문의 결실이다.[78] 그리하여 서양의 중세와 근세의 精神史(Geistesgeschichte)는 고대의 문화를 새롭게 시대에 맞게 발전시킨 것이다.[79] 이러한 서양의 정신사에서 변함없이 다루어진 중심 과제는 진리(Wahrheit)와 정의(Gerechtigkeit)의 문제였다.[80] 그러나 이러한 진리와 정의가 시대구속적이기 때문에 시대의 변천에 따라서 변화를 거듭하여 왔다. 그러나 진리와 정의의 문제는 서양의 정신사에서 변함없는 논의

77) Nobert Horn, Einführung in die Rechtswissenschaft und Rechtsphilosophie, 5. Aufl. (C.F.Müller, 2011), Rn 221.
78) A. a. O., Rn 221.
79) A. a. O., Rn 221.
80) A. a. O., Rn 221.

의 중심이 되어 왔다.[81)]

(2) 로마법에 미친 기독교 사상(도덕신학)과 신학적 자연법론

로마법, 그 중에서도 학설휘찬이 주석학파와 주해학파에 의하여 연구되기 시작하였을 때에 영향을 주었던 사상은 기독교 신학, 그 중에서도 도덕신학이었으며, 교부철학자들에 의한 신학적 자연법론도 로마법의 연구에 영향을 주었다. 또한 주석학파와 주해학파가 주석과 주해로 볼로냐 대학에서 가르쳐졌을 때에 교회법전도 역시 함께 가르쳐졌다. 그리하여 로마법은 주석학파, 주해학파에 의하여 도덕신학 및 신학적 자연법론의 사상적 영향을 받아 더욱더 순화되어 갔으며, 그 내용이 더욱더 인류보편의 가치를 담아 풍성하게 발전하였다. 그 결과로 로마법은 쓰여진 이성으로 받아들여지게 되었다. 주석학파, 주해학파에 의하여 연구된 로마법은 쓰여진 이성으로서 교회법과 함께 유럽대륙에서 재판과정에 일반법으로 적용되었다. 그리하여 주석된 로마법과 교회법이 유럽대륙에서 보통법(ius commune)으로 인정되고 재판과정에 고유법인 게르만법이 없는 경우, 또는 교유법이 불명확하거나 입증할 수 없는 경우에는 로마법이 보충적으로 적용되었다.

기독교신학의 한 분야인 도덕신학은 기독교윤리(Christian ethics)를 다루는 신학이다. 그러므로 기독교윤리는 세속의 윤리보다는 이웃에 대한 배려와 이웃에 대한 사랑의 실천을 인간의 덕목으로 하는 신학이다. 따라서 도덕신학은 상대방을 배려하는 윤리를 내용으로 한다.

중세의 신학적 자연법론은 신의 질서가 최고의 이상적인 질서이었으며, 이상질서인 신의 질서가 이 세상에 실현되기를 바라는 법사상이었다. 이러한 신학적 자연법론은 다른 한편으로는 교회와 신앙에 세속질서에 대한 우위를 인정하고 이를 지키려는 법사상이라 이해된다. 이러한 신학적 자연법론은 고대 그리스에서의 이데아의 세계, 엔테레히의 세계, 로고스의 세계를 신의 세계로 바꾸어 놓은 자연법론이었다. 이러한 자연법론 모두는 이상의 질서가 현세의 질서에 정착되기를 바라는 念願에서 주장된 법사상들이었다. 모두가 다

81) 철학사(Philosophiegeschichte)와 법사(Rechtsgeschichte)는 다 함께 법의 정신사(Geistesgeschichte)와 이념사(Ideegeschichte)의 전통을 형성하여 왔다.

理想主義를 추구한 법사상이었다.

또 한편으로 교회는 로마법을 받아서 교회를 치리하였으나 점차 교회법이 로마법과는 독립된 법영역으로 발전하게 되었다. 이처럼 교회법이 로마법과는 차이가 있는 독자적 법영역으로 발전할 수 있었던 사상적 배경은 역시 기독교 신학의 영향과 신학에 기초한 자연법사상의 영향에 의한 것이었다. 기독교신학 중에서도 도덕신학이 로마법의 순화에 기여하면서 동시에 교회법 형성의 기본적인 사상이 되었다. 도덕신학은 로마법을 기독교의 博愛(caritas)와 慈悲(misericordia)로 표현되는 사랑의 최고의 윤리적 가치로 변화를 가져오게 하였으며, 로마법을 醇化하였다. 그리하여 로마법에 바탕을 두면서 사랑의 윤리로 순화된 법질서로 교회법이 형성되고 발전하게 되었다. 그 결과로 교회법이 인류의 최고가치인 사랑을 법에서 실천할 수 있도록 하였으며, 이와 함께 로마법을 더욱더 인류의 보편가치인 사랑을 실천할 수 있도록 승화시켜고 순화시켜 나갔다.

또한 敎父들에 의하여 발전된 중세의 자연법 사상도 로마법의 변화에 기여하였으며 교회법의 내용을 신의 질서에 부합되게 이끌어 나갔다. 교부철학자들은 법을 永久法(lex aeterna)인 神法(lex divina), 自然法(lex naturalis), 人定法(lex humana)의 순위로 체계화하고, 자연법은 인간이 이성에 의하여 파악된 신법이며, 인정법은 자연법에 반할 수 없으며, 자연법에 반하는 인정법은 그 효력이 인정될 수 없다고 하였다. 그리하여 인간이 만든 법은 자연법에 부합할 때에 유효하다고 함으로써, 중세의 신학적 자연법론은 결국 인간이 만든 법은 신의 질서에 부합할 것을 요청하였다. 그 결과로 교회에 들어온 로마법이 신의 질서에 부합될 수 있는 방향으로 변화를 하게 되었으며, 교회법은 더욱더 자연법과 신법에 부합되게 발전할 수 있었다.[82)]

따라서 로마법이든 교회법이든 중세의 교회시대에는 도덕신학과 신학적 자연법론의 사상적 영향으로 더욱더 인류보편의 가치를 담아 실천할 수 있도록 발전하게 되었다. 이렇게 도덕신학과 신학적 자연법론에 의하여 순화된 로

82) 교회법과 세속법과의 중요한 차이점은 세속법은 인간의 외부행위를 규율의 대상으로 삼는데 반하여, 교회법은 인간의 내면세계도 규율의 대상으로 삼는 점이다(Siehe, de Wall, Muckel, a. a. O., S. 105).

마법은 쓰여진 이성(ratio scripta)으로 받아 들여지게 되었다.

이러한 중세의 신학적 자연법론을 이끈 자연법론자로는 교부철학자였던 아우구스티누스(Sanctus Aurelius Augustinus: AD 354－AD 430)와 토마스 아퀴나스(Thomas von Aquin: 1225－1274)였다. 또한 스콜라철학(Scholatizismus)의 방법론[83)]에 입각하여 교회법의 발전과 로마법의 순화가 이루어졌다.

중세의 교회시대에는 도덕신학과 신학적 자연법론이 로마법의 변화와 순화 및 교회법의 형성과 발전을 이끌었다. 그러므로 로마법은 더욱더 인류보편의 가치를 담은 법으로 발전하게 되었으며, 교회법은 더욱더 독자적인 법영역으로 발전할 수 있게 되었다. 중세의 교회법과 로마법이 주석학파와 주해학파에 의하여 함께 연구되고, 중세의 대학에서 함께 가르쳐지고, 교회법원에서 세속사건도 재판하게 됨으로써 교회법과 로마법의 양법이 유럽대륙에 보통법(ius commune)으로 인정되고 받아들여지게 되었다. 그리고 가톨릭교회에서는 오늘날 교회법을 神學의 한 분야로 다루고 있다.[84)]

종교개혁이 있고 나서 개신교는 법에 의한 교회의 치리보다는 하나님의 은혜를 중시함으로써 교회법을 더 이상 발전시키지 아니하였으며, 개신교는 분방군주의 보호아래 발전하였기 때문에 다시 개신교회가 세속의 분방군주의 권력의 보호를 받는 관계로 들어가게 되었다. 그리하여 개신교는 분방권력에 예속되어 갔다.[85)] 이러한 사정으로 인하여 개신교에서의 교회법은 분방군주가 교회를 다스리기 위한 국가교회법(Staatskirchenrecht)이 주를 이루게 되었으며, 그 국가교회법은 교회내부의 법이 아니라 교회를 치리하게 위한 국가법이었으며 교회법의 법리에 기초하여 형성된 교회내부법이 아니다.

그러나 가톨릭교회에서는 교회법을 계속 발전시켜 나왔다. 가톨릭교회에서는 1582년의 敎會法大全의 효력이 지속되어 왔으나, 1917년에 敎會法典(Codex Iuris Canonici)이 제정되어 시행됨으로써 그 효력이 소멸하였으며, 1983

83) 스콜라적 연구방법은 신학에서 성서의 말씀을 교리로 만들면서 활용되었던 연구방법이었다. 그리하여 스콜라 철학에서는 흩어져 있는 성서의 말씀을 모아 그것을 하나의 체계로 만들고 그 체계를 不變의 진리인 敎理와 理念으로 만들었던 것이다. 법학연구도 개별적인 법적문제에 대한 해답을 하나의 法原則 내지 法理念으로 만드는 방법으로 스콜라적 방법론을 법학에서 활용하였다.

84) de Wall, Muckel, a. a. O., S. 99.

85) A. a. O., S. 22.

년에 다시 교회법전(Codex Iuris Canonici)을 제정하여 오늘에 이르고 있다.

현행의 가톨릭교회법전에서의 교회법의 중요한 특징은 첫째로 교회법은 遡及效를 인정하지 아니하는 점과, 둘째로 교회법에서는 교회재판에 의하여 이루어지는 판례의 법원성을 부인하며, 교회내에서 생성된 관습법을 교회법의 내용으로 인정하지 않는 것은 아니지만 원칙적으로 관습법을 교회법의 法源으로 인정하지 아니하며, 셋째로 衡平을 강조하는 점이다. 교회법의 규율내용이 不在한 때에는 類推(Analogie)에 의해 교회법의 흠결을 보충하면서 그러한 유추에 있어서는 형평(aequitas: Billigkeit)의 원리를 강하게 적용한다.[86] 그리고 교회법은 법적안정을 위하여 교회법은 소급효를 인정하지 아니한다.[87] 교회내에서의 관습법이 법원으로 인정되기 위해서는 교회법 제정권자에 의하여 그 관습법이 成文의 교회법으로의 제정이 있어야 한다.[88] 따라서 교회법은 극히 실정법주의의 원칙을 유지하고 있다.

(3) 교회법에서 형성된 법제도로서 세속법에 傳授된 법제도들

도덕신학 및 신학적 자연법론의 영향으로 로마법이 더욱 인류보편의 내용으로 발전하였을 뿐만 아니라, 도덕신학과 신학적 자연법론을 바탕으로 하여 생성된 교회법에서 창안된 구체적인 교회법제도들이 세속법에 영향을 주어 세속법의 내용으로 편입된 법제도들이 적지 아니하다. 그러한 구체적인 교회법제도로서 세속법에 들어온 법제도는 법의 전분야에 걸쳐서 이루어졌다.

구체적으로 살펴보면, 먼저 첫째로 도덕신학의 영향에 의한 제도로서, 교회법에서는 이자수령을 금지하였다. 이러한 이자수령의 금지와 함께 폭리행위금지의 법리도 교회법에 그 근원을 두고 있다. 교회법에서는 과도한 불이익(laesio emormis)의 금지를 인정하였으며, 그러한 법이론은 정당한 값(iustum pretium: gerechter Preis)의 이론으로 발전하게 되었다. 교회법에서는 일반가격의 半값에 미달되면 과도한 불이익이 되는 것으로 인정하였다. 이러한 폭리행위금지의 법리는 도덕신학에 기초한 이론이었으나 법적의무로 전환되어 일반

86) A. a. O., S. 161.
87) A. a. O., S. 159
88) A. a. O., S. 166.

적인 법원칙으로 발전되었다.[89] 오늘날 폭리행위의 금지는 바로 교회법에서의 과도한 불이익의 금지의 법리에서 생성·발전된 법제도이다. 이와 같이 이자금지, 폭리행위 금지의 법리는 1234년의 그레고리우스 9세 교령집(Liber Extra)으로부터 발전된 교회법제도들이다.

둘째로 교회법에서는 諾成契約의 유효성을 인정한 것이었다. 즉 교회법학자들은 모든 합의는 방식을 고려함이 없이 구속력이 있는 것으로 파악하였다. 그리하여 "계약은 지켜져야 한다"(pacta sunt servanda)는 일반법원칙이 교회법에서 생성되었다.[90] 교회법은 이러한 성서의 말씀을 기초로 하여 계약은 지켜져야 한다라는 契約倫理를 법의 원칙으로 바꾸었다.

로마법에서는 계약법정주의를 취하였으며, 問答契約(stipulatio), 法廷讓與(in iure cessio) 등의 엄격한 방식을 갖춘 계약에 대해서만 訴權(actio)를 인정하였다. 그리하여 낙성계약은 소권이 인정되지 아니하였기 때문에 당사자간에 구속력이 인정되지 않았으나, 교회법에서는 당사자가 합의한 이상 그 계약도 당사자를 구속한다는 법리를 인정하고, 낙성계약의 불이행에 대해서도 교회법원에서 그 구속력을 인정하였다. 그리하여 낙성계약의 유효성은 교회법에서 인정하여 오늘날에 이어지고 있다.

이와 같이 낙성계약의 유효성을 인정한 역사적 과정을 살펴보면 기독교의 도덕신학 및 贖罪謚福(Bußsakrament)에서는 모든 약속은 그 방식에 구애됨이 없이 유효로 인정하였으며, 약속을 지키지 않는 것을 거짓이며 죄로 다루었다. 물론 성서도, 교부들의 말씀도, 교회철학자들도 모든 약속은 그 방식에 관계없이 유효함을 인정하였다. 교회법학자들이 이러한 성서의 말씀을 기초로 하여 계약은 지켜져야 한다는 계약윤리를 법의 원칙으로 바꾸었다. 그 결과 1234년의 그레고리우스 9세 교령집(Liber Extra)에서 성문법으로 모든 계약은 지켜져야 한다고 규정함으로서 낙성계약의 유효성은 교회성문법전에 의하여 일반적으로 인정되게 되었다. 그리하여 낙성계약의 유효성이 세속법에서도 일반적으로 인정하게 되었다.

셋째로 1298년에 편찬된 보니파치우스 8세 교령집(Liber Sixtus)에서 도덕

89) Stephan Meder, Rechtsgeschichte (Köln, Böhlau Verlag, 2002), S, 136.
90) Stephan Meder, Rechtsgeschichte, 4. Aufl. (Köln, Böhlau Verlag, 2011), S, 16.

신학을 기초로 하여 규정한 법의 일반원칙(Regulare Iuris)으로부터 발전된 교회법제도로서 세속법의 법원칙으로 전환된 것들이 적지 아니하다. 보니파치우스 8세 교령집에는 88개조에 달하는 법의 일반원칙을 규정하고 있었다.[91][92]

보니파치우스 8세 교령집의 법의 일반원칙 제69조에서는 도의관념 또는 선량한 풍속에 반하는 약속의 효력불발생의 법리를 인정하였다. 그러한 교회법의 법리가 세속법의 일반원칙인 반사회질서의 법률행위의 무효의 법리로 발전되었으며, 교회법에서의 탈법행위의 금지원칙(일반원칙 제84조)이 세속법의 법원칙으로 수용되었다.

그리고 동 교령집에서의 법의 일반원칙 제4조에서는 손해배상의 방법으로 원상회복(Naturalrestitution)을 인정하였다. 오늘날 손해배상의 하나의 방법으로서 원상회복의 인정은 바로 교회법에서 출발하였다.

또한 직접대리제도와 제3자를 위한 계약의 법리도 보니파치우스 8세 교령집에 근거를 둔 교회법제도로서 세속법에 전수되었다. 로마법에서는 직접대리제도를 알지 못하였다.[93] 왜냐하면 로마법에서의 계약은 엄격한 방식을 요하였기 때문에 방식을 갖추기 위해서는 계약당사자가 계약체결 전에 현장에 있어야 하기 때문이었다. 특히 문답계약의 경우에는 당사자가 직접 문답을 하여야만 하였으므로 제3자를 위한 문답을 할 수 없었다.

그러나 보니파치우스 8세 교령집으로부터 시작하여 13세기 이래로 교회법에서는 혼인계약의 체결에 대리가 인정되었다. 이처럼 교회법은 고도의 인격적인 법영역에서 대리가 허용하였음에도 불구하고, 세속법인 로마법에서는 비인격적인 법영역에서 대리를 허용하지 않은 이유를 찾을 수 없었다. 그리하

91) 보니파치우스 8세 교령집에는 88개조의 법의 일반원칙을 규정하고 있으나, 그 일반원칙은 학설휘찬 제50권 제17장에서 규정하고 있는 211개항의 법의 일반원칙 규정을 모방하여 규정하고 있으며, 그러므로 학설휘찬 제50권 제17장의 법의 일반원칙과 중복되는 내용이 많으며, 교회법에서는 아무런 의미가 없는 규정도 담고 있다. 예를 들면 일반원칙 제6조(Regula VI)에서는 어느 누구도 불능에 대해서는 책임을 지지 아니한다라고 규정하고 있으나, 그러한 일반원칙은 교회법에서는 아무런 의미가 없다. 그러나 24개 일반원칙 조항은 학설휘찬에서의 법의 일반원칙과는 다른 순수히 교회법의 일반원칙이다.

92) 교회법의 용어에 관하여, Canones는 공의회의 결의를 의미하며, Dekretalen은 교황의 결정인 敎令을, canon은 조문을, Kanonistik은 교회법 또는 교회법학을 의미한다.

93) 로마법에서는 "어느 누구도 다른 사람을 위하여 약속을 할 수 없다"(Alteri stipulari nemo potest: Niemand kann sich zugunsten eines anderen etwas versprechen lassen)는 법원칙이 인정되었다.

여 교회법에서의 직접대리와 제3자를 위한 계약의 성립의 인정은 "계약은 지켜져야 한다"는 법원칙과 결합하여 오늘날의 직접대리제도와 제3자를 위한 계약의 법리 형성에 영향을 주었다. 그러나 직접대리제도가 세속법에 정착하는 데는 오랜 시간이 걸렸다.

그리고 긴급피난의 법리도 교회법에서 출발한 법제도이다. 긴급피난의 법리에 관하여는 보니파치우스 8세 교령집 이전인 1188년에 편찬된 교회법서인 追加敎令抄錄(Breviarium Extravagantium Decretalium)에서 인정된 교회법제도였다. 동추가교령초록에는 역시 도덕신학에 기초한 14개의 법의 일반원칙을 담고 있었다. 추가교령초록에서의 법의 일반원칙으로 "病者는 斷食誡命을 지킬 필요가 없다"(Kranke brauchten sich nicht, an Fastengebote zu halten)는 도덕원칙이 인정되었다. 이러한 도덕원칙은 게르만법에서의 "위난은 법을 모른다"(Not kennt kein Gebot)는 법원칙과 결합하여 세속법의 일반원칙이 되었다.

또한 추가교령초록에서는 법률행위의 일부가 무효일 때에는 그 殘部가 유효하다는 잔부유효의 원칙을 인정하였다.[94)]

그리고 교회법학에서는 過責(Verschulden)에 기한 개인책임의 이념을 정립하고, 금지된 행위로 인하여 결과가 발생하였다고 하더라도 부주의로 인하여 결과가 발생하였을 때에만 책임을 진다는 이론을 발전시켰다. 그리하여 교회법학에서는 과실책임의 법리를 발전시켜 세속법의 과실책임의 원칙 정립에 기여하였다.

또한 교회법은 점유보호를 확대하였다. 로마법에서는 점유권이 인정되기 위해서는 물건에 대한 사실상의 지배에 점유자의 소유의 의사(animus dominandi)를 요하였으나 교회법에서는 점유에 자기의 이익을 위한 의사(animus possidendi)가 있으면 점유권으로 인정하였다. 그리고 선의자 보호와 관련하여 시효취득에 있어서 교회법은 全 점유기간 동안 선의일 것을 요구하였다.[95)] 그러나 로

94) 법률행위의 일부가 무효인 경우에 학설휘찬에서는 잔부유효로 인정하고(D. 45. 1. 1. 5), 보니파치우스 8세 교령집에서도 역시 잔부유효로 인정하였으며(Regula XXXVII), 독일보통법에서도 역시 잔부유효로 인정하였다. 그러나 19세기 판덱텐법학에 와서야 비로소 일부가 무효이면 전부무효로 바뀌게 되었다.

95) 현재의 교회법전에서도 여전히 소멸시효와 교회재산의 시효취득을 위해서는 全 점유기간 동안 선의를 요구하고 있다(can. 1268, can. 198 CIC(Codex Iuris Canonoci)).

마법에서는 占有 開始시에 선의이면 족하였다. 그리고 교회법에서는 악의자에 대해서는 소멸시효의 진행을 인정하지 않았다.

교회법은 범죄성립에 있어서 犯意를 중히 다루어 범죄의 결과보다는 범죄의 동기와 범의를 중시하여 결과책임에서 과실책임에로의 전환에 기여하였으며, 응보형에서 교육형 형벌제도로의 발전 등에 기여하였다.

이와 같이 교회법은 도덕신학의 영향으로 법의 도덕화(Moralisierung des Rechts)에 크게 기여하였다. 그것은 도덕신학에 의하여 정의를 박애와 자비와 결합시켜 교회법과 교회법학에서 일반적인 법원칙과 구체적인 법제도를 발전시킨 결과이었다.

중세의 신학적 자연법론에 기초한 교회법제도로서 세속법에 미친 법제도들도 적지 아니하다. 그 첫째가 인간의 신앞의 평등사상은 인간의 법앞의 평등원칙으로 전환되었다. 성서에서는 모든 사람은 신의 피조물이며, 형제자매라고 하였다. 그러한 신앞의 평등사상이 세속법의 법앞의 평등의 사상적 기초가 되었다. 그리고 1140년의 그라티아누스 교령집에서는 남녀의 권리와 의무를 평등하게 하는 방법으로 남녀의 평등을 이루고자 하였다. 이러한 중세 교회법에서의 인간의 평등사상은 남녀간의 평등도 그 내용으로 하였으며, 중세 교회법에서는 여자도 남자와 동등하게 소송당사자가 될 수 있었다.[96)][97)] 그러나 형식적으로는 남녀가 소송상 평등하였지만 실질적으로는 불평등한 점이 많았다.[98)][99)]

둘째로는 다수결의 원리(Mehrheitsprinzip), 형법상의 一事不再理의 원칙(ne bis in idem: nicht zweimal gegen dasselbe), 의심스러울 때에는 피고인의 이익으로의 원칙(in dubio pro reo), 그리고 비호권(Asylrecht) 이론[100)] 등이 교회법으로

---

96) Knut Wolfgang Nörr, Romanisch-Kanonisches Prozessrecht(Springer Verlag, 2012), S. 23.

97) 수도승은 상사의 동의가 있어야 원·피고가 될 수 있었으며, 破門을 당한 자는 원고가 될 수 없었다. 그러나 방어를 위해서 피고는 될 수 있었다. 그리고 파문을 당한 자라도 上訴는 할 수 있었다(Vgl., a. a. O., S. 23). 그러나 파문당한 피고는 반소를 제기할 수 없었다(Vgl., a. a. O., S. 107).

98) Meder, a. a. O., S. 158.

99) 교회법원의 관할사건에 관하여는, 수도사가 피고인 사건은 교회법원의 전속관할에 속하였으며, 미천한 자도 교회법원에 소송을 제기할 수 있었으며, 세속법원이 다루기를 거부한 사건도 교회법원에서는 다루었다(Vgl., Nörr, a. a., S. 60). 교회법원의 판결은 패소자를 파문하는 방법으로 강력하게 집행할 수 있었다.

출발하여 세속의 법원칙으로 발전된 법제도들이다.

다수결의 원칙은 보니파치우스 8세 교령집에서 법의 일반원칙으로 "다수결로 결정한 것은 합의로 본다"(Regula LXXXIV)는 규정으로부터 교회법학자들이 정립한 법원칙으로서 공법상의 문제해결에의 적용으로 확대하였으며, 오늘날 민주주의 발전의 기초가 되었다. 교황선출에 있어서의 다수결의 원리가 적용된 것은 1179년 교황선출 규정에서 시작되었다.101)

그리고 일사부재리의 원칙은 教會法史에 있어서 僞書102)로부터 배태된 교회법원칙으로서 세속법에서의 공법상의 一事不再議의 원칙과 형법상의 一事不再理의 원칙으로 발전되었다.

또한 형사소송법상의 일반원칙은 의심스러울 때에는 피고인의 이익으로의 법리도 교회법에 그 기초를 두고 있다.103)

그리고 기득권 보호의 원칙도 교회법에서 발전된 법원칙이다. 그레고리우스 9세 교황은 그의 교령에서 법률은 장래에 향하여 효력이 있으며, 과거에 대해 불이익하게 되지 아니한다고 하였다. 이러한 법률의 소급효 금지에 의하여 기득권 보호의 법원칙이 형성되었다.

교회의 비호권은 성서의 민수기 제35장 11절이하에서 이미 인정되고 있었으며, 프랑크시대에 교회의 教會領의 免稅地(Immunität)로의 인정과 면세지재판권(Immunitätsgerichtsbarkeit)의 인정에 의하여 교회재판에서 확립되어, 오늘날의 亡命權으로 발전하게 되었다.

그 외에도 교회법으로 발전된 법제도가 수없이 많다. 공무원의 행위에 대한 국가책임의 인정에 있어서 직무관련성이 있어야 한다는 법리도 그 근원을 교회법에 두고 있다. 이러한 직무관련성 법리는 주교의 행위가 교회의 직무와

---

100) 교회에서의 비호권은 AD 399년부터 인정되었다.

101) Meder(2002), Rechtsgeschichte, S. 166.

102) 교회법사에 있어서 위서(僞書)는 황제권력과 교회권력이 대립되었던 서임논쟁의 시기에 황제에 대항하여 교황체제를 옹호하는 교회법 질서를 세우고자 한 법서들이었다. 위서는 대체로 850년 경부터 나타났다. 대표적인 위서로는 이시도르교령집(Pseudo-Isidore Dekretalen), 디오니시우스 위서, 클레망스 위서 등이 있다.

103) Peter Landau, "Die Bedeutung des kanonischen Rechts für die Entwicklung einheitlicher Rechtsprinzipien", Die Bedeutung des kanonischen Rechts für die Entwicklung einheitlicher Rechtsprinzipien: Schriftreihe der Gesellschaft für Rechtsvergleichung(hrsg. von Heinrich Scholler, Baden-Baden, Nomos Verlagsgesellschaft, 1996), S. 37.

관련이 없을 때에는 주교의 행위에 대하여 교회가 책임을 거절한 데서부터 출발하였다. 이와 같이 교회법에서 주교의 행위에 대한 교회책임의 인정에 있어서 직무관련성의 법리를 정립한 것은 교회가 세속권력의 침해로부터 교회재산을 보호하기 위함에 있었다.

또한 교회법은 채권양도 제도, 계약해제 제도도 발전시켜 세속법의 법제도로 전수하였다. 채권양도는 교회법과 교회재판을 통하여 이루어졌다. 교회재판은 국경을 넘어서도 제기할 수 있었으며, 교회법원의 판결은 국경을 넘어서도 효력이 인정되었다. 그러나 세속의 분방법원은 관할 경계를 넘어서는 효력이 인정되지 않았다. 교회법원의 판결의 집행은 교회의 파문(Exkommunikation)을 통해서 국경을 넘어서도 가능하였다. 그리하여 채권자는 채무자의 채무이행을 확보하기 위해 교회재단에 채권을 양도하고 교회재단이 교회법원에 소를 제기하는 일이 일어났다. 그리하여 교회법원의 소제기를 위한 채권양도가 즐겨 행하여졌다. 이러한 방법으로 채권양도의 법리가 발전하여 세속법에 전수되었다.

계약해제도 역시 교회법에서 출발한 법제도이다. 계약의 해제는 일방당사자가 계약을 지키지 않으면 타방당사자도 계약을 지킬 필요가 없다는 사상에서 출발하였으며, 계약에 충실한 당사자로 하여금 계약을 해소하고 이미 지급한 급부의 반환을 청구하도록 하는 것이 정당하다는 도덕신학 사상에 기초한 제도이다.[104][105]

교회법은 혼인법과 유언법에 크게 영향을 주었다. 혼인조건, 혼인의 방식, 혼인장애, 일부일처제, 비밀혼의 금지, 근친혼의 금지, 남녀평등 내지 부부평등의 사상, 이혼의 금지 및 제한, 별거생활 등은 모두 교회법으로부터 영향을 받은 제도이다. 그리고 교회법에서는 선의의 무효혼을 보호하였으며, 準正제도를 인정하였다. 그러나 교회에서는 혼인외의 성적결합을 죄악시하였기 때문

104) Bruno Schmidlin, Der Vertrag im Europäischen Zivilrecht(Zurich, Schulthess, 2011), S. 165.

105) 상계(compensatio)의 방법에 관하여는 세속법원이나 교회법원 모두 상계를 실체상의 권리로 파악하지 아니하고 절차상의 행위로 파악하였다. 또한 상계의 방법은 상계적상에 이르면 당연상계를 인정하는 방법, 상계의 의사표시를 재판에 의해서 행사하게 하는 방법, 그리고 상계의 의사표시에 의하여 상계하도록 하는 방법이 혼용되었다(Vgl., Nörr, a. a. O., SS. 105－106). 그러나 독일 보통법시대에는 당연상계를 인정하였다. 지금은 상계의 의사표시를 요하고, 상계의 효과는 상계적상의 요건을 갖춘 때로 소급시키고 있다(한국민법 제493조 제2항).

에 교회법에서는 혼인외의 출생자를 천대하였다. 그 결과 혼인외의 출생자에 대해서는 上訴權을 부인하였으며, 오로지 생존중에 부양받을 권리만을 인정하였다.

오늘날의 유언의 종류, 유언의 방식, 유언집행인제도 등은 교회법으로 부터 영향을 크게 받았다.

또한 교회법은 소송절차에 있어서도 로마법에서의 민사소송의 준비절차와 심판절차를 구별하고 그 담당자를 달리한 방식서 소송제도에서 법관이 소송을 진행하면서 동시에 법을 발견하여 적용하는 일을 모두 담당하도록 하여 소송절차를 일원화하였다. 교회법에서 형사소송절차는 진실발견을 위하여 糾問節次(Inquisionsprozess)로 진행하였다. 그리하여 민사소송에서는 소송의 신속을, 형사소송에는 진실의 발견을 도모하는데 중점을 주어 교회소송절차가 발전하였다.

이러한 교회소송절차에 관하여는 교회법대전 중, 1317년에 발표된 클레멘스 5세 교령집(Clementines)에 주로 규정되어 있다. 특히 민사소송에는 소송절차에 있어서 쟁점정리(litis contestatio) 절차를 없애고, 구두로도 소송을 제기할 수 있도록 하였으며, 증거판단을 단순화하였으며, 소송상의 기일과 기간을 단축하였다. 그리고 결정적인 증거수단은 宣誓로 하였다. 그리하여 세속법원에서의 決鬪, 神判 등에 의한 비합리적인 증거수집방법의 개선에 교회소송제도가 공헌하였다.

그리고 교회법은 국제법의 발전에도 기여하였다. 특히 전시국제법의 형성에 영향을 주었으며, 교회재판은 국제재판의 기원이 되었다. 1139년 인노센티우스 2세(Innocentius II) 교황은 전쟁에 사용할 수 있는 무기의 종류를 열거하는 교령을 발포하여 그것이 전시국제법의 효시가 되었다. 그리고 교회소송은 소송당사자의 국적이나 신분에 구애됨이 없었다. 그 결과로 교회재판은 국제재판의 기원을 이루고 오늘날 국제재판소의 설립에 영향을 주었다.

(4) 교회법과 로마법의 상호관계의 발전

교회법은 본래 교회가 로마법을 받아들여 그 로마법에 기독교 신학 중 도덕신학과 중세의 신학적 자연법론의 사상적 영향을 받아 독자적인 새로운 법영역으로 발전된 법이다. 또 한편으로 로마법은 중세의 주석학파와 주해학파의 로마법에 대한 연구시에 기독교 사상의 영향을 받아 수정되고 확대되고 보다 보편적인 가치를 담은 법으로 발전되었다.

교회법은 중세의 교회시대에 교회법학에 의하여 더욱 발전되고 교회재판을 통하여 교회내의 소송사건을 물론 세속사건에 대해서도 교회법원이 재판함으로서 교회법 원리와 개별법제도가 로마법과 함께 세속사건의 재판에 적용되었다. 그리하여 중세에는 교회법은 교회내부는 물론 교회법원이 관장하는 세속사건에 대한 교회재판에 그대로 적용되고, 로마법은 세속법원의 재판에 적용되었으나 성문법으로서의 로마법이 아니라 주석된 로마법이 당시의 재판에 적용되었다.

그리고 주석학파, 주해학파에 의하여 로마법이 연구됨과 함께 주석학파, 주해학파에 의하여 교회법도 함께 연구되고 가르쳐졌다. 이렇게 서양 중세에는 교회재판권의 관할사건에는 교회법이, 세속법원의 관할사건의 재판에는 로마법이 적용되면서 양법이 병존적으로 발전되어 왔다. 중세의 대학에서는 양법이 모두 함께 가르쳐 지고 양법에 정통한 법학자를 법학박사(Doctor utriusque iuris)라 하였다. 게르만법은 법인에 관한 법이 발달하였기 때문에 교회법인에 관하여는 게르만법에서의 법인법이 교회에 수용되었다.

교회법은 도덕신학에 기초한 기독교윤리에 입각하여 법의 도덕화에 기여하였으며, 자연법론에 의하여 인류보편의 가치를 담아 독자적인 법영역으로 발전하게 되었다. 한편으로 로마법은 역시 도덕신학과 신학적 자연법을 사상적 기반으로 하여 학문적으로 연구되어 로마법도 역시 인류보편의 가치를 담아 실현하는 방향으로 발전하게 되었다. 그리하여 유럽에 계수된 주석된 로마법을 쓰여진 이성(ratio scripta)으로 받아들여지게 되었다. 따라서 로마법과 교회법은 이상적인 인류보편의 가치를 담은 법으로 발전하게 되었다.

그리하여 로마법과 교회법이 근대에 들어와서는 유럽대륙, 특히 독일에서 보통법(ius commune), 즉 신성로마제국의 일반법이 되었다.[106] 독일의 고유

---

106) 독일민법전이 시행되기 전인 1900년까지의 독일의 최고법원인 제국법원 판결의 半이 보통법에 의한 판결이었다고 한다. 그리고 2000년대까지 로마법대전(Corpus Iuris Civilis)에 의한 판결이 행하여졌다고 한다(Siehe, Stephan Meder, Rechtsgeschichte, 4. Aufl.(Köln, Böhlau Verlag, 2011), S. 23).

법은 게르만법이었다. 신성로마제국에서 재판을 할 때에는 원칙적으로는 고유법인 게르만법을 적용하여 판결하여야 하였다. 그러나 고유법이 없거나 고유법이 不明할 때에는 보충적으로 계수된 로마법을 적용하였다. 로마법이 보충적으로 적용되었지만 실제 재판과정에서 재판관들이 대부분 로마법을 공부한 로마법에 정통한 사람들이었고, 고유법의 존재에 대해서는 원고가 입증을 하여야 하였으나 원고가 고유법을 입증하기 어려웠을 뿐만 아니라 입증을 하였다고 하더라도 로마법에 익숙한 재판관들이 고유법을 받아들이지 않았으며, 내용이 보편적이지 못한 고유법은 재판관이 이를 채용하지 아니하였다. 그리하여 계수된 로마법에 보충적인 효력이 인정되었지만 실질적으로는 계수된 로마법이 일반법으로 재판과정에 적용되었다. 교회법도 도덕신학의 기독교 윤리를 바탕으로 한 법의 일반원칙의 내용을 담고 있었기 때문에 재판과정에서 보통법으로서 받아들여졌다. 그 결과 근세는 로마법과 교회법이 법의 내용을 인류보편의 가치를 담아 세속사건의 재판에 일반법으로 적용되게 되었다. 그러한 교회법과 로마법이 오늘날 민법의 기초가 되었다. 그러므로 오늘날의 민법은 인류보편의 가치를 담은 교회법과 순화되고 주석된 로마법으로의 발전단계를 거쳐서 형성된 법이다.

3. 근세 자연법 사상

(1) 근세자연법 사상의 배태의 배경과 고대 및 중세의 자연법론과의 관계

신대륙의 발견(1492)과 종교개혁(1517)에 의하여 중세에서 근대로 시대가 변하였다. 중세는 신중심의 시대였다. 그러나 근대에는 신중심의 중세를 극복하고 인간중심의 시대를 이루면서 시작되었다. 그러나 근대에도 자연법 사상은 계속 이어져 왔다.

고대의 자연법은 이데아세계의 법질서였다. 그것을 스토아철학에서는 로고스라고 하였다. 따라서 스토아철학에서는 로고스의 세계가 이데아의 세계이며, 로고스가 바로 자연법이었다. 중세에 와서는 이데아의 세계가 신의 세계로 바뀌었다. 그리하여 이데아의 법질서를 자연법으로 이해하였던 고대에서 중세에는 인간이 이성으로 파악한 신의 세계의 질서를 자연법으로 이해하였다. 근세에는 신중심에서 인간중심으로 이상질서의 관리자가 바뀜에 따라서 근세의 자연법도 그 주체와 내용이 변하지 않을 수 없었다.

근세의 자연법은 인간의 이성의 질서로 이해되었다. 인간중심의 근세사회이었기 때문에 근세 자연법은 자연히 인간의 존재가치를 가장 중요시 하였다. 또한 인간의 이성의 질서가 가장 합리적이고 이상적인 질서로 이해되었다. 그리하여 근세의 자연법은 인간의 이성에 의하여 인식되고 발견된 이성법(Vernunftsrecht)으로 이해되었다. 또한 근세의 자연법에서는 인간의 가치를 가장 존중하는 방향과 내용으로 발전할 수밖에 없었다. 그리하여 근대 자연법에서는 인간을 집단으로서의 인간(Volk)이 아니라 개인으로서의 인간(Individuum)으로 파악하고, 그 개인인 인간의 가치를 발견하고 그 개인인 인간의 가치를 존중하고 실현하고자한 사회사상 내지 법사상이었다. 그러므로 근세는 인간이 인간자신의 가치를 적극적으로 인정하고 인간적 입장에서 일체의 것을 파악하려고한 시대였다.[107]

이러한 근세의 시작과 함께 세속세계에는 힘있는 사람들에 의한 인간의 지배현상이 일어났다. 그것이 바로 중세 말에서 근세 초사이에 생성된 절대주의 사상에 기초한 절대왕정이었다. 절대왕정은 군주가 절대적 권력자로서 인민과 영토는 절대군주의 소유물로 관념되었다. 그러므로 자연히 근세 초의 절대왕정에서는 朕이 국가라는 이념하에서 절대군주가 인민을 지배하고 영토를 전적으로 절대군주의 소유물로 관념함으로써 인간을 중시한 근세자연법론의 사상에 반하는 현상이 발생하게 되었다.

절대왕정에서의 절대주의 사상은 보댕(Jean Bodin: 1529/30－1596)에 의한 군주주권론이 받아들여지고, 마키아벨리(Nicolo Machiavelli: 1469－1527)에 의하여 절대군주는 절대권력을 아무런 제약없이 절대군주의 의사대로 행사할 수 있다는 사상에 기초하여 인민의 인격도 인민의 소유도 무제한으로 제한하였다. 마키아벨리는 절대군주는 정치적 지배를 위해서는 사기, 권모술수를 하거나 전쟁을 치르거나 무슨 짓을 해도 좋다는 이론을 제시하였으며, 더 나아가 절대군주의 명령이 곧 법이라는 주장을 하였다. 이러한 보편적인 진리에 반하

107) 韓瑞錫, 칸트 근대사상의 이해(養英閣, 1983), 187면.

는 군주주권론과 권모술수의 합법성 인정의 철학에 기초하여 근세초 절대주의 시대의 절대군주는 인민에 대하여 절대권력을 행사함으로써 인류보편의 가치와 질서에 반하는 정치가 행하여졌다. 그러나 인민의 존재를 무시한 그러한 절대군주에 의한 절대권력의 행사는 용납될 수 없었다. 절대군주에 의한 절대권력의 행사의 정당성을 표방한 가장 극적인 표현이 바로 프랑스에서의 루이 14세(1643－1715)가 "朕은 국가다"라는 말이었다. 이러한 절대왕정은 프랑스에서는 물론, 영국, 프러시아에서도 같은 현상으로 일어났다. 그리고 절대왕정의 국가에서는 절대왕정의 유지를 위한 경제정책으로 중상주의(Merkantilismus)와 중농주의(Physiokratie) 정책을 실시하였다.[108)]

이와 같은 절대군주에 의한 절대권력 행사에 저항하여 인간중심의 인간존중의 자연법 사상은 절대군주의 절대권력 행사를 용납할 수 없었으며, 절대왕정을 극복할 수 있는 혁명적이고 급진적인 저항권 행사를 정당화하는 사회사상 내지 법이론이 형성되었다. 그러한 사회사상 내지 법이론이 바로 근세 인간이성에 기초한 자연법론이었다.

자연법론은 절대왕정의 절대권력의 행사에 저항하는 사상과 법이론을 주장하였다. 먼저 근세 자연법론은 인간의 자연상태를 想定하고 자연상태에서는 인간의 모두 자유롭고 평등하고 평화로운 사회를 이루었으나, 이러한 자연상태를 계속적으로 유지하기 위한 방법으로 인민들은 사회계약에 의하여 권력자에게 자신들의 권리를 이양하고 권력을 이양받은 권력자가 자연상태와 같은 사회상태를 유지하지 못하고 인민을 위하여 평화로운 사회상태를 파괴하는 폭정을 행할 때에는 인민들은 그 폭력적 권력행사자를 제거할 수 있다는 저항권 이론을 주장하였다.[109)] 이처럼 근세 자연법론은 暴君放伐論을 주

108) Karl Kroeschell, Deutsche Rechtsgeschichte, B. 3: seit 1650, 3. Aufl.(Köln, 2008), S. 30.

109) 자연상태를 평화상태로 이해하지 아니하고 전쟁상태로 이해한 사회철학자도 있었다. 그 대표적인 철학자가 토마스 홉스(Thomas Hobbes: 1588－1679)였다. 홉스는 자연상태를 만인의 만인에 대한 투쟁상태(bellum omnium contra omnes)라고 하여, 자연상태에서는 불확실성(Ungewissheit)과 공포(Furcht)와 불신(Mistrauen)의 상태라고 하였다. 이러한 홉스의 사상은 당시 영국에서의 王黨派와 議會派가 대립하는 정치적인 불안상태에서 왕당파를 지지하면서 평화를 이룩하고자 하는 사상이었다. 그리하여 홉스의 철학은 평화를 이루고자 하는 철학(Friedenswissenschaft)이었지만 불행하게도 당시의 절대왕정을 정당화하는 철학이기도 하였다. 홉스는 저항권을 부인하였다(Siehe, Christian Schwaabe, Politische Theorie 1 von Plato bis Locke, 2. Aufl.(Paderborn, Wilhelm Fink, 2010), SS. 129－137). 이러한 홉스의

장하였다.

근세자연법론은 인간중심의 근세의 시대정신을 실현할 수 있는 사회, 즉 인간이 인간답게 살 수 있는 사회를 만들기 위하여 법앞에서의 만민의 평등, 주권재민, 권력분립, 천부인권, 저항권을 자연적인 권리로 인정하였다. 이러한 근세 자연법 사상은 절대왕정의 절대군주를 제거하고 인민이 주인이 되는 정의로운 사회를 만들기 위한 사상이면서 동시에 법이론이었다.[110] 사회계약론, 법앞의 평등, 주권재민, 천부인권, 권력분립, 저항권 등의 근세 자연법론의 중심사상은 인간중심의 사회를 이루기 위한 사상이었던 것이다. 이러한 사상은 바로 인간의 자유, 평등을 깊이 인식·인정·존중하고 이를 실현하고자 하였으며, 또한 인간의 인간에 대한 사랑, 즉 박애의 사상을 담고 있었던 것이다. 따라서 근세 자연법론은 인간의 자유와 평등, 인간에 대한 박애[111]의 사상을 기초사상으로 하고 있었다. 이러한 인간존중의 기본사상에 반하는 권력행사에 대해서는 저항권을 행사할 수 있도록 하였다.[112]

이처럼 근세자연법론은 인간중심의 사회를 이루고자 하는 사회사상이었으며, 인간중심의 사회를 이루기 위한 법사상으로서 법앞의 만민평등, 주권재민, 천부인권, 재산권의 보장, 권력분립,[113] 저항권을 인정하였으며, 이러한 법사상은 궁극적으로는 인간의 자유와 평등, 그리고 인간에 대한 사랑, 즉 박애

사상은 개인들에 의한 사회계약론으로부터 출발하면서 개인에게는 지배권력에 대한 복종의 무만을 강조한 모순이 내재해 있었다(Siehe, a. a. O., S.148). 칸트도 자연상태는 록크의 주장처럼 평화로운 목가적인 상태가 아니라 완력이 행사된 상태라고 하였다.

110) 이와 같이 사상이란 현시대의 모순을 비판·극복하고 동시에 새시대를 열기 위한 저항적인 성격을 띠는 것이 본질적인 성격이다. 근세 자연법론도 이와 같이 당시의 절대왕정의 모순을 비판·극복하고 인간중심, 즉 시민중심의 새로운 사회를 이루기 위한 저항적, 혁명적인 성격을 갖고 있었다.

111) 개인의 자유를 존중하는 자유주의 사상이 관철되어 이상적인 상태로 꽃피울 수 있기 위해서는 개인은 다른 개인과 분리된 고독한 개인이 아니라 개인상호간의 연대(Solidarität)와 개인 서로간의 형제애(Brüderlichkeit)가 더 보태어져야 한다(Schwaabe, a. a. O., S. 170).

112) 이러한 저항권 사상의 배태는, 절대왕정하에서는 절대권력 행사자에 대한 심판자가 없었으나 시민사회에서는 인민이 심판자이기 때문에 심판자인 인민에 의해서 폭군인 절대군주를 제거할 수 있다는 것이었다(Siehe, John Locke Two Treatises of Government (ed. by Peter Laslett, Cambridge University Press, 1988), p. 120).

113) Locke에게 있어서의 권력분립 사상의 주장은, 그가 想定한 자연상태에서는 스스로가 스스로를 판단하는 自己司法(Selbstjustiz)의 상태였으나, 사회계약에 의하여 국가에게 사법권이 이양됨으로써 자기사법의 代案으로서 입법권과 집행권(사법권을 포함)으로 분리된 공동체(즉, 국가)를 관념하여 2권분립론을 주장하였다(Siehe, Schwaabe, a. a. O., S. 157).

의 사상에 기초하고 있었던 것이다. 그리하여 근세에는 인간의 자유와 평등, 그리고 인간에 대한 사랑의 사상적 기초위에서 이를 실천할 수 있는 법제도를 구체적으로 만들려고 하였다.

근세 자연법론은 자유, 평등, 박애의 사상을 실천하고 절대왕정과 같은 暴政이 다시는 跋扈할 수 없도록 하기 위하여 이러한 사상에 기초한 실정법을 제정하여 그 법대로 실천해 나가도록 하는 방향으로 사회를 이끌어 나갔다. 그 결과로 자연법론에 근거하여, 영국에서는 명예혁명, 미국에서는 미국독립혁명, 프랑스에서는 프랑스대혁명이 일어나 절대왕정을 제거하여 근대의 인간중심의 시민사회를 이룩하였으며, 독일에서는 절대군주가 계몽적인 방향으로 국가를 통치하여 인민의 교육과 인민을 위한 복지를 실천하였으며, 자유, 평등, 박애의 근세 자연법론의 정신과 사상에 기초하여 프로이센 일반주법(1794), 프랑스민법(1804), 오스트리아민법(1811) 등 근대 민법전이 제정되었다.

이러한 근세 자연법론을 이끈 대표적인 사상가는 록크(John Locke: 1632-1704), 루소(Jean Jacques Rousseau: 1712-1778)를 들 수 있다. 그리고 이러한 근세 자연법론은 17-18세기의 지배적인 사회사상 내지 법이론이었다.

록크는 자연상태를 평화상태로 파악하고 사회계약에 의하여 지배자에게 권력을 이양하였지만 지배권력자가 인간의 자유, 평등 그리고 소유권을 지키지 아니하고 폭정을 할 때에는 그 권력자를 제거할 수 있는 폭군방벌론을 저항권으로 인정하였다. 이처럼 록크는 인간의 자유, 평등, 소유권을 천부인권으로 인정하고, 寬容을 인정하여 근대 시민사회의 사상적 기초를 제공하였다. 록크의 이러한 자연법사상은 버지니아 권리장전, 미국독립선언, 프랑스인권선언에서 법문서로 확인되었다. 또한 오늘날 발전된 시민사회의 사상적 기초는 록크의 자연법 사상에 기초하고 있다.[114]

록크가 주장한 자연법은 인간의 이성으로부터 도출된 이성법으로서 그 이성법은 인간의 이성에 의하여 인식한 神法이었다. 따라서 록크에게 있어서 자연법인 이성법은 이 세상을 지배하는 신의 지혜와 이 우주를 지배하는 영원한 질서로부터 도출되는 법이었다.[115] 따라서 록크에게 있어서 이성법인 자연

114) 록크는 관념론자가 아니라 경험론자이었다(See, Rainer Sprecht, John Locke, 2. Aufl. (Beck, 2007), p. 32.

법은 신의 의사이고 질서정연한 기하학과 같은 진리이기 때문에 구속력이 발생한다고 하였다.[116] 그러므로 록크에게 있어서의 이성법인 자연법은 사물의 본성(Nature der Sache: nature of things)의 한 내용이었다.[117] 따라서 록크에게 있에서는 자연법은 신의 명령(command of God)이며 이성법이며 또한 사물의 본성이었다.[118]

루소는 자연법사상에 기초하여 인간의 자유(liebrté)와 평등(egalité), 인간에 대한 박애(fraternité)를 주장하였다. 루소에게 있어서 자연상태는 록크에게 있어서의 자연상태와 마찬가지로 인간은 자유롭고 평등하였다. 그러나 루소는 록크와는 달리 사소유권의 보장이 인간불평등의 원인이라고 하여 사소유권 인정에 대해서는 회의적인 태도를 보였다.[119] 그리고 루소는 인간의 德性이 상실되어 가는 근대문명을 비판하고 원초적인(ursprünglich) 자연으로 돌아갈 것을 주장하였다.[120] 그리고 루소는 자연상태는 자신을 사랑(Selbstliebe)하는 사회인데 반하여 사회상태는 자신이 가질려고 하는 사회, 즉 소유를 사랑(Eigenliebe)하는 사회라고 하였다.[121] 루소가 비판한 불평등의 사회상태는 당시 프랑스의 절대왕정사회이었으며, 따라서 그는 자유롭고 평등한 자연상태의 회복을 주장하였던 것이었다. 이러한 루소의 사상이 불평등사회였으며 당시 인민을 자기 소유의 대상으로 하여 지배하였던 프랑스 절대왕정에 대항할 수 있는 혁명사상이 되었던 것이었다.

또한 루소는 불평등한 시민사회를 평등한 사회로 전환할 수 있는 방법으

---

115) John Locke, Essays on the Law of Nature(ed. by W. von Leyden, Oxford at the Clarendon Press, 1954), p. 52.

116) Ibid., p. 56.

117) Ibid., p. 57.

118) Ibid., p. 82.

119) 이와 같은 루소의 사소유권이 인간불평등의 기원이 되었다는 소유권에 대한 회의적인 사고는 결국 전체주의적 사고의 기초가 되었다(Siehe, Christian Schwaabe, Politische Theorie 2 von Rousseau bis Rawls, 3. Aufl.(Paderborn, Wilhelm Fink, 2013), S. 11). 루소는 인민소유를 선호하였지만 사소유권을 부인하지는 않고 이를 인정하였다. 그러나 사소유권에 대한 제한을 강하게 인정하였다(See, Christopher Bertram, Rousseau and the Social Contract (London, Routledge, 2004), p. 91).

120) Christian Schwaabe, Politische Theorie 2 von Rousseau bis Rawls, 3. Aufl.(Paderborn, Wilhelm Fink, 2013), SS. 13－14.

121) A. a. O., S. 17.

로 교육과 사회계약을 제시하였다. 루소는 교육은 인격의 자유전개를 가능케 하며, 사회계약에 의하여 자유를 지도가치로 하는 사회를 건설할 것을 주장하였다.[122] 루소가 주장한 사회계약론에서는, 모든 사람은 동등하게 사회계약의 체결에 적극적으로 참여하며, 또한 모든 사람은 체결한 사회계약의 내용에 따라 동등한 의무를 부담한다고 하였다. 그리고 사회계약에 의하여 자연상태에서 사회상태로 전환함에 따라서, 사회계약에 참여한 모든 시민은 그 때까지의 자연상태에서 오로지 자기 자신만을 보아온 인간의 모습이 사회상태에서는 덕스럽고(tugendhaft) 공동의 복지(Gemeinwohl)를 지향하는 人間相으로 바뀌게 되며, 또한 그러한 인간상으로 변화하여야 한다고 하였다.[123] 다시 말하면 룻소는 자연상태에서는 인간은 본능 내지 물리적인 충동에 의하여 행동하였으나, 사회계약에 의하여 사회상태로 전환됨에 따라서 그 사회상태에서는 정의와 이성에 의하여 행동하게 된다고 하였다. 이렇게 인간은 사회계약에 의하여 자연상태에서 사회상태로 전환됨에 따라서 인간상이 바뀌게 된다고 하였다.[124]

그리고 루소는 인민주권(Volkssouveränität)을 주장하여 주권자인 인민은 개개의 인간을 의미하는 것이 아니라 전체로서의 인민을 의미하며 주권자는 입법권만을 갖는다고 하였다.[125] 루소는 국가형태로는 공화정(Republik)을 선호하였다. 집행권은 정부가 갖고 정부는 귀족제(Aristokratie)를 취할 것을 주장하였다.[126] 룻소의 사상에서 가장 중요한 것은 일반의사(volonté généralé)이다. 일반의사는 인민의 결집된 의사인 總意이며, 일반의사는 투표를 통하여 결정 가능하며, 일반의사는 언제나 정당하고(recht), 언제나 공복의 복리를 목표로 지향하고 있다고 하였다.[127][128] 그리하여 사회상태에서는 일반의사에 의하여 지배되고 규율된다고 하였다.[129] 그 결과 룻소의 사회계약과 일반의사에 의하

122) A. a. O., S. 19.
123) A. a. O., S. 23.
124) Bertram, op.cit., p. 82.
125) Schwaabe, a. a. O., S. 24.
126) Bertram, op.cit., p. 158.
127) Schwaabe, a. a. O., SS. 26－27.
128) 프랑스인권선언 제6조에서는 “법은 일반의사의 표명이다”라고 선언하고 있다. 그리하여 일반의사는 법의 형태로 나타나게 된다.
129) Bertram, op.cit., p. 88.

면, 자연상태에서 인간은 완전한 자유를 누렸으나 사회상태에서는 일반의사에 의하여 개인의 자유가 보장은 되지만 제한될 수 있게 되었다.

(2) 근세 자연법론이 미친 영향

근세 자연법론은 인간중심의 인간존중의 사회사상이었으며 법사상이었다. 그러므로 모든 정치제도, 법제도의 중심은 인간이었다. 특정의 권력을 가진 권력자가 아니라 모든 인민이 인간으로서 대접받아야 한다는 사상이었다. 인간위에도 인간없고 인간밑에도 인간이 없는 만인평등의 인간상을 사상의 중심주체로 설정하였다. 그러므로 자연히 인간을 지배하는 절대권력자에 대항할 수밖에 없었다. 절대권력자에 대항하고 인간이 세상의 주인으로서 인간으로 대접받을 수 있기 위해서 인정되어야할 사회사상 내지 법사상의 내용은 바로 만민평등, 주권재민, 천부인권, 재산권보장, 권력분립, 저항권이었다. 그러므로 근세 자연법 사상은 혁명적인 급진적 사상이었다.

근세자연법론이 정치 내지 법제도적으로 이러한 만민평등, 천부인권, 재산권 보장, 권력분립, 저항권을 인간에게 인정한 것은 자연법론에서 인간에 대한 깊은 이해와 인간존중의 사상이 기초가 되어 있었다. 그것은 인간의 자유와 평등과 인간에 대한 사랑이었다. 인간의 자유와 평등, 그리고 인간에 대한 사랑을 실천할 수 있기 위해서는 공법적으로는 주권재민, 천부인권, 권력분립, 저항권을 인정하여야 하였으며, 그러한 공법적인 인간존중의 법적인 확인은 인권보장에 관한 법문서로 이루어졌다. 그러한 법문서에 의한 인간존중의 표현이 이루어지기 위해서는 그 전에 인간을 억압하던 절대군주의 제거가 선행되어야만 하였다.

그리하여 영국에서는 1649년에 크롬웰(Oliver Cromwell: 1599－1658)이 절대군주였던 찰스 1세(1600－1649, 재위: 1625－1649)를 처형하고, 1689년에 와서는 권리장전(Bill of Rights)에 의하여 인간존중의 법문서를 확보하였으며, 미국에서는 식민지 종주국에 대항하여 독립선언서(1776)를 발표하고 독립전쟁(1775－1783)에 의하여 종주국 영국을 몰아냄으로서 근세 자연법 사상을 실천하고 이를 법문서로 확인하였으며, 프랑스에서는 1789년 인권선언을 발표하여 이를 법문서로 확인하였으며, 1793년 절대군주였던 루이16세(1754－1793, 재위:

1774－1792)를 처형함으로서 절대왕정을 소멸시키고 인간중심의 근대의 시민사회를 이루었다. 이처럼 영국, 미국, 프랑스에서는 절대군주의 처형 또는 식민지인에 대하여 절대권력을 행사하였던 종주국을 전쟁을 통하여 몰아냄으로써 혁명적인 방법으로 근세의 자연법 사상을 실천하였다. 그 결과 그 전의 절대왕정시대와는 전혀 다른 새로운 모든 사람이 인간으로 대접받는 시민사회를 이루었다.

그러나 프러시아는 이러한 혁명에 의한 절대군주의 제거의 방법이 아니라 계몽주의 사상의 영향을 받아 절대군주 스스로가 절대권력을 행사하면서도 자신을 절대적 지배자가 아니라 인민의 봉사자(Diener des Volkes)로 표현하면서, 인민의 교육과 복지에 관심을 갖고 실천하는 방법으로 점진적으로 인간을 존중하고 인간을 깨우치는 일을 하였다. 물론 프러시아에서도 절대군주로 하여금 계몽적 군주로 변화할 수 있도록 사상적으로 지도한 사람들은 역시 자연법론자들이었다. 그 대표적인 자연법론자들은 Samuel von Pufendorf[130] (1632－1694), Christian Thomasius[131](1655－1728) 그리고 Christian Wolff[132] (1679－1754) 등이었으며, 계몽적 절대군주는 프로이센의 프리드리히 2세

130) 푸펜돌프의 자연법사상은 그로티우스와 홉스의 자연법사상에 기초하고 있었으며, 경험적으로 살펴보면, 인간은 그 본성이 혼자서는 살아갈 수 없는 사회적 존재이기 때문에 인간은 사회를 이루어 살아갈 수밖에 없으며, 따라서 인간은 서로 돕고 살아가야할 의무를 법적으로 부담한다고 하였다. 이러한 상호의무의 이행을 보장하는 것은 계약에 의하여 이루어지며 그 계약은 의무로 구성되며 그 의무는 3가지 방향, 즉 신과 자신과 다른 사람에 대하여 의무를 진다고 하였다(Vgl., Hans Schlosser, Neuere Europäische Rechtsgeschichte (Beck, 2012), Rn 18－21, 9. Kapitel: Rationales Naturrecht der Aufklärung). 그러나 푸펜돌프는 저항권을 인정하지 아니하였다(Siehe, Der Europäische Rechtsstaat: 200 Zeugnisse seiner Geschichte (hrsg. von Jürgen Brand, Hans Hattenhauer, Heidelberg, C.F.Müller, 1994), S.XXXI).

131) 토마지우스의 자연법론은 경험주의(Empirismus)와 절충주의(Eklektizimus)에 입각하고 있으며, 자연법은 강제할 수 없으나 양심을 구속하는 법으로 개념정의하고, 국가권력을 가진 지배자는 피지배민에게 안전, 질서, 행복 그리고 복지를 보장하여야 할 의무를 부담한다고 하였다. 토마지우스의 이러한 자연법론은 공공의 복리에 이바지하는 공리주의적인 사회윤리이었다(Vgl., a. a. O., Rn 42, 9. Kapitel: Rationales Naturrecht der Aufklärung).

132) 볼프의 자연법론에 의하면 자연법은 天賦的이며, 변화할 수 없으며, 세계속에 내재되어 있는 진리(Wahrheit)로서 정치, 사회의 모든 영역의 공동생활에서 실현되어야만 한다고 하였다. 볼프의 자연법도 역시 의무개념에서 출발하고 있으며, 권리는 구체적 의무의 反射에 불과하다고 하였다. 따라서 그의 자연법론은 善行과 惡行의 윤리적 기초이었다. 따라서 볼프의 자연법론은 모든 인간에게 완전함(Vollkommenheit)을 위하여 노력할 것을 요구하는 의무윤리(Pflichtenethik)이었다. 그의 이러한 자연법사상은 프랑스인권선언에 영향을 주었다고 평가되고 있다(Vgl., a..a. O., Rn 53－54, 9.Kapitel: Rationales Naturrecht der Aufklärung).

(Friedrich II: 1712－1786; 재위: 1740－1786)와 오스트리아의 요셉 2세(Joseph II: 1741－1790; 재위: 1764－1790)이었다.

이처럼 자연법 사상은 인간을 존중하는 사상이었기 때문에 아래로부터의 동의를 얻을 수 있었던 사상이었다. 그렇게 때문에 시민들을 결집할 수 있었던 사상이었다. 그리하여 결집된 시민의 힘에 의하여 혁명이 성공할 수 있었다. 그러나 프러시아와 오스트리아에서는 아래로부터 혁명은 성공하지 못하고 위로부터의 민중의 지위의 향상과 복지를 위한 개혁이 있었을 뿐이었다. 이와 같이 사회의 변화를 가져올 수 있는 사상은 민중을 결집시킬 수 있는 사상이 가장 가치있는 사상임을 알 수 있다.

그리고 혁명에 의하여 급진적인 변혁을 이룬 나라와 계몽적 절대군주제로 나아간 나라와는 자연법에 의한 근대민법전의 제정에 큰 차이를 낳았다. 프랑스에서는 구체제를 완전히 不息하고 자유, 평등, 박애의 사상적 기초위에서 프랑스민법전을 제정하였으며, 독일에서는 舊體制의 잔재를 유지하는 프로이센일반주법[133]을 제정하였다. 그 결과로 舊體制의 잔재를 모두 불식한 독일민법전에 제정되기 까지는 1세기 가까운 시간이 더 소요되었다.

이러한 근세 자연법사상은 오늘날의 헌법과 민법의 실정법에 의하여 규정되어 보장되고 있다. 그러므로 지금의 헌법과 민법은 근대의 자연법 사상에 입각하여 그 사상을 입법하여 규정하고 있으며, 앞으로도 지속적으로 인간중심의 사회로 발전해 나갈 것을 실정법에서 확인하고 보장하고 있으며, 다른 한편으로는 구체제였던 절대왕정에 의한 人間輕視의 상태로 回歸하는 일이 없도록 방지하고 있다. 따라서 오늘날의 정치제도와 법제도는 모두가 근세 자연법론에 의하여 주장되었던 사상을 실정법으로 확인하고 제도화하여 실천해 가고 있는 것이다. 현재 우리의 헌법과 민법도 마찬가지로 근세 자연법론의 사상을 제도화하고 실천해 나가고 있는 것이다.

그리고 근세 자연법론이 주장하였던 사상은 일반적이고 보편적인 사상이기 때문에 그것의 법제화도 역시 일반규정으로 나타날 수밖에 없었다. 그리하여 근대민법에서의 중심사상인 인간의 자유, 평등, 박애 사상은 일반규정으로

---

133) 等族의 인정, 분할소유권의 인정 등이 대표적인 舊體制의 잔재들이었다.

추상적으로 규정되어 있다.

(3) 자연법론에 기초한 근대민법전의 제정

자유, 평등, 박애의 근세자연법 사상에 기초하여 근대민법이 제정되었다. 그러므로 근대민법은 근세 자연법론에 기초하여 제정되었다. 근세 자연법론에 입각하여 제정된 근대 민법전은 1794년의 프로이센 일반주법, 1804년의 프랑스 민법전 및 1811년의 오스트리아 민법전이다. 1896년에 제정된 독일민법전은 근세 자연법 사상을 이어받았지만 다른 근대 민법전과는 달리 판덱텐 법학에 의한 보통법에 대한 연구과정을 거쳐서 제정되었다.

자연법론에 입각하여 제정된 근대민법전이긴 하지만 시민에 의한 아래부터의 시민혁명을 거친 후에 제정된 프랑스 민법전은 자연법 사상인 자유, 평등, 박애를 그대로 실천할 수 있는 내용으로 입법이 되었으나, 아래로부터의 시민혁명의 산물이 아니라 위로부터의 계몽주의의 영향에 의한 자연법사상을 실천하였던 프로이센의 프로이센일반주법과 오스트리아의 합스부르크왕조의 오스트리아민법은 이상적인 자유, 평등, 박애의 사상을 실천한 근대민법전이 되지 못하고 절대왕정하에서 민중에 대한 가혹한 처우를 완화하는 내용으로 입법이 되었다. 그러므로 근대 민법이 자연법에 기초하여 제정은 되었지만 프랑스민법전과 프로이센일반주법 및 오스트리아민법전은 자연법 사상인 자유, 평등, 박애사상의 실천의 모습과 강도에 있어서 차이가 있을 수밖에 없었다. 대표적으로 프로이센일반주법은 사람의 계층을 그대로 유지하였으며, 프로이센일반주법과 오스트리아민법전은 토지소유권에 있어서 중세의 신분구속적 소유권이었던 분할소유권을 그대로 유지하였다.

물론 근세의 자연법론에 의하여 주장된 만민평등, 주권재민, 천부인권, 재산권 보장, 권력분립, 저항권은 공법적인 인권보장의 법문서에서 확인되고, 그 법문서가 헌법으로서의 효력을 가졌으며, 새로이 제정된 헌법에서도 확인되었다. 독일기본법 제3조 제1항은 모든 사람을 법앞에 평등하다(Alle Menschen sind vor dem Gesetz gleich)고 규정하여 독일국민뿐만 아니라 다른 나라의 사람도 모두가 법앞에 평등함을 선언하고 있다.[134)]

---

134) 이는 아마도 나치시대에 독일민족만을 사람으로 인정하고 타민족, 특히 유태인을 권리능

만민평등의 사상은 공법적으로, 버지니아 권리장전 제1조(1776), 미국독립선언, 프랑스에서의 "인간과 시민의 권리선언"(즉, 프랑스 인권선언) 제1조에서 이를 확인하고 있으며, 私法的으로는 프랑스민법 제8조에서 "모든 프랑스 국민은 私權을 향유한다"고 규정하고 있으며, 독일민법전은 보다 더 분명하게 만민평등을 민법에서 확인하고 있다. 즉 독일민법 제1조는 "인간의 권리능력은 출생의 완료로 시작된다"(Die Rechtsfähigkeit des Menschen beginnt mit der Vollendung der Geburt)고 규정하여 모든 인간이 권리능력자임을 인정하여 근세 자연법의 만민평등의 사상을 민법에 실정법적으로 확인하고 있다.[135] 그리고 우리 민법 제3조도 독일민법 제1조를 모범으로 하여 "사람은 생존하는 동안 권리와 의무의 주체가 된다"고 규정하여 인간의 평등을 실정법적으로 확인하고 있다. 이와 같은 인간의 평등은 근세 자연법에서 와서야 비로소 사상적으로 인정되고 실정법적으로 확인되었다.

그리고 근세 자연법은 인간의 생명, 신체, 자유, 안전의 권리를 천부인권으로 인정하고, 이러한 천부인권을 향유하고 행사할 수 있는 인간의 자유, 즉 인격의 자유전개를 인정하고 보장하였다. 공법적으로는 버지니아권리장전 제1조, 미국독립선언, 프랑스인권선언 제2조에서 이를 확인하였으며, 사법적으로는 인간의 행위의 자유를 법률행위의 자유로 인정하였다. 독일민법 제138조 제1항에서는 道義(즉, 선량한 풍속)에 반하는 법률행위는 무효이다(Ein Rechtsgeschäft, das gegen die gutten Sitten verstößt, ist nichtig)라고 규정하여 도의에 반하지 않는 법률행위이면 언제나 허용된다고 함으로써 인간의 법률행위의 자유를 확인하고 실정법적으로 보장하고 있다. 우리 민법도 제103에서 선량한 풍속 기타 사회질서에 위반한 사항을 내용으로 하는 법률행위는 무효로 한다고 규정하여 선량한 풍속 기타 사회질서에 반하지 않은 한 자유롭게 법률행위를 할 수 있도록 하여 인간의 자유를 사법적으로 보장하고 있다. 이러한 인간의 법률행위

력자로 인정하지 아니한 과거시대의 반성에서 규정된 것으로 이해된다.

135) 독일의 同等待遇法(AGG: Allgemeines Gleichbehandlungsgesetz: 2006)에서는 인간의 성별, 인종, 직업, 종교, 출신배경 등 일체의 원인에 의한 차별대우를 금지하고 있다. 동법률은 인간의 평등을 보다 상세히 규정하여, 개인의 국가에 대한 관계에서는 물론 개인과 개인간의 관계에서도 차별없이 동등하게 대우하도록 하였다. 이 법률은 헌법과 민법에서의 평등규정이 추상적인 규정인데 반하여 보다 상세하게 세분하여 극히 좁은 영역에서도 평등을 실천하려는 법률로 평가된다.

의 자유인정은 바로 근세자연법 사상인 인간의 자유를 私法的으로 확인하고 보장하는 것이다.

이와 같이 법률행위의 자유를 확인하고 보장함으로써 인간의 자유를 적극적으로 보장하면서 또 한편으로는 위법행위로 인한 책임에 관하여 과실책임의 원칙을 확인하고 규정함으로써 적법행위로 인하여는 책임을 지지 않음을 확인하여 소극적으로 인간의 자유를 보장하고 있다. 불법행위와 채무불이행으로 인한 책임은 행위자에게 과실이 있을 때에 그 책임을 짐을 원칙으로 하고 있다(§§ 280 Abs 1, 823 BGB, 한국민법 제390조 및 제750조). 이러한 법률행위의 자유, 과실책임의 원칙은 바로 근세 자연법에서의 인간의 자유 보장의 사법에서의 표현이다.

인간에게 자유가 보장되고 인간 스스로가 자기의 인격을 자유롭게 전개하기 위해서는 자기 인격을 실현할 수 있는 재산이 있어야 한다. 그리하여 근세 자연법론에서는 인간에게 사유재산권을 보장하였다. 여기서의 재산권은 소유권이 중심내용을 차지하며 자유로운 사소유권을 의미한다. 이러한 자유사소유권은 중세의 신분구속적인 分割所有權을 극복하고, 절대왕정 시대에 私人의 재산권을 절대군주가 자기 소유물로 관념하고 사용하였던 구시대의 관행에 대항하기 위한 사상이기도 하였다. 그리하여 근세 자연법론자들은 사인의 재산권을 천부인권으로 관념하고 이를 인권선언의 법문서에서 확인하고 근대민법에서도 사소유권을 보장하는 입법을 하였다.

록크는 사소유권을 天賦的인 권리로 인정하였다.[136] 그러나 루소는 사소유권의 인정이 인간불평등의 원인이 되었다고 하였다. 그리하여 루소는 사소유권의 인정에 반대의 입장에 있었다.[137]

프랑스인권선언 제17에서는 사소유권을 신성불가침의 권리로 인정하고 사소유권에 대한 침해는 공공의 필요가 있고 사전에 보상을 하여야 하며 최소한의 침해에 그쳐야 한다고 규정하였다. 그리고 버지니아 권리장전과 미국독

136) 이처럼 록크는 자유와 평등을 인간의 가장 중요한 가치로 파악하여 주장하였을 뿐만 아니라, 이러한 자유를 실천할 수 있는 재산적인 기초인 사소유권도 자유와 평등과 同位의 가치로 인정하고 보호하고자 하였다.

137) 루소의 사소유권에 대한 반대의 입장은 훗날 사회주의에서의 집단적 소유권의 사상적 기초가 되었다.

립선언에서는 사소유권의 보장을 행복을 추구할 권리로 표현하여 이를 천부인권으로 확인하였다. 그 후의 근대 헌법에서도 사소유권을 인간의 기본권으로 보호하도록 규정하였다.

사법적으로도 근대민법에서 사소유권을 보장하는 법규정을 입법하였다. 독일민법에서는 그 제903조 제1문에서 물건의 소유자는 법률 또는 제3자의 권리에 반하지 아니하는 한 소유물을 임의로(nach Belieben)로 처리할 수 있고 모든 간섭을 배제할 수 있다(Der Eigentümer einer Sache kann, soweit nicht das Gesetz oder Rechte Dritter entgegenstehen, mit der Sache nach Belieben verfahren und andere von jeder Einwirkung ausschließen)라고 규정하고 있다. 우리 민법은 제211조에서 소유자는 법률의 범위 내에서 그 소유물을 사용, 수익, 처분할 권리가 있다라고 규정하여 사소유권을 보장하고 있다. 그리고 우리 헌법 제23조에 제1항에서는 모든 국민의 재산권은 보장된다. 그 내용과 한계는 법률로 정한다고 규정하여 사유재산권을 기본권으로 보장하고 있다. 이와 같이 사적 재산권의 보장은 바로 근세 자연법론에서의 재산권을 천부인권으로 보장하여야 한다는 사상에 그 근거를 두고 있다. 재산권의 보장은 바로 인간의 자유의 실현을 가능케 하기 위한 재산적 기초의 보장인 것이다.

그리고 근세 자연법은 주권은 모든 국민에게 있음을 인정하였다. 그것이 바로 主權在民이다. 이러한 주권재민 사상은 절대왕정하에서의 군주주권을 극복하기 위한 저항적인 사상이기도 하였으며, 근세 자연법이 인간중심의 사상이었기 때문에 국가권력의 궁극의 淵源은 국민에 있음을 적극적으로 인정한 것이다.

프랑스인권선언 제3조에서는 주권재민을 확인하고 있으며, 미국독립선서에서는 정부의 정당한 권력은 被治者의 동의에서부터 由來한다고 선언하여 주권재민을 확인하고 있다. 버지니아 권리장전 제2조에서는 모든 권력은 인민에게 있다고 선언하여 주권재민을 확인하고 있다. 나아가 근대의 헌법도 예외없이 주권재민을 헌법에서 확인하고 있다. 우리 헌법은 제1조 제2항에서 대한민국의 주권은 국민에게 있고 모든 권력은 국민으로부터 나온다고 규정하여 국민주권을 헌법의 머리에서 규정하고 있다. 이와 같이 주권재민은 근세 자연법에서 주장된 사상이다.

그리고 근세 자연법론은 권력분립을 주장하였다. 이는 권력이 절대군주에게 집중되었던 절대왕정의 폐해의 경험에서 이를 극복하기 위한 사상으로 주장되었다. 권력분립의 주장은 록크가 2권분립을 주장하고 몽테스큐(Charles Montesqieu: 1689－1755)가 3권분립을 주장하여 발전된 근세의 자연법 사상이다. 권력분립은 권력담당기관을 분리하여 상호견제케 함으로써 인간의 자유를 보장하기 위해서 주장된 이론이다.

권력분립에 관하여 프랑스인권선언 제16에서는 권력분립이 확정되어 있지 아니한 사회는 헌법을 갖고 있지 아니하다고 선언함으로써 권력을 분립할 것을 확인하고 있다. 버지니아 권리장전 제5조에서도 역시 권력분립을 선언하고 있다. 이러한 권력분립은 헌법에서 그것을 명시적으로 규정하든 하지 않든 당연한 정부구성의 원리로 되었다. 이처럼 권력분립의 사상은 바로 근세 자연법론이 후세에 전해준 불멸의 국가(정부)조직의 원리가 되었다.

그리고 근세 자연법 사상은 저항권(Widerstandsrecht)을 천부인권으로 인정하였다. 권력담당자의 불법적인 권력행사에 대해서는 시민은 저항권으로 불법적 권력행사자를 제거할 수 있는 사상적 근거를 제공하였다. 이 저항권은 사회계약론과 결합되어 인정되었으며, 근세 자연법론이 급진적이고 혁명적인 성격을 갖게 하였다. 이 저항권의 천부인권으로의 인정에 의하여 절대군주를 제거할 수 있는 시민혁명을 일어나게 한 사상적 원동력이 되었다.

저항권에 관하여 프랑스 인권선언 제2조에서는 저항권을 천부인권으로 확인하고 있으며, 버지니아권리장전 제3조에서는 저항권을 정부를 개량하고 변혁하고 제거할 수 있는 권리로 규정하고 있다. 미국독립선언에서는 저항권을 새로운 정부를 조직할 권리로 표현하고 있다.

독일기본법 제20조 제4항에서는 헌법적 질서를 제거하고자 시도하는 자에 대해서 이를 방지할 다른 구제수단에 없을 때에 모든 독일 국민은 저항권을 갖는다고 규정하고, 독일기본법 제79조 제3항에서는 저항권 인정의 헌법규정은 헌법개정의 대상이 될 수 없다고 규정하여 저항권을 천부인권으로 확인하고 보장하고 있다. 우리 헌법에는 저항권 인정의 직접적인 규정을 두고 있지는 아니하지만 우리 헌법 제37조 제1항에서 국민의 자유와 권리는 헌법에 열거되지 아니한 이유로 경시되지 아니한다고 규정하고 있으므로, 우리 헌법이 저항권을 명시적으로 규정하고 있지는 아니하지만 우리 헌법이 저항권을 부인하고 있지는 않다고 해석된다.

이와 같이 오늘날 채용되어 운용되고 있는 민주적인 법제도는 인간중심의 근세 자연법사상이 이루어 놓은 결과물이다. 그러므로 오늘날은 근세 자연법사상을 구체적인 제도로 실천해 가고 있는 과정에 있으며 근대 자연법론을 대체할 만한 새로운 법사상은 아직도 형성되지 못한 상태이다. 근세 자연법론이 인간을 중심으로 하여 형성된 사회사상이자 법사상이므로 인간존중의 시대가 계속되는 한 근세 자연법사상을 계속 발전적으로 실천되어 갈 것이다.[138)]

Ⅳ. 민법발전의 조건들

로마법을 세계법의 淵源으로 만든 사상이 무엇이며, 누가 로마법을 세계법의 연원으로 만들었느냐에 대한 연구는 결국 법발전, 그 중에서도 민법발전의 조건의 무엇이냐에 관한 해답을 구하는 것이며, 앞으로 민법이 더욱 발전해 나가야할 방향이 무엇이냐에 대한 탐구이다. 로마법은 로마제국에서 생성된 법이다. 로마제국이 역사에서 사라졌음에도 불구하고 로마법은 여전히 세계법의 근원이 되어 있으며 로마법의 소재는 인류문화의 공동자산이 되어 있다. 우리 민법도 역시 로마법에 그 연원을 두고 있다. 로마법이 어떠한 법이었기에 오늘날도 그 생명력을 유지하고 있으며, 세계법의 뿌리가 되어 있을까?

로마법은 그 생성시부터 인류보편의 가치를 담은 자연법 사상에 기초한 법이었다. 로고스, 즉 이데아사상의 영향을 받아서 로마법이 생성되었다. 로마법이 생성되고 가장 찬란하였던 고전기 로마법은 그리스의 스토아철학의 영

138) 앞으로는 인간의 불완전의 인정, 神의 말씀에의 관심, 지구상의 모든 생물 및 무생물과의 공생과 공존, 인간의 이기심의 극복을 위한 새로운 사회사상 및 법사상이 출현될 수 있기를 기대해 본다. 근세 자연법 사상에서의 인간중심의 사상은 인간의 본성이 선하다는 믿음에서 출발하여 시민사회를 이루었으나, 인간의 본성이 선함만이 아니라 악함도 함께 있다는 사실을 간과한 나머지 오늘날은 인간의 악성이 너무 자라 사회문제를 낳고 있다고 진단된다. 그리고 과학문명의 발달로 인간이 이 세상의 창조자로서 이 세상의 주인으로 생각한 나머지 환경파괴, 이상기후, 도덕심의 해이, 양극화, 신을 잊어버림 등의 理想的이지 못한 사회현상이 발생하고 있다. 이러한 사회적 모순을 극복할 수 있는 새로운 사상의 출현이 기대된다.

향을 받아 인류보편의 가치를 담은 법으로 되었다. 스토아철학의 사해동포주의 사상은 인류가 영원이 간직하고 실천해 나가야할 사상이다. 그러한 영원한 가치인 사해동포주의에 기초하여 로마법이 최고도로 발전하게 되었다. 이러한 고전기의 로마법을 발전시킨 사람들은 법학자들이었다. 스토아철학의 영향을 받은 법학자들이 법을 발전시켰다. 그리고 당시에는 로마제국의 국력이 가장 강력하였다. 법이란 국가가 중앙권력이 가장 강력하였을 때에 발전할 수 있었음을 로마법의 생성의 역사가 이를 입증해 주고 있다. 그리고 고전기 로마법이 발전할 수 있었던 것은 소송제도가 잘 정비되고 그 소송절차에 법학자들이 참여할 수 있는 기회가 주어져 있었기 때문이었다. 소송과정에 법학자들이 법의견을 제시할 수 있는 절차가 보장되어 있었다.

이와 같이 고전기 로마법은 스토아철학의 자연법 사상과 사해동포주의 사상의 영향, 법학자들의 법창조적 활동과 그러한 활동의 제도적 보장, 법을 발전시킬 수 있는 국가의 중앙권력의 강력함으로 발전할 수 있었다. 그 중에서도 법학자들의 활동이 로마법 발전에 중심적 역할을 하였다. 그리하여 법학자는 법관의 법관이라는 지위를 갖게 되었다.

그리고 학설법으로 형성된 고전기 로마법은 유스티니아누스대제에 의하여 로마법대전으로 성문화되어 후세에 로마법을 전해줄 수 있는 소재를 마련하게 되었다. 그리고 기독교의 공인 및 국교로의 인정과 더불어 교회에로 들어와 교회에서 로마법이 더욱더 순화되는 방향으로 발전하게 되었다. 교회권력의 강화와 함께 교회가 받아들인 로마법은 기독교 신학 중에서도 도덕신학의 영향을 받아 순화의 과정을 거치게 되고, 중세 신학적 자연법론의 영향으로 성서의 말씀에 부합하는 방향으로 더욱더 인류보편적인 가치를 담아 발전하게 되었다. 그리고 로마법은 주석학파와 주해학파에 의한 학문적 연구가 이루어져 로마법의 내용이 더욱더 확대·확장되었다.

한편으로 교회내부에서는 로마법을 전수받아 그 로마법을 바탕으로 하여 교회 독자적 법영역인 교회법을 형성해 나갔다. 교회법은 교회법학자들에 의하여 성서의 말씀과 도덕신학에 의하여 인류의 높은 보편가치를 담은 법으로 발전하게 되었으며, 교회재판에서의 준거법이 되고, 주석학파와 주해학파에 의하여 로마법과 함께 연구되고, 중세의 대학에서 로마법과 함께 가르쳐 졌다.

이처럼 로마법은 도덕신학과 신학적 자연법론의 영향을 받아 순화되었으며, 법학자들의 연구와 대학에서의 교육을 통하여 그 내용이 더욱 넓어지고, 순화된 모습으로 발전하게 되었다. 또한 로마법의 발전과 함께 새로운 법영역으로서 로마법에 바탕을 두면서 가장 인류보편적인 가치를 담아 실천하려는 교회법이 생성되어 로마법과 함께 兩法을 이루어 발전되었다.

이와 같이 고전기의 로마법은 중세에 와서는 기독교의 도덕신학과 신학적 자연법론의 영향을 받아 법학자들의 로마법의 연구를 통하여 더욱더 인류보편적이고 순화된 모습으로 발전하게 되었다. 중세의 로마법의 발전도 역시 도덕신학과 자연법론의 영향을 받아서 더욱더 인류보편적인 가치를 담은 법으로 발전하게 되었다. 그리고 중세는 세속권력보다는 강력한 중앙집중적인 교회권력의 뒷받침을 받아 발전하게 되었으며, 소송절차 역시 실체적 진실발견을 가능케 하는 방향으로 전환되어 발전된 로마법이 재판과정에 적용되어 실천되었다.

결국 중세 교회시대의 로마법의 발전도 인류보편의 가치를 담은 자연법론과 기독교윤리를 담은 도덕신학의 영향을 받아 로마법이 높은 보편가치를 실현할 수 있도록 발전하였으며, 세속법학자들과 교회법학자들이 로마법과 교회법을 발전시켰으며, 전세계적으로 강력한 중앙집중적인 권력이었던 교회권력의 뒷받침이 있었기 때문에 교회법이 발전할 수 있었으며, 교회재판 과정이 실체적 진실발견의 방향으로 전환되어 더욱더 로마법과 교회법이 인간의 선한 본성에 부합되게 발전할 수 있었다. 생각해 보면, 고전기의 로마법이나 교회시대의 로마법과 교회법의 발전의 조건들은 동일하였음을 알 수 있다.

이렇게 자연법에서 추구하고자 한 인류보편적인 가치를 담은 로마법과 교회법은 근세에 와서는 쓰여진 이성으로 이해되고 또한 받아들여져, 근세에 서양대륙에 계수가 되었다. 특히 독일에서는 로마법이 사법적, 전면적으로 계수가 되어 계수된 로마법이 신성로마제국에서는 일반법, 즉 보통법(ius commune)으로서의 효력이 인정되었다. 그리고 주석학파, 주해학파에 의하여 연구된 로마법은 주로 학설휘찬을 중심으로 연구가 이루어지고, 서양대륙에 계수된 로마법도 역시 학설휘찬(Pandektae)이었으며, 주석된 학설휘찬이 독일에서는 재판과정을 통하여 계수가 이루어졌기 때문에 이를 판덱텐의 현대적 관용(usus modernus Pandectarum)이라 하였다. 또한 독일에서는 계수된 로마법, 그 중에서도 학설휘찬을 판덱텐법학들이 체계화하고 추상화하는 학문적인 노력을 하였다.

이렇게 주석된 로마법이 서양대륙에 계수가 된 후 근대의 서양에서는 근세 자연법론이 대두되었다. 근세 자연법론은 인간중심의 사회사상이자 법사상으로서 인간의 인격과 이성을 중시하고, 인간의 자유와 평등, 그리고 인간에 대한 사랑, 박애를 최고의 가치로 하여 이를 실현할 수 있는 법원리와 법제도를 주장하였다. 또한 근세 자연법론의 인간중심의 사상은 당시 정치적으로 절대왕정의 절대군주가 인민과 영토에 대해 군주주권론에 입각하여 절대권력을 행사하여 이러한 인간경시의 절대권력에 대항하는 저항사상 내지 저항이론으로 주장되었다.

이러한 근세 자연법론은 자연법론이 지향하는 인간의 자유, 평등, 박애의 가치를 실천하기 위한 법원리 및 법제도로서 만민평등, 주권재민, 천부인권, 재산권 보장, 권력분립, 저항권을 주장하고 이러한 주장을 거부하는 절대왕정을 시민혁명으로 제거하거나 절대군주 스스로가 계몽적 절대군주로 전환을 하였다.

이와 같은 근대 자연법론에 의한 인간중심의 시대사상 내지 시대철학을 실정법으로 확인하고 보장하려고 하는 실천과업은 바로 근대민법전의 제정으로 나타났다. 인간의 자유, 평등, 박애의 근세 자연법론의 가치와 사상을 실천하기 위해서는 그러한 사상실천의 구체적인 내용을 실정법적으로 규정하여 국가권력자로 하여금 실천해 나가도록 하고, 다시 인민을 군주의 소유로 이해하던 절대왕정으로의 回歸를 방지하게 위하여 근대 자연법사상에 기초하여 근대민법전을 제정하였다. 근대민법전은 계수된 로마법을 더욱더 인간중심의 사상, 즉 인간의 자유와 평등, 인간에 대한 박애의 사상으로 더욱더 인류보편의 가치질서로 발전시켰다. 그리하여 프로이센 일반주법, 프랑스민법, 오스트리아민법으로 대표되는 근대민법전은 로마법을 기초로 하면서 근대의 자연법사상의 영향을 받아 더욱더 높은 인류보편의 가치를 담아 실천하는 민법전으로 제정되었다. 그리고 독일민법전은 이러한 근대민법전이 제정된 후에 근세 자연법론의 사상을 바탕으로 하면서 판덱텐법학에 의하여 다시 보통법이 된 계수된 로마법을 학문적으로 더욱더 체계화, 추상화의 과정을 가친 다음에 비로소 제정되었다.

이처럼 근대민법전의 제정에 의한 로마법의 실정법화의 과정도 역시 근대 자연법론의 자연법학자들에 의하여 발전되었다. 특히 근대 자연법론이 인간중심의 법사상으로서 아래로부터 민중 내지 시민의 동의와 그들 힘의 결집을 이룰 수 있었기 때문에 절대왕정의 舊體制를 전복시킬 수 있었다. 독일의 판덱텐법학을 이끈 사람도 역시 법학자들이었다. 그리고 근대 민법도 역시 자연법론 내지 자연법사상에 기초하여 제정되어 계수된 로마법이 더욱더 인간적인 법으로 모든 시민들이 받아들일 수 있게 되었다. 그것은 바로 근대 자연법론의 사상내용이 인류보편의 가치를 담고 이를 실천하고자 하였기 때문이었다. 그리고 근대 민법전을 제정한 국가들도 역시 강력한 중앙집권적인 권력행사가 가능하였을 때에 제정되었다.

이와 같이 로마법은 근대에 와서 근세의 자연법론의 영향을 받아 근대민법전으로 성문화되고, 그 성문화된 근대민법전은 인간중심의 법전이며, 인류보편의 가치인 자유와 평등과 박애를 실천하는 내용으로 구성되었다. 그리하여 계수된 로마법이 더욱더 인류보편적인 내용으로 발전하게 되었으며, 오늘날도 로마법은 여전히 인간의 자유와 평등과 인간에 대한 사랑을 더욱더 높게 그리고 세밀하게 실천해 나가는 방향으로 발전되고 있다.

로마법이 세계법의 연원으로 된 과정의 연구를 통하여 민법발전의 필요조건이 무엇들인가를 살펴보았다. 민법이 발전할 수 있는 첫째의 조건은 민법의 기초가 되는 사상이 자연법론 내지 자연법사상이어야 한다. 로마법을 인류보편의 가치를 담은 법으로 발전시킨 법사상은 모두가 자연법론이었다. 자연법론이 각각의 자연법 사상을 비록 다른 용어로 표현 하고 있다고 하더라도 그 모두가 자연법 사상이었다. 스토철학에서의 사해동포주의도 역시 자연법사상이며, 중세의 도덕신학도 역시 자연법 사상이었다. 근세의 자연법론의 기본사상이었던 인간의 자유, 평등의 인정과 보장, 및 인간에 대한 사랑, 박애도 역시 자연법의 내용이며 자연법 사상인 것이었다. 이처럼 민법발전의 첫째 조건은 그 기초사상이 자연법이어야 한다는 것이다. 자연법은 지속적으로 보다 나은 가치의 세계를 찾아 나가는 법사상이다. 그러므로 인간을 존중하고 인간의 이성에 의하여 인간의 인격을 최고도로 전개할 수 있게 하는 법사상이 민법의 기본사상으로 하여야 민법이 발전할 수 있다. 바로 이러한 사상이 자연법론이다. 자연법사상은 인류보편의 가치를 법에 담아서 이를 실천하고자 하는 법사상이다.

로마법을 발전시킨 사람은 법학자들이었다. 법학자의 창조적인 법활동에 의하여 민법이 발전함을 알 수 있다. 로마고전기의 법학자들, 로마법대전에 대한 주석과 주해를 하는 방법으로 로마법을 발전시킨 사람도 역시 법학자들이었다. 중세의 법학자들의 연구에 의하여 로마법은 그 내용이 분명하게 되고 실용화되어 실제의 법생활에 실천될 수 있었다. 그리고 주석과 주해에 의하여 로마법이 근대에 서양대륙에 계수될 수 있었다. 계수된 로마법은 근대민법전으로 제정할 수 있도록 한 사람들도 역시 법학자들이었다. 이러한 법학자들이 법의 창조와 발전에 참여할 수 있는 기회가 제도적으로 보장되었을 때에 더욱더 민법은 발전할 수 있는 것이다.

그리고 민법이 발전하기 위해서는 재판제도가 잘 정비되어야 하며, 재판과정에 법학자들의 참여의 기회가 보장되어야 함을 알 수 있다. 로마제국의 고전기에는 재판절차에 법학자들이 의견을 제시할 기회가 주어졌으며, 주석, 주해시대에는 주석서, 주해서가 재판과정에서 준거법으로 활용되었다. 그리고 로마법의 계수과정에는 법학자들이었던 대학교수들에게 소송을 이송하여 법감정과 법평가를 받을 수 있도록 제도화되어 있었다. 민법을 추상적으로만 탐구하면 개념법학으로 흐를 가능성이 있다. 그러나 민법을 재판과정을 통하여 발전시켜 나가면 민법이 더욱 실용적이며 현실적응력이 있는 민법으로 발전시켜 나갈 수 있다. 그리고 재판에 있어서도 인류보편의 가치를 실천하도록 판결이 이루어져 나가야 민법이 더욱 순화되고 민중과 시민을 결집시켜 나갈 수 있다. 재판과정을 통하여 자연법론이 추구하는 인류보편의 가치를 구체화해 나가야 한다.

그리고 국가가 강력하여야 민법이 발전할 수 있다. 국가가 강력하여 민중과 시민이 국가에 의하여 충분히 생존의 보장을 받고 자기의 인격을 자유로이 전개할 수 있을 때에 민중과 시민은 자신의 자유를 충분히 실현할 수 있다. 인간은 자유로와야 자신의 인격을 고도로 展開할 수 있다. 인격의 자유전개가 보장되었을 때에 민법이 발전한다. 이러한 인간의 인격의 자유전개가 가능하기 위해서는 국가가 강력한 국가권력으로 민중과 시민을 보호하고 있어야 한다.

이와 같이 민법이 발전할 수 있는 조건은 자연법 사상의 지속적인 영향, 법학자들의 창조적인 법활동, 재판을 통한 인류보편의 가치의 구체화와 재판과정에 법학자들의 참여기회의 보장, 그리고 민중과 시민의 인격과 재산을 충분히 보장해 줄 수 있는 강력한 국가권력의 유지임을 알 수 있다. 이러한 조건이 바로 민법발전의 충분조건이라고는 할 수는 없지만 필요조건이다. 이러한 조건이 충족되었을 때에 민법은 발전할 수 있는 것이다. 그러나 가장 중요한 조건은 인류보편의 가치를 담아 실현하고자 하는 자연법론 내지 자연법 사상의 추구와 *常存*이다.[139]

Ⅴ. 평 가

민법의 발전방향은 시대가 바뀌어도 자연법론, 자연법 사상이었고, 앞으로도 자연법론, 자연법사상이야 한다. 자연법론은 인류의 보편가치를 실천하고자 하는 법사상이다. 민법은 바로 인류의 보편가치를 내용으로 하여 그 인류의 보편가치를 실천하여야 한다. 이러한 자연법 사상에 기초한 민법이 생명력을 가질 수 있는 민법이며, 민중과 시민의 인격과 재산을 존중하고 보호할 수 있는 법이다.

우리의 민법도 그 연원을 로마법에 두고 있으며, 자연법론에 의하여 발전되어온 민법전이다. 장래에도 영원히 자연법론, 자연법 사상을 실천할 수 있

139) 인류보편의 가치는 지극히 추상적이다. 그러므로 실정민법에서는 인류보편의 가치를 일일이 구체적으로 모두 열거하여 규정할 수 없기 때문에 추상적인 일반규정을 두게 된다. 그러한 추상적인 일반규정을 통해서 시대의 변화에 탄력적으로 인류보편의 가치를 새롭게 구체화하여 형성해 나갈 수 있다. 그러나 나치시대의 경험에 미루어보면, 추상적인 일반규정이 인류보편의 가치를 실천하는 법규정이 아니라 반인륜적인 목적의 실현을 위하여 악용된 사례가 있었음을 잊지 말아야 한다. 민법에서 추구하는 가치는 언제나 인류보편의 가치이어야 하지 특정의 반인륜적인 목적이어서는 아니됨을 알 수 있다. 따라서 민법을 발전시킬 수 있는 사상은 시대가 변화하여도 인류보편의 가치를 담아 실현하려는 자연법론 내지 자연법 사상이다.

는 우리 민법으로 계속 발전해 나가야 한다. 자연법론, 자연법사상은 불변의 진리이며, 인간의 선한 본성에 기초한 법이며, 더욱더 인간으로 하여금 선한 존재로 성숙해 나갈 수 있도록 하여야 한다. 이러한 인류보편의 가치를 담아 실천해 나가도록 우리 민법을 발전시켜 나가야할 주체는 법학자들이다. 법학자들이 우리 민법을 인류보편의 가치를 담아 실천해 나가는 법으로 만들어 나가야할 역사적인 사명을 가진 사람들임을 법학자 스스로 자각하고 확인하고 또한 그 일을 수행해 나가야 한다.

우리 민법을 인류보편의 가치를 담아 실천해 나감에 있어서, 우리 민법에서도 서양에서 생성되고 발전된 자연법론과 자연법 사상을 담아서 실천하도록 하여야 하지만, 우리 고유법인 민중의 삶속에서 생성된 자연법적인 요소들도 현대화하여 우리 민법의 내용을 더욱 확대하여 풍요롭게 만들어 나가야 한다. 민중법에서 생성된 인간의 선한 본성에 기초하여 생성된 상부상조의 공동체 정신의 발현인 향약, 계, 두레 등의 제도를 현대화하여 민법의 내용으로 포섭하여야 한다. 민법은 인류보편의 객관적 가치와 우리 고유의 가치가 조화를 이루고 독자성있는 우리 민법으로 성장·발전시켜 나가야 한다.

이처럼 자연법은 현재의 법보다는 더 나은 그리고 더 좋은 법이 있음을 믿고서 그 더 좋은 법을 찾아나가는 법사상이며 법철학이다. 고대는 자연에서 현상태보다는 그 좋은 법이 있음을 찾으려고 하였으며, 중세는 신의 세계에서 더 나은 법을 찾으려고 하였으며, 근세에는 인간의 선한 본성에서 더 나은 법을 찾으려고 하였다. 이와 같이 시대가 바뀌어도 자연법은 현재 상태의 법보다는 더 나은 법을 찾아 그것으로 현재의 법으로 전환하고자 하였으며, 현재의 법이 더 좋은 법으로 발전해 나가도록 법발전의 방향을 제시하였다. 그렇기 때문에 자연법은 법정책을 제시한 법사상 내지 법철학이기도 하다. 지금도 자연법론에서는 현재의 법보다 더 나은 법은 어떠한 법이며, 그 나은 법을 어떻게 발견해 낼 것이며, 그 발견된 더 나은 법을 어떻게 법제도화할 것인가를 추구하고 있다.

궁극적으로 민법의 기본적인 가치는 자연법론, 자연법 사상이다. 그 자연법 사상은 인류보편의 가치를 담아 이를 실천하고자 하는 사상이다. 민법은 이러한 인류보편의 가치를 구체적으로 실천할 수 있는 가치규범이다. 민법은 이러한 자연법론, 자연법 사상에 의하여 생성되고 발전되어 왔으며, 앞으로도 민법은 자연법론과 자연법 사상을 보다 더 구체화하여 실천해 나가야 한다. 우리 민법의 장래의 과제는 지금까지의 인류보편의 가치를 더욱더 세분화하여 실천하고, 우리의 고유법속에서의 자연법적인 법제도들을 현대화하여 우리 민법을 독자성이 있는 우리의 자연법적인 민법으로 만들어나가야 한다.

민법의 생성과 발전의 가장 주요한 법사상 및 법이론은 인류보편의 가치를 담아서 실천하고자 하는 자연법론, 자연법사상이다. 그 민법이 인간의 인격을 존중하고, 인간의 자유로운 활동을 보장하며, 인간과 인간이 서로 사랑하면서 공동체를 이루어 함께 평화롭게 살아가게 하는 자연법적인 민법이다. 민법은 역사적으로 자연법적인 민법으로 생성되어 자연법적으로 발전되어 왔으며, 앞으로도 자연법적인 민법으로 계속 발전되어 나가야 한다. 그것이 민법의 과거의 역사이었고 또한 민법의 장래의 사명이다.

CHAPTER 4

자연법론의 재생

제4장 자연법론의 재생

Ⅰ. 개 설

고대로부터 이어져 온 자연법론과 자연법 사상은 근대민법의 제정으로 그 所任을 다하였다고 생각되었다. 근대민법이 제정되고 나서는 제정된 민법전이 민법의 내용을 완벽하게 입법한 것으로 이해하여 제정된 민법의 내용을 명확히 하고 흠결된 부분은 제정된 민법전의 내용의 논리적 조작을 통하여 보충하고자 하였다. 그리하여 서양의 19세기는 법실증주의가 절대적으로 지배한 시대가 되었다.[1] 이러한 19세기 후반기의 법실증주의의 강력한 지배는 당시의 자연과학의 발전의 결과가 철학에 영향을 주어 일어 났다.[2] 그리하여 철학의 대상을 주어진 것에 한정하는 방향으로 발전하게 되었다. 그것이 바로 법학에서는 법실증주의로 나타났다. 실증주의에서의 방법론은 인지(Sinneswahrnehmung)의 대상은 오로지 주어진 것에 한정되며, 논리학과 수학의 도움을 받아 精緻하게 체계화하는 것을 학문의 주된 방법으로 활용되었다. 법학에서도 주어진 법만을 연구의 대상으로 하며, 그 주어진 법의 논리적 체계와 내용의 명확화를 법학의 주된 과제로 삼았으며 그러한 방법론으로 법학을 연구하였다. 그러므로 형이상학적인 이념이나 사상 등 법에서 가치의 문제를 도외시하였다.[3]

---

1) Deutsche Juristen aus fünf Jahrhunderten (hrsg. von Kleinheyer/Schöder, Heidelberg, Müller, 1976), S. 259.

2) Nobert Horn, Einführung in die Rechtswissenschaft und Rechtsphilosophie, 5. Aufl. (C.F.Müller, 2011), Rn 359.

3) 물론 공리주의(Utilitarismus)와 순수법론(reine Rechtslehre)은 법에서의 가치의 문제를 배

그리하여 개념법학에 의한 법실증주의하에서는 제정법이 완결된 법체계로서 모든 법적문제는 제정법의 논리적 조작에 의한 개념의 재구성에 의하여 해결할 수 있다고 하였다. 이와 같은 19세기의 법실증주의 시대의 제정법완전주의의 時代相을 대표하는 표현은 킬흐만(Julius v. Kirchmann: 1802－1884)이 1847년에 그의 논문, "學問으로서의 法學의 無價値性"(Die Wertlosigkeit der Jurisprudenz als Wissenschaft)에서 "법전에서 세 글자만 修正하면 모든 도서관은 휴지조각의 더미(Makulatur)이 된다"고 하는 글에서 잘 나타나고 있다.[4] 그리고 법실증주의의 본격적인 대변자는 베르크봄(Karl Bergbohm: 1849－1927)이었다.[5] 이처럼 19세기는 법실증주의의 극단적인 모습을 보여준 시대였다. 법실증주의에서는 법이란 오로지 국가가 법률제정절차에 따라서 제정한 법만이 법이며, 이러한 실정법은 조건없는 복종만이 인정되며, 법률가들은 법의 내용, 법의 의의와 목적에 대해서는 전적으로 판단할 수 없다고 하였다.[6]

그 결과로 자연법론은 법철학 내지 법사상사에서 설 자리를 잃게 된 시대였다. 그것도 그럴 것이 근대 민법전은 근대 자연법론이 주장한 자연법 사상을 사상적 기초로 하여 근대 자연법론의 내용을 민법전에 실정법으로 규정하였기 때문이었다. 그리하여 19세기말에 법학자들은 아마도 자연법론이 다시는 살아나지 못할 것이라고 생각하였다.[7]

그러나 근대 민법전이 근대 자연법론의 사상적 기초위에서 근대 자연법론의 내용을 실정법화하였다 하더라도 시대의 변화와 함께 실정법에도 흠결이 있게 마련이며, 근대 자연법론은 당시의 근대의 절대주의를 극복하기 위한 법사상이었기 때문에, 절대왕정이 종말을 고한 후의 새로운 사회에 적용될 새로운 자연법 사상과 새로운 자연법 내용이 새롭게 생성되는 것은 역사의 법칙이었다.

근대의 자연법 시대까지의 자연법은 항구불변의 초자연적인 자연법이었

제하였다.

4) Horn, a. a. O., S. 259.

5) A. a. O., Rn 359.

6) A. a. O., Rn 360.

7) Josef Höffner, "Johnnes Messner und die Renaissance des Naturrechts", in: Naturrechtsordnung in Gesellschaft, Staat, Wirtschaft(hrsg. von Josef Höffner, Alfred Verdross, Francesco Vitto, München, Tyrolia－Verlag, 1961), S. 17.

다. 그러나 그러한 초자연적인 자연법의 내용이 근대 민법전에 입법이 됨으로써 자연법이 실정법화하게 되었다. 그리하여 자연법도 이제는 실정법에 內在하는 자연법으로 그 존재의 위치가 바뀌게 되었으며, 자연법도 항구불변적인 것만이 아니라 변화하는 자연법으로 그 모습이 바뀌게 되었다. 이처럼 자연법이 근대 민법전의 제정으로 자연법론의 使命을 다한 것으로 생각되었으나, 다시 자연법이 새로운 모습으로 살아나게 되었다. 이러한 法史에서의 새로운 모습으로의 자연법의 재등장을 자연법의 再生(Wiederbelebung des Naturrechts: Renaissance des Naturrechts)이라 한다. 그리하여 이처럼 자연법론은 현대에 와서 새로운 모습으로 재탄생하게 되어 법실증주의에 대항에서 제정법이 법일 수 있는 방향과 근거를 새롭게 제시해 주고 있다.

물론 오늘날의 민법전의 기초사상은 근대 자연법 사상에 바탕을 두고 있다. 현대의 자연법론은 근대 자연법론의 계속이며 근대의 자연법론을 완전히 代替한 새로운 자연법 사상 내지 내용은 아니다. 그러나 근대 자연법 사상에 기초하여 제정된 근대민법전이 제정된 지 100년이 지났거나 200년이 지났음에도 불구하고 오늘날에도 여전히 효력을 갖는 것은 근대자연법론이 인류의 항구불변의 가치를 제정법화하여 민법전에 담아 두었을 뿐만 아니라, 자연법의 재생으로 현대의 새로운 자연법 사상의 지원을 받아 계속 그 내용이 인류보편의 가치를 담아 실현하는 방향으로 해석되고 보충되어 발전해 왔기 때문이다. 그리하여 자연법은 영원한 가치이며, 인류보편의 가치이며, 그것이 초자연법적이든 실정법에 내재하고 있든 인류가 추구해 나가야할 법에서의 최고의 가치임을 알 수 있다. 이처럼 자연법은 영원히 재생하여 인류의 삶을 가치있게 만들어주고, 법은 영원히 인류보편의 가치를 담아 이를 실현하는 방향으로 발전해 나가야 하며 또 그렇게 발전해 나가도록 하고, 그렇게 발전해 나가고 있음을 보여주고 있다.

Ⅱ. 자연법의 재생이론의 개척자들과 그들의 자연법 사상

1. 자연법 재생의 주장

자연법의 재생을 처음으로 주장한 법학자는 프랑스의 샤르몽(Joseph Charmont: 1859－1922)이었다. 그는 1910년 그의 저서 자연법의 재생(Le renaissance du droit naturel)에서 초실정법인 자연법 대신에 현실과 이상을 조화하는 유동적인 자연법을 주장하였다. 샤르몽은 기독교의 신토마스주의자(Neo－Thomist)로서 자연법도 진화를 하며, 현실속에 자연법이 있음을 강조하였다.[8] 샤르몽의 새로운 자연법의 주장에 의하여 자연법은 그 모습을 바꾸어 다시 나타나게 되었으며, 초실정법으로서의 자연법이 아니라 실정법에 내재하는 자연법이 주장되었다. 이는 바로 자연법이란 현실속에 존재함을 인정하게 되는 계기가 되었다. 이러한 샤르몽의 자연법에 대한 견해는 과거의 응고된 자연법 대신에 현실과 이상을 조화하는 流動的인 新自然法을 주장한 것이었다.[9]

샤르몽에 이어 자연법의 재생을 주장하고 실정법에 내재하는 자연법을 주장한 법학자는 독일의 롬멘[10](Heinrich Rommen: 1897－1967)이었다. 롬멘은 그의 저서 "자연법의 역사와 이론"에서 법의 기초는 정의이며, 진리와 현실성은 합치되어야 한다고 하였다.[11] 그리하여 자연법과 현실의 법의 일치를 주장하였다. 자연법이 실정법 위에 존재하는 것이 아니라 실정법 내에 자연법이 존재하여야 함을 강조하였다. 그는 특히 성서상의 "진리를 알지니 진리가 너희를 자유케 하리라"는 말씀(요한복음 8장 32절)이 인간의 법공동체에도 그대로 적용되어야 한다고 하였다. 그리고하여 그는 신의 세계는 實在하고, 이 世上事는 神의 세계의 展開 내지 宣言이라고 하였다.[12] 그리고 롬멘은 1936년에

---

8) 加藤惠司, 法·思想·歷史(東京, ジーオ企劃出版, 2008), 180面.

9) Karl Larenz, Methodenlehre der Rechtswissenschaft, 4. Aufl.(Springer Verlag, 1979), S. 98.

10) 롬멘은 신앙적으로서는 예수회(Society of Jesus) 소속(Jesuiter)이었으며, 사상적으로는 주지주의(Intellektualismus)에 속하였다.

11) 加藤惠司, 前揭 法·思想·歷史, 180면

12) Klaus Ritter, Zur Frage nach den materialen Prinzipien der Gerechtigkeit: Untersuchungen über die Bedeutung und Möglichkeit einer gegenwärtigen Naturrechts－renaissnace (Marburg,

그의 저서 "자연법의 영원한 回歸"(Die ewige Wiederkehr des Naturrechts)에서 샤르몽에 이어 자연법의 재생을 주장하였다.[13] 또한 그는 법실증주의에 속하는 역사법학에 반대하였다.

이와 같이 근대자연법의 전성시대를 지나고 법실증주의가 절대적으로 지배하던 시대에 들어와서는 자연법이 다시 살아나기는 하였지만 실정법위에서 실정법의 지침이 되고 실정법의 효력근거가 되었던 초실정법적인 자연법이 아닌 실정법에 내재하는 자연법으로 재생하게 되었다. 그리고 항구불변의 자연법에서 변화하는 자연법으로 그 모습이 바뀌게 되었다. 이처럼 자연법의 모습은 바뀌어도 진리로서의 자연법의 본질에는 변함이 없었다. 이처럼 자연법의 재생은 19세기의 법실증주의에 대항한 법이론이었으며, 좋은 법[14](gutes Recht)을 찾기 위한 학문적 노력으로 주장되었다.[15]

이와 같은 현대의 자연법은 구체적으로 헌법에서 기본권의 보장으로 입법이 이루어지고, 국제적인 인권보장이 이루어지고,[16] 죄형법정주의 등의 모습으로 나타나게 되었으며, 인간의 존엄과 가치의 인정, 인격의 자유전개권의 인정, 평등권, 자유권, 소유권의 보장 등으로 나타나게 되었다. 그리하여 현대의 자연법은 실정법인 헌법에서 구체적으로 구현되고 있다.

그리고 자연법은 평화를 염원하고 평화를 창조하는 법이며, 자연법은 보편적으로 타당성이 있는 법이다. 자연법은 자연에 기초하는 법이기도 하고, 신이 인간의 마음에 기록해 준 법이기도 하다.[17] 또한 자연법은 실정법을 부인하는 것이 아니라 실정법에 내재하여 실정법을 확실하게 하며 실정법에 그 정당성과 타당성을 부여하는 법이다. 그리고 자연법은 시대와 함께 변화하면서 계속된다. 자연법은 새로운 시대적 요구를 수용하면서 성장을 한다. 또한

1951), S. 27.

13) Gallus M. Manser, Das Naturrecht in thomischer Beleuchtung (Heusenstamm, editiones scholasticae, 2011), S. 24.

14) 좋은 법을 다른 말로 표현하면, 옳은 법(richtiges Recht), 이상적인 법(ideales Recht), 바람직한 법(erwünschtes Recht)이라고도 할 수 있다.

15) Carl J. Friedrich, Die Philosophie des Rechts in Historischer Perspektive(Springer-Verlag, 1955), S. 96.

16) 자연법론에 입각한 인권보장에 관한 첫 결실이 바로 1948년 유엔결의에 의해 채택된 세계인권선언(Universal Declaration of Human Rights)이었다.

17) 加藤惠司, 前揭 法·思想·歷史, 188면.n

자연법은 민주주의를 더 넓게 개척해 열어 나가며, 영원히 실정법의 궁극적인 목표로 기능한다.

2. 스탐믈러의 正法論(richtiges Recht)

(1) 正法理論 胎動의 歷史的, 哲學的 背景

자연법의 재생이 주장되고 실정법에 내재하는 자연법으로서 변화하는 내용의 자연법이 주장된 후에 자연법을 正法(richtiges Recht)으로 파악하여 현대의 자연법을 집대성한 법학자는 바로 독일의 스탐믈러(Rudolf Stammler: 1856－1938)였다. 스탐믈러는 판덱텐법학자 중의 마지막 판덱텐법학자로서 신칸트주의(Neukantianismus)의 대변자이었다. 스탐믈러는 빈딩(Karl Binding: 1841－1920), 빈트샤이트(Bernhard Windscheid: 1817－1892), 좀(Rudolph Sohm: 1841－1917)의 영향을 받은 법학자이었으며, 마르부르크(Marburg)대학에서 당시의 신칸트주의 철학자였던 코헨(Hermann Cohen: 1842－1921), 나토르프(Paul Natorp: 1854－1924) 등의 영향을 받아 신칸트주의 철학을 법학에 적용하였다. 그리하여 스탐믈러는 코헨, 나토르프 등과 함께 마르부르크학파를 형성하였다.[18] 코헨과 나토르프, 스탐믈러는 모두가 플라톤(Platon: BC 427－347)의 이데아論을 理想하여 하였다.[19] 그리하여 법학분야에서 마르부르크 학파는 법실증주의를 법이념이 없는 법학으로 비판하고 이상주의 법학을 추구하였다.[20] 그 결과로 스탐믈러는 경험주의(Empirismus)와 역사법학파(historische Rechtsschule)를 반대하고 당시의 중심철학을 이루었던 신칸트주의철학(Neukantianismus)을 취하였다. 특히 스탐믈러는 코헨이 연구한 칸트철학을 기반으로 해서 칸트철학을 연구하여 이를 법학에 적용하여 정법이론을 전개하였다.

서양에서는 1850년대부터 칸트(1724－1804)에 대한 연구가 시작되었다. 칸트에 대한 연구는 認識論(Erkenntnistheorie)으로부터 시작되었다. 인식론은 어

18) 마르부르크학파에 관하여는, Cladius Müller, Die Rechtsphilosophie des Marburger Neukantianismsus(J.C.B. Mohr, 1994) 참조.

19) A. a. O., S. 12.

20) A. a. O., S. 1.

떠한 인간정신의 조건하에서 진리를 인식할 수 있는 지를 탐구하는 이론으로서 이러한 인식론이 칸트철학과 연결되어 신칸트학파가 형성된 것이었다.[21]

철학자 코헨은 인식은 경험으로부터 시작되지만 경험으로 모든 것을 다 인식할 수는 없으며, 경험에 의하지 않고 선험적인(a priori)인 인식도 있을 수 있고 또한 가능하다도 하였다.[22] 그리고 코헨은 사실 그 자체가 아니라 사실을 움직이는 實體를 찾아야 한다고 하였다. 따라서 사실 속에서 사실을 움직이는 실체를 찾아 나가는 것이 코헨의 思惟의 핵심이었다. 그는 사실을 움직이는 객관적인 실체가 사실속에 내재해 있다고 하였다. 또한 그는 사실은 하나의 이념(Idee)에 의하여 사실의 전체가 체계화된다고 하였다. 따라서 이념이 인식의 근본조건 내지 기초조건이라고 하였다.[23] 이러한 코헨의 인식론과 인식체계가 실정법에 내재하는 자연법의 사상적 기초를 제공한 것이었다.

나토로프는 코헨이 비해서 경험을 중시하였으며, 이념(Idee)을 경험과 같은 정도로 중시하지는 않았다.[24]

이러한 당시의 신칸트주의철학의 영향으로 인간행동에 있어서도 인간의 행동의 목표와 이상은 사실에 내재하고 있음을 인정하고, 인간의 내심의 순수의사는 인간행동의 최종목표와 일치한다고 하였다. 이를 다른 말로 표현하면 이념은 인간행동의 최종목표이면서 동시에 인간행동의 출발점이 되는 것으로 파악하였다. 이는 바로 이상과 현실의 통합을 이루는 一元主義(Monoismus)를 의미하며 신칸트학파에는 바로 이러한 일원주의를 취하였다.

또한 스탐믈러의 정법론은 마르부르크의 신칸트학파의 영향도 받았지만, 신칸트학파의 또 다른 分派인 서남독일신칸트학파(südwestdeutscher Neukantianismus)의 영향도 받았다. 서남독일신칸트학파는 현실은 다수의 개별현상의 집합으로서 현실을 자연과학적으로 자연이란 하나의 현상으로 파악하면 개별적인 현상을 볼 수 없다고 하고, 주어진 현실은 있는 그대로 보아야 한다고 주장하여, 전체와 개별, 즉 일반과 특수를 종합적으로 파악하고자 하였다.[25] 이를 다시

21) A. a. O., S. 21.
22) A. a. O., S. 22.
23) A. a. O., S. 37.
24) A. a. O., S. 49.
25) Larenz, a. a. O., S. 100.

설명하면, 일반적인 공통적인 내용과 개별적인 특수성을 모두 합친 하나의 체계로 현실을 보아야 현실 속의 개별현상의 독자적인 가치를 알 수 있다고 하였다. 그 결과로 법에 있어서도 개별 법규정의 내용은 사회적으로 승인된 가치 또는 목적과 관련해서 결정되므로 법체계의 전체속에서 개별 법규정을 살펴보아야 한다고 하였다.

이러한 서남독일신칸트학파를 이끈 학자는 철학자 리케르트(Heinrich Rickert: 1863−1936)이었으며, 리케르트의 신칸트철학을 법학에 도입한 법학자는 라스크(Emil Lask: 1875−1915)이었으며, 스탐믈러는 라스크로부터도 영향을 받았다.[26)][27)] 라스크는 법학에서의 가치 내지 목적관련적 방법에 관한 이론을 전개하였다.[28)] 그 결과 신칸트주의 법학파에서는 법이란 법이념을 구체화하는 법현실이라는 결론에 도달하게 되었다.[29)]

이러한 신칸트학파의 철학의 영향으로 법학의 영역에서는 실정법의 이념인 자연법이 실정법에 내재해 있음을 인정하고 실정법이 변화를 하기 때문에 자연법도 변화를 하며, 현실이 이념을 향해 나아가듯이 실정법도 법의 이념을 향하여 변화해 나가는 것으로 파악하였으며, 정법이 바로 법의 이념으로 인정되었다. 이와 같이 신칸트학파의 철학적 기초를 바탕으로 하여 스탐믈러는 자연법의 이론적 정립을 위하여 헌신하였다.[30)]

---

26) A. a. O., S. 104

27) 라스크의 영향을 가장 크게 받은 법학자는 라드부르흐(Gustav Radbruch: 1878−1949)였다. 그리하여 라드부르흐는 법은 문화결정(Kulturentscheidung)으로서, 법이념을 실현할 것을 의욕하는 주어진 것이라고 하였다. 또한 법의 이념은 정의(Gerechtigkeit)이기 때문에 법은 정의에 이바지하고자 하는 현실(Wirklichkeit)이라고 하였다. 그리고 라드부르흐는 법이념이 실정법의 해석과 실정법의 발전을 결정한다고 하였다.

28) Larenz, a. a. O., S. 104.

29) 이러한 신칸트학파에 대하여 1920년에 카우프만(Erich Kaufmann: 1880−1992)은 신헤겔주의(Neuhegelianismus)에 입각하여 비판을 하였다. 신칸트학파는 모든 나라의 일반적인 全法秩序의 법이념에 개별 법규정의 내용이 부합되어야 함을 강조한 데 반하여, 신헤겔주의는 헤겔의 구체적 일반개념(konkret−allgemeiner Begriff)과 변증법을 원용하여 일반적인 전체 법질서가 아니라 개별 국가 내지 개별 공동체의 개별적, 구체적인 법이념에 개별규정이 부합되면 족한 것으로 이론구성을 하였다. 그리하여 신헤겔주의는 나치의 탄생에 보다 적극적으로 기여하는 법이론을 제공하여 주었던 것이었다. 그 결과로 나치의 민족사회주의법이론의 정립에 기여한 슈미트(Carl Schmitt: 1888−1985)는 1912년에 법관을 법창조자로 인정하고, 판결은 단순한 규범의 적용도 아니고 법창조도 아니며, 법에 내재하고 있는 구체적인 가치를 담고 있는 일반규범의 구체화라고 하고, 또한 변증법에 의하여 개별판결이 일반법으로 바뀌게 된다고 하였다(Vgl., Larenz, a. a. O., SS. 109−118).

30) Friedrich, a. a. O., S. 96.

그리고 스탐믈러의 정법이론은 칼 맑스(Karl Marx: 1818-1883)의 법실증주의적인 사회주의이론에 대항하는 법이론으로도 활용되었으며,[31] 자유주의에 입각한 법이론이었다.[32]

그리고 스탐믈로의 법학에 대한 이해에 관하여 살펴보면, 스탐믈러는 먼저 認識(Wahrnehmen)과 意思(Wollen)를 구별하였다. 그리고 인식은 원인과 결과의 사고에 따라서 현상을 관찰하고 질서를 지우며, 의사는 목적과 수단에 따라서 현상을 관찰하고 질서를 세운다. 그리하여 인식의 학문인 자연과학은 因果의 學問이며, 법학은 目的의 學問으로 분류하였다.[33] 그리하여 스탐믈러는 개별 규정이 사회적 理想에 부합하면 그 법규정을 바로 정법으로 이해하였다.[34][35] 그리고 법 그 자체는 결코 正法일 수 없다. 그러나 正法인 實定法과 非正法인 實定法이 있을 뿐이며, 실정법 규정의 내용이 옳음 내지 정당성의 특질(Eigenschaft der Richtigkeit)을 가지고 있으면 그 실정법이 정법이라고 이해하였다.[36]

(2) 正法論의 내용

스탐믈러는 내용이 변화하는 자연법을 주장하였다. 그는 자연법은 절대적인 것이 아니며, 영구불변하는 것도 아니며 상대적인 것이라고 하였다.[37] 그러나 법도 자연법도 변화를 하지만 법에 있어서는 北極星과 같은 확고한 기준이 있어야 한다고 하였다. 그리하여 변화하는 법이 발전해 나가야 할 북극성(Polarstern)과 같은 확고한 기준이 바로 정법이라고 하였다.[38] 이처럼 변화하는 법속에서 指標가 되는 북극성과 같은 기준이 되는 법의 궁극을 정법이라고 하였다. 그리고 정법이 법의 이념이면서 동시에 법의 궁극적인 목표라고 하였다. 그러나 정법이 구체적인 내용을 담고 있거나 고유한 존재가 아니라

---

31) A. a. O., S. 111.
13) A. a. O., S. 111.
33) Larenz, a. a, O., S. 92.
34) A. a. O., S. 95.
35) 이러한 사고는 바로 정법론이 나치에 의해서 악용될 수 있는 所持를 제공하였던 것이었다.
36) Larenz, a. a. O., S. 95.
37) 加藤惠司, 前揭 法·思想·歷史, 181면.
38) HRG(Handwörterbuch zur Deutschen Rechtsgeschchte), 32. Lieferung(Berlin, Erich Schmidt Verlag, 1990), S. 1895.

법이 나아가야할 궁극적인 목표일 뿐이다. 그러므로 실정법은 법의 이념인 정법을 향하여 지속적으로 나가야하는 것이다. 따라서 정법은 구체적인 내용을 담은 법이 아니라 법의 이념이면서 동시에 실정법에 내재해 있는 자연법 그 자체이다. 그리하여 스탐믈러의 정법론에 대해서는 법개념(Rechtsbegriff)과 법이념(Rechtsidee)을 예리하게 구별하지 못하였다는 비판을 받고 있다.[39]

스탐믈러의 이러한 정법이론에 의하면 정법은 자연법이자 법의 이념이며 그 내용은 변화를 한다. 그리고 정법은 사회를 하나로 묶는 사회적 이상이며, 사회생활의 통합의 이념이다.[40] 그런데 역시 주의 깊게 살펴 보아야할 것은, 스탐믈러가 정법을 자연법이자 법의 이념이라고 하면서도 그 정법이 지향해야할 가치에 관해서는 말하지 않은 점이다. 그리하여 정법이론은 나치의 민족사회주의하에서 민족사회주의가 추구하는 가치를 정법의 내용으로 變裝시킴으로써 정법이론이 나치의 민족사회주의 실천에 악용될 수 있었던 것이었다.

스탐믈러의 정법이론은 1902년에 출판한 그의 저서 정법론(Lehre von dem richtigen Recht)에 의하여 세상에 널리 알려지게 되었다. 정법 그 자체는 내용을 갖고 있지 않다. 정법은 자유롭게 思惟하는 사람들의 공동체의 이념이다. 그리고 정법은 법이 옳음을 향해 나아가도록 이끌어가는 이념으로서, 실정법을 하나의 내용이 있는 질서로 이끌어 간다. 그러므로 정법은 도덕론에 의한 보충을 요한다.[41] 따라서 정법과 도덕론은 각각 독자적이지만 상호보완적 관계에 있다. 그리하여 정법과 도덕론은 사회생활이 통합적인 질서를 이루어 옳은 내용으로 그리고 옳은 방향으로 이끌어가는 것이 특징적이다. 이와 같이 정법은 법의 이념이며, 또한 동시에 자연법이기도 하다. 따라서 법의 법이 정법이고 자연법이다. 정법은 도덕과 윤리의 도움을 받아야 함으로 법의 법은 윤리이기도 하다.

이와 같이 스탐믈러는 자연법을 정법으로 파악하였으며, 그 정법은 법의 이념이면서 동시에 자연법으로서 그 내용은 항구불변이 아니라 변화하는 점을 강조하였다. 그리하여 스탐믈러는 변화하는 자연법을 주장하였다. 그러나

39) Larenz, a. a. O., S. 98.
40) Müller, a. a. O., S. 105.
41) A. a. O., S. 111.

정법을 자연법으로 파악하면서도 그 정법이 어떠한 가치를 담아야 하는 가에 관해서는 인류보편의 가치를 정법이 담아 법의 궁극적 이념이 되어야 함을 분명히 밝히지 아니함으로서 그 후의 인륜에 반하는 가치도 정법의 내용이 될 수 있는 가능성을 제공하게 되어 결국 나치의 민족사회주의의 실천에 정법론이 이용당하는 愚를 범하게 되었다. 정법도 인류보편의 가치를 담아 이를 실천하려는 법의 이념이자 법의 궁극적인 목표로 그 내용이 설정되었어야 하였다.

스탐믈러의 정법은 실정법(gesetzliches Recht)이었다.[42] 그의 정법은 실정법 밖에 있는 것이 아니라 실정법에 내재적이다.[43] 스탐믈러는 정법을 실정법내의 일반 법규범에서 찾았다. 즉, 신의성실의 원칙(Treu und Glauben), 형평성(billiges Ermessen), 선량한 풍속(gute Sitten) 등의 법의 일반규범 내에 침전되어 있는 것으로 파악하였다.[44] 그리하여 스탐믈러는 정법을 법의 외부에서 찾은 것이 아니라 법의 내부에서 찾았다.[45]

스탐믈러는 정법론의 궁극의 목표는 법에 의하여 사람들을 통일적으로 결합하여 자유롭게 사고하는 사람들의 공동체를 형성하는데 두었다. 그리하여 스탐믈러는 자유롭게 思考하는 사람들의 공동체를 社會的 理想(soziale Ideal)으로 想定하였다.[46] 그리고 그는 인간의 행위규범의 내용이 사회적 이상인 자유롭게 사고하는 사람들의 공동체 사상에 부합하면 그 규범은 正當(richtig)하다고 하였다.[47] 그리하여 스탐믈러는 개인의 완전성(Vollkommenheit des Einzelnen)도 개인의 자유도 아닌 자유로운 인간의 공동체(Gemeinschaft freier Menschen)를 목표로 하였다.[48] 그리고 법인으로서의 국가는 공동체 내지 공동체를 구성하는 민족적 법질서(nationale Rechtsordnung)의 擬人化(Personifizierung der Gemeinschaft)로 이해하였다.[49] 그 결과로 스탐믈러의 정법은 순수하게 개인주의적인 법이 아니라 공동체의 구성원으로서의 개별인간을 중심대상으로 하여 정립된 법이

42) Friedrich, a, a. O., S. 96.
43) A. a. O., S. 97.
44) A. a. O., S. 97.
45) A. a. O., S. 97.
46) A. a. O., S. 98.
47) A. a. O., S. 98.
48) A. a. O., S. 98.
49) A. a. O., S. 108.

다.[50] 이와 같이 스탐믈러의 정법론은 인류보편의 가치를 추구하는 내용의 법이 아니라 자유롭게 사고하는 사람들의 공동체 구성원들의 행위의 준칙을 내용으로 하기 때문에 일반규범을 통하여 보편가치가 아닌 특수가치를 실현하는 이념과 수단으로 악용될 가능성을 內在하고 있었다고 평가된다.

그리고 스탐믈러는 법이 정법을 향하여 발전해 나가며, 정법은 그 자체 고유한 독자적인 존재가 아니라 법발전에 있어서의 목표(Ziel)라고 하였다.[51] 그리하여 정법은 법이 나아가야할 방향인 이념이며 자연법이다. 그러나 정법 그 자체가 구체적인 내용을 갖고 있는 것은 아니라고 하였다.[52] 그리하여 정법은 법이념이면서 동시에 사회를 하나로 묶는 사회적 이상이며, 사회생활을 통합하는 이념으로서 그 구체적인 내용은 변화를 한다고 하였다.[53] 그러나 법은 정법을 이념으로 하여 옳음을 향해 발전하고 옳음을 실천하는 기능을 수행한다고 하였다.[54]

또한 스탐믈러는 정법은 법이념으로서 제정법을 올바르고 내용이 있는 질서로 이끌어 나아가며, 따라서 정법은 도덕론(sittliche Lehre), 즉 윤리(Ethik)에 의한 보충을 요한다고 하였다.[55] 그리하여 정법론은 도덕론의 보충을 받아 사회생활을 윤리적 내용이 내재하는 하나의 통합적 질서로 이끌어 가고 있음이 특징적이다. 그리하여 스탐믈러에게 있어서 법의 법은 정법인 자연법이었으며, 또한 법의 법인 정법은 법의 윤리이기도 하였다.[56] 그리하여 스탐믈러에게 법은 윤리의 법제도화이었다.

3. 변화하는 자연법과 실정법에 내재하는 자연법론

현대의 자연법론은 근대 자연법론과는 달리 자연법이 초실정법적인 법이 아니라 실정법에 내재하는, 그러므로 실정법으로 자연법이 존재함을 인정하

50) A. a. O., S. 100.
51) Müller, a. a. O., S. 78.
52) A. a. O., S. 80.
53) A. a. O., S. 105.
54) A. a. O., S. 108.
55) A. a. O., S. 111.
56) A. a. O., S. 133.

고, 실정법에 내재하는 자연법이 항구불변적인 법이 아니라 변화하는 자연법으로 존재함을 인정함으로써 자연법도 주어진 법(gewesenes Recht)이 아니라 생성되는 법(werdendes Recht)임을 인정하였다. 그러면서도 실정법은 북극성과 같이 법의 궁극인 이념인 정법을 향하여 발전해 나가야 함을 주장하고 있다.

이처럼 현대의 자연법론이 자연법의 재생을 주장함과 함께 실정법에 내재하는 자연법을 주장하게 된 것은, 이미 설명하였듯이, 근대 민법전이 이미 근대 자연법의 영향을 받아 그 근대 자연법을 실정법으로 법제도화하였기 때문에 더 이상 자연법이 초실정법적인 법으로 존재함을 인정하기 곤란하게 되었기 때문이라 생각된다. 그러므로 현대의 자연법론에서의 자연법은 실정법에 내재하면서 실정법의 가치를 부여하고 실정법의 법적 효력을 인정할 수 있는 근거로 작용할 수 있다는 이론으로 발전하게 된 것이다. 그러므로 실정법에 내재하는 자연법은 실정법에 법제도로 규정되어 있으나 그 법적가치는 여전히 인류가 지향하여야할 보편적인 가치이기 때문에 실정법을 실효성있는 법으로 만들어 나가는 근거가 된다고 파악한 것이었다.

그리고 현대의 자연법론은 자연법의 내용이 항구불변적인 것이 아니라 변화한다고 이론을 정립하였다. 그러므로 가변적인 자연법을 주장하게 되었다. 이는 현대의 사회사상들인 실존주의(Existentialismus), 포스트 모더니즘(Post-Modernismus), 현상학[57](Phänomenologie), 상황윤리론(Situationsethikstheorie) 등이 등장하여 전체 내지 공동체보다는 개체(Individuum)의 존재가치를 더 존중하는 방향으로 진행함에 따라서 보편적인 진리를 부인하고 개별적인 존재가치에 중점을 둠으로써 자연법에 있어서도 보편적인 항구불변의 법가치보다는 개별적인 독자적 가치를 중시하는 시대변화의 영향으로 파악된다. 그리하여 누구에게나 항구적으로 효력이 있는 불변적인 자연법에서 개별적으로 서로 다를 수 있는 변화하는 자연법을 주장하게 되었다고 판단된다. 그리고 자연법이 실

57) 現象學은 개별적인 현상을 통해서 전체를 관통하는 본질을 탐구하는 철학이다. 근대 자연법은 초월적인 본질에서 개별적인 현상을 도출한데 반하여, 현상학은 보이는 개별현상을 통해서 보이지 아니하는 본질적인 것을 도출하고자 하는 철학이다. 그러므로 현상학도 개체를 중시하는 철학이다. 현상학을 법학에 적용하면, 개별현상인 개별 법규정은 법전체에 관통하는 법의 본질에 연결되어 있다고 한다. 따라서 法現象學에서는 한시적인 법현상으로부터 영원히 유효한 법의 실체 내지 본질을 찾고자 한다.

정법에 내재하게 됨으로써 실정법이 수시로 개정되고 보완되기 때문에 자연히 실정법에 내재하는 자연법도 변화하지 않을 수 없음을 인정하지 아니할 수 없게 되어 변화하는 자연법을 주장하게 된 점도 부인할 수 없었을 것으로 생각된다.

이와 같이 현대에는 자연과학의 발달로 형이상학이 퇴조를 하고, 진리는 인간 그 자체로부터 발견하고자 하는 방향으로 발전하게 되었으며, 그 진리도 과학적으로 입증가능하여야 진리로 받아들이게 되는 방향으로 발전해 나가고 있다. 오늘날과 같은 일원화 내지 일반화가 지극히 어려운 다원적 사회에서는 개채가 전체보다 더 중요시 되는 사회이다. 그리하여 개별가치를 중시하는 사회로 발전해 나가고 있다. 그리하여 법에서도 보편적인 자연법보다는 개별적이고 변화하는 실정법에 내재하는 자연법으로 발전하게 된 것이다. 그리고 현실속에서 진리를 찾아나가야 하는 것이 현대사회의 특징이다. 또한 오늘날의 사회는 한 사람의 지도자에 의한 사회지도 내지 사회발전보다는 다수인이 참여하는 사회지도 내지 사회발전으로 전환되고 있다.[58] 그러므로 절차의 중요성이 강조되고 절차의 정당성이 인정되는 법은 그 내용도 정당성이 있는 법으로 받아들이려는 경향을 보이고 있다. 이러한 절차적 정당성의 존중은 자연법론과 법실증주의에 대응하는 제3의 민주주의 법원리로 받아들여지고 있다.[59] 이러한 방법의 정당한 절차를 거쳐 형성된 법을 자연법으로 받아들이려는 법에서의 새로운 경향도 역시 자연법론의 범주에 속하며, 자연법의 내용을 찾아나가는 하나의 방법으로 받아들일 수 있다고 이해된다. 이를 소통론(Diskussionstheorie)이라고도 한다. 소통론은 자유롭게 사고하는 이성을 가진 사람들이 상호간에 의사의 교환을 하고 정당한 절차를 거쳐 합의에 이른 결과는 그것을 자연법으로 이해하자는 이론이다. 자연법의 핵심내용은 인류보편의 가치이다. 그러나 인류보편의 가치를 판단하고 결정하는 것은 극히 어려운 과제이다. 소통론에 입각하여 이성을 가진 자유인들의 의견교환을 통하여 얻은 합의는 인류보편의 가치를 가진 자연법을 발견해 내는 하나의 방법이 될 수 있을 것으로 생각된다.

---

58) Christian Schwaabe, Politische Theorie 2: Von Rousseau bis Rawls, 3. Aufl.(Paderborn, Wilhelm Fink Verlag, 2007), S. 122.

59) Josef Römelt, Menschenwürde und Freiheit: Rechtsethik und Theologie des Rechts jenseits von Naturrecht und Positivismus(Freiburg, Herder, 2006), S. 35.

이와 같이 인간이 법에서 추구하여야할 최고가치의 법인 자연법이 실정법에 내재하고 그 내용이 변화하더라도 실정법이 추구해 나가야할 법의 이념은 여전히 필요하고 또한 요청되었다. 법의 이념하에서 실정법 전체가 체계화되어 사회의 질서를 유지하고 법이 이상적인 방향으로 발전해 나갈 수 있게 하여야할 필요성이 있었다. 그리하여 법의 이념으로 정법이 주장되고 실정법은 그 내용이 변화를 하더라도 정법으로 그 내용이 구성될 것을 요청하였던 것이었다. 그리하여 현대의 자연법론은 근대 자연법론과 전혀 다른 모습으로 재생할 수 있었다.

그리고 근대 자연법론은 당시에 인간의 인격을 부인하고 개인의 소유권을 부인하던 절대왕정에 대항하는 법이론 내지 법사상으로 출발을 하였기 때문에 근대 자연법론은 극히 저항적이고 혁명적인 성격을 띠고 있었다. 그러나 현대의 자연법론에서는 저항적이고 혁명적인 성격은 약화되고, 인간의 존엄과 가치를 인정하고, 인격의 자유전개권을 인정하고, 자유로운 사소유권을 인정하고, 이러한 인간의 기본권을 헌법에서 규정하여 보장하고, 국제적으로도 인권을 보장하는 방향으로 시대가 발전해 나감에 따라서 자연법이 추구하여야할 가치문제에 관하여는 소홀히 다루었다. 그리하여 현대의 자연법론은 다시 나치와 같은 민족사회주의에 의하여 악용되는 사례가 발생하게 되었다. 자연법론이 추구하는 가치는 인류의 보편가치이어야 한다. 자연법론이 이러한 인류의 보편가치를 강하게 추구하고 그러한 가치를 실현하는 법으로 발전시켜 나가지 아니하면 자연법론을 악용하여 인륜에 반하는 특수한 가치를 자연법의 이름으로 이를 실현해 나가는 것이다. 따라서 자연법은 그것이 초실정법이든 실정법에 내재하는 법이든, 항구불변의 법이든 변화하는 법이든 그 자연법이 담아서 추구해 나가야할 가치는 언제나 인류보편의 가치이어야 함을 현대 자연법론의 전개과정을 통해서도 알 수 있다.

이와 같이 자연법론은 실정법이 옳고 바르고 이치에 맞는 법일 수 있도록 하는 법이다. 그러므로 자연법은 실정법의 효력을 부여하는 법이며, 실정법이 자연법에 부합할 때에 비로소 실정법은 그 법적효력을 갖는 것이다. 국가의 강제력에 의한 실정법의 집행은 일시적으로는 법적효력을 갖게 되지만 법의 적용을 받게 되는 사람들의 마음으로부터의 동의에 의한 법적효력은 이끌어

낼 수 없는 것이다. 실정법이 진정으로 법의 지배를 받는 사람들의 마음으로부터의 동의에 의한 효력을 갖게 하려면 그 실정법의 내용이 인류보편의 가치를 담아 실천해 나가야 하는 것이다. 현대 자연법론의 대표적인 理論인 정법론은 바로 실정법이 실효성있는 법일 수 있게 하기 위한 조건과 이념과 방향을 제시하는 법의 궁극이라 이해된다.

근대의 자연법론과 자연법의 재생의 현대의 자연법론을 비교해 보면, 前者의 근대의 자연법론은 인류의 보편가치의 입법을 위한 법이론 내지 법사상이었음에 반하여, 後者의 현대의 자연법론은 제정법 규정의 해석론을 중심한 자연법론이라고도 할 수 있다. 현대의 자연법론에서는 주로 법규의 해석을 중심내용으로 다루었으며, 법규의 해석은 전체 법질서의 정신(Geist), 즉 확인된 법질서의 근본가치 및 근본원칙에 부합되게 이루어져야 함을 강조하였다.[60)]

4. 신토마스학파의 신자연법론의 주장

신칸트학파에 의한 실정법에 내재하는 자연법의 주장과 함께 가톨릭법학계에서는 중세의 토마스 아퀴나스의 자연법론에 바탕을 둔 새로운 자연법론을 주장하였다. 신토마스학파는 가톨릭에서의 법실증주의의 사상적 기초를 제공한 主意主義(Voluntarismus)를 자연법의 敵으로 다시 평가하고 토마스 아퀴나스의 主知主義(Intellektualismus)에 기초하여 새로운 자연법을 주장하였다.

신토마스학파[61)](Neo Thomisimus)는 먼저 자연법은 神의 의사이든 인간의 의사이든 意思에 의하여 결정된 법규정과는 독립적이고 고도의 도덕적인 삶의 질서에서 형성된 법이 있다는 확신에 기초하고 있으며, 또한 자연법은 존재하는 관계와 제도의 평가의 기준이 되며, 더 넓고 더 나은 인간형성을 위한

60) Larenz, a. a. O., S. 114.

61) 신토마스학파는 1870년대에 프로이센에서 일어난 문화투쟁 과정에서 형성되었다. 프로이센이 독일을 통일하여 제2제국을 건설하여 국가권력을 강화하기 위하여 교회법의 세속사건에 대한 제한을 강화하자 가톨릭계에서 교회법을 지켜 나가고자 하는 저항운동으로 일어난 것이 문화투쟁이었다. 이 때에 가톨릭계에서는 교회에 대한 국가의 간섭에 대하여 교회를 방어하기 위하여 자연법을 주장하게 되고, 그 자연법의 내용으로서는 국가에 대한 교회의 자치의 확보, 혼인과 가정에 대한 교회법의 적용, 종교교육의 보장과 단체결성의 자유의 보장을 요구한 것들이었다.이러한 가톨릭계의 요구사항들이 신토마스학파의 주장내용을 이루었다(Vgl., Lena Foljanty, Recht oder Gesetz (Mohr, 2013), S. 105).

교육의 기준이 되는 법이라고 하였다. 그리하여 신토마스학파는 자연법은 인간본성의 법이며, 이러한 자연법은 인간과 그 역사를 같이하며 오래 되었다고 주장하였다.[62] 그리고 신토마스학파는 소크라테스를 자연법의 건설자로 보며, 소크라테스에게 있어서 인간행위의 최고의 목표는 행복(Glückselligkeit)에 있었으며, 그 행복은 다른 말로 표현하면 선(das Gute)이고, 아름다움(das Schöne)이며, 옳음(das Rechte)과 동일한 것으로 이해하였다고 한다.[63] 플라톤은 이 세상을 영원한 세계인 이데아의 그림자로 생각하였다고 설명하고, 아리스토텔레스는 모든 법은 오로지 실증적(positiv)이지만 그 중에서 자연법적인 것(das Naturrechtliche)은 모든 사람에게 인식되며, 모든 민족에게 유효하며, 불변적인 것이라고 하였다고 설명하고 있다.[64] 그리고 아리스토텔레스에게 있어서도 인간활동의 최고의 목표는 행복, 즉 선에 있다고 한 점은 소크라테스나 플라톤과 마찬가지였다고 설명하고 있다.[65]

그리고 신토마스학파는 자연법에 관하여는 스토아학파가 아리스토텔레스의 자연법에 대한 사상을 수용하여 이를 더욱 발전시켜 로마법의 발전에 기여하였다고 설명하고, 스토아학파를 로마법학의 어머니(Mutter der römischen Rechtswissenschaft)라고 하였다.[66] 그리하여 스토아학파는 자연법에 의하면 모든 사람은 성스럽고, 자유로우며, 평등하다고 하였다고 설명하고, 소크라테스로부터 시작된 그리스의 자연법론이 학문적으로는 아리스토텔레스에 의한 자연법으로부터 시작되었다고 설명하였다.[67]

그리고 신토마스학파는 자연법에 대한 반대는 소피스트로부터 시작되었지만 全時代를 통하여 물질주의자들(Materialisten)이 자연법에 대한 반대론자들이었다고 하고 있다.[68] 그리고 중세 교회법시대의 主意主義者들이 자연법론에 대한 반대자들이었다고 설명하고 있다.

신토마스학파에서는 인간의 본성에 관하여, 인간은 이성적 존재(vernünftiges

62) Manser, a. a. O., S. 5.
63) A. a. O., S. 6.
64) A. a. O., S. 7.
65) A. a. O., S. 7.
66) A. a. O., S. 11.
67) A. a. O., S. 13.
68) A. a. O., S. 14.

Lebewesen)이며, 인간은 의미를 추구하는 생명이 있는 존재(Sinneslebewesen)이며, 사고할 수 있는 존재(denkfähiges Wesen)이며, 사회적 존재(soziales Wesen)로 파악하였다.[69] 이러한 인간존재에 대하여 인간은 이성적인 존재이기는 하지만 養育을 필요로 하는 이성적 존재라고 하였다.[70] 그리고 사회적 존재로서의 인간존재에 관해서도, 이를 좀 더 자세히 살펴보면, 인간은 神의 피조물로서 本源的으로(von Haus aus) 缺陷을 가진 불완전한 존재이며, 이러한 인간이 결함이 있는 불완전한 존재이기 때문에 피조물인 인간은 곤란과 곤경에 빠지게 되었으며, 그러한 곤경과 곤란을 벗어나기 위하여 인간은 서로간에 투쟁이 아닌 협력을 하게 되었다고 이해하고, 협력이 없는 투쟁은 모든 인간의 멸망을 초래하기 때문에, 여기에서 인간의 非社交的 社交性(ungesellige Geselligkeit)이 생겼으며, 이 비사교적 사교성으로부터 인간이 사교적 존재로 발전하게 되었다고 보았다.[71]

그리고 신토마스학파는 토마스 아퀴나스의 자연법론을 이어받아, 자연법은 모든 행동의 기준이며, 모든 덕(Tugend)의 기준이며, 정의로운 행위의 기준이라고 설명하였다.[72] 그리고 신토마스학파는 토마스 아퀴나스와 마찬가지로 主意主義를 배격하고 主知主義를 취하였다. 그리하여 자연법은 합리적인 피조물의 永久法에의 참여로 정의하고, 자연법의 神의 지혜에의 의존성을 주장하였다.[73]

또한 신토마스학파의 법에서의 근본적인 원칙과 이념은 善은 행하고 惡은 피하라(Das Gute ist zu tun, das Böse zu meiden)이었다.[74] 이를 다른 말로 표현하면 행복은 의욕하고 불행은 피하라(Das Glück ist zu wollen, das Unglück ist zu meiden)이었다. 이것이 바로 자연법이며, 법의 최고의 이념이자 원칙이라고 하였다.[75] 또한 신토마스학파는 이러한 자연법은 人間以前의 것이며 초자연적인 것이라고 하였다.[76] 그리고 신토마스학파는 이러한 법의 최고이념 내지

69) A. a. O., SS. 29－30.
70) Schwaabe, a. a. O., S. 44.
71) 칸트철학연구: 최재희 전집 I (삼지원, 1985), 141면
72) Manser, a. a. O., S. 63.
73) A. a. O., S. 76.
74) A. a. O., S. 85.
75) A. a. O., S. 121.

원칙에 따라서 살며, 또한 이러한 이념 내지 원칙을 실천할 것을 의무화하였다.

실정법에 내재하는 자연법을 주장한 롬멘은 바로 토마스 아퀴나스를 지지한 신칸트학파에 속한다.[77] 그리고 그는 역사에서 흐름속에서 전개된 신의 계시가 인간질서의 인식의 원천(Erkenntnisquelle)로서, 신의 질서가 영구법이며, 신의 계시에 의하여 인간이 인식한 도덕적인 질서 중 정의와 관련된 질서(즉, 법)가 자연법이라고 하였다.[78]

5. 신칸트학파의 서남독일학파 및 마르부르크학파의 자연법론에 대한 주장

신칸트학파에는 여러 갈래의 분파들이 있다. 그 중에서 중요한 신칸트학파는 하이델베르크 대학을 중심으로 하는 서남독일학파와 마르부르크대학을 중심으로 한 마르부르크학파가 있다. 서남독일신칸트학파는 철학자 리케르트에 의하여 시작된 분파이며, 마르부르크학파는 코헨, 나토르프 등에 의하여 1850年代부터 칸트를 연구하기 시작된 신칸트학파이다. 이러한 신칸트학파의 철학이 법에도 영향을 주어 변화하는 내용의 자연법을 주장하게 되어 그러한 실정법에 내재하고 또한 그 내용이 변화하는 자연법이 현대의 자연법론으로 주장이 되었다. 이러한 신칸트학파는 정법론과 더불어 법에서의 이념, 목적을 추구하였다.[79]

먼저 서남독일학파는 철학자 리케르트의 칸트연구를 시작으로 하여 형성되었으며, 에밀 라스크가 리케르트의 철학이론을 법철학에 접목시켰으며, 라드부르흐에 의해서 가장 발전을 하였다. 리케르트는 정신과학(Geisteswissenschaft)에 가치를 개입시켰다. 이러한 리케르트의 주장은 가치를 법학에서 배제한 당시의 법실증주의가 지배하던 시대에 대한 반성에서 출발을 하였다. 그리하여 리케르트는 가치철학, 문화철학을 발전시켰다.[80]

---

76) A. a.O., S. 69.
77) A. a. O., S. 84.
78) Ritter, a. a. O., SS. 35－36.
79) Horn, a. a. O., Rn 363.
80) 전게 칸트철학연구, 162면.

리케르트는 철학의 사명은 사물의 혼돈(Chaos der Erlebnisse)에서 원칙에 따라서 질서있는 세계(geordnetes Kosmos)에 도달하는데 있다고 하였으며, 진리는 시간의 제약을 받지 않는 것이며, 시간의 제약을 받으면 진리가 아니라고 하였다.[81] 그리고 리케르트는 실재로 존재하는 것을 4단계로 구분하였다. 그 첫 단계는 개인적 주관적으로 인식할 수 있는 존재이고, 두 번째 단계는 일반적 객관적으로 인식할 수 있는 존재이며, 3번째 단계는 객관적 존재이며, 4번째 단계는 절대적 존재의 단계로 나누고, 3번째의 객관적 존재가 진리라고 하였다. 그 3번째 단계의 객관적 존재는 그것을 비록 인간이 인식하지 못한다고 하더라도 유효한 가치의 존재(Wertobjekt)라고 하였다.[82] 그리고 그는 진리인 객관적인 가치의 존재를 찾는 일을 철학에서 추구하였던 것이었다. 그리하여 리케르트의 철학은 가치철학(Wertphilosophie)에 속하며, 그는 객관적인 가치의 세계를 중시하여 가치상대주의를 극복하고자 하였다.[83]

이러한 리케르트의 사상을 법학에 도입한 라스크는 개별 법규정의 내용은 사회적으로 승인된 가치 내지 목적과 관련하여 생성이 된다고 하였다.[84] 그리하여 라스크는 법학에서의 가치 내지 목적관련적 방법을 도입하게 되었다.[85] 이러한 라스크의 주장은 스탐믈러의 정법론의 정립과 전개에 영향을 주었으며, 라드부르흐에 이르러서 최고도로 발전하여 법은 법의 최고가치이자 법의 이념인 정의(Gerechtigkeit)의 실현에 이바지하고자 하는 현실(Wirklichkeit)이라고 하였다. 이와 같이 서남독일의 신칸트학파는 법에서의 가치를 중시함으로써 당시에 가치를 배제한 법실증주의가 지배하던 시대의 실정법만능주의에 反旗를 들었다. 그리하여 법에서의 가치와 이념을 중시하는 새로운 자연법 시대를 열게 되었다.

마르부르크학파의 창시자는 코헨과 나토르프였으며, 스탐믈러는 코헨의 칸트에 대한 연구결과를 바탕으로 하여 칸트철학에 접하여 그 영향을 받아 정

81) Kurt Wuchterl, Bausteine zu einer Geschichte der Philosophie des 20. Jahrhunderts (Stuttgart, Haupt Verlag, 1995), SS. 133－134.

82) A. a. O., S. 134.

83) A. a. O., SS. 130－131.

84) Larenz, a. a. O., S. 104.

85) A. a. O., S. 104.

법론을 전개하였다. 그러나 스탐믈러가 마르부크학파에 속한 법철학자로 분류되지는 않는다.86) 스탐믈러는 그의 인생의 마지막에 마르부르크대학에 재직하였으며, 코헨을 통하여 칸트철학에 접했을 뿐이었다.

코헨은 인식(Erkenntnis)은 경험으로부터 시작되지만 경험에서 모든 것을 다 인식할 수 없으며, 경험에 의하지 아니하는 선험적인(a priori)인 인식도 있음을 주장하였으며,87) 경험에 의한 인식은 최종적으로 일반원칙에 이르게 된다고 하였다. 그리하여 코헨은 사실 속에서 사실을 움직이는 실체를 찾아나갔다. 그가 찾은 실체는 이념(Idee)이며, 이념에 의하여 사실의 전체가 체계화되며, 따라서 이념이 인식의 근본조건이라고 하였다.88) 그리고 코헨은 목적, 이상 등의 이념은 事物에 內在한다고 주장하였다.89) 그리하여 코헨은 이념은 인간행동의 최종목표이면서 동시에 인간행동의 출발점이라고 하였다.90) 그리고 코헨은 진리(Wahrheit)란 현실에도 부합하고 또한 윤리적이어야 한다고 하였다.91)

또한 코헨은 선험적인의 진리의 存在인 物自體(Ding an sich)의 인식에 중점을 두지 않고, 개별적인 인식활동을 통하여 인식할 수 없는 진리의 존재를 발견해 내어 그것을 개념화하고자 하였다.92) 그리하여 칸트는 객관적으로 존재하는 물자체의 인식에 도달하려고 하였으나, 코헨은 현상세계에서의 인식을 통하여 객관적인 진리에 도달하려고 하였다. 이러한 사고는 현상학과 마찬가지였다. 그가 인식을 통하여 도달하고자 한 객관적인 진리는 바로 이념(Idee)이었으며 코헨은 그러한 이념을 찾아나갔다. 그 이념을 중심하여 하나의 철학체계가 완성된다고 하였다.93) 이러한 사고체계를 갖추어 나간 코헨은 그 사상체계가 칸트보다는 플라톤에 더 가까웠다.94)

같은 마르부르크학파에 속하였지만 나토르프는 코헨과는 달리 경험을 중

---

86) Müller, a. a. O., S. 3.
87) A. a. O., S. 22.
88) A. a. O., S. 37
89) A. a. O., S. 46.
90) A. a. O., S. 61.
91) A. a. O., S. 118.
92) Wuchterl, Bausteine zu einer Geschichte der Philosophie des 20. Jahrhunderts, S. 108.
93) A. a. O., S. 114.
94) A. a. O., S. 115.

시하였다. 그리하여 그는 이념을 경험과 같은 정도로 중요시하지는 않았다.[95] 나토르프는 객관적이라는 것은 주관적인 것의 객관화이며, 주관적이라는 것은 객관적인 것의 주관화라고 설명하여, 주관과 객관을 상대화하였으며, 주관과 객관의 상호변화를 인정하고, 이상과 현실의 통합을 내용으로 하는 일원주의(Monoismus)를 주장하였다.[96] 그리고 나토르프는 철학을 영원한 발전과정(ewiger Forgang)으로 파악하였으며, 철학을 구체적인 것으로부터의 이념의 정립과 이념으로부터의 사실의 구체화 과정으로 이해하였다.[97]

이러한 마르부르크학파는 독자적인 법이론을 세우는데 관심을 가졌다. 특히 마르부르크학파는 법학에서의 실정법과 자연법의 대립을 극복(Verabschiedung der Entgegensetzung von positivem Recht und Naturrecht für die Rechtwissenschaft)하고 법실증주의와 자연법을 통합한 이론정립을 추구하였다. 그러한 통합의 결과가 바로 변화하는 내용의 자연법(Naturrecht mit wechselnden Inhalte)이었다.[98] 이와 같이 마르부르크학파는 자연법론과 법실증주의를 통합한 하나의 법이론을 정립하려고 하였으며, 그것이 바로 변화하는 자연법론이었다.[99]

마르부르크학파의 코헨과 나토르프 그리고 스탐믈러는 모두가 플라톤의 이데아論을 理想으로 하여 출발하였다.[100] 그리하여 마르부르크학파는 이상주의(Idealismus)를 취하게 되었다. 그리고 스탐믈러는 경험주의(Empirismus)와 역사법학파[101](historische Rechtsschule)에 반대하였다.[102] 그리하여 스탐믈러는 모든 법의 근원 내지 모든 법의 인식근거를 찾았으며, 역사적 사실로부터는 법의 본체를 알 수 없으며, 법에는 이념이 있고, 그 이념없이는 법을 알 수 없다고 하였다. 그리하여 스탐믈러는 그것 없이는 법을 인식할 수 없는 이념을 찾아 나갔던 것이다. 그가 찾은 법의 이념이 바로 정법(richtiges Recht)이었다.

95) Müller, a. a. O., S. 49.
96) A. a. O., S. 55.
97) Wuchterl. a. a. O., S. 123.
98) Müller, a. a. O., S. 3.
99) A. a. O., S. 7.
100) A. a. O., S. 12.
101) 역사법학은 법에서 사실의 탐구에만 집중하며, 법에서의 이념을 배제하고 있기 때문에, 법을 이념과 사실의 결합으로 이해하고, 법에서는 이념이 존재하고 그 이념이 사실을 결정한다고 파악한 스탐믈러에 의하여 배척되지 않을 수 없었다.
102) A. a. O., S. 19.

Ⅲ. 제2차 세계대전 후의 자연법의 재생 운동

1. 개 설

19세기의 개념법학에 의한 법실증주의에 대항하기 위한 학문적 노력의 과정에서 자연법이 재생되어 논의된 후에, 현대의 자연법론이 다시 크게 논의된 것은 제2차 세계대전이 끝나고 나치가 저지른 인류에 대한 불법을 청산하고 정의로운 질서의 새로운 세계를 건설하기 위한 노력의 과정에서 나타났다. 나치의 불법은 법실증주의가 낳은 인류의 불행이었다. 나치는 법은 법이고 명령은 명령이다(Gesetz ist Gesetz, Befehl ist Befehl)라는 지극히 법률실증주의를 따른 법률에 의한 불법(gesetzliches Unrecht)을 恣行하였다. 그러므로 나치의 불법은 법률에 의한 불법이었다. 악법도 법이라고 이해함으로써 악법에 의한 불법의 통치시대가 바로 나치시대였다. 그리하여 나치시대는 극단적인 법률실증주의(Gesetzpositivismus) 시대였다.

이러한 나치의 법률에 의한 불법을 극복하기 위하여 법실증주의에 대한 반성이 일어나고 자연법의 논의가 이루어졌다. 이 때의 자연법론에서는 법이란 실정법보다는 그 以上이어야 한다(Recht sei mehr als nur das positive Gesetz)라는 생각을 바탕으로 하여 시작되었다.[103] 그러므로 이 당시의 자연법론에서의 자연법은 객관적으로 존재하는 초시간적인 법도 아니며, 인간이 창조한 규범도 아니며, 다만 초실정법적인 법(übergesetzliches Recht)으로 이해되었다.[104] 이와 같이 제2차 세계대전 후의 자연법사상의 재생은 법률에 대하여 맹종을 하던 나치의 법실증주의에 대한 비판에서부터 일어 났다기 보다는 새로운 법질서의 수립과 법에서의 도덕성의 회복을 위한 필요성에서부터 일어났다.[105] 그리고 제2차 세계대전 후의 자연법의 재생운동은 라드부르흐에 의한 가치상대주의의 주장에 의하여 시작되었다.[106]

103) Lena Foljanty, Recht oder Gesetz (Mohr, 2013), S. 4.
104) A. a. O., S. 4.
105) Horn, a. a. O., Rn 377.
106) A. a. O., Rn 378.

나치의 犯法行爲는 법률과 판결에 의하여 이루어졌다.[107] 당시의 나치의 법은 지극히 법실증주의적인 법이었다. 나치는 법률을 철저하게 도덕과 분리하였다. 법에 도덕적 요소를 전적으로 배제하였기 때문에 나치는 법률에 의하여 불법을 행할 수 있었던 것이었다. 그러므로 나치이후의 자연법론에서는 도덕적 요소를 담은 법을 자연법으로 파악하고 그러한 법이 어떠한 법인가에 대한 논의가 이루어지게 되었다. 그리하여 법은 가치관련적(wertbezogen)이어야 한다는 주장이 제기되었다.[108][109] 그러한 가치관련적인 법은 바로 초실정법적인 법이었으며, 그러한 가치를 담은 초실정법적인 법을 자연법으로 이해하기 시작하였다.

이와 같은 초실정법적인 자연법에 대한 논의는 라드부르흐(Gustav Radbruch: 1878－1949), 코잉(Helmut Coing: 1912－2000), 스멘트(Carl Friedrich Rudolf Smend: 1882－1975) 등에 의하여 진행이 되었다. 롬멘(Heinrich Rommen)은 1936년에 자연법의 영원한 回歸를 집필하여 자연법으로의 법발전을 이끌었다. 그 외에도 Heinrich Mitteis(1889－1952), Hans Welzel(1904－1977), Georg Stadtmüller(1909－1985), Adolf Süsterhenn(1905－1974), Constantin von Dietze(1891－1973) 등이 전후에 자연법을 주장하였다.[110] 그리고 法實際에 있어서는 자연법에 기초하여 뉘른베르크(Nürnberg) 전범재판이 이루어졌다.

라드부르흐는 자연법을 초실정법적인 법으로 개념정의하고, 국가권력에 의하여 제정만 하면 악법도 법으로 인정한 나치시대의 법률실증주의의 시대를 비판하였다. 그리고 법을 법의 이념, 즉 정의의 실현에 이바지하고자 하는 현실이라고 함으로써 법에서의 가치를 인정하고 법률에 의하여 이를 실현하여야 한다고 강조하였다. 그러나 라드부르흐는 법에서의 가치를 모두 인정하는 가치상대주의를 취하였다. 그리하여 라드부르흐는 법에의 가치를 인정하고 그러한 법의 가치를 모두 인정한 점에서는 자연법의 사상을 가지고 있었지만 1949년에 사망함으로써 제2차 세계대전 후의 정의로운 사회를 이루기 위한 자

107) Foljanty, a. a. O., S. 2.

108) A. a. O., S. 43.

109) 제1차 세계대전이 끝난 1920년대에 이미 법정책으로서 법실증주의에 대한 비판이 제기되어, 법실증주의와 反법실증주의간의 투쟁이 격화된 바가 있었다(Vgl., a. a. O., SS. 21－22).

110) Joseph Höffner, "Johannes Messner und die Renaissance des Naturrechts", S. 18.

연법을 깊이 발전시키지는 못하였다고 평가된다. 라드부르흐는 서남독일신칸트학파의 대표적인 법학자였다.[111)]

그리고 제2차 세계대전 후에 자연법론에 입각한 새로운 질서를 수립함에 있어서 가톨릭측에서는 신토마스주의에 기초한 자연법론이 주장되고, 개혁교회측에서는 에릭 볼프를 대표로 하여 자연법론을 주장하였으며, 이러한 여러 갈래의 자연법론이 새로운 질서의 기초법인 헌법, 특히 독일기본법에서 구체적으로 입법화되었다. 독일기본법에서는 자연법론에서 주장된 주장들이 거의 대부분 헌법규정으로 입법화되어 보장됨으로써 자연법의 재생에 의한 자연법의 사명도 완료하게 되었다. 이와 같이 자연법 재생의 논의에 의한 자연법의 내용이 기본법에서 입법이 되고, 이러한 자연법적인 기본법을 제도적으로 보장하고 수호하기 위하여 헌법재판소를 설립함으로써 자연법의 논의는 다시 沈潛해지게 되어 오늘에 이르고 있다. 자연법에 대한 논의가 예전과 같이 활발하지 않다고 하더라도 자연법론과 자연법 사상은 법에서 영원히 추구되어야 하고 실천되어야할 법정책이고 법의 발전방향이기 때문에 자연법론은 법의 변함없는 기초이며 법의 영원한 이상이다.

2. Gustav Radbruch의 법의 이념과 가치상대주의

Gustav Radbruch는 나치가 집권한 1933년에 법의 이념은 정의이며, 정의는 평등, 법적안정성 및 합목적성을 포괄하는 것으로 체계화하고, 그리고 가치상대주의를 주장하고는 나치시대 내내 공개적으로 자신의 법철학 이론을 내 놓지 않았다.[112)] 그러다가 제2차 세계대전에서 나치가 패망한 두 달여 후에 Rhein－Neckar 신문에서 법의 원칙은 자연법 내지 이성법이라고 주장하고, 이러한 자연법은 인간의 인격과 인권을 가장 중시하고 폭넓게 보호하는 법이

111) Nobert Horn, Einführung in die Rechtswissenschaft und Rechtsphilosophie, 5. Aufl.(C.F. Müller, 2011), Rn 364.

112) 라드부르흐는 본래 법실증주의의 대변자였다. 제2차 세계대전이 끝나자 마자 그는 자연법론을 주장하였다. 그리하여 라드부르흐의 자연법론에 대해서는 너무 과대평가해서는 않된다는 평가가 있다(Vgl., Klaus Ritter, Zur Frage nach den materialen Prinzipien der Gerechtigkeit: Untersuchungen über die Bedeutung und Möglichkeit einer gegenwärtigen Naturrechts－ renaissnace (Marburg, 1951), S. 18).

라고 하였다.[113] 또한 자연법은 정의의 현실화(Aktualisierung der Gerechtigkeit)를 위한 법이라고 하였다.[114] 그리하여 실정법이 정의를 부인하면 그 법적효력이 없으며, 또한 국민은 정의를 부인하는 그러한 법에 복종할 필요가 없다고 하였다.[115] 그러므로 이러한 경우에는 법의 이념으로서의 정의가 법적안정성에 우선한다고 하였다. 이와 같은 라드부르흐의 주장은 Stammler의 정법론의 영향을 받아 주장한 것이었다.[116] 이러한 라드부르흐의 주장에 의하여 제2차 세계대전 후에 자연법이 다시 재생하게 되었다.

라드부르흐는 제2차 세계대전 終戰 후에 법실증주의가 나치의 殘忍함과 恣意에 대해 독일의 법학과 법실무를 武裝解除하였다고 지적하고, 나치의 실정법은 법률에 의한 합법적인 불법(gesetzliches Unrecht)이라고 설명하고, 초법률적 법의 이념(Idee eines übergesetzlichen Rechts)이 힘있게 다시 일어나야 함을 주장하였다.[117] 그리고 라드부르흐는 스탐믈러가 그의 정법을 자유롭게 사고하는 공동체의 사회적 이상으로 개념정의를 한 것에 대해서 그러한 개념정의는 내용이 너무 광범위하고 모호하다고 반박하였다.[118]

그리하여 라드부르흐는 법의 이념은 정의(Gerechtigkeit), 합목적성(Zweckmäßigkeit) 및 법적안정성(Rechtssicherheit)을 포괄한다고 하였다.[119] 이러한 3가지의 법의 이념을 동일한 가치가 있는 것으로 보지 아니하고 법적안정성을 정의보다 우위에 두었다.[120] 그러나 이 세 가지의 법의 이념 중 법의 내용에 있어서의 이념은 정의이었다. 그리하여 실정법의 정의에 대한 모순이 참을 수 없을(unerträglich) 정도일 때에는 그 법은 부정당한 법으로서 법적안정성보다는 정

---

113) Kristian Kühl, "Rückblik auf die Renaissance des Naturrechts nach dem 2. Weltkrieg", in: Geschichtliche Rechtswissenschaft: Freundesausgabe für Alfred Söllner zum 60. Geburtstag am 5. 2. 1990(Gießen, Brühlscher Verlag, 1990), S. 333.

114) A. a. O., S. 333.

115) A. a. O., S. 333.

116) A. a. O., S. 334.

117) Joseph Höffner, "Johannes Messner und die Renaissace des Naturrechts", S. 18.

118) Kühl, a. a. O., S. 334.

119) 견해에 따라서는, 라드부르흐에 있어서 법의 이념은 정의 하나이며, 정의의 내용으로 평등(Gleichheit), 합목적성(Zweckmäßigkeit), 법적안정성(Rechtssicherheit)으로 체계구성을 하기도 한다.

120) A. a. O., S. 337.

의를 우선시켜야 한다고 하였다.[121] 이는 바로 실정법이 정의에 반하여 참을 수 없을 수 없을 때에는 자연법이 실정법에 개입하게 된다고 하였다. 이러한 자연법과 실정법과의 관계에 있어서 일반적으로는 실정법의 유효성과 구속력이 인정되나, 그 실정법의 내용이 정의에 反하여 참을 수 없을 때에는 자연법이 실정법에 개입하여 그 실정법의 효력을 부인하고 그 실정법에 복종할 것을 부인하는 주장을 하였다. 따라서 라드부르흐에게 있어서 자연법론은 적극적으로 실정법의 내용을 구체화하는 것이 아니라, 소극적으로 실정법이 정의에 반할 때에 그 실정법의 법적효력을 부인하는 자연법의 소극적 기능을 주장하였다. 그리고 그에게 있어서 참을 수 없다는 원칙(Prinzip der Unerträglichkeit)은 그 개념은 모호한 면이 있지만 실정법의 효력의 한계를 정함에 유효하게 기능하였다. 그리하여 라드부르흐의 참을 수 없음의 원칙은 戰後에 법실무에서 실정법이 정의의 이념에 합치되는 지에 대한 판단기준으로 유용하게 활용되었다. 그리하여 실정법이 정의의 이념에 반하여 그 법을 지키는 것이 도저히 참을 수 없을 때에는 그 실정법에 법적성격과 법적효력을 부인하였다.[122] 그의 정의의 중시는 인간의 인격, 인권을 중시하고자 함에 그 가치를 두었다.

이와 같은 라드부르흐의 실정법의 유효성 판단의 공식에 따라서 독일연방헌법재판소(Bundesverfassungsgericht)도 戰後에, 정의를 추구하지 아니하고, 평등사상을 의식적으로 부인하고, 문화인에게 공통적인 인격권의 가치와 존엄성을 심히 무시한 官憲의 명령(obrigkeitliche Anordnung)은 법일 수 없다고 하였다.[123] 그리고 독일연방대법원(Bundesgerichtshof)도 독일기본법 제3조 제1항의 평등의 원칙규정은 모든 법질서의 기본법이고 동시에 법의 이념이며, 초법률적인 위치에 있으며, 헌법제정권자도 법률제정권자도 평등규정에 대한 예외를 허용할 수 없다고 하였다. 그러므로 사물의 본성 및 정의의 견지에서 동일한 사실은 동일하게 규율하여야 하며, 충분하고도 확실한 근거없이 그리고 정의

121) A. a. O., S. 337.

122) A. a. O., SS. 338−339; Heinrich Honsell, "Naturrecht und Positivismus im Spiegel der Geschichte", in: Beiträge zum Unternehmensrecht: Festschrift für Hans−Georg Koppensteiner zum 65. Geburtstag(Wien, Verlag Orac, 2001), S. 607.

123) Hermann Weinkauf, "Die Naturrechtsgedanke in der Rechtsprechung des Bundesgerichtshofes", in: NJW(1960), S. 1691.

의 요구에 대한 충분한 고려없이 자의적으로 불평등하게 다루어서는 아니된다고 하였다.[124] 더 나아가 독일연방대법원은 독일기본법상의 인권과 재산권은 기본권 중에서도 자연권에 속한다고 하였다.[125] 그리고 국가는 실질적 정의(materielle Gerechtigkeit)의 실현의 과제를 지고 있으며, 실정법률이 초법률적인 법을 위반하면 그 실정법률은 무효라고 하였다.[126] 또한 법원이 판결을 함에 있어서 원칙적으로 윤리적인 가치평가에 근거해서 판단을 해서는 아니된다고 하는 주장은 잘못되었으며, 판결의 내적 구속력은 그 판결에서의 판단이 도덕적 요청(Sittengebot)에 부합하기 때문이라고 하였다.[127] 그리하여 판결을 함에 있어서 법관의 판단이 도덕적 요구와 부합할 것을 요구하였다. 여기서의 도덕적 요청은 바로 자연법을 의미한다. 결국 독일연방대법원은 법원의 판결은 실정법률에만 충실할 것을 넘어 도덕적인 요구도 충족할 것을 요구하여, 자연법의 실정법에의 우위를 인정하고 있다고 평가된다.

그리고 라드부르흐는 가치상대주의(Wertrelativismus)를 주장하였다. 가치는 다같이 의미가 있고 존중되어야 한다고 하였다. 생각건대 이러한 가치상대주의도 정법론과 마찬가지로 나치가 주장하던 가치도 존중되어야 한다는 주장으로서 결국 나치에 의해 악용될 수 있는 법이론이었다고 평가된다.

이러한 라드부르흐는 신칸트학파의 한 지파였던 서남독일학파에 속하고 있었으며, 스탐믈러가 속해 있었던 마르부르크학파와는 서로 다른 입장을 취하였다. 兩신칸트학파는 다같이 법은 가치의 실현에 관심을 가져야 한다고 주장하였다.[128] 또한 라드부르흐는 법학은 천여년 전으로 되돌아가, 실정법률보다 더 높은 법, 즉, 고대의 자연법, 중세의 神法, 근세의 이성법이 있었다는 오랜 전통의 지혜(Weisheit)를 되새겨야 한다고 하였다.[129] 라드부르흐는 전후에 정의를 법의 최고의 이념 내지 가치로 하는 자연법론을 전개하였으나 1949년에 그가 사망함으로써 그의 자연법은 더 이상 계속되지 못하였다.

---

124) A. a. O., S. 1692.
125) A. a. O., S. 1692.
126) A. a. O. S., 1695.
127) A. a. O., S. 1695.
128) Kristian Kühl, Freiheitliche Rechtsphilosophie(Baden-Baden, Nomos, 2008), S. 90.
129) Honsell, "Naturrecht und Positivismus im Spiegel der Geschichte", S. 606.

3. Helmut Coing의 자연법론

제2차 세계대전 후에 라드부르흐에 이어 자연법론은 주장한 법학자는 Helmut Coing이었다. 코잉은 1947년에 라드부르흐의 가치상대주의를 반대하면서 최고의 법원칙(oberste Rechtsgrundsätze)에 관하여 주장하였다.130) 코잉은 법에서는 도덕적 가치에서 나오는 최고의 법원칙이 있다고 주장하고, 그 최고의 법원칙은 모든 법의 기초가 되며, 또한 최고의 법원칙은 도덕적 가치로서 객관적으로 주어지며 합리적으로 인식될 수 있다고 하였다.131) 이러한 코잉에게 있어서의 법의 최고의 원칙은 초시간적이며, 법의 제정, 법의 적용 및 법에 대한 비판의 실질적인 기준이 된다.132) 그리하여 그는 이성에 의한 결정이 아니라 가치에 의한 결정을 주장하였다.

자연법의 재생을 논하는 자연법론은 변화하는 내용의 자연법론으로서 대부분 상대적 자연법론(relatives Naturrecht)이었다. 그러나 코잉은 이러한 상대적 자연법론을 비판하고 절대적 자연법론을 주장하였다. 그는 절대적 자연법론의 중심내용으로 최고의 법원칙을 주장하였다.133)

그리고 최고의 법원칙에 대한 인식은 법감정(Rechtsgefühl)에 의하여 이루어진다고 하였다.134) 그리하여 코잉은 사회질서의 객관적이고 유효한 기준의 근원을 현실세계에서 현상으로 주어져 있는 가치에서 찾고 또한 발견할 수 있다고 하였다.135) 왜냐하면 인간의 내면에는 질서의식과 평화에 대한 갈망이 있기 때문에 법감정과 법의식으로부터 법적안정과 평화질서를 도출할 수 있기 때문이라고 하였다.136) 다시 말하면 법감정과 법의식(Rechtsbewußtsein)으로부터 질서와 평화의 가치를 도출할 수 있다고 하였다.137) 그러므로 법감정과 법의식에 의해 법의 내용이 결정되며, 법감정속에 주어져 있는 도덕적 기본가

---

130) Horn, a. a. O., Rn 379.
131) Kühl, a. a. O., S. 95.
132) A. a. a. O., S. 71.
133) Ritter, a.a. O., S. 22.
134) Horn, a. a. O., Rn 379.
135) Ritter, a. a. O., S. 73.
136) A. a. O., S. 76.
137) A. a. O., SS. 76－77.

치가 바로 정의라고 하였다.[138] 그리고 정의에 기초한 법감정의 反射인 법의식에 의해 헌법상의 기본권 조항이 만들어진다고 하였다.[139]

코잉이 주장한 최고의 법원칙은 적극적으로는 실정법 형성의 지침이 되며, 소극적으로는 실정법이 넘을 수 없는 한계를 설정해 주는 기준이 된다. 그리하여 실정법이 명백히 최고의 법원칙에 반할 때에는 그 실정법에 대해서는 법으로서의 효력이 부인된다고 하였다.[140] 그리하여 코잉의 최고의 법원칙은 가치상대주의를 배척하고, 실정법의 형성기능으로서 보다는 실정법의 효력의 한계기준으로 기능하게 되었다. 따라서 최고의 법원칙은 실정법의 해석, 특히 실정법의 흠결보충에 중요한 기능을 할 수 있었다.[141] 결국 코잉의 최고의 법원칙도 정의에 반하는 실정법은 법적효력이 부인된다는 이론으로 주로 기능하였다. 그리하여 현대의 자연법론은 자연법으로부터 실정법의 규범을 도출할 수 있는 적극적인 기능보다는 실정법이 법적 효력을 갖추기 위한 한계설정의 소극적 기능을 담당하는 법이론으로 전환하게 되었다.[142]

코잉에게 있어서 최고의 법원칙은 정의이었으며, 정의가 인간행동의 지침이며 기본가치라고 하였다. 또한 그는 정의는 각자에게 그의 것을 주는 것이지만, 여기에 공정한 배분이 추가되어야 한다고 하였다. 그리고 모든 사람은 모든 다른 사람에 대하여 정의의 채무자이면서 동시에 채권자라고 하였다.[143]

코잉은 자연법의 중요성을 현행법의 해석, 특히 현행법의 흠결보충에 결정적으로 중요함을 강조하였으며, 경제영역에서도 계획경제보다는 자유시장경제가 최고의 법원칙에 속한다고 주장하였다.[144] 또한 그는 사형제도는 최고의 법원칙에 반한다고 하였다.[145] 그리고 코잉도 역시 법에서의 최고의 가치는 인간이며, 인간은 정신적 가치를 실현할 수 있는 능력이 있는 존재로 인정

138) A. a. O., S. 77.
139) A.a. O., S. 78. 코잉은 바이마르 헌법상의 기본권이 역사적으로 바로 법의식에 의한 정의의 가치의 법규정이라고 하였다.
140) Kühl, a. a. O., S. 97.
141) A. a. O., S. 98.
142) A. a. O., S. 100.
143) Ritter, a. a. O., S. 80.
144) Kühl, Rückblik auf die Renaissance des Naturrechts nach dem 2. Weltkrieg", S, 343.
145) A. a. O., S. 342.

하였다. 이처럼 현대의 자연법론도 역시 가치의 중심은 인간이며, 인간의 인격과 인권보호가 가장 중요한 자연법론의 중심가치로 받아들여졌다. 이는 현대의 자연법론도 여전히 근대 인간중심의 자연법론과 단절하지 아니하고 근대적 자연법론을 이어가면서 그 내용을 더욱 확장해 나가고 있는 것이었다.

코잉도 라드부르흐와 마찬가지로 법관은 실정법에 복종하여야 하지만, 실정법이 정의의 원칙에 명백히 反할 때에는 그 실정법률에 대한 복종으로부터 자유롭다고 하였다.[146] 그와 같이 법관이 실정법에 대한 복종으로부터 자유로울 수 있는 기준으로 그는 인식할 수 있는 정의의 원칙에 명확히 반할 때(klarer Gegensatz zu erkennbarer Gerechtigkeitsprinzip)라고 하였다. 그와같이 실정법이 정의의 원칙에 명백히 반할 때에는 그 실정법은 법으로서의 효력이 부인된다고 하였다.[147]

코잉은 정의의 첫째의 기준은 인격자로서의 인간의 존엄의 존중이라고 하였다.[148][149] 그리하여 코잉은 인간의 근본가치를 자기결정의 자유와 인격의 자유전개에 두었다.[150]

4. 가톨릭교계에서의 자연법의 재생

가톨릭계에서는 법이란 근본적으로 善한 그 어떤 것이어야 한다(Recht sei grundsätzlich etwas Gute)고 하였다.[151] 그리하여 신토마스주의로의 회귀가 일어났다.[152] 그리고 가톨릭계에서는 인간는 本性上 인간과 인격의 자유, 존엄, 불가침성과 그러한 가치를 지킬 수 있게 하는 재산권의 보장을 인정하였다. 이러한 인간의 본성은 神이 내려 준 것(Gottgegebenes)이라고 하였다.[153] 그리

146) A. a. O., S. 343.
147) A. a. O., S. 345.
148) Horn, a. a. O., Rn 379.
149) 오늘날 자연법 사상과 내용은 세계적으로 인권사상으로 발전되어 가고 있다(Vgl., a. a. O., Rn 381).
150) A. a. O., Rn 381.
151) Foljanty, a. a. O., S. 97.
152) 나치와 가톨릭계는 1933년에 양자간의 政教協約(Konkordat)에 의하여 교회의 자치가 인정되었다. 나치가 교회의 자치를 인정하는 代價로 나치는 교회에 대해 성직자들로 하여금 일반 聖徒들이 나치체제에 지원을 하도록 할 것을 요구하였다.
153) Foljanty, a. a. O., S. 101.

고 법도 계층적으로 영구법(lex aeterna)으로부터 출발하여 자연법(lex naturalis)을 거쳐 그 다음에 인간의 법, 즉 실정법에 이르게 된다고 하였다.[154] 이는 바로 중세 교회법에서의 토마스 아퀴나스의 법체계의 계승이었다.

또한 가톨릭계에서는 무엇이 진리인가에 관한 중세의 主意主義와 主知主義의 대립이 여전히 이어져 내려왔다. 그리하여 진리에 관하여 사물 속에 내재적으로 인식될 수 있는 진리가 존재한다고 이해하는 實在論者들(Realisten)은 진리는 객관적으로 존재한다고 인정하였다. 그러나 진리는 그 진리를 인식하는 관찰자에 의하여 결정된다고 이해하는 唯名論者들(Nominalisten)은 진리는 주관적인 인식이라고 이해하였다. 이러한 가톨릭계에서의 主知主義·實在論과 主意主義·唯名論의 대립은 계속 이어져 왔다. 이러한 진리에 관한 대립에도 불구하고 본질 내지 진리라는 것은 단순한 知覺(Sinneswahrnehmung)에 의해서 인식될 수 없고, 理性(Vernunft)을 통해서만 인식될 수 있다는 점에서는 공통적이었다.[155]

그리고 가톨릭계에서의 자연법은 실정법의 정당성의 근거(Legitimationsgrund)이며 실정법의 효력의 한계(Geltungsgrenze)였다. 또한 입법자는 자연법에 구속되며, 자연법을 위반하였을 때에는 그 실정법은 구속력이 없다고 하였다. 그리고 국가의 법은 자연법으로 구성되어야 한다고 하였다.[156]

이러한 가톨릭계의 법에 대한 이해를 대표한 쥐스터헨[157](Adolf Süsterhenn: 1905－1974)은 국가는 그 스스로의 목적(Selbstzweck)으로 갖고 있지 아니하며 국가의 구성원을 위하여 존재할 뿐이라고 하고, 국가는 국가구성원으로 이루어지는 그 사회를 보호하고 지원하기 위한 조직체로 이해하였다. 그리하여 그는 순수한 개인주의를 극복할 것을 주장하고 집단주의를 선호하였다.[158] 따라서 戰後의 가톨릭계에서의 자연법론에 의하면, 국가에 대한 개인의 자유는 고전적인 자유개념과는 달리 상당한 정도로 제한될 수 있는 것으로 이해되었으

154) A. a. O., S. 101.
155) A. a. O., S. 100.
156) A. a. O., S. 102.
157) Süsterhenn은 국가법학자였으며 정치가로서 戰後에 독일 라인란트팔츠州(Rheinland－Pfalz)의 헌법제정에 정신적인 아버지로서 역할을 하였다. 그리하여 그는 전후 독일가톨릭계의 자연법의 대변자로서 인정되고 있다.
158) Foljanty, a. a. O., S. 102.

며, 공공복리(Gemeinwohl)가 강조되었다.[159] 그리하여 전후의 신토마스학파는 개인주의와 집단주의의 중간을 취하였고 평가되고 있다.[160] 그 결과로 개인은 개체(Individuum)일 뿐만 아니라 공동체의 구성원(Glied der Gemeinschaft)으로서 이해되었으며, 공동체는 정의의 규범(Gerechtigkeitsnorm)의 규율하에 있다고 하였다. 그리고 정의의 규범은 개인의 복지를 전제로 하는 공공의 복리를 향한 규범이라고 하였다.[161] 가톨릭계에서의 자연법론은 신에 의하여 창조되어 주어진 법으로 받아들여졌다.[162] 그리고 가톨릭계에서는 민족(Volk)이 神으로부터 국가권력을 수여받았으며, 신이 개인에게 국가권력을 수여한 것이 아니라 공동체를 구성하는 사람 전원(Gesamtperson)에게 국가권력을 수여하였다고 이론정립을 하였다.[163] 그리하여 구체적인 개인이 결합하여 추상화된 민족이 국가전체의 기관이며, 이 민족이 다시 국가권력을 하부의 국가기관에 이양하였다고 관념하였으며 국가인격을 인정하게 되었다. 이러한 가톨릭계의 개인과 국가에 관한 사상은 자유민주주의에 대한 후퇴이었고, 전통적인 기독교의 사상의 재현이었으며, 이러한 사상이 제2차 대전 종료 후의 가톨릭의 자연법 사상이었다.[164]

이러한 가톨릭계의 자연법 사상은 쥐스터헨의 주도로 특히 독일의 라인란트팔츠 주에서 큰 영향을 미쳤다. 또한 가톨릭계에서는 그들의 자연법 사상을 다시 정리하여, 사회연대주의(Solidarismus)를 강조하였다. 그리하여 인간을 개인 내지 개체인 동시에 공동체의 구성원으로 파악하였으며, 개인의 절대화에도 집단주의의 현실화에도 반대하고, 공동의 이익, 즉 공공복리를 우선시하고 개인의 私益을 보충적으로 보호하는 방향으로 이론을 정립하였다. 이러한 가톨릭계의 수정된 자연법 사상은 개인과 공동체간의 결합과 사회정의를 이루려는 사상이었다.[165] 그리고 부모가 자녀의 종교교육을 받게 할 수 있는 권리가 있다고 강조하였다.[166] 또한 자연법은 善한 것으로서 객관적인 진리이

159) A. a. O., S. 103.
160) A. a. O., S. 103.
161) A. a. O., S. 103.
162) A. a. O., S. 104.
163) A. a. O., S. 113.
164) A. a. O., S. 115.
165) A. a. O., S. 124.
166) A. a. O., S. 127.

며, 그 유효성에 관하여는 국가의 법률을 필요로 하지 아니하며, 이러한 가톨릭의 자연법의 대변자들은 공공의 삶속에서 이러한 자연법적인 이념을 실현할 것을 호소하였다.[167)]

가장 최근에 가톨릭교계에서의 자연법의 재생(Renaissance des Naturrechts)에 관하여는, 자연법의 핵심내용을 인간의 존엄(Menschenwürde)에 두고 있으며, 인간의 존엄이 법에 있어서 지켜야할 근본가치(Grundwert)로 파악하고, 따라서 자연법은 인간의 본성에서부터 나오고 초시간적으로 유효하며, 최고이면서 일반적인 근본규범(Grundnorm)이라고 한다.[168)] 그 근본규범은 바로 "선을 행하고 악을 피하라"(Das Gute ist zu tun, das Böse ist zu lassen (meiden))는 것이라고 한다.[169)] 또한 가톨릭교계에서는, 이러한 선을 행하고 악을 피하라는 근본규범은 그리스철학에서 플라톤, 아리스토텔레스의 자연법론에도 존재하였으며, 특별히 스토아철학에서 강하게 주장되었다고 한다.[170)]

그리고 실정법의 구속력, 입법자의 법률의 제정, 및 시민들의 실정법률에 대한 복종은 모두 자연법에 그 근거를 두고 있으며, 많은 실정법에 이미 자연법이 內在해 있으며, 실정법은 共同善 내지 公共福利에 봉사하여야 하며, 자연법의 근본규범을 명백히 위반하는 실정법률은 그 법적 효력이 없다고 한다.[171)]

이러한 가톨릭교계에서의 자연법론에서는 자연법이 본질적인 법(Wesensrecht)이며, 그러한 자연법은 일반적 유효성(Allgemeingültigkeit), 불변성(Unwandelbarkeit)과 인간에 의한 인식가능성(Erkennbarkeit)의 특징을 갖고 있다고 한다.[172)] 그리하여 자연법은 인간의 의식속에 있는 영원법(ewiges Gesetz)이라고 한다.[173)] 이처럼 오늘날의 가톨릭교계에서의 자연법론은 자연법의 근원을 중세의 神에서부터 人間으로 바뀐 것을 제외하고는 중세의 자연법론을 오늘날도 변함없

167) A. a. O., S. 133.
168) Herbert Pribyl, "Zur Renaissance des Naturrechts" in: Wirtschaft und Ethik (Österreich, Heiligenkreuz im Wienerwald, Be & Be Verlag, 2009), SS. 227-228, 230.
169) A. a. O., S. 228.
170) A. a. O., S. 229.
171) A. a. O., S. 231.
172) A. a. O., S. 232.
173) A. a. O., S. 234.

이 계승하고 있다고 평가된다.[174)]

5. 改新敎界에서의 자연법의 불가능성 인정

개신교계에서는 절대적인 정의란 신에게 있어서만 존재할 수 있으며, 인간은 啓示(Offenbarung), 즉 성서의 말씀 속에서만 찾을 수 있다고 하였다. 그리고 이러한 절대적인 정의는 철학적 고찰로도 역사적 고찰로도 인식할 수 없으며, 오로지 믿음(Glaube)만으로 告白(Bekenntnis)할 수 있을 뿐이라고 하였다.[175)] 그리하여 개신교계에서는 개신교계 독자적인 자연법론을 발전시키지 않았다.[176)] 그리하여 개신교계에서는 전통적인 가톨릭계의 자연법론과는 멀리 있었다. 이러한 개신교계의 사고는 세속의 일은 官憲에 맡기라는 성서의 말씀(로마서 13장 1-7절)에 기초한 2劍理論에 기초하여, 교회는 비록 세속권력이 정당하지 못하더라도 세속의 일에 관여하지 말고 관헌에게 맡길 것을 주장하였다. 그리하여 개신교회는 교회가 세속권력에 직접 개입하는 것을 반대하였다.[177)]

제2차 세계대전 후에 이러한 개신교 교리에 바탕을 둔 자연법론을 전개한 법학자는 볼프(Erik Wolf)였다. 그는 자연법이라는 용어를 사용하기를 꺼려하고, 그 대신에 "자연 혹은 성서로부터 도출할 수 있는 절대적인 법"(Das aus der Natur oder Bibel ableitbare absolute Recht)라고 불렀다.[178)] 왜냐하면 인간은 原罪(Erbsünde)로 인하여 인간이 본성이나 인간의 본질로부터는 자연법을 도출할 수 없다고 파악하였기 때문이었다.[179)] 그리고 그는 진리인 정의는 神的인 것이며, 인간에게는 신의 은혜 및 계시에 의해서만 정의가 주어질 뿐이라고 하였다. 따라서 사람은 원죄 때문에 신의 정의를 알 수 없으며, 인간에게는

---

174) Klaus Ritter, Zur Frage nach den materialen Prinzipien der Gerechtigkeit: Untersuchungen über die Bedeutung und Möglichkeit einer gegenwärtigen Naturrechts-renaissnace (Marburg, 1951), S. 11.
175) Foljanty, a. a. O., S. 137.
176) A. a. O., S. 137.
177) A. a. O., S. 144.
178) A. a. O., S. 145.
179) A. a. O., S. 145.

성서의 말씀을 따를 것이 요청될 뿐이라고 하였다. 이와 같이 신학자였던 볼프는 전통적인 자연법을 인간으로부터는 도출할 수 없고 성서의 말씀에 告白할 수 있을 뿐이라고 하였다.[180] 그리하여 개신교계에서는 말씀에 의한 神의 啓示(Offenbarung)에 기초한 자연법론로 전환하였으며, 이러한 개신교계의 자연법론은 기독교적 정의론으로 발전하였다.[181]

같은 개신교계의 신학자로서 스위스의 브루너(Emil Brunner: 1889 – 1966)는 창조질서로부터 초실정법적인 법을 도출하여 자연법의 존재를 인정하고, 자연법이 세속법의 판단기준이 된다고 하고, 저항권도 인정하였다.[182] 그리하여 브루너는 카톨릭계의 자연법론을 취하여, 절대적이고 영원히 유효한 자연법을 인정하였다.

그리고 브루너는 그의 저서 정의(Gerechtigkeit: 1943)에서 법실증주의, 가치상대주의, 역사주의, 계몽주의의 세속화가 형이상학을 침체케 하고, 정의론을 후퇴시키고, 절대적 가치론을 후퇴케 하고, 힘(Macht)이 지배하는 시대를 초래하여, 결과적으로 전체주의 국가를 출현케 하였다고 비판하였다.[183] 또한 그는 인간은 신의 형상(Gottebenbildlichkeit)이라는 교리(Dogma)로부터 인간의 평등, 정의의 내용을 도출할 수 있다고 하였다. 그리고 그는 인간은 순수하게 합리적으로만 정의를 말할 수 없고, 형이상학적인 신앙에 근거하여 정의를 해명하고자 하였다.[184] 그리하여 브루너는 전체주의를 반대하고, 인간의 이성으로부터 보다는 신앙으로부터 정의를 해명하고자 하였다. 이러한 그의 정의론은 결국 계시된 신의 말씀, 즉 성서로부터만 정의를 도출할 수 있다고 하여, 이러한 브루너의 주장이 개신교계의 정의의 기본원칙이 되었다.[185]

그리고 브루너가 주장한 자연법론에서 자연법은 全時代를 통하여 인간의 의사와 관습에 우선하는 정의의 실현을 志向하며, 자연법은 정의를 내용으로 하는 규범으로 파악하였으며, 자연법은 인간의 본능적인 힘의 충동을 도덕적

180) A. a. O., S. 146.
181) Ritter, a. a. O., S. 11.
182) Foljanty, a. a. O., S. 147.
183) Ritter, a. a. O., 45.
184) A. a. O., S. 47.
185) A. a. O., S. 47.

인 가치의 지배하에 두고자 하는 법이라고 하였다.[186] 그리하여 그는 기독교적 관점에서 본 국가의 정의는 神의 帝國에서의 평등, 동질성의 실현이며, 교회는 이 땅에 공표된 신의 제국이라고 하였다.[187]

그리고 그는 정의와 사랑에 관하여도 정의는 사랑의 전제조건이며, 정의로와야 사랑할 수 있다고 하였다. 결국 그는 정의를 이룬 다음에 사랑하라고 하였다. 그러므로 또한 그는 정의가 실천되는 그 시점에 사랑이 시작된다고 하였다.[188] 그러므로 결국 브루너에 있어서의 자연법은 실질적 정의의 실현에 그 중심내용을 두고 있다. 또한 그에게 있어서의 정의는 신의 창조질서 사상에 기초하고 있다. 따라서 브루너의 자연법은 신의 창조의 질서인 신의 정의를 인간사회에 실천하는 것이 핵심내용으로 구성되어 있다. 그리고 신의 창조는 과거에도 현재에도 미래에도 계속되며, 신의 창조의 질서는 현재의 질서로부터도 도출될 수 있다고 하였다. 따라서 브루너의 자연법은 장래에 창조되기도 하지만 현재의 법질서 속에도 존재한다. 또한 그는 성서의 가르침은 법규범(즉, 자연법 규범)을 얻는데 공리(Axiom)로서 작용한다고 하였다.[189]

그러나 역시 스위스의 신학자 칼 발트(Karl Barth: 1886－1968)는 인간은 원죄로 인하여 신의 절대적 정의를 인식할 수 없다고 하였으며, 그리하여 브루너와는 반대로 개신교신학을 기초로 해서는 자연법을 근거지울 수 없다고 하였다. 그러나 교회의 과업은 국가를 교회의 가르침의 안에 두는 것이라는 것을 상기시키고 저항권을 인정하였다. 그러한 발트의 사상은 모든 것의 중심은 신의 말씀, 즉 성서에 두어야 한다고 하였다.[190] 그리하여 발트는 성서의 가르침이 바로 법이라고 하였다.

볼프는 브루너와 발트의 중간의 길을 취하였다고 할 수 있다.[191] 볼프는 발트와 마찬가지로 성서의 말씀이 중심이며, 절대적인 정의는 신에게서만 발견할 수 있다고 하였다. 그리고 인간은 신을 그가 계시한 말씀 속에서 발견하

186) A. a. O., S. 49.
187) A. a. O., SS. 48－49.
188) A. a. O., S. 50.
189) A. a. O., S. 64.
190) Foljanty, a. a. O., S. 147.
191) A. a. O., S. 148.

게 된다고 하였다. 발트는 교회의 국가지도의 정치적인 과업을 성직자들에게 위임하였다고 한데 반하여, 볼프는 교회의 직접적인 정치개입을 인정하였다.[192)]

이와 같이 개신교계의 법철학은 신의 법, 즉 성서상의 말씀이 모든 인간의 법률을 판단하며, 기독교의 존재 그 자체가 정당한 법의 정립(Rechtssetzung)과 법발견(Rechtsfindung)을 위한 최상의 전제조건이라고 하였다. 신의 법, 즉 신의 말씀인 성서가 세속법의 합법성을 부여하며, 세속법을 구속력있게 한다고 하였다.[193)]

볼프는 초시간적 절대적인 神의 正義가 있다는 데에는 하등의 의문을 갖지 않았다. 그러한 신의 정의로부터 초시간적으로 유효한 추상적인 규범을 도출할 수 있으며, 그것이 바로 十誡命(Dekalog)이라고 하였다. 그 십계명으로부터 가족의 보호, 一夫一妻婚, 소유권의 보호, 자유의 보장, 특히 종교의 자유의 보장 및 평등권이 도출된다고 하였다.[194)] 그리고 볼프는 인간의 본성(Natur des Menschen)으로부터는 정의를 도출할 수 없고 神의 질서속에서만 정의를 도출할 수 있다고 하였다. 그리하여 볼프는 자연법론을 반대하고 자연법도 법실증주의도 극복할 수 있는 정의론(Gerechtigkeitslehre)을 발전시켰다.[195)]

이와 같이 개신교계에서는 세속법을 위하여 종교규범이 유익은 하지만, 가톨릭계와는 달리 종교규범 그 자체에 직접적으로 법적성격을 부여하지는 않았다.[196)] 그 결과로 개신교계에서는 자연법론의 정립이 극히 어려웠으며, 성서의 말씀이 결코 자연법이 아니며, 성서의 가르침이 실정법의 유효성에 직접적인 작용도 하지 않는다고 파악되었다. 그리하여 1955년대에 이르러서는 세속법의 근원을 신의 창조의 질서에서 구하는 것이 사라지게 되었다.[197)] 그리하여 1955년 이후에는 기독교에 기한 자연법론은 더 이상 전개되지 못하였다.

그 후에 개신교계에서는 볼프가 대표적으로 신의 질서로부터 세속법을

192) A. a. O., S. 148.
193) A. a. O., SS. 150－151.
194) A. a. O., S. 152.
195) A. a. O., S. 156.
196) A. a. O., S. 153.
197) A. a. O., S. 158.

도출하는 것을 더 이상 추구하지 아니하고, 볼프는 살아있는 이웃이 구체적인 인간이며 그 인간의 세속법의 기초는 신의 사랑이며, 따라서 볼프는 법이란 이웃에 봉사하는 법이라고 하였다. 그리하여 성서의 말씀이 가르치고 있는 법은 이웃사랑의 법(Recht der Nächstenliebe)이며, 따라서 세속법은 이웃사랑의 윤리적 최소한(ethisches Minimum)을 포함하고 있어야 하며, 볼프는 이러한 최소한 윤리를 연대(Solidarität)라고 표현하였다. 그리하여 세속법은 최소한 윤리적 내용을 담고 있어야 하며, 상호연대가 그 윤리적 내용이라고 하였다. 이와 같이 개신교계의 대표적인 법신학자였던 볼프는 공동체 구성원들은 상호 이웃이며, 세속법은 이웃으로 구성되는 공동체가 이웃간의 사랑, 즉 상호연대로 서로 결합 내지 통합할 수 있는 내용이어야 한다고 하였다. 그리하여 볼프는 세속법을 이웃사랑법으로 발전시켰다.[198] 그리고 게르만법사학자 하인리히 미타이스(H. Mitteis: 1889－1952)는 자연법이란 시간의 제약이 없는 영원한 이념의 표현(Ausdruck einer zeitlosen ewigen Idee)라고 하였다.[199]

6. 기독교계(교회)를 떠난 새로운 자연법론의 생성

가톨릭교계에서는 신토마스주의에 의하여 신법의 하위법으로 자연법을 인정하고 그 자연법이 세속의 실정법의 기초가 된다고 하였으나, 개신교계에서는 인간은 원죄(Erbsünde)로 인하여 신의 세계를 인식할 수 없고 오로지 고백할 수 있을 뿐으며, 신의 세계인 성서의 말씀이 직접적으로 세속법의 효력의 근거가 됨을 인정하여, 신법의 하위법이고 세속법의 상위법인 자연법을 인정할 수가 없었다. 그러나 개신교계는 인간의 세속법이 이웃사랑의 법이 되어야 함을 강조하였다.

그리하여 1955년대 이후에는 교회에 근거한 자연법론이 더 이상 주장되지 못하였다. 그러나 자연법론은 그 모습을 바꾸어 여전히 주장되고 이어져 왔다. 교회를 떠나서 새로운 자연법론의 이론을 정립한 법학자는 바로 헬무트 코잉이었다. 코잉은 법학의 법실증주의로부터의 해방과, 법의 법이념에의 구

198) A. a. O., S. 168.
199) Ritter, a. a. O., S. 16.

속성의 견해를 피력하였다. 그는 1947년에 "법의 최고의 원칙"(Die obersten Grundsätze des Rechts)을 발표하고, 그 후 법의 객관적 핵심(objektiver Kern des Rechts)에 관한 탐구가 일어났다.[200] 그리하여 코잉이 자연법론에 대한 새로운 연구를 시작을 하였다. 코잉은 라드부르흐의 가치상대주의를 비판하고 객관적인 최고가치를 주장하였다. 코잉에게 있어서의 최고가치는 모든 법의 기초가 되는 도덕적 가치이며, 그 가치는 객관적으로 주어진 가치이며, 최고의 도덕적 가치이며, 합리적으로 인식할 수 있는 가치였다.[201] 코잉의 최고가치 중에서 가장 으뜸의 가치는 인간의 인격의 존엄성의 존중이었으며, 인격의 존엄성의 내용으로서 그 중에서도 가장 중요한 내용은 자기결정의 자유(Freiheit der Selbsbestimmung)와 인격의 자유전개권(Freiheit der Persönlichkeitsentfaltung)이었다.[202] 그 인격의 존엄의 가치로부터 기본권의 보장을 도출하였다.[203] 그리하여 오늘날에도 자연법의 사상과 내용은 인권사상으로 계속되고 있다.[204]

코잉은 법학은 본질적으로 신학으로부터 자극을 받아야 한다고 전제하면서도, 객관적인 가치철학에 기초하여 자연법론을 전개하였다. 그는 객관적 가치, 초시간적인 가치, 도의적 가치, 선험적인 가치와 같은 객관적인 가치가 존재함을 인정하고, 법에서의 객관적인 가치는 정의(Gerechtigkeit)라고 하였다.[205] 그러한 법에서의 객관적 가치인 정의는 법감정(Rechtsgefühl)과 법의식(Rechtsbewußtsein)을 통하여 인식될 수 있다고 하였다.[206] 이와 같이 법의 영역에 있어서 인간은 객관적인 가치인 정의의 실현을 위해서 노력하고, 법은 인간이 객관적 가치인 정의를 실현하여 인간의 존엄이 지켜지도록 하는 조건을 제공하는 것이라고 하였다.[207] 그리고 그는 법은 변하지만, 객관적 가치는 존재한다고 하였다. 그는 법감정은 適法과 不法을 인식하는 감정으로서 객관적인 가치를 인식하고, 언제나 가치를 향해 있다고 하였다. 이러한 법감정에 비

200) Foljanty, a. a. O., S. 175.
201) Horn, a. a. O., Rn 379.
202) A. a. O., Rn 379.
203) A. a. O., Rn 379.
204) A. a. O., Rn 381.
205) Foljanty, a. a. O., S. 179.
206) A. a. O., S. 179.
207) A. a. O., S. 179.

해 법의식은 역사적으로 변하는 것이며, 이 법의식을 통해서 실정법이 만들어진다고 하였다.[208] 따라서 코잉에게 있어서의 법감정과 법의식은 가치의 세계와 존재의 세계를 결합시켜 주는 것이다.[209]

코잉에게 있어서 법의 최고가치는 가치세계의 존재로부터 시작된다. 그 최고가치는 인간에 의하여 창조되는 것이 아니라 인간에게 객관적으로 주어져 있는 것이라고 하였다. 또한 코잉은 그러한 객관적 가치를 자연법이라고 하지 않고, 진정한 법(echtes Recht) 또는 법의 최고가치라고 하였다.[210][211] 그리고 코잉은 이러한 법을 문화법(Kulturrecht)이라고 하였다.[212] 문화법의 최고가치는 인간이 창조한 가치가 아니라 법규법 그 자체에 내재해 있는 것이라고 하였다.[213] 그리하여 코잉은 가톨릭계에서의 자연법론에는 반대하고, 자연법이란 용어를 사용하지는 않았지만 개신교계의 자연법론에 가까운 자연법론을 전개하였다고 평가된다. 그의 법에서의 최고의 가치는 초시간적인 원칙이었으며 법에서의 최고이념이었다.

이와 같이 코잉은 법은 변하지만 법의 최고가치는 변하지 않는 객관적인 가치라고 하였다. 그리하여 가톨릭계에서의 자연법론과 같이 추상적 규범으로부터 초시간적인 이념을 도출하려고 하지 않고, 변화하는 법속에서 변하지 않는 역사의 진행과 함께 발전해 나가는 객관적 가치를 찾으려고 하였다. 그 객관적인 가치가 정의이고, 그 정의는 대표적으로 기본권의 보장으로 나타난다고 하였다.

프란츠 비악커(Franz Wieacker: 1908−1994)는 변화하는 법속에서 본질적인 것을 찾으려고 하였다. 그리하여 비악커는 변화하는 법속에서 변화하지 아니하는 자연법론을 추구하였으며, 변화한 것 중에서 변하지 않는 본질적인 것이 바로 사물의 본성(Natur der Sache)라고 하였다.[214] 그리고 칼 라렌츠는 사물의

---

208) A. a. O., S. 183.
209) A. a. O., S. 183.
210) A. a. O., S. 185.
211) 그러나 진정한 법, 법의 최고가치의 인정은 실질적으로는 자연법 사고(Naturrechtsdenken)에 입각하고 있다.
212) Foljanty, a. a. O., S. 186.
213) A. a. O., S. 186.
214) A. a. O., S. 189.

본성이 변화하는 자연법의 기초(Grundlage des zu entwickelten Naturrechts)라고 하였다.[215] 이러한 자연법은 근대의 항구불변의 자연법론에서 변화하는 자연법을 거쳐 변화하는 것 속에서 변화하지 않는 자연법으로 발전되어 갔다. 변화하는 것 속에서 변화하지 않는 것, 그것이 바로 사물의 본성이며, 법에 있어서도 변화하는 법속에서 변화하지 아니하는 법이념이 있다고 이해하였다. 그리하여 오늘날의 자연법론은 변화하는 법속에서 변화하지 아니하는 법에서의 사물의 본성론, 즉 법에서의 객관적 가치를 찾아가는 방향으로 발전되어 가고 있다. 따라서 오늘날의 자연법론은 상당히 상대주의화 하게 되었다.

그리고 법에서의 객관적 가치의 발견은 자연법론의 기능이 입법정책적 목적에서 법의 해석과 법의 적용에로 발전하게 되었다.[216] 확실히 근대의 자연법론은 입법정책적인 목적이 강하였으며, 사회사상가들에 의하여 주장되고 실행되었다. 그러나 오늘날의 자연법론은 법의 해석과 적용을 통하여 법에서 객관적 보편가치를 실현하는 방향으로 발전해 나가고 있다. 그 결과로 오늘날 자연법론의 발전은 法院과 法學의 權限과 課題로 그 실천기관과 실천목적이 변하고 있다.[217] 그리고 근대의 자연법론이 혁명적인 성격을 띠고 입법론이 강하게 주장되었으나, 근대의 자연법론의 내용이 대부분 입법에 의하여 법제도화가 이루어졌기 때문에 현대의 자연법론은 혁명적인 성격이 상당히 약화되고 입법화된 근대의 자연법론의 내용의 구체적인 실천에 그 중심이 옮겨져 있다. 그리하여 판결은 자연법론에 따라서 법의 최고가치를 실현할 수 있도록 이루어져야 하며, 법학도 변화하는 법속에서 변하지 아니하는 객관적 가치를 찾아나가는 일을 하여야 한다. 그러므로 법은 가치에 구속되어야 하며, 법에서 가치를 발견하고 이를 실현하기 위해서 법학은 좋은 사람에 의하여 수행되어야 한다고 하는 주장이 설득력있게 제기되고 있다.[218]

그리고 또 다른 한편으로는 현대의 자연법론의 내용으로 주장된 것은 아니지만, 자연법론에서 추구하는 법에서의 최고의 가치를 발견하는 방법으로 이용될 수 있는 것이 소위 談論 내지 疏通論(Diskurstheorie)을 들 수 있다. 담론

215) Ritter, a. a. O., S. 21.
216) Foljanty, a. a. O., S. 204.
217) A. a. O., S. 204.
218) A. a. O., S. 210.

은 진리(Wahrheit)나 정당성(Richtigkeit)의 도출을 토론에 참여하는 사람들의 자유로운 논쟁(Argumentation)과 합의(Konsens)에서 구하는 방법론이다.[219)]

이러한 담론은 피이백(Theodor Viehweg: 1907－1988)이 논의를 시작하여, 하버마스[220)](Jügen Habermas: 1929－)에 의해서 크게 발전되었다. 그의 소통론에 의하면 眞理나 정당성은 이성을 가진 인간의 자유로운 담론, 즉, 논쟁을 통해서 담론을 한 자들의 동의에 이르게 되면 그 동의의 결과가 진리나 정당성의 근거가 된다고 파악하는 이론이다.[221)][222)] 이러한 담론을 통하여 동의에 이른 결과가 자연법의 내용일 수 있음을 부인할 수는 없을 것으로 생각되며, 그 결과로 담론이 자연법의 내용을 구하는 하나의 방법이 될 것으로 생각된다. 하버마스는 인간의 이성에 의한 이해에 의하여 개인과 공동체의 삶을 이성적인 원칙에 따라서 형성할 수 있는 하나의 방법이 될 수 있음과 민주주의적 법치국가의 기초에 관한 문제를 해결할 수 있을 것임을 제안하고 있다.[223)]

이와 같은 담론을 법학에 적용한 학자인 알렉시(Robert Alexy: 1945－)는 담론을 법에서의 진리를 찾는 방법으로 적용하였다. 그리고 그는 담론에 의해 진리를 찾아내기 위해서는 담론이 자유로와야 하며, 강제가 없이 진행되어야 하며, 모든 참여자들이 평등하게 참여할 수 있어야 한다고 하였다.[224)]

결국 담론은 인간상호간의 소통과 논의를 통하여 인간의 공동생활을 합리적으로 발견된 가치와 가치판단에 기초하여 이루어지게 하는 하나의 방법임을 알 수 있다. 이 담론에 의하면 자연법은 철학적 성찰을 통해서, 신의 계시를 통해서, 인간의 이성을 통해서 얻어지는 것이 아니라, 인간상호간의 논쟁과 의견교환을 통하여 합의(Konsens)에 도달한 것이라는 것이다. 이는 모든 인간을 이성적이고 평등한 존재로 파악하며, 자연법은 이미 주어진 것이 아니

---

219) Horn, a. a. O., Rn 386.

220) 하버마스는 신마르크스주의적인 프랑크푸르트학파에 속하는 사회학자로서 기존사회에 대한 비판으로 시작하여 사회이론으로서 소통이 있는 행위이론(Theorie des kommunika－tiven Handelns)을 발전시켰다.

221) Horn, a. a. O., Rn 386.

222) 이와 같은 논증 내지 논쟁의 방법론은 아리스토텔레스의 유형론(Topika)에서 이미 시작되어 Cicero에 의해 더욱 발전되었으며, 논증 내지 논쟁을 통해 기본의 법원리를 확인하고 다시 그 법원리가 새로운 모습을 갖도록 하는 법학방법론이었다(Vgl., a. a. O., Rn 383).

223) A. a. O., Rn 386.

224) A. a. O., Rn 387.

라 인간이 만들어 나가는 것임을 말하고 있다. 그리하여 담론은 인간의 평등과 이성과 의사를 통한 상호연대를 가능케 하는 오늘날 적절한 자연법의 내용 도출을 위한 유용한 하나의 방법이 될 수 있다고 판단된다.[225] 또한 이러한 담론은 민주주의 사회의 건설을 위한 이론으로 기능할 수 있다.[226]

그리고 정의의 문제를 주로 다룬 롤스(John Rawls: 1921−2002)는 공리주의를 반대하고, 칸트의 견해를 따라서 정의의 기초위에서 법이 만들어져야 한다고 하였다. 롤스가 주장하는 정의의 기초는 개인의 능력과 계획을 실현할 수 있는 사회구조의 형성이라고 하였다.[227] 이러한 정의로운 사회구조는, 모든 사람이 자기의 재능과 생활계획을 스스로 실현할 수 있고, 개인이 그의 능력을 실현함에 있어서 이를 방해하는 불공정성이 없고 사회정의가 실현될 수 있는 조건을 갖춘 사회라고 하였다.[228] 그리하여 롤스는 정의에 관하여, 모든 사람이 전체 사회에서 평등한 권리, 즉 평등한 기본적인 자유권을 가지며, 개인이 이러한 자유를 실현할 수 있는 사회적 경제적인 조건을 갖춘 상태라고 하였다.[229] 그러나 이러한 조건을 이루기 위해서는 예외적으로 사회에서 조금도 우월적인 지위에 있지 못한 구성원에게는 우선권을 인정하여 관직에나 일정한 위치에 나아감에 있어서 기회의 균등이 침해되지 않도록 하여야 한다고 하였다.[230][231] 그리하여 롤스는 정의를 공정(fairness) 내지 형평(Billigkeit)으로 이해하였다.[232]

225) 그러나 이러한 담론은 인권, 신뢰보호, 계약충실, 정치적인 기본권 등의 민주주의 가치에는 적절히 기능하지 못한다(Vgl., a. a. O., Rn 388).
226) A. a. O., Rn 386.
227) A. a. O., Rn 40
228) A. a. O., Rn 40.
229) A. a. O., Rn 41.
230) A. a. O., Rn 41.
231) 이러한 롤스의 정의관념은 오늘날 각국의 헌법에 규정되게 되었으며 국제적인 인권보장협정에 규정되게 되었다(Vgl., a. a, O., Rn 42).
232) Prodi, a. a. O., S. 329.

7. 제2차 세계대전 후의 자연법론의 전반적인 동향과 발전의 모습

1945년에 제2차 세계대전이 끝난 후에는 나치시대의 법실증주의에 의한 법률에 의한 불법의 시대를 청산하고 새로운 정의로운 사회의 건설을 위하여 자연법론이 주장되었다. 종전 후의 자연법론은 그 모습이 주장하는 측에서 따라서 약간씩 차이가 있었다. 그러나 공통적으로 현실의 세속법은 변화를 하지만 그 변화하는 법속에 초실정법적인 법(übergesetzliches Recht)이 있음을 인정하였다. 구체적으로 제2차 세계대전 후의 전범재판, 독일통일 후의 구동독에서의 불법청산 등은 모두가 법의 객관적 가치를 내용으로 하는 자연법에 기초하여 진행된 역사적인 사건들이다.

가톨릭계에서는 신토마스학파로 대표되는 신스콜라철학(Neoscholastik)의 생성으로 인간의 이성에 의하여 파악되는 神法인 자연법이 존재함을 인정하고 실정법은 이 자연법에 의하여 그 효력이 인정된다고 파악하였다. 그러나 개신교계에서는 인간은 원죄로 인하여 인간이 신법을 파악할 수 없다고 하고, 실정법은 오로지 신의 계시로 이루어진 성서의 말씀을 실천하는 내용으로 구성되어야 한다고 하였다. 그리하여 개신교계에서는 성서의 말씀을 법에서의 최고의 가치로 받아들였다.

그러나 법학계에서는 초실정적인 법에 대한 懷疑를 갖고, 기독교적 자연법론에 대해서도 회의를 가지면서, 법은 역사적으로 변화하는 것이며, 그러한 법의 변화 속에서도 법의 실질적인 핵심(materieller Kern des Rechts)은 존재한다고 인정하였다. 그러한 법에서의 실질적인 핵심이 법의 최고 가치이며, 그것이 바로 정의(Gerechtigkeit)라고 하였다. 그리하여 실정법은 정의를 실현하고자 하는 현실이어야 한다고 하였다. 이러한 법에서의 최고의 가치가 법의 이념이며, 동시에 법학에서의 자연법이었다.

법의 최고가치의 구체화, 즉, 실정법화된 자연법으로서는 기본권의 보장, 정의의 실현, 평등, 인권보장, 생명보호, 정신적 자유, 종교의 자유, 재산권의 보장 등의 고전적인 자연권이외에도 사회적, 공동체적 가치를 실현하고자 하는 규범들도 포함된다고 한다. 그리고 권리만이 아니라 의무도 자연법의 구체화로서의 성문법에 규정되어 있다고 한다.233) 따라서 오늘날의 자연법론에서는 권리만이 아니라 의무도 강조한다. 특히 이웃사랑을 자연법의 내용으로 포섭하고 있다. 이웃사랑 가치의 법에서의 구체화로는 근로자에게 공동결정권(Mitbestimmungsrecht)의 인정, 파업권(Streiksrecht)의 인정, 사회적 약자보호, 재산권의 사회적 구속성의 인정 등을 들고 있다. 그리하여 개인의 인격과 자유를 인정하지만 또한 공동체의 유지에 필요한 상호연대(Solidarität)를 위하여 개인에게 책임도 요구하는 방향으로 자연법의 구체화가 전개되고 있다. 그리고 제2차 세계대전 후의 자연법론은 개인의 자유와 공동체의 안정적 유지와의 사회적 조정 내지 조화를 실현하려는 방향으로 진행되고 있다.234) 왜냐하면 인간은 혼자만이 살아갈 수 없고 함께 더불어 살아가야 하는 사회적 존재이기 때문이다. 공동체의 구성원들은 단체로서의 민족이라기 보다는 독자적 인격을 가진 이웃이며, 이웃간에는 공동체의 평화로운 유지를 위하여 서로 연대하여야할 것이 강조된다. 그리하여 이웃간에는 상호연대와 상호책임으로서 상호간에 의무를 부담하게 된다.

이와 같이 구체적인 실정법은 변화하지만 그 변화하는 법에 내재하는 근본가치 내지 객관적 가치는 존재한다. 그러므로 자연법론에서는 역사발전에 있어서 보다 가치있는 세계로의 발전에 대한 긍정적인 자세를 가질 수 있다. 그러한 理想社會로의 발전은 자동적으로 주어지는 것이 아니라 법에 내재하는 객관적 가치를 인간이 적극적으로 그리고 점진적으로 실현해 나가야 하는 것이다.235) 그리고 미래의 이상사회는 유토피아의 세계가 아니라 오히려 영원히 숙고하면서 의미있고 가치있는 사회로 이루어나가는 사회이다. 그리고 이러한 이상적인 가치있는 자연법의 사회를 이루어 나가는 책임을 진 계층은 법조인이다.236)

자연법은 입법자도 구속하며, 법집행자도 구속한다. 그리고 자연법은 어느 시대이고 항상 사람들로 하여금 깨어 있게 한다. 또한 자연법은 지식에 바탕을 둔 법이 아니라, 양심에 바탕을 둔 양심법(Gewissensrecht)이다.237) 따라서

233) Foljanty, a. a. O., S. 227.
234) A. a. O., S. 235.
235) A. a. O., S. 282.
236) A. a. O., S. 292.

자연법은 항상 인간의 양심에 호소한다. 그리고 자연법은 국민과 가까이 있어야 하며, 국민으로부터 불신을 받는 법은 자연법과는 거리가 먼 법이다. 또한 이러한 자연법은 교육적인 기능을 수행하며, 자연법의 강조는 바로 법을 통한 사회윤리교육이라고 할 수 있다. 이와 같이 오늘날의 자연법론은 영원한 객관적인 가치를 법이념으로 하여 그러한 가치를 실현해 나가도록 전개되어 가고 있다. 따라서 자연법은 시대의 변화에 따라서 그 모습과 내용이 다르기는 하지만, 자연법은 인류가 영원히 추구해 나가야할 인류보편의 가치를 법을 통해서 실현하고자 하는 법사상 내지 법이론이다. 세상이 변화를 하지만 그 속에서도 변하지 않는 객관적 가치를 찾아 그것을 실천해 나가고자 하는 법사상 내지 법이론이 자연법임을 알 수 있다. 이러한 자연법은 그 모습과 내용은 변화를 하지만 법에서의 이상이며, 모든 실정법이 추구해 나가야할 궁극적인 가치의 법이다. 그러한 자연법은 인간사회를 문화의 상태로 高揚하는 문화법이며, 이웃사랑의 법이며, 개체로서의 인간을 인간의 중심모습으로 하면서도 그러한 개체의 인간이 공동체를 이루어 인간답게 살 수 있게 하기 위하여 상호연대를 강조하고 권리뿐만 아니라 의무도 함께 강조하는 방향으로 발전해 나가고 있다. 따라서 이 세상의 법은 자연법론이 제시하는 법의 방향으로, 다시 말하면 객관적인 가치 내지 인류보편의 가치의 실현을 영원히 실현해 나가야 함을 알 수 있다. 그것이 발발전의 진리임을 알 수 있다. 국제적으로도 1948년에 유엔에서 세계인권선언을 선포하였다. 그 세계인권선언은 자연법 재생의 국제법적인 첫 사례로 평가된다.[238]

Ⅳ. 자연법론 역사에서의 현대 자연법론의 내용과 가치

1. 자연법의 재생운동이 실정법에 미친 영향

근대의 자연법론은 인간을 존중하고 그의 인격을 보호하기 위한 내용으로 자연법의 내용이 구성되었다. 인간의 인격을 보호하기 위하여 인간을 이성

237) A. a. O., S. 296.

238) Honsell, "Naturrecht und Positivismus im Spiegel der Geschichte", S. 606.

적 존재로 파악하고, 이성에 의한 인격의 자유전개를 보장하고, 그것을 가능하게 위하여 인간을 억압하던 구체제였던 절대왕정을 제거하기 위하여 주권재민, 삼권분립, 재산권 보장등을 주장하고, 저항권까지 인정하여 인간을 억압하던 절대왕정의 제거의 정당성의 근거를 자연법론의 내용으로 제시하였다. 이러한 근대 자연법론은 단순한 사상적 내지 이론적 주장에 그치지 아니하고, 그러한 인간존중을 가능케 하는 근대 자연법의 내용을 성문의 법으로 규정하여 완벽하게 인간을 보호하고자 하여 근대자연법론이 입법론으로 강하게 진행되었다. 그리하여 근대자연법론은 근대민법으로 입법화되었다. 그 결과로 근대자연법론의 내용은 실정법으로 법제도화되었다. 그 결과로 결국 실정법에 내재하는 자연법으로 발전하게 되었다.

이러한 근대 자연법론의 내용의 입법 후에는 법실증주의가 지배하는 시대로 전환되었다. 이는 자연법론의 내용이 실정법으로 입법화되어 실정법의 내용을 체계화하고 명확하게 하는 것이 법학에서의 최대의 관심사로 변하게 되었다. 그러나 아무리 근대 민법전이 근대 자연법론의 내용을 입법화하였다 하더라도 시대의 변화에 따라서 근대 민법전이 변화하는 사회현상을 적절히 규율하지 못하는 문제점이 발생하게 되었다. 이러한 실정법의 결함의 보충은 논리적인 체계와 개념의 재구성만으로 해결할 수 있는 것이 아니라 새로운 사회의 새로운 이념과 이상에 따라서 보충되어야할 과제이었다. 그리하여 다시 법실증주의 전성의 시대에 자연법론이 주장되게 되었다. 그러한 자연법론이 바로 자연법의 재생이었으며 자연법의 회귀의 주장이었다.

법이란 논리적인 精緻性을 유지하여야 함은 법에서의 당위적인 요청이다. 그러나 법을 논리적인 정치성만으로 현실의 변화하는 사정을 적절히 규율할 수는 없다. 법에서는 법이 추구해 나가야할 이념과 이상이 있어야 하고 그러한 이념과 이상을 충실히 실현할 수 있는 논리가 精緻한 법일 것이 요구된다. 그리하여 어느 시대이든 전적으로 자연법만이 지배하는 시대도 없었으며, 법실증주의만이 지배하던 시대도 없었다. 양자의 법사상 내지 법이론이 강약의 정도를 달리하면서 양 법사상과 법이론은 서로 영향을 주고 받는 관계를 이어왔다. 실정법만능의 19세기에도 역시 자연법론에 의한 법발전의 방향인 법이념의 제시가 필요하였으며, 20세기를 지난 21세기의 오늘날에도 역시 법실증주의가 주된 법사상 내지 법이론이지만 여전히 자연법에 의한 법의 이념과 이상으로의 법의 발전이 요청되는 것이다. 특히 법실증주의의 극단적 발전의 모습이었던 나치의 민족사회주의가 낳은 인류의 불행의 경험을 겪고서는 더욱 더 자연법론이 재생하고 회귀할 수밖에 없었다. 그러나 제2차 세계대전의 뒷마무리가 이루어진 오늘날에도 법실증주의의 경향을 강하게 보이고 있지만 실정법이 나아가야할 방향으로서의 법이념 내지 법이상의 발굴과 제시의 과제는 여전히 법에서의 중대한 과제로 남아 있다. 따라서 오늘날에도 자연법론은 여전히 궁구되어야할 법의 세계에서의 요청이다.

그리고 근대의 자연법론은 입법론으로 발전한 데 반하여 오늘날은 실정법이 근대자연법론의 내용을 입법하여 법제도화하였기 때문에 실정법의 해석과 적용, 특히 판결에 있어서 논리적 정치성을 넘어 법이념에 충실한 방향으로의 법의 운용이 요청되어, 자연법론도 법의 해석과 적용에 중요한 기능을 담당하고 있다. 그러나 입법론에도 여전히 자연법론이 기여를 하고 있음도 사실이다.

오늘날은 개개의 인간을 존중하는 개체존중의 사회로 발전해 나가고 있다. 그러나 인간은 사회성을 가진 사회적 존재이기 때문에 공동체를 이루어 살아가야 한다. 그러므로 개채를 존중하지만 공동체의 구성 유지를 위한 사회연대가 강조된다. 그러므로 사회연대를 위한 법이념 내지 법사상은 실정법에서보다는 자연법론에서 보다 적절하게 도출될 수 있는 것이다. 자연법론은 사물의 본성, 인간의 본성에 기한 법이다. 실정법의 내용이 변화를 하지만 그 변화하는 실정법이 추구해 나가야할 방향인 이념 및 이상은 자연법론에서 도출할 수 있으며, 그 이념과 이상은 객관적이고 인류보편적인 가치임을 부인할 수 없다. 따라서 인간은 實存을 넘어 理想鄕을 찾아가는 존재이기 때문에 법에서의 이상향의 탐구는 자연법론이 담당하여야할 과제이다. 오늘날 자연법론이 찾아 정립하고자 하는 이념과 이상은 객관적인 인류보편의 가치이다. 인류보편의 가치는 시대의 변화에도 불구하고 실현되어야 할 객관적인 가치이다. 그러한 객관적인 인류보편의 가치를 법으로 실현하고자 하는 법사상 내지 법이론이 자연법론이다. 오늘날의 자연법론은 법에서의 이상향을 실정법의 해석과 적용에 있어서 이를 어떻게 실현할 것인가가 과제이며, 그러한 과제를 오늘날의 자연법론이 담당하고 있다.

2. 法內在的 및 法外在的 自然法論의 중요성과 가치

자연법의 중요성과 가치는 좋은 법을 통하여 사람, 넓게는 인류를 바른 길로 인도하고, 사람들로 하여금 바른 법생활을 할 것을 가르치는 사회교육의 기능을 담당하여 왔으며, 또한 바른 삶을 살도록 하는 사회윤리의 기능을 담당하여 질서있고 바른 질서의 오늘날에 이르게 함에 있었다고 평가해 볼 수 있다. 자연법론은 때로는 법에 있어서 옳음을 실현하기 위하여 혁명으로 나타나기도 하였으며, 영원한 보편적이고 객관적인 가치를 향해서 나아가도록 이념과 이상을 제시하였다.

자연법론은 법학으로 하여금, 인류보편의 가치를 찾아 나가는 법학, 인간을 바른 삶으로 인도하는 법학, 인류가 다 함께 풍요롭고 평화롭게 살도록 하는 법학, 사람들로 하여금 서로의 가치를 인정해 주고 존중해 주도록 하는 법학, 정의로운 사회로 인도해 나가는 가치의 법학, 인간의 善心을 키워나가는 법학으로 발전해 나가도록 하였다. 그리하여 자연법은 영원히 존재하고 재생하고 회귀하면서 발전해 나간다. 실정법 위에 있거나 또는 실정법에 내재하는 영원한 가치가 자연법의 이념이고 내용이다. 자연법론은 정의의 사회를 이루어 나가고자 하는 법사상이고 법이념이고 또한 법철학이다.

그리고 자연법은 법의 영역만의 문제가 아니기 때문에 종교가 개입한다. 그리하여 교회법에서 자연법을 다루게 되는 것이다. 종교의 이념도 자연법의 내용이 될 수 있는 것이다. 자연법은 보다 가치있는 삶을 위한 철학이다. 자연법론은 법학 내부에서만 다루어야 할 문제가 아니다. 자연법론에서 다루는 문제는 인간의 삶과 정치와 사회 전반에 관련된 문제이다. 그리고 자연법론에서 구하는 객관적 가치의 세계는 결국 神의 질서이다. 그러므로 자연법을 논하면서 신과의 관련을 논하지 않는 것은 불가능하다. 왜냐하면 이 세상은 결국 신의 창조물이기 때문이다. 법에서 어느 것이 바른 법인가는 궁극적으로는 신에게 물어 보아야할 과제이다. 이 지구상의 법생활이 어떠해야 하는 지를 신에게 계속 물어야 한다. 神의 역사 속에서 자연법론은 전개되어 간다고 생각된다.

자연법론은 영원히 존속하며, 재생하고 또한 회귀(ewiger Bestand, ewige Wiederbelebung und ewige Rückkehr des Naturrechts)한다. 왜냐하면 법은 언제나 인간의 삶과 사회와 국가와 이 지구에서의 인간의 생활이 바르고, 옳고, 선하고 평화로울 수 있도록 법이 발전해 나가야할 이념과 방향을 제시하고 있기 때문이다. 법에서의 발전방향은 계속적으로 법에서 묻고 찾아야 하는 것이다. 그러한 법의 이념, 법에서의 객관적이고 보편적인 가치는 시대의 변화에 따라서 그 모습과 내용을 달리 하였다. 그것은 자연법의 역사가 보여주고 있다. 그러므로 자연법은 영원히 재생하고 회귀하면서 법을 보다 나은 법으로 발전해 나가도록 인도해 주었다. 그것에 자연법론의 중요성과 가치가 있는 것이다. 따라서 자연법은 영원히 회귀하고 재생하는 것이다.

자연법론의 중요성은 자연법론이 법학의 한 분야로서 다루어지지만, 법내재적인 문제만을 다루는 것이 아니라, 법외재적인 신학도 철학 등 법에 영향을 줄 수 있는 모든 다른 영역을 함께 다루는 법의 영역이다. 그러므로 법외재적인 사정의 변화에 따라서 자연법론에서 다루게 되는 중점도 변화하게 된다. 그러므로 자연법론은 시대에 따라서 그 논의의 중점이 달라지는 것이다. 그러나 그 根底에 자연법론이 추구하는 이상과 이념은 언제나 현재의 법상태를 넘어서 다 나은 법, 더 바람직한 법, 더 좋은 법, 더 善한 법, 인류로 하여금 더 행복하게 살 수 있게 하는 법을 찾아 그것을 세속법에서 실천하도록 하는데 있다. 이러한 자연법론에서 추구하는 이념과 이상은 법에서만의 이념과 이상이 아니라, 인류가 실천해 나가야할 윤리이기도 하다. 그러므로 자연법론이 제시하는 법의 이념과 이상과 그것의 실천을 세속법에 요구하는 것은 사회교육의 하나의 내용을 구성한다. 따라서 자연법론은 법의 영역을 넘어서 사회윤리이며 또한 사회교육의 하나의 내용을 이룬다.

3. 현시대에서의 자연법론의 내용과 가치

자연법론은 법이 현실에 안주할 것이 아니라, 보다 나은 세상의 질서를 이 땅에서 실현하고자 하는 법사상이자 법이론이다. 역사적으로 자연법론은 세속의 법질서가 어지러웠을 때에 강하게 제기되었다. 자연법론은 세속의 법질서를 이상적인 법질서, 보다 나은 법질서로 만들기 위한 법사상으로 주장되었으며, 세속의 어지러운 질서를 극복하기 위하여 자연법론은 이상적인 법질서를 제시하고 실현되도록 할 것을 주장하고, 실현하기 위하여 희생을 감수한 법사상이자 법철학이었다.

그러나 자연법론이 주장하는 이상적인 법의 내용은 고정적이고 완결적인 것이 아니었으며, 시대에 따라서 주장하는 그 내용이 다르게 전개되어 왔다. 그것은 자연법론은 법실증주의에 대항하는 법사상이자 법이론이었기 때문에 그 시대의 실정법의 모순현상에 대항하는 내용으로 자연법론의 내용이 구성되었기 때문이었다. 그러나 어느 시대이든 당시의 현실의 법절서보다는 이상적이고 보다 나은 법질서를 이루기 위한 내용으로 자연법론은 그 내용이 구성되어 왔다. 그러므로 자연법론은 보다 좋은 세계, 보다 나은 세계와 보다 더 좋은 법질서를 이루고자 하는 내용으로 자연법론은 발전되어 왔다.

역사적으로 자연법사상은 서양에는 물론 동양에서도 주장되었다. 현재의 우리의 법질서는 서양법에 기초를 두고 있기 때문에 자연법론도 자연히 서양법사를 따라서 설명되고 있다. 서양에서 자연법론이 주장된 것은 그리스에서 조그만 도시국가였던 아테네가 大帝國인 페르샤 제국의 침입을 물리치고 승리를 하였으나, 다시 스파르타와의 펠로폰네소스 전쟁에 의하여 아테네가 스파르타의 지배를 받게 됨으로써, 당시의 권력중심의 세속법이 권력자가 결정한 것이 법이라는 극히 세속적이고 보편적인 가치에 반하는 주장이 소피스트들에 의하여 주장되어 현실의 법이 집권자의 자의적인 의사에 의해서 만들어지고 집행되었을 시대에, 페르샤 전쟁이전의 조그만 도시국가(civitas)였던 아테네에서의 평화롭고 민주적 질서로의 회복을 염원하여 보다 보편적이고 이상적인 법질서를 세우기 위하여 소피스트들에 대항한 주장이 바로 그리스의 자연법론이었다. 그리스에서의 자연법론은 아테네가 펠로폰네소스 전쟁에서 스파르타에 패한 후 소피스트들에 의하여 무질서해진 현실세계보다는 고대의 평화롭고 민주적 질서를 유지하였던 아테네의 이상적인 법질서가 있었음을 인식하고, 현실의 법은 그러한 理想의 세계의 법을 받아 그 理想의 법을 실현하여야 한다고 주장하였다. 그 이상의 세계는 현실 세계를 초월한 세계이었으나 점점 그 이상의 세계는 세속의 세계로 내려오는 방향으로 자연법론에서의 이상세계가 설명되었다. 그리하여 그리스에서의 이상세계인 이데아는 현실세계위에 존재한 초월적인 세계에서 현실속에 내재하는 것으로 자연법론의 주장내용이 변천하였다.

아테네가 스파르타에 패하여 현실의 권력자들과 그 권력자에 阿附하면서 현실세계에 안주하려던 소피스트들의 현실의 권력자들의 결정이 바로 법이라고 하는 주장에 대하여, 그러한 권력자의 결정을 정의라고 하는 자의적인 세계를 극복하고, 보다 정의로운 세계를 이데아로 주장하여 그 이데아의 세계의 법이 자연법이라고 주장하였다. 이 때의 그리스에서의 이데아에 의한 자연법론의 주장은 당시의 권력자와 그 奸臣들이 전횡하던 시대를 극복하기 위한 이론으로 현실세계위에 존재하는 이데아를 자연법론의 내용으로 주장하였다. 그러나 알렉산더大王이 동방원정을 하고 마케도니아帝國을 이루었을 때에는 마케도니아 제국이 바로 이데아의 이상세계로 관념하여 이데아가 현실세계에 초월하여 존재하는 세계가 아니라 현실속에 존재한다고 관념하여 이데아 사상을 중심한 자연법론에서의 이상세계가 현실세계, 즉 마케도니아帝國 속으로 내려오게 되었다.

스토아학파를 중심으로 한 자연법론은 마케도니아 제국이 계속되어 이상세계를 계속적으로 존속시킬 수 있는 사상내용으로 발전하게 되었다. 그 내용이 바로 스토아학파의 사해동포주의 사상이었다. 사해동포주의 사상은 마케도니아 제국이 移民族을 아울러 영속적으로 존속하기 위한 수단으로 권력에 의한 지배보다는 형제애로써 하나가 되어야 대제국이 존속할 수 있다는 확신에서 주장되었다. 그러한 사해동포주의 사상은 대제국을 건설하려는 로마제국의 발전방향에 부합하였기 때문에 로마제국에 스토아철학이 전수되어 널리 알려지고 또한 꽃을 피우게 되었다. 결국 스토아철학이 로마에 전수된 것은 이민족들로 구성된 로마가 하나의 결집된 제국으로 발전하기 위해서는 힘에 의한 지배보다는 사해동포주의적인 형제애로써 결집하여야 함을 알려주었고 로마제국은 그러한 진리를 받아들였던 것이었다. 그리하여 로마제국은 스토아철학의 영향으로 로마법을 고도로 발전시켰던 것이었다.

로마법은 스토아철학을 전수받아 사해동포주의적 사상에 기초하여 발전하였지만 그리스에서와 같이 현실세계를 초월한 자연법을 주장한 것이 아니라 이상세계를 현실속에서 실현하고자 하는 자연법으로 발전되어 왔다. 그리하여 로마법에서는 사해동포주의적인 사상에 기초하였기 때문에 후세에 학문적으로 연구되어 오늘날 세계법의 바탕이 되었다.

중세에는 교회가 神의 세계를 세속세계에 실현하기 위하여 신의 질서의 법인 신법을 세속에 실천하기 위한 수단으로 자연법을 주장하였던 것이었다. 신법을 곧바로 세속법으로 전환할 수는 없었기 때문에 인간의 이성에 의하여 알 수 있는 신법을 자연법으로 정의하고, 그 자연법이 세속법의 유효성의 기준이 된다고 하였다. 이렇게 하여 자연법을 통하여 신법을 세속법화하여 교회가 세속의 세계를 지배하기 위한 수단으로서 자연법이 기능하였다. 중세 교회시대의 자연법도 그 이론에 있어서는 정당성이 있었지만 교회권력이 강화됨과 함께 교회가 부패하여 결국 종교개혁에 의해 교회시대의 자연법론도 약화될 수밖에 없었다.

근세에는 神대신에 인간이 세계의 중심이 되고, 교회지배의 약화를 틈타서 생성된 근대 절대왕정의 無所不爲의 절대권력에 대항하기 위하여 인간의 이성에 기한 천부인권과 절대권력을 顚覆·除去할 수 있는 사상으로서의 저항권이 주장되었다. 이러한 천부인권과 주권재민, 삼권분립, 저항권 등을 내용으로 하는 근대적 자연법론이 생성되어 주장되었다. 그리하여 근대 자연법론은 인간을 최고의 존재가치로 인정하고 그러한 인간의 인격을 보호하기 위하여 천부인권을 주장하고 절대군주에 의한 절대권력의 억제와 제거를 위한 주권재민, 삼권분립 그리고 저항권을 인정하게 된 것이었다.

이러한 근대 자연법론은 實定法으로 법제도화하여 두면 인권이 보장되고, 주권재민과 삼권분립을 실천하면 절대권력을 억제하고 인권이 보장될 것으로 믿었으며, 최종적으로는 저항권에 의하여 절대왕정과 같은 절대주의의 회복을 막을 수 있을 것으로 생각하였다. 그리하여 근대의 자연법론은 근대민법의 제정으로 이어지고, 근대민법의 제정으로 그리스시대로부터 계속되어온 자연법론의 내용은 실정법에 의하여 법제도화가 되었다. 이러한 입법화와 함께 자연법론은 그 使命을 다한 것으로 이해되었으며 법실증주의 시대를 이루었다.

자연법론의 내용의 법제화로 자연법은 더 이상의 발전을 멈춘 것으로 판단되었으나, 자연법론에 기초하여 제정된 민법전의 내용의 해석과 적용에 있어서 보다 더 이상적인 방향으로 이끌어 나가기 위하여 현대에는 법실증주의 하에서도 새롭게 자연법론이 주장되었다. 그것이 바로 자연법의 재생이었다. 특히 극단적인 법률실증주의의 나치에 의한 민족사회주의의 虐政을 경험하고서는 다시 자연법론이 강하게 대두하게 되었다. 그 결과로 이제는 헌법에서 자연법론의 내용을 입법하여 법의 최고의 위치에 자연법을 법제도화하였다. 그리하여 형식은 법실증주의를 취하였지만 실질적인 내용은 자연법론의 내용들로써 구성함으로써 자연법론이 약화되기는 하였지만, 자연법론의 사상과 주장은 계속되고 있다. 오늘날은 자연법론이 입법론으로서 주장되기 보다는 법의 해석과 적용에 있어서 자연법론이 강하게 주장되고 있다.

이와 같이 자연법론은 역사적으로 세속의 권력이 너무 강대하여 권력자의 자의적인 결정에 의하여 세속의 민중들의 삶이 어려웠을 때에 자연법론이 강하게 제기되었다. 그리하여 자연법론은 기존의 세속권력에 저항하면서 항상 새로운 이상의 세계를 제시하고 그 이상의 세계를 법으로 실현할 것을 주장하였다. 그리하여 자연법론은 기존의 세속법을 비판하고 새로운 이상세계를 제시함으로써 인류의 역사발전을 항상 희망적, 이상적으로 그리고 보편적인 방향으로 이끌었다. 법실증주의가 現實安住的이고 법에 의한 불법을 옹호하였지만, 자연법론은 불법을 비판하고 불법을 극복하고 소망스런 이상사회를 건설할 수 있는 내용의 새시대의 모습을 제시하여 왔다. 그러므로 자연법론은 현실개혁적인 성격을 띠게 되었다. 오늘날은 근대말까지 주장된 자연법론의 내용을 입법하여 실정법의 내용이 자연법적이다. 그러므로 자연법론이 더 이상 발전하지 못할 것으로 생각될 수도 있지만 자연법론의 내용은 비록 그 내용이 입법으로 반영되었다 하더라도 결코 완결적이 아니다. 그러므로 앞으로도 자연법론은 계속 필요하며 또 다른 새로운 보편적인 세계를 개척하는 과제를 수행하고 있는 것이다. 오늘날은 자연법론의 입법에 의하여 법실증주의가 大勢를 이루고 있지만, 법의 해석과 적용의 영역에서는 자연법론이 전개되고 있다.

이처럼 자연법론은 항상 더 나은 법, 더 좋은 법, 더 이상적인 법을 향하여 발전해 나가고 있다. 자연법론의 내용은 결코 완결적일 수 없다. 항상 새로운 내용의 발견과 보충이 이루어져 나간다. 法史에 있어서 객관적인 가치, 보편가치는 그 모습은 달라도 중단없이 존속하여 왔다. 事物과 現象은 변하지만 변화하는 속에서도 본질적이고 인류보편적인 가치가 있는 것이다. 그 본질적이고 보편적인 가치의 실현을 위한 자연법론은 더 나은 사회를 소망하는 인간의 본성에 부합되게 계속 새로운 내용을 보충하여 발전해 나간다. 이와 같이 자연법론은 역사에 있어서 인류에게 보다 나은 세계와 보다 좋은 법을 제공해 주는 법사상이고 법이론이며 법철학이다. 이와 같이 惡에 저항하고 善을 이루려는 법에서의 학문적인 노력이 바로 자연법론이다. 이러한 자연법론은 영원히 재생하고 또한 회귀한다. 자연법의 가치는 법에서의 최고의 가치이다.

이처럼 자연법은 악에 대하여 저항하는 善의 사상이다. 선을 권력에 호소하는 것이 아니라 양심에 호소하고 신에게 호소한다. 법은 자연법론으로 나아가야할 숙명적인 가치법론이다. 이것이 자연법론 연구의 필요성과 당위성이다.

법이 발전해 나가야할 방향은 자연법론이다. 그러나 세속의 사회는 권력자가 그의 이익을 위해서 慣性的으로 실정법주의의 방향으로 흐를려고 한다. 왜냐하면 利害의 대립을 힘으로 해결하고자 하기 때문이다. 그러나 理性으로 善으로 객관적 가치로 해결하여야 한다. 이 세상에서 가장 강력한 힘은 선의 가치, 객관적 가치, 인류보편의 가치에서 나온다. 이러한 가치를 실현하는 방향으로 법도 사회도 발전해 나가야 한다. 그것이 자연법론이 제시하고 취하는 법의 내용이고 또한 법발전의 방향이다.

Ⅴ. 자연법론의 앞으로의 논의의 발전방향

오늘날도 여전히 실정법이 중요하게 다루어지지만 자연법론도 여전히 계속 이어져 오고 있다. 오날날의 자연법론은 정의론으로 발전되어 정의의 문제가 자연법론의 중심을 이루고 있다.[239] 그리하여 오늘날의 자연법론도 여전히 실정법의 형성기능, 즉 입법자의 입법의 한계를 설정해 주는 기능을 담당하고 있으며, 또한 더욱 중요한 것은 제정된 실정법의 효력의 한계설정의 기능을 제공하고 있다. 그리하여 오늘날의 자연법론은 적극적인 기능도 소극적인 기

239) Kühl, Freiheitliche Rechtsphilosophie, S. 94.

능도 모두 담당하고 있으나 특히 후자의 소극적인 기능이 더 중요하게 기능하고 있다.[240] 그리고 자연법론에서의 핵심가치인 정의는 실정법의 해석, 판례의 형성에 중요한 기능을 담당하고 있으며, 법의 흠결을 보충하는 중요한 기능을 또한 담당하고 있다.

그리고 오늘날의 자연법론은 여전히 근대 자연법론에서와 같이 인간을 가장 중요한 보호의 중심에 놓고 있으며, 인간의 인격과 인권보호 및 인격의 자유로운 전개가 오늘날 자연법론의 중심가치이다. 실정법에서 인권과 인격권을 규정하여 보호하고 있으나 사회·경제의 변화에 따라서 새롭게 제기된 문제와 관련하여 인권과 인격권의 보호의 확대를 위하여 오늘날의 자연법론은 추상적인 실정법의 내용을 정의의 세분화, 구체화로 이를 보충하는 기능을 담당하고 있다. 그리하여 오늘날의 자연법론에서도 역시 인간이 중심에 있으며 인간의 인격과 인권을 보호 및 인격의 자유로운 전개를 가능케 하는 것을 최고의 가치로 하고 있다.

그리고 오늘날의 자연법론은 자연법론으로부터 실정법을 도출하기는 어렵지만, 실정법이 정의에는 반할 수 없도록 하는 실정법의 효력을 한계지우는 기능을 담당하고 있다. 그러한 실정법의 법적효력의 한계를 설정하는 기준으로서는 라드부르흐의 참을 수 없는 정도의 원칙, 코잉의 최고의 법원칙들이 그러한 기능을 담당하고 있다.

이와 같이 오늘날의 자연법론은 그 중심내용은 정의론으로 옮겨가고 있으며, 실정법을 형성하기 보다는 실정법의 한계설정의 기준으로 기능하며, 법제정보다는 법해석에서 중요한 기능을 담당하고 있다. 실정법은 근대적 자연법론에 의하여 자연법의 내용을 입법하였기 때문에 그 입법된 자연법을 사회·변화에 따라서 보다 구체적, 세부적으로 자연법적인 내용을 담을 수 있도록 하는데 오늘날의 자연법의 기능이 변화하고 있다. 그리하여 정의의 문제가 앞으로 계속해서 자연법론이 다루는 중심가치가 될 것이다. 따라서 앞으로의 자연법론은 정의론으로 발전해 나갈 것이다.

이처럼 정의(Gerechtigkeit)는 법의 이념이다. 이는 철학의 이념이 진리(das

240) A. a. O., S. 110.

Wahre)이고, 예술의 이념이 美(das Schöne)인 것과 같다.[241] 그리하여 정의는 언제나 법에서의 방향을 제시해 주고 있다. 그러나 무엇이 정의인가에 관한 일반적인 해답을 법률가나 법학자들이 할 수는 없다. 그러나 무엇이 정의롭지 못한(ungerecht) 것인가는 법감정(Rechtsgefühl)이 말해 주고 있다. 이처럼 정의에 관하여 이를 적극적으로 개념 정의하기는 힘들지만, 정의가 침해되는 것은 인지(Wahrnehmen)할 수 있다.[242] 정의에 관하여 개념정의를 시도한 학자들이 적지 아니하다. 아리스토텔레스는 정의는 완벽한 德(Tugend)이다라고 하였으며, 로마법의 법학자 Celsus는 善과 衡平이라고 하였다. 울피아누스는 정의란 각자에게 그의 몫을 나누어 주려는 항구불변의 의지라고 하였다. 그리고 칸트는 정의를 직접적으로 정의하지는 않았지만, 사람은 자기의 의사가 일반적인 입법원칙(Prinzip der allgemeinen Gesetzgebung)에 맞게 행동하여야 한다는 言明에서 정의를 일반적인 입법원칙이라고 하였다. 이와 같이 정의는 순수하게 법적으로만 개념정의를 할 수 없고 도덕적인 요청과 결합되어 있는 것이다. 그리하여 자연법론은 순수하게 법의 영역에서만 다루어질 수 있는 것이 아니라 도덕과 윤리의 요소도 담고 있는 것이다. 그러므로 자연법, 정의를 논함에는 법윤리도 함께 논의가 이루어져야 한다. 따라서 오늘날의 자연법론은 정의론, 법윤리가 그 중심내용으로 다루어지고 있는 방향으로 발전해 나가고 있다.

사람은 사회적 존재로서 공동체를 형성하여 살아가야 한다. 사람이 공동생활을 함에는 강제력을 수반하는 법없이는 불가능하다.[243] 법이 실효성있는 강제력을 가질려면 법의 내용이 정의에 부합하여야 한다. 그 정의는 인류보편의 객관적 가치를 담아서 실천하고자 하는 이념이다. 그러한 이념에 충실한 법이 바로 정의에 부합하는 법이며, 그러한 정의로운 법이 바로 자연법이다. 이러한 정의로운 법은 도덕적으로는 善을 실천하고, 법적으로는 인류보편의 객관적 가치를 담아 실현하려는 정의의 법으로 더욱 세련화되고 그러한 정의의 법으로 발전해 나가야 한다.

또 한편으로 자연법론은 앞으로 정의와 함께 이웃사랑의 도덕윤리를 그

241) Honsell, “Naturrecht und Positivismus im Spiegel der Geschichte”, S. 608.
242) A. a. O., S. 608.
243) A. a. O., S. 594.

내용으로 포섭하여 발전시켜 나가야 한다. 정의만을 강조하면 사람과 사람사이의 관계가 冷冷하고 대립적일 수 있다. 그러므로 사람과 사람간에는 인정이 오가는 서로 배려하는 사랑의 관계로 발전되어야 한다. 사람은 사회적인 존재이고 함께 더불어 살아가야할 존재이며, 이러한 사회적 관계에서는 상호 이해와 연대와 사랑의 오고감이 있어야 한다. 자연법은 이러한 이념과 이상도 법에서 실현할 수 있도록 하여야 한다. 따라서 장래의 자연법은 정의의 법이면서 또한 이웃사랑의 법으로 발전되어야 한다. 그러므로 앞으로의 법의 이념은 정의(Gerechtigkeit)와 이웃사랑(Nächstenliebe)이 되어야 한다.

CHAPTER 5

자연법론의 장래의 발전방향

- 정의와 이웃사랑의 실천 -

제5장 자연법론의 장래의 발전방향

– 정의와 이웃사랑의 실천 –

Ⅰ. 법에서의 가치와 그 실현의 과제

법을 가치의 규범으로 이해하는 자연법론이 고대로부터 보다 나은 법으로의 발전의 기초가 되어 왔다. 자연법론이 강력한 현실권력의 뒷받침을 받는 법실증주의에 대항하면서 법의 올바른 발전을 추구해 온 과정은 그렇게 순탄치 만은 않았다. 자연법을 지키기 위한 진리의 순교자가 나오고, 아래로부터의 시민혁명의 역사를 거쳤으며, 전쟁이라는 참혹한 과정을 거쳐서 비로소 자연법론이 실정법으로 법규범화가 이루어져 왔다.

법에서의 자연법론의 주장은 인류보편의 가치를 담은 이상적인 법을 통하여 인간의 인격과 행복, 그리고 사회의 평화를 유지하면서 인간이 인간답게 살 수 있도록 함에 있었다. 그러므로 자연법론에서는 법이 법일 수 있기 위해서는 그 법이 인류보편의 가치를 담아 이를 실천하고자할 때에만 법으로서의 실효성을 인정하고자 하였다. 따라서 자연법론에서는 법의 효력의 근거를 물리적인 힘의 뒷받침에 두는 것이 아니라, 법의 내용 그 자체의 진리의 힘에 바탕을 두고 있는 것이다. 이러한 법에서의 정의의 문제는 어떠한 문화도 어떠한 시대도 포기되지 않고 인류의 초기시대부터 지금까지 계속 논의되어 왔다.[1][2] 달리 표현하면 인류는 정의의 공동체를 향하여 발전하여 왔다고 말할

1) Otfried Höffe, Gerechtigkeit, 4. Aufl.(Beck, 2010), S. 9.

2) 이집트와 이스라엘의 고대에 정의는 세속세계와 신의 세계에 모두 적용된다고 관념되었다. 그러나 함무라비법전에서는 세속세계에서만 정의가 규율한다고 관념되었다(Vgl., a. a. O., S. 11). 함무라비법전 이전의 메소포타미아지역에서의 법전에서도 플라톤, 아리스토텔레스에

수도 있다.[3)]

그러나 현실적으로는 법을 강자나 국가의 의사와 그의 힘의 뒷받침에 그 효력근거를 두는 법실증주의가 끊임없이 주장되고 이어져 왔다. 법실증주의가 지배한 시대는 역사적으로 사회가 이상적인 인류보편의 가치실현의 방향으로 보다는 힘 있는 자, 강력한 중앙국가권력이 지배하던 시대에 주장되었다. 그러나 법실증주의의 극단적인 발전의 결과는 인류의 불행을 초래하고 말았다.

자연법론과 법실증주의 대립의 법의 역사를 거슬러 살펴보면, 가장 이상적인 법의 상태는 인류보편의 가치를 담은 자연법의 내용을 실정법으로 법규범화하여 그 실정법이 국가의 힘의 뒷받침을 받아 그 인류보편의 가치를 실천하는 모습이라 할 수 있다. 오늘날은 상당히 그러한 이상적인 법의 모습으로 발전해 왔으며, 그러한 법의 모습을 갖추고 있다고 생각된다.

자연법론이 인류보편의 가치를 법에서 담아 이를 실천하고자 하는 법철학, 법사상 내지 법정책이지만, 인류보편의 가치가 무엇이며, 그러한 가치를 어디에서 구할 것이며, 그러한 가치를 어떠한 방법으로 인간의 현실의 법생활에서 실현해 나갈 것인가는 시대에 따라서 변화하여 왔다. 지금도 앞으로도 이에 관한 논의와 주장은 중단없이 계속될 것이다. 역사적으로는 자연에서 구하기도 하고, 기독교의 가르침에서 구하기도 하고, 인간의 이성에서 구하기도 하였다. 그러나 그 어떠한 경우에도 인류보편의 가치는 고정되어 있지는 않았으며, 시대사정과 시대정신에 따라서 변화를 거듭하여 왔다. 그러나 인류보편의 가치인 자연법의 내용 중에서 가장 중요한 변함없는 가치는 정의(justitia, justice, Gerechtigkeit)였다. 그러므로 법의 최고가치로서의 정의는 자연법론의 영원한 가치이며, 앞으로도 영원히 정의가 법의 최고가치로 남을 것으로 생각한다.

그리고 인간사회가 정의만으로 살만한 사회로 될 수 있는가에 관하여는 의문이 없지 아니하다. 인간과 인간간에는 정의로와야 함은 당연하지만, 한편으로 인간은 공동체를 이루어 서로 정이 오고 가며 서로 따뜻함을 느낄 수 있는 상부상조의 사회가 되어야 인간다운 사회를 이루면서 살아갈 수 있다. 그

게 있어서도 정의는 세속세계만에 적용된다고 이해되었다(Vgl., a. a. O., SS. 15, 20).

3) A. a. O., S. 11.

러하기 위하여는 이웃간의 사랑이 오고가야 하며, 서로 배려하여야 하며, 연대를 이루어 형제애의 정신으로 살아가야 한다. 이러한 이웃 사랑의 정신은 기독교의 가르침으로부터 찾을 수 있다. 법, 특히 자연법론에서도 역시 법의 이념으로서 정의와 함께 이웃사랑(Nächstenliebe), 사해동포주의(Kosmopolitanismus), 형제애(Brüderlichkeit) 및 연대(Solidarität)가 요청된다. 이웃사랑, 사해동포주의, 형제애, 연대는 법에서의 정의에 인간의 인간에 대한 사랑의 기름인 것이다. 정의와 이웃사랑은 상호보완적인 것이며, 인간사회를 인간적인 사회로 만들어 나갈 수 있는 법에서의 이념이자 이상이라 생각한다. 따라서 정의와 이웃사랑이 법에서의 장래의 최고이상으로 인정되고 받아드려져야할 것으로 생각한다.

시대의 변화에 따라서 오늘날은 새로운 법현상들이 끊임없이 출현하고 있다. 특히 현상세계의 발전은 물론 가상세계의 급속한 발전, 자연과학의 고도의 발전은 인간의 존재가 하나의 기술문명의 객체 내지 대상으로 되고 인간이 인격적인 주체로서의 존재가치가 희박해 짐을 부인할 수 없다. 생명체의 복제의 가능성으로 인간 인간복제의 가능성의 제기, 과학기술의 과신에 의한 신의 존재의 부인과 신앙에 대한 회의의 심화, 기후변화를 대표로 하는 지구환경의 극심한 변화, 빈부격차와 양극화의 심화와 경제흐름의 불안정의 계속 등의 새로운 인간에 대한 도전현상에 대하여 법적으로 적절히 대처하기가 쉽지 아니한 세계로 발전하고 있다. 이러한 변화가 심한 시대에 법을 통하여 인간이 인간답게 살아 갈 수 있는 방안은 정의를 세우고 인간과 인간간에 사랑이 오고가도록 하는 것이 법이 발전해 나가야할 장래의 방향이라 생각한다. 그것이 바로 자연법론의 앞으로의 발전방향이다. 정의와 이웃사랑이 법의 영원한 발전방향이자 법정책의 방향이며 또한 법윤리라 생각한다. 이러한 법의 이념을 다루는 법학의 분야도 발전하여 종래의 법철학(Rechtsphilosophie)을 지나 법윤리[4](Rechtsethik)로 발전해 나가고 있다. 따라서 자연법론도 역시 법윤

---

4) 법윤리(Rechtsethik)라는 용어는 1939년 독일의 Gustav Radbruch가 처음으로 사용하였으며, 법윤리는 어떠한 법이 옳은 법이냐에 관한 법에서의 근본문제를 다루는 법학으로서(Vgl., Dietmar von der Pfordten, Rechtsethik, 2. Aufl(Beck, 2011), S. 1), 법윤리는 법정책(Rechtspolitik) 및 법해석학(Rechtsdogma)에 관한 법학분야이며, 또한 인간이 법에 대하여 어떠한 태도를 취하여야 하는가를 다루는 새로운 법학분야이다(Vgl., a. a. O., SS.534, 548). 따라서 법윤리는 법의 정당성(Richtigkeit des Rechts)에 관한 가치문제를 다루는 법학의 분야이다(Vgl., a. a .O., S. 8). 그러나 법윤리가 법의 정당성을 다루지만, 법윤리는 법내재적

리학의 내용으로서 다루어지고 있다. 그리하여 법윤리의 근본문제는 법에서의 정의이며,[5] 정의의 핵심적인 내용은 평등대우(Gleichbehandlung), 인간의 자유, 그리고 사회의 公正이다.[6]

그리고 정의는 재화(Güter)에 대하여 적용되는 일반적인 질서원칙이 아니라 활동영역(Tätigkeitsbereich)에 적용되는 일반적인 질서원칙이다.[7] 따라서 정의는 재화에 대한 소유에 적용되는 원칙이 아니라 인간의 행동영역에 적용되는 원칙이다.

Ⅱ. 법이념으로서의 정의

1. 법윤리로서의 정의

(1) 법윤리와 정의와의 관계

법윤리학(Rechtsethik)은 어떠한 법이 옳은 법이냐에 대한 근본문제를 다루는 법학의 한 분야이다.[8] 법철학이 법학과 철학 중에서 실천철학(praktische Philosophie)이 결합된 학문 분야인데 반하여, 법윤리학은 법학과 실천철학에 속하는 윤리학, 그 중에서도 응용윤리학(angewandte Ethik)이 결합된 학문분야이다. 어떠한 법이 옳은 법이냐의 문제는 법철학에서의 과제이지만, 법윤리의 문제로 다루어지는 시대로 발전하고 있다. 그리하여 법윤리학에서는 옳은 법이기 위한 정의(Gerechtigkeit)를 찾는 일을 주된 관심사로 하고 있다.[9] 그리고 법윤리는 인간의 내심의 바름을 다루는 것이 아니라 인간의 법적 외부의 바름 여부를 다루는 학문분야이다.[10] 그리하여 법윤리학에서는 실정법의 바름 여부, 법에 대해서 인간이 어떻게 행동하여야 하는 지 등의 문제를 다룬다. 이러

인 법의 정당성을 다루며, 법외재적인 법의 정당성은 배제한다(Vgl., a. a. O., S. 153). 법외재적인 법의 정당성을 다루는 법이론은 바로 법실증주의이다.

5) Dietmar von der Pfordten, Rechtsethik, 2. Aufl(Beck, 2011), S.63.

6) A. a. O., S. 184.

7) Höffe, a. a. O., 21.

8) Dietamr von der Pfordten, Rechtsehtik, 2. Aufl.(Beck, 2011), S. 1.

9) A. a. O., S. 1

10) A. a. O., S. 1.

한 법윤리학은 법정책(Rechtspolitik)과 법해석학(Rechtsdogmatik)에 큰 영향을 준다. 그러나 법윤리학은 법해석보다는 법정책에 더 큰 영향을 준다.[11]

法史를 거슬러 살펴보면, 법학의 독립분야로서의 법철학은 헤겔(Georg Wilhelm Friedrich Hegel: 1770－1831)이 법은 포괄적인 철학적 세계와 관련지어야 한다고 말함으로 생성되었다고 한다.[12] 이러한 헤겔의 의한 법의 철학화의 주장에 대해 일반법론(Allgemeine Rechtslehre), 법실증주의(Rechtspositivismus), 순수법학(Reine Rechtslehre), 법경제학(Ökonomische Analyse des Rechts), 정치적 결정주의[13](Politische Dezionismus) 등은 반대의 주장을 하였다.[14] 물론 법의 철학화에 대한 반대론이 가치로부터의 법의 자유화를 주장하였지만, 법의 외부의 가치로부터의 자유를 주장한 것이었지 법내재적인 가치를 부인하지는 않았다. 그것이 법, 특히 법률이 특정의 가치를 반영하여 제정되기 때문에 법률이 일단 제정이 되면 더 이상 그 법률이 정의에의 합치 여부, 바름 여부는 논의될 수 없다는 것이며, 이러한 법의 철학화의 반대론에서는 법철학은 법이론(Rechtstheorie)과 법사회학(Rechtssoziologie)으로 代替된다.[15]

그러나 법윤리학은 법의 외적 가치를 중요한 과제로 삼는 법학의 한 분야이다. 특히 법윤리학은 법철학에서와 같이 실천철학의 내용을 이루는 윤리를 중시한다.[16] 그리하여 오늘날 법윤리학은 현실을 초월한 형이상학을 논의의 대상으로 하지는 않으며 현실속에서 실천되어야 하는 낮은 단계의 실천적 형이상학을 고찰의 대상으로 한다.[17] 따라서 법윤리학은 법의 정당성(Richtigkeit des Rechts)에 관한 물음을 다룬다.[18] 다시 말하면 법윤리학은 인간에 의하여 생산되거나 적어도 인간의 영향을 받은 법을 그 대상으로 한다.[19] 그러므로

11) A. a. O., S. 534.
12) A. a. O., S. 1.
13) 정치적 결정주의는 나치의 법사상적 기반을 제공한 칼 슈미트(Carl Schmitt)가 주장하였다(Vgl., a. a. O., S. 149). 이러한 결정주의는 법질서는 법규범에 기초하는 것이 아니라 정치적인 결정에 기초한다고 이해한다.
14) 이러한 법의 철학화에 반대한 법사상은 법에서의 가치를 배제하는 방향으로 발전하여, 법은 가치로부터 자유로와야(wertfrei) 주장한다고 하였다(Vgl., a. a. O., S. 2)..
15) A. a. O., S. 2.
16) A. a. O., S. 3.
17) A. a. O., S. 3.
18) A. a. O., S. 8.
19) A. a. O., S. 9.

법윤리학은 입법, 법의 해석의 바르고 정의로운 방향과 내용을 제공하고 또한 법률의 제정과 법의 해석 및 적용에 판단기준을 제공한다.[20]

그리고 칸트는 윤리를 개인윤리(Individual Ethik)와 법윤리(Rechtsethik)로 나누고, 개인적 윤리는 德論(Tugendlehre)이며, 법윤리의 내용이 될 수 없다고 하였다. 법윤리는 강제력과 결합된 의무를 특징으로 하며, 내면의 윤리적 의무와는 구별된다고 하였다.[21]

(2) 법윤리학에서의 정의의 개념

정의(Gerechtigkeit)를 어떻게 개념정의할 것인가에 관하여는 이미 그리스 시대부터 시작이 되었다. 그리하여 아리스토텔레스는 정의는 덕목이라고 하였으며, 정의를 평균적 정의와 배분적 정의로 구분하였다. 로마의 법학자 울피아누스는 정의는 각자에게 그의 권리를 주고자 하는 항구불변의 의지라고 하였다.[22] 이러한 정의는 시대가 흘러도 변함없이 문제가 제기되어 논의되고 있다. 로마법대전 중 학설휘찬에서는 이미 법(ius)이란 용어는 정의(iustitia)라는 용어로부터 도출되었다고 하였다.[23] 그리하여 정의가 법의 본질적 내용이자 궁극적인 이념임이 일찍부터 주장되었다.

그리고 역사적으로도 정의로운 법은 그 효력이 지속되었다. 로마법이 그러하였다. 로마법이 지금까지 살아있는 것은 그 내용이 시대의 변화에도 불구하고 변함이 없는 정의로운 윤리와 가치를 내포하고 있기 때문이다.

정의의 문제는 논리의 문제가 아니다. 정의는 인간의 윤리의식, 도덕의식에 속하는 문제이다. 그리고 정의의 문제는 인간의 사고와 행동의 계속성에 속하는 문제이다.[24] 정의는 이를 단순하게 개념정의하면 올바름이다. 事理에 맞는다는 의미이다. 그리고 그러한 올바람은 법에서 실현해야할 최고의 가치이다. 법을 통하여 올바름을 이루고자 하는 것이 바로 정의이다. 따라서 정의

---

20) A. a. O., S. 27.

21) A. a. O., S. 46.

22) Book one, I, 10, pr., Digesta: Justice is a steady and enduring will to render unto everyone his right.

23) Book one, I, 1, pr., Digesta: Ius is derived from iustitia.

24) Nobert Horn, Einführung in die Rechtswissenschaft und Rechtsphilosophie, 5. Aufl.(C.F. Müller, 2011), Rn 401.

는 법에서의 최고의 가치이며 법이 추구해 나가야할 최고의 기본가치이다.

그리고 인간은 윤리적 가치에 따라서 인간의 행동을 결정한다. 그러므로 윤리적 가치는 인간행동의 결정기준이 된다. 정의는 윤리적 가치이기 때문에 결국 인간의 행동은 정의에 따라서 정의에 부합되게 결정하게 된다. 이러한 윤리적 가치인 정의로운 법이 좋은 법이며, 이러한 정의로운 법을 실현하고자 하는 것이 법의 이상이다. 이러한 법의 이상인 정의를 찾아 나가는 법학이 법철학이다. 따라서 법철학 내지 법사상은 좋은 법일 수 있기 위한 기준을 찾는 법학이다.[25] 다시 말하면 정의를 찾아 나가는 법학이 바로 법철학 내지 법사상이다.

그리고 윤리적 가치는 객관적으로 존재한다. 이 세상의 구체적인 개별적 가치로부터 객관적, 일반적인 가치를 귀납적으로 고찰하면 일반적인 객관적 윤리를 도출할 수 있다. 또한 경험에 의해서도 윤리적 가치를 인식할 수 있다. 경험에 의한 윤리적 가치의 확신은 도덕이 형성되는 과정이기도 하다.[26]

오늘날에도 여전히 법의 이상인 정의에 관한 답을 얻고자 하는 학문적 작업이 계속되고 있다. 정의의 문제는 형이상학에서 다루어지고 있다. 그러나 다른 한편으로 형이상학이 오히려 정의의 문제에 대한 답을 구하는 일에 방해가 되기도 한다.[27] 그리고 오늘날의 가치상대주의는 정의에 관하여 명확한 입장을 정리하기를 주저한다.[28] 또한 가치상대주의는 확정적인 윤리적 가치를 부인하며, 객관적인 윤리적 가치의 우열을 인정하지 아니하며, 윤리와 가치는 인간이 살고 있는 문화적인 조건에 따라서 결정될 뿐이라고 한다.[29]

이러한 법에서의 정의는 오랜 역사적 발전속에서 법원칙으로 침전되어 그 내용이 이미 결정되어 실정법에 규정되어 있다. 또한 구체적인 정의의 사례들이 입법자에게 실정법 이전에 이미 제시되어 있다.[30] 또한 오늘날은 사회국가로의 국가의 성격이 변하여 감으로 인하여 주어진 기존의 정의의 법원칙 이외에 새로운 정의의 요청들(Gerechtigkeitsgebote)이 입법에 추가되고 있다. 그리고 헌법재판에서 정의의 사례들이 많이 채용되고 있다.[31] 그리고 법률은 정

25) Grundlagen des Rechts, 2. Aufl. (hrsg, von Julian Krüper, Nomos, 2013), Rn 1.
26) Horn, a. a. O., Rn 407.
27) A. a. O., Rn 403.
28) A. a. O., Rn 403.
29) A. a. O., Rn 413.
30) A. a. O., Rn 417.

의에 부합할 때에 비로소 구속력이 발생한다. 그러나 과거의 법철학에서는 제정법은 그 내용이 비록 불완전하다 하더라도 법적평화와 법적안정을 위하여 그 법률에 복종하여야 한다고 하였다. 그러나 나치의 불법적인 법률로 인한 인류의 폐해를 경험한 후에는 라드부르흐가 만든 라드부르흐의 공식에 따라서 법률이 정의에 반하여 참을 수 없을 정도인 때에는 그러한 법률에 복종할 필요가 없다는 방향으로 정의의 법원칙의 준수가 강화되고 있다.[32] 그러므로 정의에 반하는 법률은 이제 더 이상 법률로 인정될 수 없으며, 불법적인 법률(ungerechtes Gesetz)의 집행은 불법(Unrecht)이 된다.[33]

이와 같은 정의에 대한 접근은 영원한 인식의 과정이다. 키케로, 아우구스티누스, 토마스 폰 아퀸 등의 고전법학자들은 정의는 영구법에서 존재하며, 인간의 이성에 의해 파악된 영구법인 자연법은 정의에 관하여 불완전하게 그리고 부분적으로 알 뿐이라고 하였다.[34] 공리주의하에서는 특정의 개인보다는 다수의 행복을 가져올 수 있는 것이면 정의롭다고 파악하였다. 그러므로 공리주의하에서는 이익형량에 의하여 소수보다는 다수에 有用하면 그것이 곧 정의라고 하였다.[35] 이러한 공리주의는 결국 가치상대주의에 입각하고 있는 것이다.

현실에 있어서는 가치상대주의보다는 가치절대주의에 입각하여 정의의 문제를 해결하여야할 과제들이 적지 아니하다. 바이오윤리(Bioethik), 의료윤리(Medizinethik) 등에서는 가치상대주의에 입각하여 정의를 도출할 수 없으며 가치절대주의의 입장에서 다루어야할 과제들이다.[36]

이와 같이 인간의 도덕적인 행동은 이미 주어진 정의의 윤리가 구속력이 있는 것으로 인정될 때에 비로소 이루어지고 실행된다.[37] 이러한 정의는 입법에서 뿐만이 아니라 법의 해석과 적용에 있어서도 적용될 것이 요청된다. 그리고 오늘날 정의 문제가 논의될 수 있는 대표적인 새로운 법현상으로서, 태

31) A. a. O., Rn 418.
32) A. a. O., Rn 428.
33) A. a. O., Rn 432.
34) A. a. O., Rn 419.
35) A. a. O., Rn 420a.
36) A. a. O., Rn 420c.
37) A. a. O., Rn 422.

아의 보호문제로서 불치병을 갖고 있는 태아를 의사가 잘못 진단하여 그 태아가 태어난 경우에 의사에게 그 아이(소위 원치 않은 아이의 출생(wrongful birth: ungewolltenes Kind))의 부양책임을 인정함이 정의에 합치되는냐가 문제되고 있으며, 유전자 변형 및 난자줄기세포의 조작, 대리모 문제, 버린아이의 친생부모를 알권리의 문제, 자살방조의 허용여부 문제,[38] 동성배우자의 허용문제, 개인이 얻은 소득 중에서 국가와 그 개인이 어느 정도의 비율로 분배하여야 하는 가의 조세정의의 문제,[39] 등이 오늘날의 새로운 정의의 문제로 다루어지고 있다.

2. 정의의 역사적 발전

(1) 서양대륙에서의 정의의 발전

가. 고대에서 근대까지의 정의의 관념

정의가 무엇이냐에 관하여는 역사적으로 그 내용이 변천하여 왔다. 정의의 개념과 정의가 깨어졌을 때에 정의의 회복방법도 시대에 따라서, 그리고 정치 및 사회사상에 따라서 동일하지 않았다.

정의에 관하여 구체적으로 그 의미를 밝힌 역사적인 변천을 살펴보면, 가장 먼저 아리스토텔레스는 정의는 평등이라고 개념지웠다. 그리고 로마법학자 울피아누스는 각자에게 그의 몫을 돌려주고자 하는 항구불변의 의지라고 하였다[40](Justice is a steady and enduring will to render unto everyone his rights). 그리고 현대에 와서 롤스(Rawls)는 정의란 정당화될 수 없는 불평등이 존재하지 않는 공정한 상태라고 하였다.[41]

정의라는 명제는 약자를 지배하고자 하는 강자를 방지하기 위한 목적에 있었다.[42] 약자를 압제하고자 하는 강자를 방지하기 위한 중심된 수단은 바로 약

38) 스위스, 네델란드, 벨지움은 자살방조를 적극적으로 허용하고 있다.
39) 독일에서는 개인이 얻은 소득의 50%는 공공이 취할 부분이며, 나머지 50%는 그 개인에게 귀속되어야 할 부분이라는 반분원칙(Halbteilungsgrundsatz)이 인정되고 있다(Vgl., Horn, a. a. O., Rn 448).
40) D. 1. 1. 10. pr.
41) Grundlagen des Rechts, 2. Aufl. (hrsg, von Julian Krüper, Nomos, 2013), Rn 41.
42) David Johnston, A Brief History of Justice (West Sussex, A. John Wiley & Sons, Ltd., 2011), S. 16.

자를 압제하여 이용하고자 하는 강자에 대한 폭력적인 復讐(violent retribution)가 그 시작이었다.[43] 그리하여 고대의 히브리 문헌에서는 정의는 복수에 의하여 실현된다고 기술하고 있었다.[44] 이와 같은 약자를 위한 정의의 강조에서 정의는 평등의 관념을 내포하고 있었다.[45] 그 결과 고대에는 정의는 평등의 의미로 이해되었다.

그리고 평등으로서의 정의가 깨어졌을 때에는 복수의 방법에 의하여 정의를 회복하고자 하였다. 고대의 탈리오의 법칙은 바로 비례적 복수가 정의를 이루는 방법으로 관념되고 실천된 사례이었다. 서양 사상사에서 평등의 관념 내지 사상이 정의의 개념으로 정립된 것은 아리스토텔레스에 의하여 시작이 되어, 스토아철학에서 더욱 발전되고, 중세의 기독교에서 널리 확산되었다.[46]

그리하여 고대에서는 평등은 대가적 상호성(notion of reciprocity)을 그 내용으로 하고 그러한 평등관계를 정의라고 관념하였다. 그러므로 고대에서의 정의의 개념은 상호주의 내지 상호비례를 그 내용으로 하였다.[47] 따라서 고대에는 균형된 상호관계의 원칙(principle of balanced reciprocity)이 정의의 원칙(principle of justice)으로 관념되었다.[48] 이와 같이 고대로부터 정의가 평등의 관념으로 이해된 것은, 정의의 주된 목적을 인간의 감정과 충동을 인간의 이성과 지혜로 상호비례적으로 규율하여 인간사회의 질서를 세움에 두었기 때문이었다.[49]

그리고 고대의 정의의 또 하나의 명제는 사회계층(society's terrain)의 유지에 있었다. 이와 같이 고대에는 계층적인 사회구조를 받아드리고 이것의 유지가 바로 정의라고 받아드렸다.

따라서 고대에는 인간상호간의 상호비례적 균형된 수평질서의 유지와 인간사회의 수직적인 계층질서의 유지를 정의의 명제로 받아드리고, 이러한 정의관념을 통하여 사회질서를 유지하고자 하였다.

---

43) A. a. O., S. 16.
44) A. a. O., S. 23.
45) A. a. O., S. 24.
46) A. a. O., S. 3.
47) A. a. O., S. 29.
48) A. a. O., S. 31.
49) A. a. O., S. 43.

고대사회도 발전하여 자급자족의 사회에서 상업이 이루어지는 사회로 발전해 나감에 따라서 정의 관념도 변화하여 정의는 상호균형이 깨어지는 세속적인 이익의 추구를 규제하기 위한 관념으로 변화하여 갔다.[50] 그리하여 균형잡힌 상호관계, 평등관계가 정의개념의 주된 내용으로 발전하게 되었다.[51]

플라톤은 세속적인 이익의 질서가 아니라 영혼의 조화로운 질서를 정의로 파악하였다.[52] 또한 그는 차별질서를 정의로 파악하였다. 그리하여 플라톤은 수평질서는 정의의 영역에서 제외하고 수직적인 차별질서를 유지하는 것이 정의라고 하였다.[53] 그 결과 플라톤은 명령과 복종의 관계를 정의로 파악하고, 상호주의적인 교환관계를 정의의 내용으로 포함시키지 않았다.[54]

아리스토텔레스는 정의를 완전정의(complete justice), 즉 일반적 정의(general justice)와 부분적 정의(partial justice), 즉 특별정의(particular justice)로 나누었다. 완전정의는 정치적인 공동체내에서 인간이 자신의 덕과 우수성으로 자신의 행복을 확보하는 것을 의미하였으며, 부분적 정의는 개인이 자신이 받아야할 몫을 받고 자신이 부담하여야할 몫의 부담을 지는 것을 의미하였다.[55] 전자의 정의가 바로 배분적 정의(distributive justice)이며, 후자의 정의가 바로 교환적 내지 矯正的 正義(corrective justice)이다. 그리고 전자의 배분적 정의는 정치적인 공동체 내에서 자기의 기여의 몫에 따라서 보상을 받는 관계를 의미하였으며, 후자의 교환적 내지 교정적 정의는 사적거래[56]에 있어서 상호비례적인 상호보상관계를 의미하였다.[57][58]

---

50) A. a. O., S. 59.
51) A. a. O., S. 60.
52) Elisabeth Gräb−Schmidt, "Gerechtigkeit systematisch−theologisch", in: Gerechtigkeit (hrsg. von Markus Witte, Mohr Siebeck, 2012), S. 129.
53) A. a. O., SS. 60−61.
54) A. a. O., S. 61.
55) A. a. O., S. 64.
56) 사적거래에는 물품거래와 같은 자발적인 거래(voluntary transaction)와 절도, 폭행, 등의 범죄행위와 같은 비자발적인 거래(unvoluntary transaction)가 모두 포함된다(Vgl., a. a. O., S. 72).
57) Johnston, a. a. O., SS. 70−72.
58) 아리스토텔레스는 법과 정의의 관계에 관하여, 법과 정의는 일치하지 않는다고 하였다. 법이 완전히 정의로운 것이 아니라, 현명하고 조심스럽게 그리고 주의깊게 만들어졌을 뿐이며, 따라서 법은 정의의 불완전 표현에 불과하다고 하였다. 법과 정의가 부합하려면 모든 사람이 자유롭고 평등하여야 한다고 하였다. 이러한 조건하에서만 법과 정의는 일치할 수 있다고 하였다(Vgl., a. a. O., SS. 81−82).

이와 같이 플라톤과 아리스토텔레스의 정의의 관념은 동일하지 아니하였다. 그들이 상정한 정치적 공동체는 그리스의 도시국가(polis)로서 동일하였지만, 플라톤은 정치적 공동체인 도시국가에서의 명령과 복종으로 이루어지는 수직적인 계층질서의 유지를 정의로 파악하였으며 수평적인 거래관계는 정의의 문제로 다루지 아니하였으며, 아리스토텔레스는 정치적인 공동체 내에서의 기여와 기여에 대한 수직적인 보상관계와 개인상호간의 수평적인 거래관계를 구별하여, 전자는 배분적 정의로 후자는 교환적 내지 교정적 정의로 다루었다.

플라톤과 아리스토텔레스의 정의론은 그리스의 도시국가라는 제한된 지역에서의 정의론이었다. 정의론을 세계화한 학파는 스토아철학이었다.[59] 그리고 스토아철학은 정의를 넘어 사랑을 강조하였다. 그러한 스토아철학에서의 사랑의 강조는 로마의 키케로에 와서는 사해동포주의로 더욱 확장되었다.[60] 그리하여 키케로는 정의는 자연적인 것이며, 또한 정의는 세계적인 것이며, 보편적인 것이라고 하였다.[61][62]

이처럼 스토아철학에서의 정의는 로마제국에 와서는 정의의 세계화가 이루어지고 다시 로마제국에서의 정의의 관념은 기독교 교리와 신학과 교회법을 통하여 정의의 관념이 더욱 확장되고 전수되었으며, 근대에 와서는 정의가 인류보편의 가치로서 정착하게 되었다.[63]

다. 칸트의 정의론

칸트는 모든 인간은 평등한 가치를 갖고 있다고 전재하였다. 그리하여 칸트는 개인을 인격적 존재로서의 가치를 높이 인정하였으며, 개인의 자유존재로서의 가치도 높이 인정하였다. 그리고 칸트는 인간의 행복과 쾌락의 증진을 정의관념의 기초로 삼은 공리주의(Utilitarismus)를 거절하였다.[64] 칸트는 인간은 자유롭고, 합리적이며, 스스로 책임을 지는 존재로 인정하였다. 그리하여

---

59) Johnston, a. a. O., S. 93.
60) A. a. O., S. 94.
61) A. a. O., S. 95.
62) 로마제국에서는 정의와 사해동포주의를 강조한 스토아철학의 영향에 의하여 로마법은 세계적, 보편적인 법으로 발전하게 되었으며, 이러한 세계적이고 보편적인 로마법은 비잔틴 시대에 와서 성문법인 학설휘찬(Digesta: Pandektae)으로 편찬이 되었다.
63) Johnston, a. a. O., S. 98.
64) A. a. O., S. 142.

칸트에게 있어서의 정의와 도덕성에 관한 사고는 인간은 자유롭고, 합리적이며 책임성이 있는 존재라는 가정을 기본전제로 하고 있다.[65] 특히 칸트는 정의와 도덕성의 기초는 인간의 행복(happiness)이라기 보다는 자유(freedom)라고 하였다.[66]

그리고 칸트는 인간에게 있어서 인식은 외부의 현상세계의 인식(phenomental knowledge)과 현상세계의 원인이 되는 사물의 본질세계에 대한 인식(monumental knowledge)으로 나누고, 인간이 인식할 수 있는 것은 현상세계의 인식뿐이며, 본질세계에 대해서는 인간이 인식할 수 없고 선험적으로(a priori) 존재한다고 인정하는 것이지 인간이 인식할 수는 없다고 한다고 하였다.[67] 그러나 인간이 인식할 수는 없지만 선험적인 본질세계의 존재는 인정되어야 한다고 한다. 왜냐하면 선험적인 본질세계는 현실세계에서는 구할 수 없으나 인간이 현실세계에서 행동을 함에 표상으로 삼아야할 것이기 때문이다. 그러한 선험적인 인간행동의 표상으로 칸트는 인간의 의사의 자유(freedom of the will), 영혼의 不滅性(immortality of the soul), 그리고 신의 존재(existence of God)라고 하였다. 이 세 가지의 선험적인 존재 중에서 의사의 자유가 칸트의 정의론의 중심이 되어 있다.[68] 칸트에게 있어서는 인간이 갖고는 있으나 입증할 수도 없고 확정적으로 인식할 수도 없는 것이 바로 자유의지 내지 자유의사(free will)이었다.[69] 그리고 칸트는 인간이 자유로와야 인간이 도덕적 의식을 가질 수 있다고 하였다.[70]

칸트는 자유는 어떠한 법에도 구속되지 아니하며, 오로지 자기 자신과 다른 사람과의 관계에서만 구속을 받을 수 있다고 하였다. 칸트에게 있어서 자유는 자기 행동에 대하여 아무런 제약이 없다는 것이 아니라 다른 사람의 자의적인 의사에 의하여 부과된 구속으로부터 독립해 있다는 것이다.[71]

그리고 칸트는 인간은 자유의 존재이며 또한 인간은 평등한 절대적인 가

65) A. a. O., S. 142.
66) A. a. O., S. 146.
67) A. a. O., SS. 147－148.
68) A. a. O., SS. 148－149.
69) A. a. O., S. 148.
70) A. a. O., S. 148.
71) A. a. O., S. 150.

치를 갖고 있는 존재라고 하였다. 그러므로 칸트에게 있어서 모든 인간은 평등하다. 이와 같이 칸트도 상호비례적 대가성(reciprocity)을 정의의 근본으로 관념하였다.[72] 이와 같이 세속의 정의는 대가성과 상호성을 특징적 내용으로 하는 것으로 이해된다.[73]

그리고 칸트는 자유를 지키기 위하여 처벌을 하는 것이 정당하며, 처벌을 함에도 균형된 상호성의 원칙이 지켜져야 한다고 하였다. 또한 칸트는 국가의 입법권에 대한 저항은 정의에 절대적으로 반한다고 하였다. 정의의 문제로서 사람의 국가에의 예속은 주권자에 대한 절대적인 복종을 의미한다고 하였다. 왜냐하면 국가없이는 정의가 있을 수 없으며, 국가에 대한 반역이나 분리 또는 저항은 정의에 대한 위협이 되기 때문이라고 하였다.[74]

이와 같이 칸트에게 있어서의 정의론은 자유의 법이었으며, 그의 자유의 법은 그의 정언명령(categorical imperative)으로 표현되고 있다. 즉, 네 의지의 格率(즉, 의사)이 언제나 동시에 보편적인 법의 원리가 될 수 있도록 행위하고, 너 자신과 다른 모든 사람을 인격적으로, 동시에 언제나 목적으로 대우하도록 행위하라는 것이었다.

이렇게 각 개인이 정언명령에 따라서 행동함으로써 칸트는 정의사회(just society)를 이루고자 하였다. 정의사회는 자유롭고 평등한 시민들이, 물질적인 그들의 행복의 증진을 위해서가 아니라, 상호존중과 상호비례적인 대가성의 사회관계를 유지하고자 함에 주된 목적을 두었다.[75] 칸트이전에는 정의를 균형적인 상호대가적인 관계로만 이해하였으나, 칸트에 이르러서는 인간의 자유의사에 의한 상호비례적인 대가관계로 발전하여, 종래까지의 평등을 강조한 정의관념에 인간의 자유의사에 의한 비례적인 상호대가관계로 정의의 관념이 발전적으로 변화하게 되었다.

---

72) A. a. O., S. 153.

73) 이에 반하여 기독교에서의 정의는 대가성이 요구되지 아니하고 일방적인 施惠에 있다. 산상설교, 복음서에서의 말씀에서 기독교의 정의관념이 강하게 나타난다. 이는 상호비례적인 대가성을 요하는 세속적인 정의관념과는 서로 다르다(Vgl., a. a. O., S. 153).

74) Johnston, a. a. O., S. 161.

75) A. a. O., S. 166.

(2) 영미에서의 정의의 관념

가. 공리주의의 정의론

영미에서의 정의의 기초는 공리주의에 터잡아 발전하였다. 공리주의(utilitarism)는 인간사회는 인간행동(hunman actions)의 산물이며, 인간행동은 인간사회를 인위적인 인간의 설계(human design)에 의하여 개선해 나간다는 사상을 바탕으로 하고 있으며, 사소유가 시민사회의 기초라고 이해하며, 사소유제도의 대한 존중이 시민사회의 원칙적이고 특징적인 미덕이라고 하는 사상이다.[76] 그리고 공리주의는 인간의 체계적인 설계에 의하여 사회가 구성되고 인간의 복지를 증진시킬 수 있다고 주장하였다.[77] 그리고 공공의 유익(public untility)이 정의의 유일한 근원이라고 하였다.[78] 그리고 정의는 사소유를 존중하는데 있다고 하였다.

이와 같이 공리주의에서 인간이 서로 결합하여 시민사회를 이루는 근본목적은 인간이 행복을 누릴 수 있는 평화와 재화를 확보함에 있다고 하였다.[79] 그리고 공리주의에서는 인간의 사소유를 강화하고 그것이 결국 사회의 부, 즉 공공의 유익을 창조할 수 있도록 하기 위하여 정부(government)가 필요하다고 하였다.[80]

이처럼 공리주의에서는 인간행동의 動因은 인간이 쾌락을 찾고 고통을 피하기 위함에 있다고 보며, 법은 인간으로 구성되는 사회의 협력구조속에서 인간의 쾌락의 증대를 위한 전제조건인 체계 내지 구조라고 하였다.[81] 그것은 결국 법의 목적은 최대다수의 최대행복에 있다고 하였다. 아담 스미스(Adam Smith: 1723－1790)가 분업을 주장한 것도 상품을 보다 많이 생산하여 최대다수의 인간의 최대행복을 달성하고자 함에 있었다.[82]

그리고 공리주의에서는 최대다수의 최대행복이 정의라고 하였다. 그리하

---

76) A. a. a. S. 118.
77) A. a. O., S. 120.
78) A. a. O., S. 125.
79) A. a. O., S. 125.
80) A. a. O., S. 126.
81) A. a. O., S. 135.
82) A. a. O., S. 136.

여 공리주의에서는 서양대륙에서의 정의개념과는 달리 상호 주고 받는 대가적인 상호관계(reciprocity)를 정의의 요소에서 배제하였다.[83] 따라서 영미의 공리주의에서는 보다 많은 다수의 행복의 증대가 정의라고 하였다. 그 결과 공리주의에서는 최대다수의 최대행복(the greatest happiness of the greatest number)이 정의라는 공식을 수립하였다. 따라서 보다 많은 사람의 행복을 위한 것이면 정의로운 것이라는 관념이 영미에서는 널리 받아들여지게 되었다.

나. 롤스의 정의론

롤스는 20세기에 정의, 특히 사회적 정의(social justice)에 관하여 위대한 업적을 남긴 철학자이다. 그는 정의를 공정성(fairness)이라고 하였다.[84] 그는 정의를 유용성(utility)으로 이해한 공리주의에 대하여 공리주의는 너무 행복만을 추구한 너무 일원적인 개념이라고 비판을 하였다.[85] 인간은 행복만을 추구하는 것이라 아니라 다양한 이익과 목적을 추구한다고 비판하고, 정의의 관념에 관하여는 행복보다는 칸트가 주장한 자유가 더 중심이 되어야 한다고 하였다.[86] 그리하여 롤스는 공리주는 다원화 사회에는 적절치 못하다고 비판하였다.[87] 다원화 사회에서는 인간은 자유롭게 다양한 이익과 목적을 추구할 수 있어야 한다고 하였다. 그리하여 롤스의 정의론은 결과의 공정보다는 절차의 공정을 강조한 절차적 정의론이다. 그러므로 공정을 정의로 이해하는 롤스의 정의론은 복지국가의 분배체계의 확립에 새로운 지평을 열었다고 평가되고 있다.

이와 같이 공정성을 정의로 파악한 롤스의 정의론의 출발은 1960년대 미국의 린든 B 존슨 대통령(1908－1973)의 시대에 흑인들에 의한 인권운동이 강하게 일어나 흑인들의 기회의 균등(Chancengleichheit)의 요구가 일어나고, 이러한 사회변화에 대응하여 존슨 대통령이 미국사회의 발전발향의 슬로건으로 위대한 사회(great society)의 건설을 주창함과 궤를 같이 하여 주장되었다.[88]

---

83) A. a. O., S. 138.
84) Johnston, a. a. O., S. 196.
85) A. a. O., S. 197.
86) A. a. O., S. 197.
87) A. a. O., S. 198.
88) Bernd Ladwig, Gerechtigkeitstheorien zur Einführung (Hamburg, Junius, 2011), S. 131.

그리하여 롤스는 정의로운 사회는 모든 시민의 자유권에 우선권을 주고, 모든 시민이 공정한 기회의 균등을 갖는 조건하에서 그 자유권을 행사할 수 있는 사회라고 생각하였다.[89] 그러한 기회의 공정하에서의 자유권의 행사를 가능케 하기 위해서는 도움이 필요한 시민, 특히 흑인에게는 지원조치(affirmative action: Förderungsmaßnahme)를 취하여야 출발기회의 균등이 보장될 수 있다고 생각하였다.[90] 그리하여 롤스는 정의론에서 결과의 공정을 강조하기 보다는 절차의 정의, 즉 출발의 평등을 강조하였다.[91]

그리고 롤스는 관행(practice)의 정당성과 관행내에서의 행동(actions)의 정당성을 구별하고, 관행의 정당성은 최대행복에 의하여 정당화될 수 있지만, 행동은 직접적으로 최대의 행복에 의해서가 아니라 관행을 규율하는 규칙(rules)에 의하여 정당화될 수 있다고 하였다.[92] 그는 관행을 규율하는 규칙은 최대행복이 아니라 재분배적 규칙(redistributive rules)이라고 하였다.[93]

롤스의 정의론은 사인간의 관계보다는 사회구조에 관심을 둔 정의론이다. 그리하여 그는 사회정의론을 전개하였으며, 사회정의는 사회의 기본적인 구조(society's basic structure)를 주제로 한 정의론이다. 롤스는 사회적인 기본구조를 헌법, 경제구조, 사회제도 등을 포괄하는 사회질서로 이해하였다. 롤스의 주된 관심은 이러한 사회구조를 이루는 관행 내지 제도가 그 사회의 구성원들로 하여금 개인적으로는 물론 다른 사람들과 비교적으로도 얼마나 잘 살 수 있도록 할 수 있는가에 두었다. 그리하여 롤스는 인간이 개인적으로는 물론 다른 사람과의 비교에 의해서 잘 살 수 있도록 하는 것은 자유롭고 평등한 사람들간에 사회적 협력이 이루어질 수 있도록 공정한 시스템 내지 체제(fair system)이라고 파악하였다. 그리하여 그는 사회의 이상은 바로 사회구성원간의 사회협력이 가능할 수 있는 공정한 시스템이라고 하였다.[94] 따라서 롤스의 정의론은 그가 추구한 이상사회인 자유롭고 평등한 사람들간의 사회협력이 이루어질 수 있는 공정한 체제의 공정사회를 위한 공정(fairness)이 중심내용을 이루고

89) A. a. O., S. 131.
90) A. a. O., S. 131.
91) A. a. O., S. 132.
92) Johnston, a. a. O., S. 199.
93) A. a. O., S. 199.
94) A. a. O., S. 206.

있다.

사회적 협력이 이루어질 수 있는 공정을 정의로 파악한 롤스의 정의론에서는, 공정의 전제로서, 모든 사람은 자유의 존재이며, 다른 사람의 자유와 조화를 이룰 수 있는 자신이 자유로운 계획을 실행할 수 있는 평등한 권리를 가지며, 사회적 및 경제적인 불평등은 모든 사람에게 기회의 균등을 보장하고 사회에서 혜택을 받지 못한 사람에 대해서는 최대한의 이익(greatest benefit)을 줌으로써 시정되어야 한다고 하였다.[95] 그러므로 롤스의 정의론은 모든 사람에 대하여 공정한 기회의 균등(faire Chancengleichheit)을 보장함에 두고 있다고 할 수 있다.[96]

이와 같이 롤스는 정의를 공정으로 파악하고, 공정을 이루기 위한 전제로서 인간의 자유와 평등이 보장되고, 모든 인간에게 공정한 기회가 주어져야 하며 약자에게는 최대한 편익이 제공되어야 한다고 하였다.[97] 롤스는 이러한 상태 즉, 인간의 자유와 평등의 보장, 기회의 균등제공, 약자에 대한 최대한의 지원이 바로 바로 공정이고 또한 정의로 개념정의하였다. 이와 같이 롤스는 정의를 공정이라고 하였다.

이러한 공정을 이루기 위한 수단 중에서 가장 중요한 수단은 교육이라고 하였다.[98] 그리고 롤스는 정의의 주된 과제를 공리주의에서와 같이 최종결과에 두지 아니하고 시작점인 기회의 공정에 두었다.[99] 이는 결과로서 얻은 이익의 최대에 두지 아니하고, 얻을 것으로 기대되는 이익의 최대를 강조하는 공리주의적 사고라고도 할 수 있다. 따라서 롤스가 추구한 이상사회는 공정한 자유사회로서, 공정한 자유사회는 정치적 자유주의와 정의를 핵심적인 가치로 하는 사회였다.[100]

이와 같은 롤스의 정의를 공정으로 파악한 그의 정의론에 대해서는 롤스의 정의론은 법치국가적 민주주의가 확립된 나라에서나 실현가능한 이론이라

95) A. a. O., S. 213.
96) Höffe, a. a. O., S. 67.
97) Johnston, a. a. O., S. 215.
98) A. a. O., S. 215.
99) A. a. O., S. 217.
100) A. a. O., S. 421.

는 비판이 제기되고 있다.[101][102] 그리고 롤스의 정의론에 따른 정의로운 질서를 이루기 위해서는 시민의 자기책임이 아닌 사유로 불이익을 받지 않아야 한다는 것과, 시민의 자유로운 결정과 자기 결정에 의한 행동의 결과에 대해서는 스스로 책임을 부담하여야 함을 강하게 주장하고 있다.[103]

3. 정의의 분류

정의의 분류에 관하여는 아리스토텔레스가 최초로 정의를 일반적 정의(allgemeine Gerechtigkeit)와 특별정의(besondere Gerechtigkeit)로 구분하고 특별정의를 다시 배분적 정의(iustitia distributiva, Verteilungsgerechtigkeit, verteilende Gerechtigkeit)와 교환적 정의(iustitia commutativa, Tauschengerechtigkeit, Ausgleichende Gerechtigkeit)의 2가지로 분류하였다.[104] 일반적 정의는 덕(Tugend)을 의미하는 것으로 파악하였으며, 플라톤도 역시 정의를 인간 각자는 스스로의 위치를 지키는 덕으로 파악하였다.[105]

아리스토텔레스가 분류한 특별정의로서의 이러한 2가지로의 정의의 분류는 오늘날에도 지켜지고 있지만, 좀 더 정의의 유형을 세분화하여 분류하는 방향으로 발전되고 있다. 배분적 정의는 인간가치의 차별성에 바탕을 둔 평등을 의미하며, 공동체 내에서 공동체와 구성원간의 관계에서 공동체구성원의 공동체에 대한 차별성에 기한 권리와 의무의 분담을 그 내용으로 한다. 그러므로 정치적 권리와 복리사항에 있어서의 공정이 이 배분적 정의에 속하며, 이러한 배분적 정의의 실현은 입법자의 의무이다. 한편으로 교환적 정의는 인간이라는 존재의 등가성에 바탕을 둔 평등으로서 보상의 공정을 내용으로 하며, 개인간의 거래나 위법행위에 대한 형벌 또는 손해배상에 있어서 적용된다.[106]

---

101) Bernd Ladwig, Gerechtigkeitstheorien zur Einführung (Hamburg, Junius, 2011), S. 180.
102) 롤스의 정의론은 정치적 자유의 공정한 가치 보장을 위해서 소유권을 가진 자에 대해서는 널리 세금 부과를 하고, 상속에 대해서는 강한 제한을 가하여야 한다는 주장의 정당성을 뒷받침하고 있다(Vgl., a. a. O., S. 180).
103) A. a. O., S. 187.
104) A. a. O., SS. 59ff..
105) A. a. O., S. 60.

이러한 두 가지의 유형으로의 정의의 분류를 좀 더 확대하여, 정의의 유형을 교환적 정의(Tauschgerechtigkeit), 기여적 정의(iustitia legalis, Beitragsgerechtigkeit), 배분적 정의(Verteilungsgerechtigkeit)와 교정적 정의(iustitia correctiva, Korrekturgerechtigkeit)의 4가지로 분류하기도 한다. 교환적 정의는 私人간의 대가적인 상호관계성을 내용으로 하며 개인윤리의 영역에 속하고 정확히는 법윤리의 영역에는 속하지 않는다는 견해도 있다.[107] 그 외의 나머지 유형의 정의는 법윤리의 영역에 속하며, 공동체와 그 구성원간의 관계에 대한 정의이다. 기여적 정의는 정치공동체에서 법률의 준수, 구성원의 공동체에 대한 기여과 부담의 분담의 공정을 내용으로 하는 정의이며, 배분적 정의는 각자에게 그의 것을 주는 것, 내지 각자가 자기의 몫을 갖는 것을 내용하는 정의이다. 그리고 교정적 정의는 교환적 정의가 깨어졌을 때에 교환적 정의의 회복을 내용으로 하는 정의이다.[108] 이와 같이 4가지의 유형으로 분류하는 정의의 유형도 결국 아리스토텔레스가 분류한 2가지의 정의의 유형으로 분류될 수 있는 것이다. 그리하여 기여적 정의 및 배분적 정의는 아리스토텔레스가 분류한 배분적 정의에 속하며, 교환적 정의와 교정적 정의는 교환적 정의에 속하는 것으로 분류할 수 있다.[109]

그 외에도 기회의 평등보장을 평균적 정의로 결과의 평등보장을 배분적 정의로 나누는 하는 경우가 있기도 하지만, 근본적으로 정의의 유형은 교환적 정의와 배분적 정의로 나누는 것이 가장 일반적이라고 할 수 있다. 그러므로 개인과 개인과의 수평적 관계와 개인과 공동체간의 수직적 관계에 따라서 정의를 분류할 수도 있지만, 정의의 내용에 따라서 대가적인 상호균등관계의 유지를 교환적 정의로, 그리고 이익이나 부담의 상호비례적 관계의 유지를 배분적 정의로 분류함이 적절할 것으로 생각된다.

이와 같이 여러 유형의 정의는 그 공통적인 정의의 특성(Eigenschaft der

106) 사회주의국가에서는 노동에 상응하는 보상을 교환적 정의의 문제로 다루지 아니하고, 배분적 정의로 다룬다. 그러므로 정의 개념과 유형의 분류도 시대와 사상에 따라서 달라진다.

107) Dietmar von der Pfordten, Rechtsethik, 2. Aufl.(Beck, 2011), S. 224.

108) A. a. O., SS. 219－222.

109) 특히 교정적 정의(iustitia correctiva)에 교환적 정의(iustitia commutativa)가 포함되는 것으로 유형화하기도 한다(Vgl., a. a. O., S. 223).

Gerechtigkeit)으로 다음의 4가지의 제약이 있는 규범적 윤리임을 알 수 있다. 첫째로 정의는 가치평가(Wertung)이며 규범화(Normierung)가 아니며, 둘째로 정의는 단순히 선량한 삶(gutes Leben), 감정적인 사랑(Ethos)을 내용으로 하지 아니하며, 셋째로 정의는 자신에 대한 의무를 내용으로 하지 아니하며, 넷째로 정의는 과도한 행동(überpflichtsgemäße Handlung)을 내용으로 하지 아니한다.[110] 이러한 정의의 제약에 비추어 보면, 정의의 개념은 자기 자신에 대한 개인윤리적인 관계(individualethische Verhältnis)에서는 특별한 意義가 없음을 알 수 있다.[111] 그러므로 정의는 자기 이외의 사람 또는 공동체와의 관계에서의 문제임을 알 수 있다.

4. 자연법의 중심내용으로서의 정의

자연법의 핵심내용은 정의이다. 자연법의 핵심내용은 각자의 그것을 주고, 누구에게도 불법을 행하지 말라는 것이다.[112] 그러한 자연법의 내용은 바로 정의의 내용이기도 하다. 따라서 정의는 자연법의 핵심적인 내용이며, 법의 궁극적인 발전방향은 자연법이며, 따라서 법발전의 방향은 정의의 실현으로의 발전이다.

역사적으로 정의는 각자에게 그의 것을 주는 것이다. 각자가 가져할 부분을 갖는 것이 정의이다. 그러한 정의가 사회공동체 내에서 각자에게 그의 것을 주는 것을 사회적 정의라 한다. 따라서 코잉은, 사회적 정의는 사회내에서 그 사회에서 각자에게 주어져야 할 것을 주는 것으로서, 구체적으로는 양심의 자유, 육체적 존재의 보호와 삶의 물질적 기초로서의 소유, 인격의 전개를 위한 자유, 생존을 위한 최소한 소득의 보장, 궁핍으로부터의 자유, 인격자로서의 인간의 인정 및 이것들로부터 직접적으로 도출되는 기본권 모두를 포괄한다고 하였다.[113] 그러므로 코잉에게 있어서 사회적 정의는 기본권의 보장

110) Dietmar von der Pfordten, a. a. O., SS. 217－218.
111) A. a. O., S. 218.
112) Klaus Ritter, Zur Frage nach den materialen Prinzipien der Gerechtigkeit: Untersuchungen über die Bedeutung und Möglichkeit einer gegenwärtigen Naturrechts－renaissance (Marburg, 1951), S. 36.
113) A. a. O., S. 88.

이며, 그러한 기본권의 보장이 정의라고 하였다. 그리고 정의는 불변이지만, 정의의 내용은 시대에 따라서 변화를 하고, 보충되고 확대된다고 하였다. 그러므로 각자에게 그의 것을 주는 정의에는 변함이 없다. 그러나 각자에 주어야할 내용인 정의의 내용은 시대와 사상에 따라서 달라질 수 있는 것으로 이해된다.

인간이 윤리적, 도덕적 행동을 하기 위해서는 가치의식(Wertbewußtsein)이 전제되어야 한다. 가치가 전제되어야 윤리적인 행동을 할 수 있는 것이다. 그러므로 가치는 인간사회에 필수적인 것이다. 그 가치는 선험적인 가치도 있고 후천적인 가치도 있다. 현상에서 주어진 가치도 있고, 定言命令으로 주어진 가치도 있다. 주관적 가치도 있고 객관적 가치도 있다. 가치가 현실에 이루어지고 현실속에서 가치가 도출되기도 한다. 이러한 다양한 형태의 가치의 핵심은 정의이다.

이러한 인간의 가치의식 내지 가치인식은, 인간이 완전한 존재가 아니라 한계를 지닌 존재이기 때문에 한계가 있다. 인간이 인식한 가치는 절대적으로 확실하지도 절대적으로 의심이 되는 것도 아니다. 그러므로 인간의 인식은 가정적 확실성에 기초하고 있다. 따라서 인간의 인식은 유동적인 성격(schwebender Charakter)을 지니고 있다. 그러므로 신앙, 즉 믿음이 인간 인식의 구성적 요소(konstitutives Element)를 이루어야 한다. 따라서 인간은 절대자인 신의 가르침에 대한 믿음을 가지고 자신의 가치의식을 길러야 하며, 정의에 대한 의식을 확고히 해 나가야 한다. 이는 바로 가치상대주의가 아닌 가치절대주의에 입각한 가치의식의 방식이다.

5. 사회적 정의(social justice)

사회적 정의의 개념은 19세기에 생성되었다. 그것은 과학기술의 발전의 결과로 일어난 산업혁명에 의하여 노동자들의 삶이 피폐해진 상태를 해결하고 극복하기 위한 이념으로 주장되었다. 자유주의와 개인주의에 바탕을 둔 근대민법하에서 노동자들은 형식적으로는 자유와 평등이 인정되었으나 실질적으로는 복종의 자유밖에 없었으며, 노동자들의 삶의 상태가 극히 열악한 상태에 빠졌다. 그러한 상태를 극복하여 노동자들의 실질적인 자유의 평등을 이룩하기 위한 이념으로 주장된 것이 바로 사회적 정의였다. 그리고 프랑스 혁명에 의하여 사회구조의 대변혁도 사회적 정의의 문제를 제기하였다.

이러한 사회의 변화에 따라서 생성된 사회적 정의는 국가구성원들의 권리의 특권 및 부담과 고통의 공정한 배분을 가능케 할 수 있는 이념으로서 주장되었다.[114] 이러한 사회적 정의는 모든 시민들에게 재화의 배분을 합리적으로 할 수 있도록 하여야할 사회적 필요성에 의하여 제기되었다. 다시 말하면 각 시민에게 그들에게 필요로 하는 물질적인 재화를 충족시킬 수 있는 이념이 바로 사회적 정의의 요청이었다.[115]

울피아누스가 정의를 각자에게 그의 몫을 나누어주는 항구불변의 의지라고 개념정의한 것에 비추어 사회적 정의를 개념정의하면, 사회 내지 국가 내에서 구성원 내지 국민으로서의 각 구성원에게 사회 내지 국가 내에서 누려야 할 그의 몫을 나누어주는 것이 사회적 정의이다. 그리하여 사회적 정의의 내용으로서 인간이 누려할 자기의 몫들은 바로 각 국민들이 보장받아야할 기본권이다.

따라서 사회적 정의의 구체적인 내용은 인간의 자유와 평등의 보장과 불가침성, 각종의 자유권 및 사회권적 기본권의 보장, 사소유의 인정과 사유재산의 보호, 그리고 국민들의 기본적인 의무들이다. 사회적 정의를 좀 더 설명하면, 사회적 정의는 인간의 최소한의 생존보장, 평등의 실현, 안전의 보장 그리고 복지의 향상을 그 과제로 하고 있다고 할 수 있다.[116] 그리고 사회정의 궁극은 인권(Menschenrechte)의 보장과 실현에 있다고 할 수 있다.[117]

---

114) Johnston, a. a. O., S. 174.

115) 칼 맑스는 필요의 원칙에 기한 사회적 정의에 관한 영향력있는 대변자이었지만, 맑스의 사회적 정의론은 인간 개인의 인격의 존중과 인간다운 삶을 위한 정의론이 아니라, 단체주의 내지 집단주의에 의하여 개인보다는 단체 내지 집단을 중시한 정의론으로서 인간 개인의 인격의 존중과 인간적인 삶을 위한 사회정의론으로는 인정될 수 없다(Vgl., a. a. O., S. 187).

116) Höffe, a. a. O., SS. 88－89.

117) A. a. O., S. 112.

6. 정의와 사소유와의 관계

정의는 상호성이 있는 평등과 자유와 공정이다. 그러므로 정의를 구성하는 요소는 평등, 자유, 공정이다. 그러면 자유와 소유와는 관계를 어떻게 정립하여야할까? 왜냐하면 인간에게 평등과 자유와 공정이 주어진다 하더라도 그러한 평등과 자유와 공정을 실현할 수 있는 재산이 없다면 공허할 수밖에 없기 때문이다.

그러면 소유도 정의의 내용으로 파악해야할까? 정의는 관계의 문제를 대상으로 하기 때문에, 소유재산의 분배와 교환은 정의의 규율을 받는 대상이 된다. 그러나 생산수단에 대한 私所有(Privateigentum)를 인정할 것인가 아니면 사소유를 부정할 것인가의 문제는 정의의 대상으로 삼기는 곤란하다. 사소유의 인정이 정의이냐, 사소유의 부정이 정의이냐의 문제는 정의론에서 논할 문제가 아니라고 생각된다. 정의는 상대방과의 관계를 대상으로 하는 것이지 상대방을 고려하지 아니하는 사소유의 인정여부가 정의의 대상이 될 수는 없기 때문이다.

생산수단에 대한 사소유의 인정은 인간이 인간답게 자신의 인격을 자유롭게 전개할 수 있는 재산적 기초이다.[118] 사소유의 부정은 평등을 이룰 수는 있을 것이나 인격의 자유를 제약하는 요인이 된다. 그리고 자유권은 종래의 방어적 소극적인 자유에서 자기의 이성에 기하여 행동하는 적극적인 자유[119]로 그 성격이 전환된 오늘날의 사회사정에 의하면 사소유의 부정은 정의의 내용인 자유의 실현을 어렵게 하는 소유제도이다. 그리하여 사소유의 인정이 전제되어야 정의와 함께 인간의 행복과 사회의 평화를 이룩할 수 있다고 이해된다.

이와 같이 사소유는 정의의 구성요소로 파악할 것이 아니라, 정의와 同位에 있는 재산제도의 원칙이며, 정의와 사소유와 이웃사랑의 정신이 결합되어야 인류의 최고이상인 인간의 행복과 사회의 평화를 이룩할 수 있다고 이해된다.

118) Jürgen Baur, Rolf Stürner, Sachenrecht, 18. Aufl.(Beck, 2009), S. V.

119) 적극적 자유의 구체적인 사례로서는 공동결정권, 선거권, 의사의 자유, 신문의 자유 등을 들 수 있다.

그리고 자연법은 반드시 사소유의 인정을 요청하지 않는다. 자연법론자들 중에는 록크, 칸트는 사소유를 주장하였으나 룻소, 홉스 등은 사소유의 인정에 부정적인 입장에 있었다. 따라서 자연법론에서도 생산수단에 대한 사소유를 인정할 것인가 인정하지 아니할 것인가는 자연법의 본질적인 내용은 아니다. 그러나 사소유의 인정이 자연법론이 추구하는 인류보편의 가치의 실현에 더 효과적이라고 할 수 있다.

7. 정의의 실현

정의를 개념정의하기란 극히 어렵다. 정의의 개념은 시대의 변화에 따라서 상호대가성을 내용으로 하는 平等으로 이해되다가, 평등에 自由가 더 보태어지고, 그리고 公正이 더 보태어져, 오늘날은 대체적으로 정의는 평등과 자유와 공정을 그 구성요소로 하는 법의 이념으로 파악된다. 이러한 정의는 법정책의 기능을 담당하며, 또한 법해석의 기준으로서도 기능한다. 그리고 정의의 문제는 법철학에서 다루는 중요한 과제이지만, 지금은 법윤리학에서 다루어지는 중요과제로 발전하고 있다.

정의가 법학에서 법의 이념으로만 다루어지는 과제는 아니며, 사회정의(social justice), 세계정의(global justice)의 내용으로의 정의 문제는 법학이외의 정치, 사회, 경제 등의 영역에서도 다루어지는 중요한 과제이다. 이렇게 정의의 문제를 다루는 근본적인 이유는 정의가 실현되는 사회가 되어야 인류의 최고 이상인 인간의 행복과 사회의 평화를 이룩할 수 있기 때문이다. 인간의 행복과 사회의 평화는 법학에서만 추구되는 이상이 아니라 모든 사회과학의 영역에서 이루어야할 이상이다. 따라서 법에서의 이상은 정의이다. 다시 말하면 법이란 그 내용이 인류보편의 가치를 담아서 이를 실현하는 것을 그 使命으로 한다. 정의는 바로 인류보편의 가치를 그 내용으로 하며, 그 인류보편의 가치를 실현하고자 하는 사회윤리이기도 하다. 따라서 정의가 그 내용으로 담고 있는 인류보편의 가치의 핵심은 평등과 자유와 공정이다. 다시 말하면 평등과 자유와 공정이 조화롭게 이루어지는 그 상태가 바로 정의이다.

이와 같이 정의는 가치이며, 가치는 증식하고 증대되어야 한다. 정의의 가치도 증식되고 확대되고 증대되어야 한다. 또한 정의의 가치는 계속적으로 새롭게 더 창조되어 나가야 한다. 정의가 과거의 정의의 범주로 머물러 있을 것이 아니라, 새롭게 지속적으로 창조되어야 한다. 따라서 정의의 내용이 더욱 확대되고 성장하여 정의의 증식활동이 계속되어야 한다.

정의는 의무지워진 德이며, 자연법에서의 인류보편의 가치를 포괄하는 가치이다. 따라서 자연법이 추구하여야할 이상적인 법은 정의를 지향하는 법이어야 한다. 그리고 오늘날의 다원화 사회에서의 정의는 평등, 자유, 공정이외에 상호인정과 상호존중을 내용으로 하는 관용(Toleranz)이 요구된다.[120] 그리고 사회적 정의는 사회공동체 내에서 각자에게 그의 몫을 나누어 주는 의지로서, 이러한 사회적 정의가 법에서는 기본권의 보장으로 가장 잘 나타나고 실현되고 있다.

정의는 평등과 자유와 공정을 그 내용으로 하여 동질성이 인정되는 공동체 내지 사회에서는 이러한 정의의 실현이 보장되고 구체적으로 실현되어 나가고 있지만, 전지구적 차원에서는 이러한 정의는 실현되어 나가지 못하고 있다고 할 수 있다. 전지구적 내지 세계적 정의(global justice)의 실현도 이루어나 가야할 정의의 앞으로의 과제이다.

Ⅲ. 이웃사랑의 법윤리

1. 기독교에서 정의로서의 이웃사랑

기독교에서 구약성서는 정의의 경전이다.[121] 그리고 기독교에서의 창조(Schöpfung)는 바로 신의 정의의 표현이다.[122] 그리하여 창조는 신의 정의의 첫째의 행위이었다. 그리고 구약성서에서의 정의는 신과 우주, 신과 사회, 신과 인간과의 관계로 묘사되었다.[123] 또한 구약성서에서는 신앞에서 인간은 추

120) Höffe, a. a. O., S. 91.
121) Markus Witte, “Von der Gerechtigkeit Gottes und des Menschen im Alten Testament”, in: Gerechtigkeit (hrsg. von Markus Witte, Mohr Siebeck, 2012), S. 37.
122) A. a. O., S. 41.
123) A. a. O., S. 39.

호도 정의롭지 못한 존재로 파악하며,[124] 신의 정의는 인간적인 정의의 기준과는 차이가 있지만 신이 인간과 멀리 떨어져 있지는 않음을 보여주고 있다. 그리고 인간에게는 고통이 따르며, 그 인간의 고통이 신으로부터 인간이 멀리 떨어져 있다는 의미는 아니며, 고통을 통해서 정의가 창조된다고 한다.[125] 그리고 신은 신의 정의를 통하여 인간의 죄를 속죄해 준다.[126]

이처럼 구약성서에서는 신이 바로 정의이었으나, 신약성서에서는 정의보다는 사랑이 강조되었다.[127] 그러나 신약성서에서도 역시 신의 본성은 慈悲(Barmherzigkeit)와 정의(Gerechtigkeit)의 일체성(Einheit)에 있다고 하고 있다.[128] 그리하여 신약성서에도 정의는 말씀이 중심된 내용을 이루고 있다.[129] 또한 신약성서에는 정의가 자비의 내용으로 구성되어 있다.[130] 그리고 정의를 자비로 승화시켜, 자비로운 것은 정의로운 것이고, 정의로운 것은 자비로운 것으로 양자를 하나로 통합하였다.[131] 그리하여 정의로운 행위가 자비로 관념되었다. 더욱더 성서에서는 정의와 자비는 救援에 이르는 德目으로 관념되고 있다.[132] 그리하여 성서에서는 신의 정의가 바로 사랑이고, 사랑이 바로 정의이다.[133][134] 또한 기독교에서의 신의 자비, 신의 사랑이 신의 정의이며, 또한 이는 신의 은총(Gnade)이다.[135] 따라서 세속의 정의는 서로 주고 받는 대칭적인 관계인데 반하여, 성서에서의 정의는 전적으로 신에 의하여 주어지는 비대칭적인 자비로 나타난다.[136] 그리고 성서에서는 자비가 정의의 내용을 제공하는

---

124) A. a. O., S. 54.
125) A. a. O., S. 55.
126) A. a. O., S. 56.
127) A. a. O., S. 62.
128) Lukas Bormann, "Gerechtigkeitskonzeptionen im Neuen Testament", in: Gerechtigkeit (hrsg. von Markus Witte, Mohr Siebeck, 2012), S. 72.
129) A. a. O., S. 73.
130) A. a. O., S. 78.
131) A. a. O., S. 92.
132) A. a. O., S. 100.
133) A. a. O., S. 109.
134) 이러한 성서에서의 정의는 사랑이지만, 홉스와 같은 학자는 법률을 따르고 법률에 충실할 것이 정의라고 있다. 이러한 홉스와 같은 입장에서의 정의를 법적정의(iustitia legalis)라 한다(Vgl., a. a. O., S. 118).
135) Gustav Radbruch, "Gerechtigkeit und Gnade", in: Rechtsphilosophie (hrsg. von Erik Wolf and Hans-Peter Schneider, Stuttgart, K.F. Koehler Verlag, 1975), S. 330.
136) Gräb-Schmidt, a. a. O., S. 132.

것으로 구성되어 있다.[137)]

그러나 성서에서는 정의는 믿음(Glaube)으로써만 실현될 수 있다고 관념되어 있다.[138)] 그리하여 정의는 법률에 의해서나 인간의 천성적인 능력에 의하여 실현되는 것이 아니라, 오로지 예수 그리스도와 믿음에 의해서 실현된다고 이해되고 있다.[139)]

2. 법이념으로서의 이웃사랑

법에서 이웃사랑의 정신이 표현되어 있는 제도가 적지 아니하다. 신의성실의 원칙, 사무관리, 상린관계, 각종의 배려 및 설명의무 등의 법제도는 이웃사랑의 법적인 제도라고 할 수 있다. 그러나 이웃사랑은 기독교의 핵심적인 실천가치로서 政敎分離의 시대에 이웃사랑을 법에서의 가치로 너무 강조할 수는 없다. 또한 이웃사랑은 법으로 강제될 수 없는 내용의 가치이다. 그러나 아무리 법이 완비된다 하더라도 이웃사랑의 정신적인 지원이 없으면 인간사회는 차가움을 느끼는 사회가 될 수밖에 없다. 그러므로 이웃사랑의 가치는 법에서의 이념으로 받아드려야 할 가치이며, 더구나 자연법론에서는 이웃사랑의 가치를 법의 이념으로 수용하여야 한다.

이처럼 이웃사랑(Nächstenliebe)은 기독교에서의 정의이며 실천신학 내지 기독교윤리에서 최고의 덕목이다. 이러한 기독교에서의 이웃사랑이 법에서도 실현될 것이 요청되고 있다. 물론 법에서의 이웃사랑이 기독교에서의 이웃사랑과 정확히 일치하는 내용은 아니지만, 법에서도 이웃사랑의 정신을 법의 내용으로 요구되고 있다.

이웃사랑의 법에서의 표현들로서는 사해동포주의(Kosmopolitanismus), 연대(Solidalität), 형제애(Brüderlichkeit), 관용(Toleranz), 형평(Billigkeit), 우정(Freundschaftlichkeit), 相扶相助 등이 사용되고 있다. 물론 이러한 표현들이 정확히 이웃사랑과 일치하지는 않으나, 이웃사랑의 정신을 부분적으로 실천하고 있는 법적인 표현들

137) A. a. O., S. 134.
138) Bormann, a. a. O., S. 102.
139) A. a. O., S. 103.

이라 할 수 있다. 특히 이러한 이웃사랑의 정신은 민중법에서 잘 나타나고 있다. 그리고 형평은 정의의 명령(Gebot der Gerechtigkeit)에 대한 矯正 내지 修正이며,[140] 이웃사랑이 있는 정의가 공동체의 최고의 善이라고도 한다.[141]

정의는 엄격하다. 엄격한 정의에 서로간의 사랑이 오고가야 부드럽고 옳고 바른 사회를 이룰 수 있다. 정의만을 강조하는 법은 엄격법(ius strictum)이라 할 수 있다. 엄격법에 이웃사랑이 결합되어야 구체적인 타당성이 있는 부드러운 사회를 이룩할 수 있다. 그러나 법에서는 정의가 이웃사랑보다 강조되어야 한다. 이웃사랑은 법규범에서보다는 법규범이외의 사회규범에서 더 강하게 실천되어야할 이념이다.

인류의 변함없는 이상은 인간의 행복과 사회의 평화이다. 그러한 인간의 행복과 사회의 평화의 유지는 정의, 사소유, 이웃사랑이 결합하여 조화롭게 기능하여야 가능하다. 그리고 다시 정의는 평등과 자유와 공정을 그 구성요소로 하며, 정의는 법에서의 최고의 이념이다.

자연법론은 정의와 이웃사랑의 실현을 최고이념으로 하는 법사상이다. 정의와 이웃사랑이 인류보편적 가치의 핵심적 내용이다. 사소유는 자연법과 이웃사랑을 위하여 반드시 인정되어야 하는 재산제도는 아니지만, 사소유의 인정이 정의와 이웃사랑의 실천에 유용한 재산소유제도이다.

자연법의 내용은 고정되어 있는 것이 아니라 시대의 변화에 따라서 변화를 계속한다. 따라서 자연법의 내용을 이루는 정의도 변화한다. 그러나 정의는 지속적으로 새롭게 창조되고, 생성되고, 增殖되어야 한다. 물론 자연법론도 계속적으로 발전하고 성장하여 그 내용이 확대되고 그 깊이가 깊어져야 한다. 이웃사랑의 내용도 그 넓이와 깊이가 더욱 확장되고 깊어져야 한다.

Ⅳ. 자연법과 세속법과의 관계

자연법과 세속법은 상호 보완적인 관계에 있어야 한다. 자연법과 세속법

140) Höffe, a. a. O., S. 59.
141) A. a. O., S. 119.

의 2원주의가 유지되면서 상호비판과 보충이 법발전의 진행모습이다. 그러나 자연법이 실정법에 우선하여야 한다. 자연법에서의 인류보편의 가치는 존중되어야 한다. 법은 가치규범이다.

국가와 교회의 관계에 있어서도 사회질서 내지 국가질서가 神의 계명을 어기면 교회는 저항한다.[142] 그리고 국가가 규율하는 인간의 생활질서와 인간의 양심으로부터 요청되는 도덕이 서로 괴리를 이룰 때에 사회윤리가 요청되고 생성된다.[143] 이처럼 인류보편의 가치를 내용으로 하는 자연법이 국가제정의 세속법의 내용으로 되었을 때에 가장 이상적인 법상태가 형성될 수 있다. 법정책의 방향은 그러한 방향으로 나아가야 된다. 그것이 법발전에 있어서 이상적인 모습이다. 따라서 자연법론은 법정책의 발전방향을 제공한다.

그리고 자연법은 세속법의 해석과 적용에 지침이 된다. 세속의 법, 특히 제정법을 인류보편의 가치에 부합되게 해석하고 적용하는데 자연법은 그 길잡이가 되어야 한다.

또한 자연법은 인간의 법에 대한 태도를 결정하는 기능을 담당한다. 정의롭지 못한 법률에 대한 시민들의 불복종(Ziviler Ungehorsam), 저항권(Widerstandsrecht)의 행사 등은 바로 자연법론이 그 정당성을 제공하는 중요한 기능이다.

근본적으로 자연법은 세속실정법의 법정책, 법해석 및 시민들의 실정법에 대한 태도결정의 기능을 담당한다. 그러나 그 중에서도 법정책의 방향결정이 자연법의 가장 중요한 기능이다. 따라서 법발전을 위한 법정책의 방향은 인류보편의 가치를 실현하고자 하는 자연법이다.

142) Paolo Prodi, Eine Geschichte der Gerechtigkeit: Vom Recht Gottes zum modernen Rechtsstaat, 2. Aufl. (C.H. Beck, 2005), S. 333.
143) A. a. a. O., S. 334.

인명색인

사항색인

[ㅈ]

[ㅊ]

[ㅋ]

[ㅌ]

[ㅍ]

[저자 약력]

김 상 용(金 相 容)

서울대학교 법과대학 법학과 졸업(법학사)
서울대학교 대학원 법학과 졸업(법학박사)
독일, 훔볼트 학술상(Humboldt Forschungspreis) 수상(2006), 한국토지법학회 학술상 수상(2013)
독일, Max-Planck-Institut für Ausländisches und Internationales Privatrecht에서 비교사법 연구
독일, Max-Planck-Institut für Europäische Rechtsgeschichte에서 법사학 연구
독일, Trier대학교에서 토지법 비교연구
독일, Köln대학교에서 주택법 연구
독일, München대학교 가톨릭신학대학에서 교회법 연구
미국, School of Law(Boalt Hall), University of California, Berkeley에서 영미사법 연구
중화민국, 토지개혁훈련소에서 토지사상 연구
Hong Kong, 중문대학교에서 아시아문화와 기독교와의 관계 연구
일본 早稲田대학에서 담보법 연구
한양대학교 법과대학 교수 역임
한국민사법학회 회장, 한독법률학회 회장, 한국토지법학회 회장 역임
옥조근정훈장 수훈
현재: 대한민국 학술원 회원
      연세대학교 명예교수

주요저서

한국법사와 법정책, 피앤씨미디어, 2014
서양법사와 법정책, 피앤씨미디어, 2014
민법총칙, 제3판, 화산미디어, 2014
물권법, 제2판, 화산미디어, 2013
채권총론, 제3판, 화산미디어, 2015
채권각론, 제3판, 화산미디어, 2015
비교계약법, 법영사, 2002
비교동산담보법, 법원사, 2011.
근저당권비교연구, 화산미디어, 2013
불법행위법, 법문사, 1997
법사와 법정책: 로마민법학사 중심, 한국법제연구원, 2004
법사와 법정책: 게르만법사, 교회법사, 독일민법학사 중심, 한국법제연구원, 2005
법사와 법정책: 한국법사 중심, 한국법제연구원, 2006
민사판례평석(1), 법원사, 1995
민사법연구(2), 법원사, 1997; (3), 2000; (4), 2000; (5), 2004; (6), 2007; (7), 2010; (8), 2013
민사법연구(9), 피앤씨미디어, 2015
토지소유권 법사상(대우학술총서: 인문사회과학 87), 민음사, 1995
미국부동산법론, 삼지원, 1986
부동산담보법(개정판), 법원사, 1996
토지법, 증보판, 법원사, 2004
부동산거래의 공증과 부동산등기의 공신력 연구, 법원사, 2008
물권법, 서울대학교 출판부, 1991
주석민법(Ⅱ): 물권법, 개정판, 법원사, 1992(공저)
민법주해[V]: 물권(2), 박영사, 1992(공저)
물권법해설(圖解,판례중심), 청림출판, 1994(공저)
민법총칙, 법원사, 2004(공저)
주석민법 제3판: 채권각칙(2), 한국사법행정학회, 1999(공저)
바다와의 대화(여행기), 법원사, 2001

자연법론과 법정책

초판인쇄 2015년 5월 25일
초판발행 2015년 5월 30일

지은이 김상용
펴낸이 박노일

총괄기획 김중용
편 집 심성보 · 김인숙

펴낸곳 pnc publishing and culture 피앤씨미디어
경기도 고양시 일산동구 강송로 153 310-1501
등록 제396-2012-000203호
전 화 070)7550-3758 팩 스 02)718-8554
홈페이지 www.pncmedia.co.kr 이메일 pnc@pncmedia.co.kr
ISBN 979-11-5730-204-8 93360

정 가 25,000원